总 主 编　李红权　朱宪
本卷主编　李红权　朱宪

近代蒙古文献大系

政治卷

◇第三册◇

中华书局

目　录

委员田恩昭调查归绥县吏治概况…………………………………………1039
委员田恩昭调查武川县吏治概况…………………………………………1043
委员王屏三调查准噶尔旗各事项概况……………………………………1046
委员张振东调查临河设治局吏治概况……………………………………1049
委员张振东调查五原县吏治概况…………………………………………1052
委员赵震勋调查和林格尔县吏治概况……………………………………1055
委员赵震勋调查清水河县吏治概况………………………………………1059
包头市公安局组设清道队简章……………………………………………1063
归绥市公安局侦缉队暂行简章……………………………………………1065
民政厅十八年度第二期（十月至十二月）行政计画………………………1067
审查荐举县长资格标准办法………………………………………………1072
绥远军政各机关禁止滥宴联合会规则……………………………………1073
绥远省各县公安局长考试条例……………………………………………1075
绥远省各县公安局组织暂行条例…………………………………………1077
绥远省各县支应兵差暂行章程……………………………………………1079
绥远省荐举县长办法………………………………………………………1081
绥远省民政厅长巡视程序…………………………………………………1082
绥远省清乡总局组织规程…………………………………………………1084
绥远省任用县长暂行条例…………………………………………………1086
绥远省县长巡视程序………………………………………………………1088

绥远省县长巡视章程……………………………………………… 1090
绥远省政府秘书处组织暂行条例………………………………… 1092
绥远省政府民政厅组织暂行条例………………………………… 1093
绥远省政府委员会会议规程……………………………………… 1096
绥远省政治实察所组织章程……………………………………… 1100
绥远省政治委员考核规则………………………………………… 1102
绥远市公安局管理旅店规则……………………………………… 1103
绥远政治实察员服务规则………………………………………… 1107
乌伊两盟十三旗联合办事处章程………………………………… 1109
蒙事刍议…………………………………………………………… 1111
蒙古选举监督之怪奇……………………………………………… 1114
今日之蒙古政治…………………………………………………… 1115
李主席治理蒙旗之方针…………………………………………… 1133
三全大会中内蒙党务报告………………………………………… 1135
怎样整理绥远村治………………………………………………… 1137
对于伊、乌两盟之新希望………………………………………… 1145
外蒙青年党渐向内蒙宣传“赤化”……………………………… 1148
绥远集宁县政治写真……………………………………………… 1150
郭道甫谈内外蒙近况……………………………………………… 1152
库伦归客谈………………………………………………………… 1156
俄罗斯的对蒙政策………………………………………………… 1158
赤白帝国主义下之蒙古…………………………………………… 1164
粤民党对蒙事之态度……………………………………………… 1166
外蒙古与新疆之研究……………………………………………… 1167
日俄逐鹿中之蒙古现象记………………………………………… 1180
察、绥骑兵之编遣………………………………………………… 1183
对于兴安区感言…………………………………………………… 1184

对于蒙旗之希望与计划…… 1185
说蒙古…… 1189
我对于哲盟王公会议之感言…… 1191
班禅劝导后内蒙之情况…… 1193
奉委考察五原、临河山东移垦情形之报告…… 1195
外蒙古问题之过去、现在与将来…… 1198
改良蒙旗行政之管见…… 1218
蒙古人今后之觉悟…… 1225
哲盟各旗会议建议书…… 1226
整顿内蒙计划刍言…… 1229
蒙旗会议第三次茶话会记录…… 1232
我对于蒙古教育、实业、交通之希望…… 1234
蒙旗处工作之报告…… 1235
建设新蒙古…… 1256
阅了《绥远民国日报》后的几句话…… 1259
蒙古青年之使命…… 1262
蒙古衰弱之原因及今后自强之途径…… 1263
外蒙古一瞥…… 1265
为外蒙青年党进一言…… 1307
对蒙政策…… 1309
伊克昭盟乌审旗纠纷尚未解决…… 1312
蒙古青年党的独立运动…… 1314
呼伦贝尔独立警耗…… 1318
乌盟调查员高秉彝函陈乌盟四子王、达尔罕、茂明安
各旗应兴事项…… 1320
伊盟调查员关恩泽、荣陞阁会陈伊盟七旗应兴应革事项…… 1322
实察员李逢唐调查丰镇县治概况…… 1325

五原县实察员刘锦魁建议地方应兴应革事宜……………………… 1328
包头县长刘毓洛呈报行政计画……………………………………… 1330
临河县长彭继先呈报第三期行政计画……………………………… 1333
绥远财政厅对于蒙藏会议提案一则………………………………… 1337
建设厅呈覆对于蒙藏会议之提案…………………………………… 1338
民政厅呈覆关于蒙藏行政建设应行改善各提案…………………… 1339
民政厅呈省政府拟定本省任用县长办法…………………………… 1340
民政厅关于蒙藏行政建设应行改善各提案………………………… 1342
党政学院毕业学员归班办法………………………………………… 1344
绥远省政府呈行政院为沃野设治局成立日期及情形
补请备案………………………………………………………… 1345
绥远省政府电南京行政院派员前往鄂托克旗之陶乐湖滩
地方筹备设治(十九年二月二十一日)………………………… 1347
绥远省政府咨考选委员会将本省考试及格人员像片、
名册、履历送请覆核…………………………………………… 1348
绥远省政府咨内政部以沃野设治局系就绥省境界设治
不必另行划界请转呈行政院先行备案………………………… 1350
托克托县长王礼馨呈报行政计画…………………………………… 1352
归绥县长张锡余呈报行政计画……………………………………… 1358
归绥地方法院法庭开闭暨秩序规则………………………………… 1360
归绥地方法院旁听规则……………………………………………… 1362
归绥县党政联席会议简章…………………………………………… 1364
和林县实察员齐寿康建议地方应兴应革事宜……………………… 1366
和林县政府县政会议规则…………………………………………… 1368
集宁县难民训练所执行委员会办事细则…………………………… 1369
凉城县政府村长训练所简章………………………………………… 1372
临河县长彭继先呈报第二期行政计画……………………………… 1375

蒙藏会议提案标准…… 1378
司法公署组织章程…… 1382
绥远第一监狱组织法…… 1385
绥远高等法院对于蒙藏会议关于司法事项之提案…… 1389
绥远高等法院整顿司法收入办法…… 1392
绥远各县局自治讲习所实施办法…… 1393
绥远归绥地方法院缮状处规则…… 1397
绥远省党政联席会议规则…… 1399
绥远省地方行政人员训练所章程…… 1400
绥远省民政厅十九年度第一季行政计划…… 1403
绥远省县长考试及格人员学习办法…… 1406
绥远省政府呈请行政院拟在鄂托克旗境内增设沃野
设治局…… 1408
绥远省政府令各厅暨高等法院拟具蒙藏会议提案…… 1410
绥远省政府致南京行政院举行县长考试电…… 1411
太原党政学院毕业学员归省任用办法…… 1412
土默特总管公署参领办公处简章…… 1414
蒙古会议之成绩…… 1415
本刊今后之唯一使命…… 1418
意何在焉?…… 1420
外人之蒙古近况观…… 1422
鼓励蒙古青年几句话…… 1430
我对于蒙古王公希望的三点…… 1432
我的见地如此…… 1435
对于内蒙之新希望…… 1439
谬称外蒙政府已受赤俄羁缚…… 1442
说中央对于蒙藏扶植之至意…… 1444

外蒙问题……………………………………………………………………1446
呼伦贝尔与独立运动……………………………………………………1457
蒙古问题与中国民族之出路……………………………………………1468
外蒙运动海拉尔独立……………………………………………………1472
呜呼今日之外蒙…………………………………………………………1474
蒙古会议之意义及其经过………………………………………………1485
哲盟郭尔罗斯后旗改革旗制之运动……………………………………1489
蒙藏会解放蒙古奴隶办法草案…………………………………………1490
内蒙各盟旗代表在辽参观各处…………………………………………1492
内蒙各旗行政组织之概略………………………………………………1494
哲盟各旗民众控请撤销王公……………………………………………1496
蒙古会议修正通过之《蒙古盟旗组织法》……………………………1497
蒙古会议正式开幕纪盛…………………………………………………1501
昭盟克旗扎萨克努力新政………………………………………………1506
考试制度下之蒙委会……………………………………………………1507
乌盟长咨覆石拉布之叛情………………………………………………1509
哲盟郭尔罗斯后旗公民之呼吁…………………………………………1511
赤俄侵及四子王旗界……………………………………………………1514
蒙委会彻查多尔济帕勒木………………………………………………1515
青海蒙旗代表行将来京说………………………………………………1517
蒙藏委员会关心改良蒙藏司法…………………………………………1519
章嘉办事处最近之情形…………………………………………………1521
乌丹、赤峰两处民众运动之起因………………………………………1523
贺喜哥遗弃不养…………………………………………………………1524
蒙藏委员会职员籍贯比较统计…………………………………………1526
青海蒙古代表团到平之行动……………………………………………1527
外蒙最近之傀儡行动……………………………………………………1529

乌盟达尔罕旗之暴行…………………………………… 1531
伊盟乌审旗之保境安民………………………………… 1532
全国青年应迅速起来注意蒙藏………………………… 1533
外蒙党员潜入内蒙宣传之近讯………………………… 1535
详述监视李长励经过…………………………………… 1536
蒙藏委员会最近之施政………………………………… 1539
处理瑞应寺讼案及善后办法…………………………… 1542
蒙委会驻平办事处接收详情…………………………… 1544
宾旗蒙民与代理扎萨克互控详情……………………… 1546
官文书不应称海拉尔为阿尔公河说…………………… 1552
恶僧雅什多尔吉尚逍遥法外耶？代表扎木苏等再呈蒙委会
速予惩处……………………………………………… 1554
蒙藏青年学生应有的觉悟……………………………… 1556
开发蒙藏应先推进党务………………………………… 1561
热河鸦片影响之种种…………………………………… 1565
向出席国民会议之蒙藏代表进一言…………………… 1573
蒙古问题………………………………………………… 1576
日人图蒙之新工具……………………………………… 1589
外交部告蒙藏同胞书…………………………………… 1590
蒙古会议正式开幕……………………………………… 1592

委员田恩昭调查归绥县吏治概况

田恩昭　撰

教育　县立第一、第二高小学二处均附设初级一、二班，学生共二百八十名，并各设儿童图书馆一处。第三、四、五、六初级小学四处学生共一百三十余名。女子高小学一处，学生七十余名。毕、察两镇小学二处，学生八十余名。高小等学经费每月五百九十六元，由财政厅领三百五十元，下余之数由田房学捐及学款生息补助。现因各高小学经费太少，呈准由本城市戏院每戏票附收教育费二分，以为增加经费之需。至毕、察两镇小学经费则由镇内商民筹发。

农业　农业尚未改良，苗圃及农事试验场亦以经费难筹尚未设置。

市政、路政　市政属公安局范围之内，路政各区往来大道尚属平坦，交通亦便。

渠工　县属东区把栅等七村有未垦草滩地约七百余顷，近年村民知水利振兴，拟在村界开渠一道，引用大黑河洪水淤灌垦种，呈准有案。其渠道由东邻三富村经过，乃该三富村民出而阻止，缠讼四年之久，案悬莫结。嗣经县府秉公判处，始行解决。现渠道业已工竣，名曰永济渠，并在新城设有永济水利公会。

实业　本城市各大小商号共一千一百零二家，均经派员随时调查，饬令照章注册，按月呈报建设厅有案。惟无官商企业之种类，乡间商号极少，毕、察两镇虽有十余家，亦以天灾匪祸，营业殊属萧条，有不能支持之势。

改编保卫团　奉令将保安队改编保卫团，因颁发条例与现在状况稍有窒碍难行，经县府察酌情形，呈准略予变通，现正着手改编。

保存古迹　东区有白塔一座，距城五十里；焦赞坟一座，距城四十里；南区有昭君坟一座，距城二十里，该县均令保安队随时保护。

改良风俗　戏划〔剧〕一项业已严禁唱演秧歌，丧葬、婚娶乡间本极简朴，县长下乡视察时亦为剀切之劝导。

破除迷信　各村均有龙王庙，间有蒙古召庙，县长下乡时曾将迷信神佛毫无益处详细讲演，不宜迷信，惟乡民脑筋太旧，又无常识，破除一节难收急功；星相堪舆亦经随时劝导改业，惟城市上一时尚难禁绝。

防务　由保安队分两班，每班二十人分途游击，并规定各区保安队会哨地点及日期。惟每区保安队计步兵二十名，马兵六十名，地面辽阔，分布颇感困难。

查禁莠民、土棍　地方尚无此项情事。

铲除土豪劣绅　地方尚无此项情事。

慈善事业　该县连年兵匪交扰，又遇亢旱，人民困苦已达极点，对于慈善事业之设施尚付阙如。

征收　田赋额征一万六百余元，官租额征一万五千余元，惟上年地方既受荒旱又遭匪患，秋收太歉，报灾请蠲免者达三十余村，致催科顿成困难。契税一项收数日有起色，每月约收一千二三百元之谱，并无浮收及陋规之弊。

审判　诉讼案件向归司法公署办理，惟村中因社务纠葛起诉均由府处办，公平判断，随到随讯，尚无积压贿托。

缉捕　令由东、南、西三区保安队每队分两班，每班二十人，划定防区，常川巡缉。经缉获匪案十余起，并无滥用职权虚报消耗变卖子弹。

村政　举办四月，督同村政委员依章办理，业已办有三十余村，现尚继续进行，该县长亦不时亲自下乡指导讲话。

警务　县公安局仅有马警十二名，步警十二名，时常训练，尚属认真从公，不扰商民。

禁烟　县长亲自下乡及村政委员宣传禁令，村民亦多知戒除，对于禁烟善后总局送办案件均属遵章处罚。

卫生　县长亲自下乡及村政委员讲演卫生要素，劝导村民务须注重。

防疫　现呈准在南区三两村设立检疫所，以杜托县疫症之蔓延。

差徭　自上年五月后各村差徭大为减轻，府中对于各村毫无摊派。

赈灾　领到赈粮均查明受灾最重之村赤贫之户，派员会同各村长散放；赈衣由县长亲往挨户查明确属无御寒之具者始行给予，凭条令到府领取。

监狱　管押民刑事案犯八十余名，看守所每日打扫，隔日以石炭酸水浇洒，尚属洁净。监犯并无逃逸，看守所长亦无虐待及克扣囚粮情事。

剪发、放足　县长积极劝导，人民剪发已达十分之八九，二十岁以下女子放足已达十分之五六。

禁赌　随时派警及布告严厉查禁，已办村政之村并将禁赌列示禁约之内，亦无私收规费情事。

查禁贩卖人口　各区保安队随时严查，尚属认真。

《绥远省政府年刊》

绥远省政府秘书处

1929年

（李红权　整理）

委员田恩昭调查武川县吏治概况

田恩昭　撰

教育　查武川县设有县立第一高等小学校一处，第一、二、三、四、六、八各区均有初级小学校一处，第一区并立有女子小学校一处，学生程度幼稚，教授课程除高级小学校特有英文、地理、历史三科外，其余课程与各初级小学校同，所同课程即国语、算术、自然、图画、手工、公民、卫生、音乐、体育诸课目，教育经费系县政府以粮银附加之教育费及烟亩罚款附加之教育费、驼捐、戏捐等项为的款，不足时再由各区地亩摊派。又查各区原派有教育委员一名，刻以财政困难已悉数撤消，令各该区长实行兼办。

农业　武川县因风气晚开，并无苗圃及农事试验场。全境农业本年亢旱成灾，仅播种十分之五，又有阴雨等灾，收割之数仅有播种亩数十分之三四。每年播种莜麦最多，小麦、荞麦等次之。县长刻作来年计画，拟劝导农民联合群力，多数穿井，广种水田，以避旱灾，借增收获。

市政、路政　查武川县街市宽敞，街之两旁所有沿沟除春秋两季令各商民妥加修理外，并由公安局随时督饬洒扫，以重路政。对于交通方面以筹款为〔维〕艰，并无何种之建设。

渠工　武川县因无河渠，并无水利之各种计划。

实业　武川县并无官商企业，此栏无从填列。

改编保卫团　查武川县保卫团遵照颁发条例现已改编，其改编之成效与程度尚能捍卫地方。

保存古迹　武川县查无古迹，此栏无从填列。

改良风俗　查武川县境内对于戏剧、丧葬、婚娶诸事县长屡令从俭办理，复经官府随时提倡，现已逐渐改良。

破除迷信　武川县查无古庙、寺院，星相、堪舆亦属寥寥，经县长随时劝其改途，数目无从查填。

防务　武川县保卫团自改编后，即划分各区之联络路线，实行区村联防，并抽调保卫团六十名常川驻城，作为城防保卫团。县政府复令商民夜间公打义更，地面现尚安谧，惟团兵筹措给养颇感困难。

查禁莠民、土棍　武川县尚无莠民，遇有莠民发现，将来自新院成立后，随时送入自新院，令其分科工作，施行感化教育。查有土棍发生，随时调查证据，从严惩办，现时尚未发现。

铲除土豪劣绅　关于土豪劣绅一项，经委员详细调查，虽闻有名誉较劣之豪绅，但尚未发生若何之劣绩。

慈善事业　查武川县慈善事业只有育婴堂一处，收养孤儿孤女，其经常筹款之方法系由各慈善商民捐助之。

征收　查征收各区尚无浮收及附带一切陋规情事。

审判　受理民刑诉讼案件，以案件较多，清理案件稍嫌迟缓，尚无受贿情〔请〕托等事。

缉捕　督饬警团缉捕盗匪尚属认真办理，并无滥用职权、捏报盗匪消耗子弹私行变卖及虚报请求奖赏各情事。

村政　办理地方自治事业及区村闾乡制度已着手进行，惟距完善程度尚远，在武川城内且设有息讼会一处。

警务　对于警务因款项支绌未免处处因陋就简，尚未查有骚扰商民情事。

禁烟　查无假公济私、吞没罚款、滥收灯费各情事。

卫生　办理卫生向来责成公安局长督饬长警于每旬检查本城商民一次，以验衣、食、住是否合于卫生，以遏人民习于污秽之渐，免致有害卫生。

防疫　办理防疫因境内无疫症发现，为预防计一再劝导人民讲究卫生，及每旬派员按户检查人民一次，以防患未然，其方法尚可取。

差徭　各种差徭之摊派尚称公允，并无延误情事。

赈灾　灾情状况之呈报及救济方法尚系据实造报，查无私吞赈款、赈粮各情事。

监狱　查武川县并无监狱之建设，县政府内仅有一看守所，房舍三间，因无款修理不甚坚固，尚无逃逸监犯，监狱员等亦尚无克扣囚粮等事。

剪发、放足　剪发、放足虽经官府一再劝禁，但境内剪发者日渐增多，放足者仍不多睹。

禁赌　查禁赌博尚无私收规列〔例〕纵放情事。

查禁贩卖人口　查禁贩卖人口屡令各区董严行查办，〈办〉理尚属认真。

《绥远省政府年刊》
绥远省政府秘书处
1929 年
（丁冉　整理）

委员王屏三调查准噶尔旗各事项概况

王屏三　撰

（一）查该旗所辖面积及四境，东西计一百八十华里，南北计二百五十华里，其四境南界晋属河曲与陕属之府谷两县，北界绥属之托克托县及萨拉齐县，东界清水河县，西界东胜县。

（二）查该旗户口向无确数统计，据该旗前年调查，杂居汉蒙人民共计二十三万余人，其中蒙民不过全数十之一二。该旗风俗缘因毗连晋、陕，且与汉民相处日久，为所同化，其风俗与晋、陕边民大略相同。

（三）查该旗并无广大牧场，故牲畜不甚蕃殖，遇有病症发生，汉蒙人民均知疗治，其方法因症而施，病状亦无一定，大约普通之症居多。

（四）查该扎萨克之为人性情机警，所辖蒙民颇称信仰，汉民素被虐待，表面似尚信仰，实际为势所迫。

（五）查紧旗已垦可耕之地占全旗十分之八九，其因砂堆所积不堪耕种者无几，土地平旷肥沃，无凸凹不平情形，惟当地人民不知利用河井灌溉之法，全赖天雨，一遇亢旱则收数全无。

（六）查该旗出产并无何等大宗，惟以开垦之地最多，故每年产出之米粟较多，皮毛次之，亦无其他经营。

（七）查该旗兵数确数约五百余名，按所报名册亦无大差别，惟枪支一项据确实调查现在散给各营团者为数约五百余支，并因今岁饷项不给，已将其兵士解散，而收藏之枪械约百余支。该旗那公为人异常精明，经委员点验到场之枪支仅百余支，编制亦无统系。

（八）查该旗人才因全旗向未设立学校，故无人才之可言。

（九）查该旗境内异常安谧。

（十）查该旗因距外蒙甚远，并无何等出入情形。

（十一）查该旗境内并无共产党踪迹，亦无黑化分子暗中活动、潜伏及宣传、煽惑情事。

（十二）查该旗扎萨克因与外蒙相距甚远，并无来往。

（十三）查该旗全境向无学校创设，亦无生徒。

（十四）查该旗境内土地平旷，无山沟之障碍，向有可通载货大车，最宽阔之道有二：（一）为由该旗南端晋属之河曲与陕属之府谷两县界起，直贯该旗中心，经该旗公府所在之杨家潜地方，而达包头县。此路位于该旗之西部，计长三百五十余华里；（一）为由该旗东南晋属之河曲县起，经绥属之托克托县而达省城，此路位于该旗东部，计长为四百一十华里。该路向系畅通载货大车，异常平坦，欲行汽车，再事稍加修筑则可畅通无阻，惟渡黄河之处或用船渡，或架桥梁，亦宜预先筹画。

（十五）查该旗署对于人民之摊派差徭向系每年按地肥瘠而摊派米粟，每亩或摊一斗，或五六升不等，别无何等差徭扰害地方。

（十六）查该旗人民对于中央及省府颇觉信仰。

（十七）查该旗并无何等派别。

（十八）查该旗与邻近各县并无纠葛及冲突情事。

（十九）查该旗距外蒙异常辽远，消息隔阂，至外蒙有无进兵情形亦致无从探得。

（二十）查该旗青年之行动组织、目的观察大都仍守旧习，并无行动组织，间有稍知三民主义者，亦无何等目的观察。

（二十一）查该旗相距各县治之道路里数，以该旗王府为中心标准，西北距萨拉齐县一百四十华里，东北距托克托县一百华里，正西北距包头县三百里，东距清水河县一百六十里，正西面距东胜县二百六十华里，东南距晋属之河曲县二百华里，东北距省三百华里。

《绥远省政府年刊》
绥远省政府秘书处
1929年
（李红权　整理）

委员张振东调查临河设治局吏治概况

张振东　撰

教育　县城有官立两等学校一处，女子初等一处，国民学校各区皆有数处，三区为数较多，外有地方与天主堂合办之两等学校。教育经费由统捐局附征之驼捐及牲畜捐附加二成项下开支，数难预定，不敷则由地方附征地亩捐补助。

农业　全县农业端赖水利，分为佃种农、自种农两种，全数能种之地甚多，然每年丈青只三数千顷，因农民过少，渠道失修，致乏进步。苗圃当初设治曾筹有基础，现已有相当计画，极力提倡。

市政、路政　城关街市尚属整齐，并有包宁汽车路以资便利。现又与各区董事商定修理县城至各区暨邻封汽车路，提倡商民合资购买汽车，以利交通。

渠工　临河境内有永济、刚济、黄土拉亥河、杨家河数干渠，向系官督民修，由水利局总其成，各区水利社分其司，其民有渠及支渠则归民人自修，成绩颇有可观。惟刚济渠于十七年份失修，规〔现〕正提倡补救。

实业　临河因设治未久，连年不靖，官商尚无何种企业。

改编保卫团　自奉令改编以来，办理认真，颇著成绩。

保存古迹　查无古迹，此栏无从填列。

改良风俗　临河地处边陲，丧葬婚娶备极简单，向无奢风，恶习戏剧场所尚付阙如。

破除迷信　全县仅有蒙古之召庙十七所，星相、堪舆间有不多，已令各区调查，力劝改途，并筹设救济之法。

防务　冬防分饬保卫团、公安局负责担任，尚无疏虞。

查禁莠民、土棍　地方开化较迟，民情朴实，尚未发现莠民、土棍。

铲除土豪劣绅　曾经设治局极力查访，因地处边陲，幸未发现若辈踪迹。

慈善事业　设治局正在提倡筹款，计画进行。

征收　牲畜捐由各区董事经收，屠宰税已奉令移交统捐局接收，所有经收官租除照章附征一成公费外，并无浮收及附带陋规情事。

审判　民刑案件随问随结，审理公平，并无积压。

缉捕　临河地阔人稀，匪风甚炽，尚能督饬团警□行缉捕，力维治安，并无滥用职权及虚报奖赏等事。

村政　地方自治现正设法筹办，其区、村、间、邻制业经遵照实行，造表呈报。

警务　维护公安不遗余力，并无骚扰情事。

禁烟　遵章严禁，劝惩兼施。

卫生　清洁道路，检查食物，并筹备贫民疗治所，提倡公共卫生。

防疫　正与县城医院商酌预防方法。

差徭　应差并无延误，摊派尚属公允。

赈灾　灾情奇重，难民甚多，已由官绅富户酌捐粮款实行救济，并无捏报吞赈等情事。

监狱　监所尚属坚固，防范亦颇得法，待遇囚犯亦秉大公，并无克扣情事。

剪发、放足　现正积极劝导，实行剪放。

查赌　实行查禁，并无纵放等事。

查禁贩卖人口　迭经出示查禁，办理尚属认真。

《绥远省政府年刊》
绥远省政府秘书处
1929年
（李红权　整理）

委员张振东调查五原县吏治概况

张振东　撰

教育　查该县有高级小学校一处，内高级两班，附初级四班，俱有新学制教授。模范小学校一处，内分四班用复式教授，编制两班，新学制教育〔科〕书。又初级小学校十二处，各分班级，俱用复式教授学科，亦系新学制教科书。又女子初级小学校一处，内分四级用复式教授，两班新学制教科书。其教育经费计经常、临时两门，年共需洋一万一千八十余元之谱，此款向由牲畜捐附加及房院、菜园、驼捐附加、随□带征戏剧、田房等项下分别呈准征收，以资开支。

农业　查本县农业从未改良，以致未能发达，而苗圃暨农事试验场乡间尚未设置，惟隆镇西有公立苗圃一处，现正设法劝导推广。

市政、路政　查市政之整顿及交通之建设前未举办，现正筹备整理，修筑马路、划分街道已有规模。

渠工　县属有大渠四道，刻下水利社拟以多开支渠及修洗各干渠渠稍，并由水利社经管监修，以期普灌地亩，办理颇称妥善。

实业　该县开化较晚，实业种类诸未发达，现在虽有官商企业之人，亦未确实创办，其种类、数目碍难查填，而且办理情形不无阻碍困难。

改编保卫团　业已遵章改编，并无虚伪情形，改编之后剿匪出力，成效颇著，官长、团丁均有相当程度。

保存古迹　无。

改良风俗　地方开化较迟，民情尚属仆〔朴〕实，婚丧并无恶习，戏剧时加检查，并未有伤风化。

破除迷信　该县隆兴长、乌镇各有关帝庙一处，并无其他寺院。星相、堪舆外来者或有一二，业经分饬团警□行查禁，劝令改途。

防务　查冬防办法前经拟定划分区域，分布团丁，并与邻县联防会哨，防患未然。

查禁莠民、土棍　业经分饬团警严行查禁。

铲除土豪劣绅　业经该县严行查察，尚未发见若辈踪迹。

慈善事业　现有育婴室一处，其□生、救孤、养老各社团之设尚付缺如。

征收　对于经收各款向照章办理，并无浮收及附带陋规情事。

审判　民刑案件随到随审，依限判结，并无积压及失出入、贿买、情〔请〕托等弊。

缉捕　督饬团警严秘缉捕，并无滥用职权及捏报消耗子弹私行变卖各情事。

村政　现在调查户口、□名，推行村区闾邻制，办理情形多仿山西村制。

警务　办理合法，并无骚扰商民情事。

禁烟　查禁认真，并无吞没罚款及滥收灯费并贿放、匿报情事。

卫生　极力宣传，时加检察。

防疫　现无疫病发生，虽有防疫设施，仅能与当地医院研究御防。

差徭　对于支应差徭从来〔未〕延误，摊派亦颇公允。

赈灾　现由县政府召集绅董议设救济会，由地方绅商大户劝募捐款以资赈济，并据实造报，确无私吞赈款、赈粮及借□苛捐之事。

监狱　建筑尚属坚固，但狱内少数囚犯亦无逃逸、克扣之可言。

剪发、放足　早经县政府认真〈办理〉，颇著成效，并设立天足会，派员积极劝导，不难肃清恶习。

禁赌　业经布告，并分饬团警□行查禁，并无私收规例之事。

查禁贩卖人口　业经县政府严加查禁。

《绥远省政府年刊》
绥远省政府秘书处
1929 年
（李红权　整理）

委员赵震勋调查和林格尔县吏治概况

赵震勋　撰

教育　查县城设第一小学校一处，高级两班，初级四班，全年经费洋一千二百二十四元，由统捐局代征学款项下划拨。女子小学校一处，小初两级三班，全年经费洋五百八十八元，平民初级小学一处，全年经费洋一百五十元，均由田赋附加学款项下拨付。全县村立初级小学校一百二十处，每处全年经费洋一百五十元以上。各校均采用新学制，党化教育、教科等书教授亦均合法。

农业　和县地阔人稀，农产颇称丰富，惟农产〔业〕新法向未讲求，县苗圃及农事试验〈场〉设立有年，成绩亦佳。各区每至春秋两季劝导人民多植树木，故近年全境森林亦颇发达。

市政、路政　查该县兵燹之后市面凋凌〔零〕，现经县长督同绅商竭力整顿，虽未恢复原状，已渐有起色。境内各大道修筑各宽三丈有余，街市清洁。

渠工　查□山渠、裕民渠、三枝树渠、小红城渠、前公喇嘛渠、柴六营渠、西厂圪洞等渠均经查勘，拟定修浚办法，已呈请拨给赈款，俟款拨到即行鸠工修筑。此外已成之渠有公和、永丰、广济等三渠，系集资办理，灌溉地亩颇多。

实业　查该县原有官绅合办之平民工厂一所，因被兵匪蹂躏，废弛可惜，现正筹资继续进行。煤矿亦颇丰富，惟用土法开采，获利较薄，再〔若〕能集资购机兴办，全县燃料可不至缺乏。

改编保卫团　查该县保卫团因前年警兵哗变，枪马损失颇多，又值匪氛不靖，剿捕为劳。应俟地方稍就谧宁，即当遵照奉颁章程〈重〉新编制。

保存古迹　详查县境原属蒙地，古迹鲜有，无从填列。

改良风俗　秧歌、道情以及淫词戏剧，凡有伤风化者业经县政府令饬各区村一律禁演，其丧葬婚娶向属从俭，不尚奢华。

破除迷信　查县境多有佛庙，年□失修，僧徒无多，亦无星相、风鉴、阴阳、顶香等名目。

防务　该县原有保安两中队，分设五区扼要驻守，现值冬防吃紧，已令各区队昼夜巡梭，并与邻县互相联络，以免疏失。

查禁莠民、土棍　查已〈经〉县政府严行查禁莠民、土棍，查访现无发生此项情事。

铲除土豪劣绅　查已随时取缔，尚无劣绅把持、鱼肉等情。

慈善事业　县境原有育婴所一处，因匪旱频仍，人民流离，送养者甚属寥寥。

征收　查和县国家赋税全年一万一千五百元，前由县署第二科征收汇解，现改由公款局兼征，借防胥役勒索之弊。地方财政全年共洋一万三千八百零八元，除由统捐局代征拨付学款洋一千二百二十四元外，下余统归公款局征收，分别划拨，并无浮收及陋规情事。

审判　该县受理民刑事件多属县长与承审员共同审理，随到随审随结，听断公允，并无贿买、请托等情事。

缉捕　该县分区住扎保安队警，县长督令各队逐日游击，随时巡查，截至本年底业经拿获土匪十余名，均经呈明依法办理，并无滥用职权暨捏报盗匪虚报奖赏各情事。

村政　查该县区村闾邻长制业已实行，县长并提倡各村建筑围墙，现在已成者计有忽通免等九村，现已呈准发给手掷弹，以图自卫。

警务　查该县警务前因警饷太廉，每名每月至多不过五元，致使无业游民滥充警额，毫无警察学识，经县长极力整顿，现已拟具□额加薪办法，呈请民政厅核办，俟奉令照准后即可实行整顿矣。

禁烟　查该县办理禁烟，查丈烟苗、征收罚款均甚实在，并无假公济私、吞没贿放暨匿报等情事。

卫生　该县公安局时常督警清理街市，对于饮料、食料亦时加取缔。

防疫　由该县县长令饬公安局兼任防疫事宜，因经费支绌未另设局。

差徭　查该县差务向由农会办理，其一切摊派尚皆公允，并无延误。

赈灾　该县灾情奇重，县长商同地方绅董等一面拟办平粜以资救济，一面劝令各村农民明春赶种草麦，因该项籽种成熟较速，业经筹有款项，拟赴大同购买种子一百石分别散发。所有红万字会暨赈灾会散发该县之粮均经县长协同委员确实散发，并无虚报私吞及苛捐等情事。

监狱　查该县监狱因经费无着，多年失修，房屋坍塌，围墙倾斜，逃逸监犯在所不免。近年执行重要监狱均解送第一监狱，该县仅有看守所，设看守所长一人，轻微案犯在所执行。所有囚粮历系自行筹垫，并无囚粮经费。

剪发、放足　查该县对于剪发除令各区实行办理外，该县县长尤能随时劝诫，均已剪尽。至办理放足系分三期：（一）劝导期限两月。令饬各区长在此限期内随时劝导十八岁以上之妇女一律放平，十八岁以下之妇女已缠者一律解放，未缠者不得再缠；（二）检查期限两月。在此限期内由县政府派女稽查员五名分投检查，仍加以劝导；（三）处罚。如逾限仍未解放者酌收罚金，以警效尤，所收罚金以三联单推行之。

禁赌　查该县对于赌博查禁甚严，各区长暨公安局长亦均能遵令送县办理，并无私行处罚及纵放情事。

查禁贩卖人口　查该县奉令后，除布告严为禁止外，并令饬公安局暨各区长随时查禁，尚无此项事情发生。

《绥远省政府年刊》
绥远省政府秘书处
1929 年
（李红权　整理）

委员赵震勋调查清水河县吏治概况

赵震勋　撰

教育　查县立小学校共十二处，第一小学校设高级三班、初级三班，第十女子小学校分设高级两班，其他各校皆系初级，有分甲、乙两级者，亦有一、二、三级者。各校教授功课遵照新学制规定办理，教育经费惟第一小学校除每月由国库支领洋一百元外，下余不敷之处由教育局征收各种捐款项下按月拨给三十二元，其征收各种捐款另表填列。

农业　县城西阁外设立农林试验场一处、苗圃二处，委派专员经理。试种杂粟、蔬菜及各种树苗，提倡造林。树苗长成散给各村栽植，颇有成效。境内气候高寒，迭经试验，马铃薯为最宜之植物，已责令各村广行种植。

市政、路政　县城有大街一道，大小商号五十余家，街市清洁，全县道路修筑平坦，行旅称便。

渠工　已开有青龙、兴隆二渠，引清水河之水灌溉附城各村庄地亩，并沿清水河上流拟定计画开支渠四道，灌溉沿河各村地亩，责令村长积极进行。

实业　清县工业略分三种：（一）西区挂罗嘴、黑矾沟向产黑向〔白〕粗磁，西由黄河运赴包、萨及后套一带，北销归、武各县，经县长迭饬各窑主加工改良，以期发达，年来受军事影响，销路涩滞；（二）刘胡梁、栋木沟等村产煤丰富，民间素以毛驴运售，现由县长勘明路线，绘具图记，呈请建设厅查核，一面派员督饬各村长副拨夫修筑车道，并责成人民多备牛车运煤，推广销路；（三）毡帽、毛毡为清县特别出产，惟人工制造，均小工业，刻正提倡改良。

改编保卫团　查清县原设保安队三十九名，按照章〔部〕颁改编章程不敷分配，枪支亦不易购买，现在邀集绅商设法扩充，尚未就绪。

保存古迹　境内古迹无多，惟县城东阁外有清顺治时四公主住清开凿青龙渠之碑碣一座，由官厅保存。

改良风俗　年来表演新戏，可资感化，其旧戏有碍风俗者一概禁演，婚丧礼节极其简单，亦无停柩不葬、卜地卜期之风。

破除迷信　县城有关帝庙、三元宫各一处，僧徒无多，并无星相、堪舆、卦卜之人，凡关迷信事业，早经该县长严禁取缔矣。

防务　已由县长与和、托及偏关、平鲁等县定期会县联防，并加派马队随时游击，以防匪患。

查禁莠民、土棍　经县长责成公安局严行取缔，前已驱逐两起出境，现仍严行查禁。

铲除土豪劣绅　境内尚无土豪劣绅把持情事。

慈善事情〔业〕　天主堂设立育婴堂收养幼孩，县府亦正筹设慈善事业。

征收　清县国家赋税各款二万九千一百三十一元六角三分，设有八里公局，官督绅办，原为防弊起见，县政府概不假手，仅负监督之责。地方财政由教育局代收学款二千九百三十一元六角二分四厘，八里公局代收保安队经费四千八十八元二角六分九厘，并无浮收及一切陋规情事。

审判　受理民刑诉讼案件，因境内词讼无多，并无积压及借托情事。

缉捕　由县长督饬保安队中队长带警缉获武黄中、孟二旦及沈丕先等两起，并无滥用职权及骚扰乡民，亦无捏报消耗私卖子弹、冒功邀奖情事。

村政　现拟于东、南、西、北四区设立区公所一处，每处设区长一人，助理员一人，分别繁简，酌设区警二名或四名。至村、闾、邻长早经村政委员编制就绪，责成各村实地进行，力倡自治。

警务　县属附设公安局计局长一员，巡官一员，书记一名，长警二十六名。县城街市清洁，警察分班逡巡，按期下乡清查匪类，办理尚属妥洽，并无骚扰商民情事。

禁烟　已由县署谕令各村长严禁播种并布告周知，拟于明春播种时期再派员分报查禁，并设戒烟局，散给吸户药丸，免除烟户痛苦。

卫生　由县长督饬公安局清洁街道、检验食料、查验肉食、打扫厕所及种种卫生事宜，并颁发各村防疫方法及治疫药料，办理甚为合法。

防疫　因经费支绌尚未设立专局，惟已责成公安局长专任防疫事宜，并由公安局组织卫生队六名，专司消防事宜。

差徭　自改革以来一切差徭均已革除净尽，防军粮草由农商会购买，亦无苛派情形。

赈灾　春季设立粥厂施放两月，夏季募捐赈款，并请领赈粮散放一次，现在领到赈粮一百五十包，候委员到境即行散放。

监狱　县署内无监狱，仅设民刑事看守所各一处，看守长一员，看役二名。

剪发、放足　发辫均已剪尽，并委派稽查，严禁妇女缠足，办理颇著成效。

禁赌　境内尚无赌风，亦无私收规例纵放赌博情事。

查禁贩卖人口 稽查严密，人民畏法，尚无贩卖情事。

《绥远省政府年刊》
绥远省政府秘书处
1929年
（李红权 整理）

包头市公安局组设清道队简章

民国十八年十二月十九日本府核准

作者不详

第一条　本局为清洁街道、注重卫生计，遵奉包头警备司令函谕仿照太原市成规筹设清道队，一切办理手续均依本简章规定行之。

第二条　本队设巡官一员，清道长夫二十名，车夫二十名，土车十六辆，水车四辆，将全城划分数段，专以运除各商住户每日扫积灰渣、尘土及泼洒街道为主要工作，倘有余暇，再帮同卫生队清理街道。

第三条　各商住户自本队成立后，应各备盛贮秽物器具，如木箱、条筐均可，每日将扫积渣土贮入，置放门外，以便运除。惟旧有积存大堆渣土应由各户自行拉运，不得搀混。

第四条　本队所需经费应由商民分别负担，按月缴纳，不得拖延。

第五条　商民各户所纳此项经费应各分为五等，商号等第按其营业种类、人位多寡，由本局协同商会秉公着定，民户以每一门牌号码为单位，其等级大致以房间多少为标准，四十间以上为甲等，三十间以上为乙等，二十间以上为丙等，十间以上为丁等，十间以下为戊等，惟因家道之盛衰及□户之众寡亦得随时酌量变通，不能□论房间。

第六条　每月缴收经费应设两联执照，一联掣给纳款人收执，一联存局备查。

第七条　每月收支经费数目除公布周知外，并按月造具清册，呈报绥远民政厅核销备案，以昭慎重。

第八条　本简章自呈奉核准之日施行，如有未尽事宜得随时修正之。

《绥远省政府年刊》
绥远省政府秘书处
1929 年
（丁冉　整理）

归绥市公安局侦缉队暂行简章

民国十八年四月二十三日本府核准

作者不详

第一条　本所为缉捕盗贼、盘诘奸究〔宄〕、侦查案件、拘传要犯并稽查妨害公共安宁、卫生一切违警事宜，设置侦缉队。

第二条　侦缉队设队长一员，禀承局长之指挥监督，受司法课之指导，管理所司一切勤务。

第三条　本队设副队长二员，补助队长办理一切事务。

第四条　本队设侦探二十人，稽查二十人，分别办理侦缉、稽查事务。

第五条　本队所设之侦探员、稽查员由队副二人分任督率，承队长之指派办理一切事务。

第六条　本队长设雇员一名，专司缮写事宜。

第七条　本队侦探、稽查之范围及内勤注意事项如左：

（甲）侦缉范围

（一）在本局管辖地面发现现行犯事项；

（二）在管辖外之案犯而逃匿境内，经该管官署请予协缉或有报缉事项；

（三）本局管辖内发见之案而案犯远扬他处，应行跟踪、捕拿事项；

（四）奉命严拿要犯、逸犯事项；

（五）关于派遣预防奸究〔宄〕藏匿事项。

（乙）稽查范围

（一）在本局管辖地面协助各区署办理商民、住户人口调查事项；

（二）在本局管辖境内稽有〔查〕妨害公共安宁秩序、风俗、公务、交通、卫生各种违警事项；

（三）稽查本局管辖境内之诬告、伪证及湮没证据并妨害他人身体、财产违警事项；

（四）稽查本局管辖境内有无类赌、暗娼各事项；

（五）稽查管辖境内无业游民及曾经犯法开释人之一切行动事项。

（丙）内勤注意事项

（一）关于侦探、稽查工作及支配调遣事项；

（二）关于调查、监视、报告事项；

（三）关于稽查本队及局属各区队之清洁卫生事项；

（四）关于侦探、稽查之训练事项；

（五）关于物品器具之保管及队内其他一切事项。

第八条　逮捕、稽查案犯须会同各该管区办理，如不及会同时亦须事后声明理由并通告该管区知照。

第九条　缉拿、查获案犯应立即解局讯办。

第十条　本队经费即以核准预算案内之密探队经费挪用支销，不再呈请开支。

第十一条　本简章如有未尽事宜得随时呈请修正之。

第十二条　本简章自呈奉令准之日施行。

《绥远省政府年刊》

绥远省政府秘书处

1929 年

（丁冉　整理）

民政厅十八年度第二期（十月至十二月）行政计划

作者不详

一、关于考核吏治之计划

绥远僻处边塞，地广人稀，设治仅有十六县一局，每患鞭长莫及之虑，地方一切兴革事项全赖各县局长努力工作，方冀百废俱兴，惭未上理。况值此训政时期，更宜积极进行，俾期政成日上，所以对于考核吏治尤为惟一要图，若非严格考查，将何以别贤愚而公黜陟。即拟遵照本省规定考核行政官吏表则，综其平日办事情形能否克尽厥职，有无因循贻误，并再参以巡视及委员调查情形，一届年终，总其成绩，如〔加〕具考语，详定分数等级，以分殿最而资奖惩。此考核吏治预定之计划也。

一、关于调查户口之计划

绥远地居边漠，天气严寒，土著、客籍人民两相难处，而客籍者每当春末夏初多由内地荷锄而至，实繁有徒，秋收之后率多南归，所以绥远各属户口数目向难确定；加以灾患频仍，流离迁徙，从事调查更形棘手。拟于本年办理调查户口，再行通令各县局切实责成各区长副按月详查登记，以便编制统计时乃有真确实数，而免虚伪不实之弊。此调查户口预定之计划也。

一、关于改良风化之计划

绥远民智闭塞，泥守古制，婚姻、丧葬所费率多虚耗巨款，甚至备办妆奁所需亦有中人之产，往往珍物殉葬，尤属屡见不鲜。况近年以来灾患相寻，民不聊生，卖妻鬻子所在多有，而寡廉鲜耻者□密秘卖淫，引诱良家妇女，败伤风化莫此为甚。以上各端均于地方风化有关，除历经布告通令分别取缔暨查禁外，拟再通令各县局转饬各区村长副随时演讲劝戒，并禁止一切滥宴等事，总期破除旧惯，力趋维新，风正俗纯，崇上〔尚〕仪节为目的。此改良风化预定之计划也。

一、关于研究党义之计划

现在以党治国、以党建国之时代，所有一切工作人员均须具有党的认识、党的见解不可，故对于各种党的书籍非有精密之研究难期彻底之明了，除遵照《研究党义条例》分期进行外，并于每星期内开党义研究大会一次，由全体职员组织，互相讨论，以期早日促成党化。复于纪念周演讲之余作详细之考问，并严令各属切实奉行，勿稍忽视，以符党国之旨。此研究党义预定之计划也。

一、关于村政计划

村政进行以编村入手，业经通令定于九月底将所编村里名称、户口总数造具清册呈送备核在案。奈因各属情形不同，荒灾之后迁徙、流亡未复原状，有碍编村计划，以致未能按限报齐。除未呈报者严令饬催外，其已呈报者分别指令将应行继续办理事宜如村、闾、邻长表册及应设团体名称迅速筹画，赶于年底一律呈报备核，以验村政进展之成绩。

一、关于禁烟计划

禁烟由禁吸入手，按照本省奉令核准《禁烟实施办法》第十三条所载办理，分令各属设立戒烟公所，限期成立。惟因本省禁烟委员会尚未成立以前，戒烟所组织办法及戒烟所实施期限应如何规定，中间一再呈商转令，始经核准妥当，分令依法筹办，是以各属未能依限成立，亦属实情。现在拟于年底勒令筹备齐全，十九年一月同时开办。兹据呈报戒烟所成立仅有数县，除一面严催外，并饬将戒烟所人员姓名表册及办事细则拟定呈报。至于禁种、禁运、禁售各项，分别令行所属行政长担负责任，严定考成，以重禁烟要政。

一、关于筹设义仓计划

《义仓管理规则》早经通令颁行，各属赶紧筹设义仓，务于九月以内先行成立。嗣据各县局呈称，本年荒灾之后继以水灾、霜灾、冻灾，民食维艰，不能瞻及目前，焉能筹及积谷，拟请展期办理，情词大致无异。其有呈报筹设仓厂、拟定规则者，仅属义仓，计画尚未见诸实行。惟积谷备荒为本年应办要政，自当积极进行，对于各属严令催促，本年十二月以前，无论如何，总应酌度地方情形，成立义仓数处，并将核定积谷数目及办事员名随时呈报备核，其果有特别情形应行缓办以示体恤者，自当由厅转呈，候示遵行。

一、关于赓续整理警政之计划

绥省警政自改组公安局以还，各市县一律刷新，即绥东新划五县亦经职厅督令按照本省单行条例办理厘定预算、划一名称，所有各局均饬令遵照部令，绝对不得直接征收捐税。惟僻处边隅，警察学识殊觉幼稚，现已令由各该局设班训练，按日讲演，以期养成有用之警才。所有服装亦已督令遵照部定冬青夏黄，不得参差，以昭一律。现正在督促整理中，并另制旬报表，颁令按旬逐项填报，以觇各该地之情况，俾资随时规画。

一、关于赓续督促社会卫生之计划

绥省人民素不讲求卫生，自职厅成立后，锐意督促各市、县、局实力奉行，益以两届举行全省卫生运动大会，民众自为觉悟，现表面上已呈清洁现象，过此以往自必日臻完备，总其〔期〕家喻户晓，靡特疫疠赖以消灭，即全省人民居恒恶习亦将为之转移，同登于健康之域。

一、关于筹设区长训练所之计划

区长训练所职厅早已筹备设立，冀以陶铸人才，堪充实用。乃既因匪警频仍，复受疫氛影响，致以暂停斯议。兹因迭奉部令催办，当即遵照部颁条例，重将原预算及办法厘定，呈请省政府核转，一经准行，即可成立，现正在筹设中。

一、关于督饬办理冬防之计划

绥处边陲，匪氛时炽，一届冬令，尤形猖狂。益以本届编遣之后，难保不无不肖之徒乘机扰乱。际兹大局不靖之秋，允宜加意防范，当即拟定办法，呈报省府令行各市、县、局遵办，并分令归、包两市公安局派长警会同驻军严密侦查丑类，以靖闾阎而安商旅。

《绥远省政府年刊》
绥远省政府秘书处
1929 年
（李红菊　整理）

审查荐举县长资格标准办法

民国十八年十二月十七日本府议决

作者不详

一　审查荐举县长资格适用《任用县长暂行条例》第二条一、三两款，应注意下列解释：

甲、称省政府者，区政府亦包括在内；

乙、称曾经考试取得县长资格者，以曾经国民政府统治下之考试并受相当训练期满者为合格；

丙、称省政府及各厅荐任秘书、科长者，以被拟定呈荐而在现任者为限；

丁、称一年以上者，指继续供职满一年以上而言；

戊、称著有成绩者，须有确实之事迹可考。

二　合于前列解释资格者，仍须在专门以上学校毕业者方为合格。

三　有《任用县长暂行条例》第四条各款情事之一者，资格虽尽符合，其荐举仍属无效。

四　本办法经省政府委员会决议实行。

《绥远省政府年刊》
绥远省政府秘书处
1929年
（李红菊　整理）

绥远军政各机关禁止滥宴联合会规则

民国十八年九月九日本府呈准

作者不详

第一条　本会定名为绥远军政各机关禁止滥宴联合会。

第二条　本会会址暂设于省政府内。

第三条　本规则于凡在军政各机关服务者均适用之。

第四条　禁止左列之滥宴：

甲、互请节酒；

乙、滥宴弥月酒；

丙、属员宴请长官及所属机关人员宴请主管机关人员；

丁、各机关人员对于酬应地方法团之宴请；

戊、其他一切无意义之宴会。

第五条　监视滥宴之办法如左：

甲、各机关长官互相监视并各监视本机关所属职员；

乙、各机关人员互相监视并各推定监视员一人负责调查，随时报告本会。

丙、责成宪兵及警察逐日赴各饭庄、酒馆调查宴会状况，每旬列表报告本会，表式另定之。

第六条　滥宴之罚则如左：

甲、第一次犯者儆告，被请者亦同；

乙、第二次犯者主客两方各按宴资之数处罚，三犯以上者各加倍处罚。前项乙款处罚金额主客两方人数在二人以上者各自平均担负之，主客两方多数人中如所犯次数有不同者，应各从其所犯。

第七条　罚款由大会决议捐助慈善事业。

第八条　本会设委员若干人，以军政各机关长官充之，并互推常务委员三人。

第九条　本会设事务员二三人，分掌文牍、会计事宜。

第十条　本会会议分左列两种：

甲、常会处理日常事务，每十日一次，由常务委员行之；

乙、大会处理全会事务，由常务委员临时召集全体委员行之。

第十一条　本会宣传办法另定之。

第十二条　本规则如有未尽事宜，由大会随时修正之。

第十三条　本规则自发布之日实行。

《绥远省政府年刊》
绥远省政府秘书处
1929 年
（丁冉　整理）

绥远省各县公安局长考试条例

民国十八年十一月二十九日本府议决

作者不详

第一条　各县公安局长由民政厅依本条例举行考试。

第二条　各县公安局长考试由民政厅组织考试委员会举行，其章程另定之。

第三条　凡中华民国国民年满二十五岁以上，具有左列各款资格之一者，得应本省公安局长考试：

一、警察学校或法政学校三年以上毕业者；

二、有与前项同等之学力，曾办警政事务三年以上，并有证明文件者；

三、正式陆军学校毕业，曾办警政一年以上，有证明文件者；

四、曾任公安局长半年以上，有证明文件者。

第四条　应试人员须取具现任各机关委任以上职员之保证书，保证无左列各款之情事：

一、有反革命行为者；

二、被告为贪官污吏、土豪劣绅，经法庭判决确定者；

三、曾受刑事处分尚未复权者；

四、亏欠公款尚未缴清者；

五、有神精病者；

六、有吸食鸦片或打吗啡等不良嗜好者。

第五条　公安局长考试分为第一试、第二试、第三试，第一、二试以笔试行之，第三试以口试行之。

第六条　笔试之科目如左：

一、三民主义；

二、法学通论；

三、违警罚法；

四、警察要旨；

五、草拟文牍。

第七条　口试之科目如左：

一、关于科学问答；

二、关于经验问答。

第八条　第一试不及格者不得应第二试，余类推。

第九条　本省公安局长考试以各科平均分数满六十分者为及格。

第十条　考试及格人员由考试委员会函送民政厅注册，并呈由省政府发给证书。

第十一条　考试及格人员应受定期训练，期满后按其成绩分别任用。

第十二条　本条例自公布日施行。

《绥远省政府年刊》
绥远省政府秘书处
1929年
（李红菊　整理）

绥远省各县公安局组织暂行条例

民国十八年一月二十五日本府公布

作者不详

第一条　各县公安局隶属于绥远民政厅，受各县政府之指挥监督，管理各县公安事务。

第二条　公安局设左列各员：

局长一人；

巡官一人至二人；

巡长二人至三人；

雇员一人至二人。

第三条　警察人数酌量各县事务繁简、财力赢绌规定之。

第四条　局长、巡官由民政厅委任之，巡长、雇员由局长派充，惟巡长须报县政府备案。

第五条　警察由招募考取合格后始得补充。

第六条　局长综理本局一切事务，巡官秉承局长办理事务，雇员缮写文书及办理临时指定事务。

第七条　局长对于本局巡官、长警等有违背法令、逾越权限及其他不正情事时，得停止其职务或呈请撤换之。

第八条　各县公安局应需经费，斟酌地方财力编造预算，按月呈由民政厅核请省政府饬发。

第九条　各县公安局钤记由民政厅颁发，俾资信守。

第十条　公安局得因必要情形于其管辖区内分设公安分局，前项分局长由民政厅委任之。

第十一条　公安局因稽查、游缉或临时戒备之必要得编练马巡队。

第十二条　公安局附设警察教练所认真训练，警察每日轮流入所听讲二小时，授以相当学识。

第十三条　教练所教员由局长及巡官或巡长分任之。

第十四条　本条例如有未尽事宜得随时修正之。

第十五条　本条例自呈奉省政府核准之日施行。

《绥远省政府年刊》
绥远省政府秘书处
1929年
（李红权　整理）

绥远省各县支应兵差暂行章程

民国十八年五月二十五日本府公布

作者不详

第一条　本章程适用于本省驻军平日之移防或剿匪时。

第二条　各县支应兵差，车骡依照晋绥总司令所颁《支应兵差须知》册内所定轮派分摊办法由县知事办理之，其无车之户仍令帮价以免偏枯。

第三条　军队需用车骡时，先由直接长官用印文或电报于前三四日通知县政府照办，以免临时遗误。

第四条　前项印文依晋绥总司令所颁《陆军兵差章程办法》叙明支应原因、起落地方、开拨〔拔〕月日、车骡数目，并开列经过县份，直接通知县政府办理。县政府接到通知后，即照录一份备案，一面立派马警将原文速递下站，一体照办，依次轮转，以免按县备文烦累。

第五条　地方官接到印文，即照章备办，并将支应原因及月日、车累〔骡〕数目、运输里数、□价洋数填列详表，分呈警备司令及本府查核。

第六条　支差以二套车为限，山径不通大车或僻县车少不敷应用时，得以驼骡代之，水路通行地方以民船代之。

第七条　依前条代折办法，每车一辆折骡三头或骆驼二头，民船应按容量大小由各县局酌定之。

第八条　船夫、车、骡驼价目按左列标准由县局长酌量支付之：

一、船夫每名每日不得过五角；

二、凡二十里以内，每车一辆至多不得过八角；

三、凡二十里以外四十里以内，每车一辆至多不得过一元二角；

四、凡四十里以外一百里以内，每车一辆至多不得过三元，过百里者比例增加；

五、凡折用驼骡者，二十里以内每驼一头不〈得〉过四角，每骡一头不得过三角；

六、凡折用驼骡在二十里以外四十里以内者，每驼一头不得过七角，每骡不得过五角；

七、凡折驼骡在四十里以外一百里以内者，每驼一头不得过一元五角，骡一头不得过一元。

第九条　支应兵差所用款项暂照旧例办理，如县份过小或差务过多，得由别县帮助之，帮差办法由本府临时另定之。

第十条　所□雇价须车夫实在领受，如经手人有克扣情弊从严惩办，县局长失查者记过，纵容者加等处分。

第十一条　车骡应差以甲县局送至乙县局为限，如有特别情形须呈奉警备司令部及本府核准后方许过站。

第十二条　过站车骡其脚价倍给之。

第十三条　办差人勒索车户或先期征集令车夫稽延久候者，县局长详查严惩之，县局长失查或纵容者亦予以相当处分。

第十四条　车骡驼在应差时间倒毙者，县局长得酌给恤偿。

第十五条　本章程自公布之日实行。

《绥远省政府年刊》
绥远省政府秘书处
1929年
（李红权　整理）

绥远省荐举县长办法

民国十八年十一月三十日本府公布

作者不详

第一条　本办法依照《绥远省任用县长暂行条例》第三条规定之。

第二条　凡中华民国国民年满二十五岁以上，具有《任用县长暂行条例》第二条一、三两款之资格者，经省政府委员三人之荐举，由委员会审查合格，得归入县长存记班。

第三条　县长存记班以二十员为限，其名次由审查委员会定之。

第四条　荐举县长须用签名盖章之荐举书，并附被荐人之证明文件，送由省政府委员会审查。

第五条　审查合格之县长交由民政厅注册存记。

第六条　审查完竣不论是否合格，荐举书交民政厅存查，其证明文件发还。

第七条　本办法自公布日施行。

《绥远省政府年刊》

绥远省政府秘书处

1929年

（刘哲　整理）

绥远省民政厅长巡视程序

民国十八年十一月十三日本府备案

作者不详

第一条　本程序遵照颁发《修正各省民政厅长巡视章程》第二条之规定制定之。

第二条　遵照颁发《修正各省民政厅〈长〉巡视章程》第三条之规定按春夏秋冬四季出巡视察，但于必要时得变更之。

第三条　远〔绥〕远省共辖十七县局，按路程远近酌定每次巡视县份及往返日期，呈报省政府备查，其归绥首县则随时视察。

第四条　民政厅长出巡，除秘密视查外，得先期分令各县局张贴布告，招集各区村长副、各法团、各民众演讲讨论村政、自治及训政时期应兴应革各事宜，并饬属随时保护。

第五条　民政厅长每次巡视各县局，先就吏治及县政府、设治局所办事项认真考核应行〔兴〕应革各事是否切实照办，或应呈请省政府核办者，随时呈准办理。

第六条　民政厅长巡视所到地方，先期饬发布告，严禁一切迎送供应等事，但得委托巡视县局代为预定宿所。

第七条　每次巡视完毕应将一切情形及回厅日期分别呈报备查。

第八条　民政厅长出巡时，得酌带员役，并严禁招谣〔摇〕需索等事，所有一切食用均系自备，所需费款实用实报，请由省库支销。

第九条　本程序自呈准日施行。

《绥远省政府年刊》
绥远省政府秘书处
1929年
（刘哲　整理）

绥远省清乡总局组织规程

民国十八年十二月四日本府公布

作者不详

第一条　本规程依《清乡条例》第七条规定之。

第二条　清乡总局设局长、副局长各一员，局长由省政府主席兼任，副局长由民政厅长兼任，总理全省清乡事务。

第三条　清乡总局设事务主任一员，由民政厅第三科科长兼任，承局长、副局长之命办理清乡事务。

第四条　清乡总局设三股，办理左列事项：

第一股：关于考核、奖惩、庶务、会计、收发、监印各事项；

第二股：关于剿匪、清查户口各事项；

第三股：关于检查枪械、巡视、调查各事项。

第五条　各股设股长，承局长、副局长、事务主任之命管理各股事务，各股设股员，承办各项事务。

第六条　清乡总局设考查委员若干人，承局长、副局长之命巡视各县清乡事务。

第七条　清乡总局得设办事员若干人，协助股员办理一切事务。

第八条　清乡总局因缮写文件得酌用雇员。

第九条　清乡总局自办事员以上职员均为义务职。

第十条　清乡总局办事细则另定之。

第十一条　本规程如有未尽事宜得随时修正之。

第十二条　本规程自公布之日施行。

《绥远省政府年刊》
绥远省政府秘书处
1929 年
（丁冉　整理）

绥远省任用县长暂行条例

民国十八年十一月三十日本府公布

作者不详

第一条　本省各县县长（或设治局长）之任用依本条例之规定行之。

第二条　本省任用县长（或设治局长）之资格如左：

一、曾经省政府任命为县长（或设治局长）或曾经考试取得县长资格者；

二、经本省县长考试及格学习期满领有凭照者；

三、本省省政府秘书处及各厅荐任秘书、科长服务在一年以上、著有成绩经审查合格者。

第三条　前条一、三两款经荐举审查合格为存记班，荐举办法另定之。

第四条　有左列各款情事之一者，虽具有第二条之资格不得任用：

一、有反革命行为审查确实者；

二、被告为贪官污吏、土豪劣绅，经法庭判决确定者；

三、曾受刑事处分而未恢复公权者；

四、亏欠公款尚未清缴者；

五、有神精病者；

六、有吸食鸦片、金丹或施打吗啡等不良嗜好者。

第五条　各县长（或设治局长）缺出，由民政厅长于县长班内依次提出二人至三人，经省政府委员会议决任命署理。

第六条　各县县长（或设治局长）因故不能执行职务时，由民政厅长于县长班内提出一人，由省政府委员会议决委任代理。

第七条　署理县长（或设治局长）满一年后考核，成绩卓著者由民政厅长提经省政府委员会议决荐请任命代理县长（或设治局长），如满三月查其成绩确能胜任者，由民政厅长提经省政府委员会议决改为署理。

第八条　本省各县县长缺分为调委、酌委、轮委三项：

一、一等县为紧缺，遇有缺出，于现任县长内择优调委；

二、二等县为中缺，遇有缺出，于现任县长或县长班内遴选酌委；

三、三等县为简缺，遇有缺出，于县长班内依次轮委。

第九条　现任县长（或设治局长）因故调省，得归存记班。

第十条　本条例自公布日施行。

《绥远省政府年刊》
绥远省政府秘书处
1929 年
（付艳云　整理）

绥远省县长巡视程序

民国十八年十二月三十一日本府备案

作者不详

第一条　本程序依照部颁《县长巡视章程》第二条规定之。

第二条　各县长巡视辖区，除本程序规定外，其余遵照部章办理。

第三条　各县长奉令后须将县境纵横各若干里，村庄若干，山路、平原大概情形，约计可分几次巡视一周，并检同县图先行分报备查。

第四条　各县长每次巡视，应将日期、方向、村数、村名、各村距离里数暨往返日程、出巡时系某秘书或某科长代行职务，先期将上开各项分报，但不必俟奉令准后首途。

第五条　各县长于每次巡视完毕，将回署日期及巡视情形分别呈报省政府、民政厅及主管机关查核。

第六条　凡遇必要秘密巡视时事先得不呈报，以防漏泄，事后必将密巡情事分别报核。

第七条　县长巡视旅费由各该县地方款内核实开支，呈报民政厅转呈省政府查核。

第八条　本程序设治局长亦适用公〔之〕。

第九条　本程序自呈请省政府核准布〔公〕布之日施行。

《绥远省政府年刊》
绥远省政府秘书处
1929 年
（付艳云　整理）

绥远省县长巡视章程

民国十八年三月二十八日本府公布

作者不详

第一条　县长为督察所辖区域内之行政及自治事项并查考地方情形起见，依照本章程之规〈定〉巡视所辖区域。

第二条　县长巡视程序由民政厅长依照本章程规定之，并呈报省政府核准施行。

第三条　县长除临时抽查外，每半年须分巡所辖各区、村、里一周。

第四条　县长于必要时得变更巡视日期，并密秘具〔其〕巡视行动。

第五条　县长出巡，应由县政府科长代行职务。

第六条　县长出巡应视察之事项如左：

一、所属各区、村、里办事之成绩；

二、县政府掌管事务实施之确悦〔情〕；

三、上级机关特交查办之事件；

四、各地方民间一切状况。

第七条　县长依照前条考查结果，认为有应行惩办之行政人员及土豪劣绅并反动分子时，应依照法定程序及权限分别办理。

第八条　县长依照第六条各款巡视结果认为有应行改革或创办事〈宜〉，应立饬主管人员照办，其应呈请省政府核办者随时呈核。

第九条　县长出巡得收受人民呈词，分别办理，但关系司法案件者应依司法法规之规定。

第十条　县长出巡，所到各地方应随时召集各级行政及自治人员筹划应行兴革事宜并随地与民众谈话。

第十一条　县长出巡，不得受地方迎送及供应，其随从员役假名勒索、借端骚扰者应依法严办。

第十二条　县长出巡，应将视察经过情形分别呈报省政府、民政厅及各主管官厅查核。

第十三条　本章程自公布日施行。

《绥远省政府年刊》
绥远省政府秘书处
1929 年
（李红权　整理）

绥远省政府秘书处组织暂行条例

作者不详

第一条　秘书处设秘书长一人，承省政府主席之命总理秘书处事务。

第二条　秘书处设秘书二人至四人，秉承秘书长办理机要文件及关于会议记录编制事项。

第三条　秘书处设三科办理左列事项：

甲、第一科办理关于铨叙、考核、庶务、会计、收发、监印各事项；

乙、第二科办理关于民政、财政、司法各事项；

丙、第三科办理关于教育、建设、实业、蒙旗各事项。

第四条　各科设科长一人，承秘书长之命管理各科事务；科员若干人，承秘书长、科长之指挥分理各科事务。

第五条　秘书处因办理事务得酌设办事员。

第六条　秘书处因办理蒙务得酌设翻译员。

第七条　秘书处因缮写文件得酌用雇员。

第八条　秘书处办事细则另定之。

第九条　本条例自公布日施行。

《绥远省政府年刊》
绥远省政府秘书处
1929年
（李红菊　整理）

绥远省政府民政厅组织暂行条例

作者不详

第一条　本厅受省政府之指挥监督管理全区〔省〕民政事务。

第二条　本厅设厅长一人，管理全厅事务并指挥监督各县及所辖各官署。

第三条　本厅设主任秘书一人，秘书二人，承厅长之命办理机要事务，并核阅文稿，审查拟办事项。

第四条　本厅设第一、第二、第三三科，每科设科长一人，科员及办事员若干人，分任本科事务。

第五条　第一科管理左列事项：

一、关于考核吏治事项；

二、关于统计事项；

三、关于行政诉讼事项；

四、关于灾歉赈济及其他设〔社〕会公益、慈善事项；

五、关于礼俗、宗教事项；

六、关于保存古迹、古物事项；

七、关于国籍、人口、户籍及选举事项；

八、关于审核视察报告事项；

九、关于著作出版事项；

十、关于所属各机关编制事项；

十一、关于本厅庶务、会计、收发、监印事项；

十二、关于不属其他各科事项。

第六条　第二科管理左列事项：

一、关于整理村界事项；

二、关于编制街、村、闾、邻事项；

三、关于改造村制事项；

四、关于街、村、闾、邻长选任事项；

五、关于办理地方保卫团事项；

六、关于消除莠民、土棍事项；

七、关于剪发、天足事项；

八、关于禁烟事项；

九、关于义村社〔村社义〕仓积谷事项；

十、关于办理村政奖惩事项。

第七条　第三科管理左列事项：

一、关于行政区划分事项；

二、关于地方自治事项；

三、关于选举事项；

四、关于市行政事项；

五、关于警政事项；

六、关于公众卫生事项；

七、关于外交事项；

八、关于各蒙旗事项。

第八条　本厅因调查、督催、监察事项得酌设视察员。

第九条　本厅因缮写文件、翻译蒙文得酌用雇员、翻译。

第十条　本厅办事细则另定之。

第十一条　本条例如有未尽事宜得随时呈请修正之。

第十二条　本条例自呈奉核准之日施行。

《绥远省政府年刊》
绥远省政府秘书处
1929 年
（李红菊　整理）

绥远省政府委员会会议规程

民国十八年一月十九日本府委员会议决通过

作者不详

第一章　总纲

第一条　本会会议规程依据《省政府组织条例》规定之。

第二条　本会以本省省政府主席及各委员组织之。

第二章　开会

第三条　本会开会须有省政府所在地委员过半数之出席。

第四条　本会开会以国民政府指定主席出席，主席缺席时得临时互选委员一人代行主席职务。

第五条　本会开会分常会、特别会二种：

一、常会　每周二次，以星期二及星期六下午二时至五时为开会时间；

二、特别会　在必要时由主席或委员二人以上之提议得随时召集之。

第六条　委员因故不能出席，须先期具函请假，由秘书长在开会时报告，否则视为缺席。

第七条　本会每次开会时，由主席宣读总理遗嘱后宣告开议之事，已果由主席宣告散会，但散会期间已届、议事未毕时主席得宣告延长时间。

第八条　本会每次开会时，主席宣告开议后，首由秘书长报告前次议案执行情形及本日议案程序，然后议事。

第九条　凡遇各机关有关系之议案，得通知其主管人员列席报告，以备咨询。

第十条　凡兼厅长委员因事请假时，得派员列席，陈述报告。

第十一条　列席之各机关主管人员及各厅派员无讨论表决权。

第三章　议事

第十二条　本会应议事项如左：

中央党部交议事项；国民政府交议事项；太原政治分会交议事项；省党部咨询事项；委员及各厅处从议建议事项；人民请愿事项；制定条例、规章及单行法事项。

第四章　议程

第十三条　本会会议事项应由秘书处于开会前将议事日程及议案印送各委员。

第十四条　各委员及各厅处从议、建议案件应于开会前二日提交秘书处以使列入议事日程，但遇有紧急事件得临时动议。

第十五条　凡讨论议案遇有变更议事日程时，应说明理由，经主席咨询出席委员无异议方得变更。

第十六条　凡议事日程所列议案未及议完者，得优先列入下次会议议程内提出讨论。

第五章 讨论与表决

第十七条 凡同属一事或性质相关之议案得并案讨论之。

第十八条 凡议案经主席交付讨论后，原提案人愿自行撤回、如出席委员无异议时得以撤回，若认为有讨论之必要，经二人以上之附议，仍得继续讨论。

第十九条 凡议案情节繁重、有交付审查之必要时，得由主席发交本管机关核议具覆，或指定委员若干人为审查员，或组织审查委员会，审查完竣拟具报告书提交本会公决。

第二十条 凡讨论议案以出席委员过半数之同意决定之，可否同数时主席参加表决。

第二十一条 表决方法以举手表示赞同，但遇必要时得用记名投票表决之。

第六章 覆议

第二十二条 凡已经议决之议案如有覆议之必要时，经委员一人以上之提议，二人以上之连署，出席委员三分之二以上之同意得提出覆议。

第二十三条 覆议案件之表决手续同前。

第七章 议事录

第二十四条 本会应编制议事录，由秘书处掌管之。

第二十五条 议事录应记左列各项：

（一）开会之次序，年、月、日、时；

（二）出席及缺席委员之姓名、人数；

（三）报告及建议者之事由及其姓名；

（四）讨论；

（五）表决方法及可否之数；

（六）其他必要事项。

第二十六条　本会议决各案应登公报公布之，但有重要事件不能发表者，各委员及秘书处均有严守秘密之责。

第二十七条　议事录应于下次会议前送达各委员。

第八章　附则

第二十八条　本规程由绥远省政府委员会会议通过施行。

第二十九条　本规程如有未尽事宜得由委员会会议随时修正之。

《绥远省政府年刊》
绥远省政府秘书处
1929年
（李红权　整理）

绥远省政治实察所组织章程

民国十八年九月二十九日本府呈准

作者不详

第一条　绥远省政府为谋各县局暨各蒙旗政治之进步，设立政治实察所（以下简称本所）。

第二条　本所直隶于绥远省政府。

第三条　本所置所长一人，综理全所事务，秘书一人，掌管机要文件并辅助所长办理本所一切事务。

第四条　本所置实察员十七人，分任视察各县局政治事项，蒙务调查员四人，分任调查各蒙旗政治事项，密查员二人，分任密查一切重要事项，均受所长之监督指挥。

第五条　本所置事务员三人，承长官之命分掌普通文件之撰拟，印信、卷宗之保管及庶务、会计、收发等事项，书记二人，专司缮写事项。

第六条　所长由省政府任命之，秘书由所长遴选，呈请由省政府委任之，事务员、书记由所长委用之。

第七条　实察员、密查员由所长遴选，呈请省政府委任，但以合于左列资格之一者为限：

一、曾在专门以上学校毕业，具有政治经验，经本所考取训练期满者；

二、曾经官吏考试及格而受相当之训练，或由本省保送太原党政学院毕业者；

三、本省候补人员具有五年以上行政经验者。

第八条　蒙务调查员由所长于熟悉蒙旗情形而具有政治经验人员遴选，呈请省政府委任之。

第九条　实察员、蒙务调查员及密查员服务及考核各规则另定之。

第十条　实察员、蒙务调查员及密查员服务成绩由所长严加考核，每年两次，于六月、十二月底以前分别列表呈报省政府。

第十一条　本所通年经费由省政府划拨预算另定之。

第十二条　本所职员办事细则由该所自定之。

第十三条　本章程如有未尽事宜得随时呈请修改之。

第十四条　本章程自呈奉核准之日实行。

《绥远省政府年刊》
绥远省政府秘书处
1929 年
（李红权　整理）

绥远省政治委员考核规则

民国十八年十二月三日本府公布

作者不详

第一条　本规则依据《绥远省政治实察所章程》第九条规定之。

第二条　凡本省政治实察员、密查员及蒙务调查员均由政治实察所所长依据本规则之规定考核。

第三条　前条各员服务成绩应每年考核两次，于六月、十二月底以前分别列表呈报省政府核定。

第四条　考核成绩分为五等，依左列之规定分别奖惩：

一、上等呈由省政府以县长存记或加俸；

二、上中等记功；

三、中等无奖惩；

四、中下等记过；

五、下等撤差。

考列中等三次、中下等二次者撤差。

第五条　本规则自公布之日实施。

《绥远省政府年刊》

绥远省政府秘书处

1929 年

（刘哲　整理）

绥远市公安局管理旅店规则

民国十八年五月十四日本府公布

作者不详

第一条　旅店营业分三种：

甲、旅馆、客栈、货栈之有住客者；

乙、客店、羁马店之住客者；

丙、小店、火房之类。

第二条　旅店营业者须遵照本局《取缔请领营〈业〉执照规则》先期呈报该管警察区署转呈本局核准后发给执照。

第三条　凡旅店呈报营业须取具殷实铺保附呈备查。

第四条　凡旅店如有迁移或扩充或改字号，均须先期呈报该管警察区署转呈本局查核另发执照。

第五条　凡旅店须遵照本局所定之循环簿，将每日住店旅客姓名、年岁、籍贯、职业按日详细登载，不许含混遗漏。

第六条　凡旅店于柜房内悬一份牌，即将逐日住店旅客姓名登于牌上。

第七条　旅店对于旅客应禁止之各事：

一、暂居娼优招引客人住宿者；

二、旅客招致娼优到店住宿及饮酒弹唱者；

三、开灯吸售鸦片者；

四、旅客在店聚赌者；

五、旅客于夜间高声唱歌、无故喧哗有扰他客安眠者。

第八条 旅店遇有以下各事项立刻报告该管警察署：

一、增减、更换伙计之事；

二、旅客不服第七条禁止之各事；

三、旅客带有军械及违禁物者；

四、旅客携带珍奇宝物不类已有者；

五、旅客携带妇人或幼童形近诱拐者；

六、旅客来路不明，言语、举动、形迹可疑者；

七、遇有旅客入店时行李无多，随后渐见增〈加〉及任意挥霍者（如店主素识其人之根底，无他可疑情形，则不必呈报，惟店主应任其责）；

八、孤身女客疑为逃亡者；

九、外国人到店住宿者；

十、旅客患有重病或传染病者；

十一、旅客之死亡者，非经局署查验，其衣箱、物件等不得移其位置；并私自翻动偷窃者；

十二、旅客不携带行李、货物，无故出店五日内不知去向者；

十三、旅客去后有遗亡物件者；

十四、旅客亏欠房饭各款，欲持物品以抵偿，或抵偿客人之物品者；

十五、旅客未曾携行李、货物出店，去后遣人来领取者（如店主素识其人或有确实凭据者则不必呈报，惟店主应任其责）；

十六、旅店循环簿如有遗失者；

十七、审知系未发觉之匪人或罪犯之在逃者；

十八、旅客时常夜不回店住宿者；

十九、旅客或来往相访之人有交头接耳秘密举动及捏造谣言者。

第九条　旅客如因第八条各项之报告而查获匪人者，当由本局酌量其事之大小，分别给赏。

第十条　旅客如有寄交柜上物件，应给以收藏证据，其损失、毁坏等事店主应负其责；若取物时须将证据收回，倘旅客遗失证据，应令其补写领据。

第十一条　旅店之掌柜及伙计人等不得诱劝旅客吸食鸦片、冶游、聚赌。

第十二条　旅店闭歇须遵照本局《取缔请领歇业规则》呈报该管警察区署。

第十三条　旅店客室对于左列各项事宜务应特别注意，勤慎遵守：

一、房屋要洁净；

二、寝具要洗晒；

三、杯盘痰盂要洗净；

四、室内空气要流通；

五、蝇、鼠、臭虫要扑灭；

六、积秽要勤除；

七、手巾要常煮；

八、茶夫、厨工衣服要整洁；

九、厨房要清净；

十、厕所宜别男女，并应随时打扫。

第十四条　旅店客室、锁钥均须坚固，以防盗窃。

第十五条　旅客非眷属人等男女不得同住一室（小店不得留住女客）。

第十六条　旅店伙计等均须取具妥实保人。

第十七条　旅馆、客店晚间须悬挂玻璃灯于大门上，掩门之时刻不得过十二钟（旅客初到店应先告知）。

第十八条　小店营业现时不能填写循事簿，暂行免用。

第十九条　小店晚间闭门之时刻，春夏以九点钟，秋冬以八点钟为限。

《绥远省政府年刊》
绥远省政府秘书处
1929年
（付艳云　整理）

绥远政治实察员服务规则

民国十八年十二月三日本府公布

作者不详

第一条　政治实察员专负考查报告各县局办理行政人员之责，但特殊事件经省府令委协助办理者应尽力协助。

第二条　实察员查报事项以各县局政治成绩优劣及所定办法能否适合实行，并办理人员有无操切、敷衍及舞弊情事为主，其各高级官署临时委查事项亦应详查具报。

第三条　关于政治各项均应随时查察函报，其定有专表者应按时填报。

第四条　各项表件系交委员自带者，须亲身查填；系发县局填就径交委员查报者，须切实查察，附注所查情形转报核办。

第五条　实察员在服务地方得商同县局长或区长招集县区人员宣布政员〔务〕进行纲要，于考查所至村庄并得招集人民随时讲演要政。

第六条　实察员向村、闾、邻长查询事件时须和平诚恳，即办理不善或答覆不同〔周〕，应开诚指导，不得傲慢凌辱。

第七条　实察员领有旅费，所至县局除往来照章使用车票外，不得借端需索或收受馈赠，其车票只限于由省城至服务县局往返使用。

第八条　实察员在服务县局不得婚娶或絜〔挈〕带眷属，以免妨碍职务。

第九条　实察员对实察事项应详切考查，据实直陈，倘有徇隐或不当行为经委查属实者应受惩处，如犯刑律依法治罪。

第十条　实察所定有政治实察员日记簿，委员到县须将经过事件登入簿内，每三月寄呈实察所一次，以备考阅。

第十一条　委员报告以函行之，并须编定号数，以便稽考。

第十二条　本规则蒙务调查员准用之。

第十三条　本规则自公布之日实施。

《绥远省政府年刊》
绥远省政府秘书处
1929 年
（李红菊　整理）

乌伊两盟十三旗联合办事处章程

作者不详

第一章　总则

第一条　本处定名为绥远乌伊两盟十三旗联合办事处。

第二条　本处以连络蒙汉感情、改近〔进〕蒙旗庶政为宗旨。

第二章　组织

第三条　本处设处长一员，副处长一员，由省政府遴委之。

第四条　处长综理本处一切事务，副处长辅助之处长；如有事故不能执行职务时由副处长代行其职权。

第五条　本处设处员十三人，由乌伊两盟十三旗札萨克各于本旗台吉、梅勒、章京中择选品学兼优、热心公务、熟悉蒙汉情形者一人派充之，即为该旗代表，分为三班，四人者二班，五人者一班，轮流来省驻处，每四个月为一期，承办一切事务。

第六条本处设秘书一员，庶务兼会计一员由绥远省政府委充之，并得选用书记二人，但以通晓蒙汉文者〈为〉限。

第三章　职权

第七条　本处职权如下：

一、筹划蒙民生计及教育、实业、垦牧、水利、林业各事项；

二、关于各蒙旗应兴应革事项均得就近建议呈请绥远省政府查核办理；

三、传递各官署致盟旗各项公文、函件等事。

第四章　经费

第八条　本处经费由绥远省政府按月拨发，经费预算另定之。

第五章　附则

第九条　本章程如有未尽事宜随时修正之。

《绥远省政府年刊》
绥远省政府秘书处
1929 年
（李红权　整理）

蒙事刍议

萧韩兴　撰

蒙事之危，至今日而极矣，苏俄窥视于北，日本谋逞于东，强敌侵凌，利权日丧，而起视吾蒙内部之状况，则执政者之因循敷衍不知振作，社会之颠倒迷惑不易觉醒，以视数年前殆犹有甚焉。以如此之民族，而欲生存于今日之世界，其可得乎？不揣谫陋，仅就蒙古之政治、教育、军事、生计各方面，略举其应兴应革者如左。

（一）政治　蒙古现行政治首应改革者，厥惟封建制度。盖封建制度为专制政体之附属物，其违反国民革命之潮流，自不待言。蒙古王公之明了世界大势，欲为政治之改革者，颇不乏人，与其待民众之要求，而始图改制，不若出诸王公之自动，而予民众以自由。故今后蒙古之政治，宜以民众为本位，而由智识开敏之王公等领导之，所有各项度制〔制度〕，应依照中央政府所订之地方制度，从新组织，则蒙古民族之解放，当可拭目俟之矣。

（二）教育　蒙古衰弱之原因，由于人才之缺乏，此所公认也。人才之培养，端赖学校教育之普及。蒙古全境，仅有一最高学府，北平之蒙藏专门学校，则停闭者二年之久，无人过问，现在甫由蒙藏委员会令其恢复旧观。其他中学、小学设立者，亦寥若晨星，于此而欲求人才之兴起，又乌可得。今宜广建学校，每旗设小学十校，每盟设中学一二校，全蒙设规模完备之大学一校，其他如军官学校、各种实业学校，亦须逐渐筹设，并须选大学生之成绩优异者，送赴外国留学，以养成高深学术之人才。而中小学开办之初，尤应先设师范学校，分高级、初级两科，聘内地各省及留学外国之大学毕业生，充任教授，以养成中小学之教员人才。则蒙地教育当可日见普及，而人才自能蔚起矣。

（三）军事　蒙古民族体格之坚强，武功之昭著，征之千年以来之史册，实为中国民族最大之光荣。然而时势变迁，今非昔比。试观今日各盟旗，多数未设军备，即有一二蒙旗设有军队者，亦人数太少，枪械不精，将校无军事之学识，兵士乏日常之训练，以之应战，则捕盗御匪尚觉为难，一旦强邻压境，外侮纷乘，其将何以应付之？今宜由蒙族全体急谋自卫，每家各出壮丁，编成队伍，并呈请中央慎选军官若干人，专司训练，其所需饷械，由蒙地自筹，不足则请中央补助。如此则十年之后，蒙古兵力必日见充实，以御外侮而却强邻，不难矣。

（四）生计　蒙古地处沙漠，气候严寒，雨泽稀少，不宜农业，故蒙人之生计，全恃畜牧，逐水草而迁徙，靡有宁居，以致社会一切事业，无由进化。今宜于畜牧之外，兼营工商之业，盖畜牧之产物，多为工业之原料，出口之主货，且俱为世人日常生活所必需之用品，如牛、马、羊、驼诸牲畜，以及其副产物之皮、毛、肉、油、乳、骨、角等是。欲工业之兴，首重原料，现代所需要之最普遍者，尤为畜牧所得之副产物也。

据以上观察，蒙地实为最良好之工业区域，而非农业之适宜地。诚能就固有之原料，而研究改良其制造方法，则工业既进步，销路必激增，商业之发展，可计日而待，何惮而不为乎？以上四端，乃其急须解决者。他如蒙古外患问题、宗教问题等，因条目棼繁，尚待详审研讨，当俟将来续论之，兹不赘焉。

《蒙藏周报》
南京蒙藏委员会
1929 年 1 期
（朱宪　整理）

蒙古选举监督之怪奇

宣慰使也算做行政长官　乌梁海竟有两个监督

作者不详

本月十二日命令：特派奉天省长为哲理本〔木〕盟众议院议员选举监督，热河都统为卓索同〔图〕盟、昭乌达盟众议院议员选举监督，察哈尔都统为锡林郭勒盟众议院议员选举监督，绥远都统为乌兰察布盟、伊克昭盟众议院议员选举监督，新疆省长为阿尔泰山乌梁海众议院议员选举监督、甘肃省长为阿拉善额济纳及青海众议院议员选举监督，此令。

特派蒙古宣慰使那彦图为土谢汗部、车臣部、三音诺颜部、扎萨克图汗部、乌梁海、科布多众议院议员选举监督，此令。

《西北》（半月刊）
北平西北文化促进会
1929 年 1 期
（朱宪　整理）

今日之蒙古政治

张由纪　撰

一　绪论

今之论中国东北政治者，辄以满蒙问题混称之，而所有列论，满每多于蒙。所有消息亦然。此种褊袒，实令作者不满。殆蒙古次要于满洲乎？要知蒙、满外省，与政治、经济及边防诸问题，实与中国前途有唇齿之关系。大言之，国际间亦莫不以之为举足轻重之境界也。作者鉴于出版界对于蒙古问题之沉寂，又以蒙古问题之不容缓论，爰将参考所及拉杂笔之，虽不能窥全豹，亦可聊见一斑也。

政治学家蒲徕士说："学者考察一地政治，必先考察该地历史的和自然的状况。"兹先将蒙古之地理及历史的背景，简述篇端。

蒙古位于新疆之东，内地之北，黑龙江及奉天之西，俄属西伯利亚之南。蒙古之名自其住民之称而来。成吉思汗系出自蒙古族（或称蒙兀族），其部蕃衍于此地，故称之曰蒙古。戈壁横贯其中，长三千余里，划蒙古为两部。

外蒙古在大漠之北，久隶版图，林矿丰饶，牧野弥望，遂使接壤之强俄，常生觊觎之念。民国初立时，尝嗾使库伦活佛独立，四年因蒙人要求，曾允外蒙自治。八年外蒙活佛、王公自愿取消自治，恢〈复〉旧制，民十二、十三时，复因俄党关系，反抗中央，俄兵一时未允撤退。经王正廷、顾维钧等磋商条约，亦无大结果，遂迁延以迄于今。

内蒙扼据边墙，包内地之北部，为天然之屏藩。今分为热河、兴和、绥远三道，各驻官吏以统辖之，实为控驭边陲之至计。盖热河为京、奉之中坚，兴和乃秦、晋之肩背，绥远则为燕、晋、三秦之上游也。近者满蒙事件日繁，南下北进之政策日急，而内蒙之风云，亦益紧，诚使因利而利，劳来安辑，各得其宜，则控制外蒙，亦将于是乎在，岂特秦、晋之保障而已哉？

中华民国，既由汉、满、蒙、回、藏五族共和国构成大中华民族，则蒙古在种族上，自为中华民国民族之一部分。就版图而言，亦为中华民国领土之一部分。即就政治而言，亦为中华民国国家之一部分。蒙古在中国史上，已占重要之地位。逮乎今，则在内政、外交两方，尤为关系重要，兹约述其在中国政治上之状况如下。

二　行政区域

中国领土于逊清时代，包括二十二行省（本部十八省及光绪年间所设之关东东三省、新疆省），及蒙古、青海、西藏三大领域。此三大领域认为“外藩”，不认为行省，民国成立以后，《临时约法》载有“中华民国领土，为二十二行省，内外蒙古、青海、西藏”。普通所谓内外蒙古，乃指长城以北，新疆以东，奉天、黑龙江以西，俄属西伯利亚以南之地。大沙漠以南，称为内蒙古。大沙漠以北，称为外蒙古。按其实，黄河套以西，为套西蒙古，长城以北沿边之地，前清早已设县，归入直隶、山西、奉天三省以内。凡此一带，称为内属蒙古。严格而言，大沙漠以南之地，除套西蒙古及内属蒙古而外，其余方可谓之内蒙古。至于外蒙古之地，严格言之，亦须除去西部唐努乌梁海及科布多二处，方得为〔谓〕之外蒙古。民国之初年，一因汉〔漠〕蒙人民杂居塞北者，日见众多，二因俄国唆使蒙民叛变，中国政府于是重新划分汉南塞北之地，即将内蒙古及内属蒙古仿照省制，改为热河、察哈尔、绥远三特别区，将套西蒙古改为甘肃、宁夏，所辖之地，实际上而言，现在中国行政区上，只有外蒙古而无内蒙古之称矣。

蒙古地方行政区域，最高者为“盟”，其次为“部”，再次为“旗”，最小为“包”。包类似乡村，在行政不及盟、部、旗三阶级之重要。然盟不必由多部凑成，有只一部者，部不必由多部〔旗〕凑成，亦有只一旗者，部与旗为蒙古原有之旧制，盟乃前清管理蒙古之新制，至今外蒙古之行政区域，仍系盟、部、旗三级之制度，即在三特别区域，虽经改为县制，而关于蒙民，则依然保留旧制也。

三　行政机关

蒙古之行政机关，可分为地方与中央两种。

第一地方的　盟有盟长，旗有旗长，皆蒙古世袭之酋长，称为“扎萨克”。在清室时，此等扎萨克，均有封爵，同于宗室，有王公、贝勒、贝子、台吉等名。旗长实际上受理藩院之干涉，部长系以本部扎萨克中之学长充当，只具名义，而无实权，亦无职务。清制设盟之目的，即在除部长之权限盟长系由各旗旗长推选而出，但须经中央元首批准。盟长无固定之办事机关，每年得召集各旗长会议。

上述关于蒙古地方行政机关，在民国元年，经中央政府公布，关于满、蒙、回、藏各族待遇之条件及《蒙古待遇条例》之承认，至今尚未变更。

第二中央的　清时北京设有理藩院，管理蒙藏事务，此外在蒙古尚无〔有〕“都统”、“将军”、“大臣”等名称三，派遣大员，就地办理各盟旗之军政与民政。是种派遣大员中，亦有由理藩院派来之官吏帮同办理事务，但理藩院所派之大员，皆直接对皇〈帝〉负责。

洎乎民国成立以后，理藩院改为蒙藏院，管理蒙藏事务。于三特别区域，设三“都统”，管理各该区域内军政、民政及旗务。于外蒙古，又设一“库乌科唐镇守使”，驻库库〔伦〕，其下又有“参赞”类人，分驻大城，协同管理一切。所有大员，均对大总统负责。

在昔中央机关，完全不干涉地方盟旗行政机关，但民国以来，因欲办新政，容有不免之处矣。

四　中、俄、日之接触及其三角形势

现在谈北方国事者，每将满、蒙混合言之，而莫明其底细，实则关于蒙古，所知亦颇鲜焉。热、察、绥三特别区域内，汉蒙相安，在政治上初〔除〕与各省共同问题外，原无所谓单独的蒙古问题，惟外交上，日本每用东蒙二字，与对满州〔洲〕用关东二字，同一含侵略之意，至少日本意在热河特别区域也。民国初年，日本曾助奉、热交界内之蒙人叛乱，故意造成郑家屯之交涉。现在满蒙王公世家，多凑集大连、旅顺一带，日本利用之以捣乱蒙古，今复变本加厉，益施其野心，此种祸根，盖缘二十一条之动机。弱国无外交，我国虽在巴黎和会及华盛顿会议，本其解决远东之国际纠纷之提议，力图解决，结果未臻圆满，亦可概〔慨〕矣。

外蒙名义上，虽为一蒙古［其］共产党之蒙古共和国，而实际上，宛若苏俄之属地。苏俄与中国缔约，承认外蒙为中国领土，而另一方面则又承认外蒙独立，显然可见其违背条约，由外交上观察，则外蒙颇有成为苏俄属地之虑，是则斯拉夫民族，直与中华民族卜生死存亡之危机也，岂不殆哉。

日俄两国，与我国相接相处，自不能免除争竞。因争生妒，因妒而竞争益烈，观夫一九〇五之日俄战争，乃为满蒙权利冲突之战争也。英之租借威海卫，盖欲巩固其在东北之势力，英日之同盟，盖亦保护其在东北之原有势力，而共同抵御俄国之侵蒙、满耳。但俄国对中国之野心，未尝因日本之虎据而稍弛，视其百般设法进行可知。初与张作霖通款，求其允准在满蒙界内，筑一铁路，连结黑龙江与西比〔伯〕利亚路线，然阻于日而不遂。数年前，又与冯玉祥通款曲，冯之态度可于民十一蒙人一函中见之，中有中国“国民军”将与俄、蒙三军合作之说，其后冯又率其眷经“乌拉”（蒙古都城）而至俄，情感和洽，显然可见当时奉张势炙，只得待时行动，静处山西、甘肃、内蒙一带。

至于今日，张之势焰已衰，而冯氏在党内，又颇孚众誉，虽于表面上与蒋介石、阎锡山等携手，然俄人固颇冀其得势，贬日而助己也。论者以为中国内部，虽告统一，然不免有战祸重来之虑，即国际上亦不免有一番之战争也。又谓日人似以〔已〕充分预备军事矣。此等论说，以作者之目光在日俄政治上及外交上看来，窃犹未也。就外交上而言，日本四顾甇〔茕〕然而孤立。就政治上而言，则其内部党派分争，无暇外顾。再就经济立场而言，日本尚未恢复大灾之原来状况。然而俄之未遑备战，更逊日本，至我国则毋庸论焉。

惟然战争之说，不为无因，俄既与外蒙勾结，其主义与潮流，汹汹涌涌滚入“内蒙”一带，而满洲而高丽而日本帝国，此日本所引为极大危机者也。一方日人致其全力，尽勾结蒙人、扩张己势之能事。但亦有使苏俄旦夕不安于席者在。前者之例，可于俄势渐布至满洲里等处而见之，后者之例，可于日本使满蒙设立自决会等而见之。然最明显之例则又莫如呼伦贝尔事件耳。

俄新政府一如旧政府然，无日不谋得一不冻之港口，及畅销之商场于中国，彼以为外蒙古既入掌握，则渐次怂恿扩张，亦颇可能。迄于今，满州〔洲〕里一带已亟亟为俄潮所冲而莫之能御，是时也，日人之恐惧，自在意中。故为保护一己之利势起见，不惜牺牲一切，作种种行动，如勾结白俄，如怂恿满蒙，如欺弄中央，如买通或恐吓三省当局，夫人已知矣。至于东京〈名〉古屋博览会中设立满蒙馆事件，亦足见蓄志侵略之一般。满蒙馆名义旋虽改为参考等代名词，然实际上之意义，何尝稍异哉。

前以〔已〕言之，所谓俄人颇冀冯玉祥，能在中国政治上占一重要地位，俾有所乘。不料言犹未已，消息传来，冯氏在豫已有军时〔事〕行动，违抗中央，破坏业已统一之中国。如京汉路之绝断、铁桥之炸毁，在在使人注目，闻中央与冯之交战期，将于总理奉安正式开始云。但据二十六日报载，冯将韩复渠〔榘〕通电服从中央，冯已退守潼关，行将出洋矣。闻战争有免避之可能也。

五 呼伦贝尔事体

呼伦贝尔虽地属黑省，然于本题关系则颇重大。呼属龙江道，处于东境，面积约七万方里，中东路横贯其中，西自满洲里入境，南连外蒙，西伯利亚入东三省①，我国边防之第一门户也。民族分

① 原文如此，似有错漏。——整理者注

四大部，大部分则为蒙古族，新巴尔虎、陈巴尔虎等。

呼之民族不一，派别分歧，有急进派、保守派、亲中派、亲俄派、亲日派等名目。民十七，奉张败出关外，急进青年派，遂得外蒙援助（日方消息），八月十五日爆发，至中旬共会议合并，成德属新俄与蒙古青年军，亲行袭击火车，断齐齐哈尔路线，然终为我国所败，时十六日也。十七日满州〔洲〕里大队蒙军，又行扰乱，终复为我所败。

由上列事件观察所得，约有数点：（一）蒙匪之暴动；（二）蒙古青年党之民族独立运动；（三）成德一派之野心，号召脱离中国；（四）外蒙政府之怂恿并援助；（五）日俄国固幕后之操纵人也；（六）郭道甫等之“大蒙古共和国”，等等。

直至九月二十六日以来，呼伦贝尔代表美尔施与奉方代表张道尹会晤，作大体之解决案，其条件，大旨如下：（一）东省方面，认蒙旗之行政与从前一致，承认其自治。……（二）东省方面出征之军，一律撤退，于满州〔洲〕里，海拉尔一带。（三）参议厅参列各蒙旗，东省派代表一名，以监督蒙旗之自治行政。（四）参加此次独立运动者，宣告无罪。

同时海拉尔蒙党领袖郭道甫，有经张学良之劝告，已悟假借外力之非计云云。

呼伦贝尔二次酿乱　呼伦贝尔去年五月间之叛，因领袖郭道甫归顺而平靖。其后青年党之态度复变，对于辽宁当局之处置，大为不满，其亲俄政策，更加显明。此后不免再起叛乱，而呼伦贝尔将成东北边疆之一大问题，殆无可疑，呼伦贝尔人口总数共有七万二千余，其中汉人占一万七千一百七十左右，俄人占二万二千六百，其他外人有二百六十余，至纯粹之呼伦贝尔人，仅有三万一千八百八十人。由是观之，其所谓独立运动，决不能独自进行。呼伦贝尔各族中最有势力者，系达呼尔及巴尔虎两族。前者已颇开化，知识程度与华人无甚差异。前清时曾为大官之忠勇公多隆阿，吉林将军长顺，呼伦贝尔副都统贵福，及去年呼伦贝尔事件中领袖人物郭道甫等，皆系该族出身。巴尔虎族中亦颇不乏人才。如今副都统公署右厅长巴戛巴抽〔迪〕，即该族人也。呼伦贝尔之民族运动，实以此两族为中心，其余各族，不过居于被动地位。近来达呼尔族之政治运动，颇有可惊，向来沿用之满洲文学〔字〕，已一律废止，甚至公文书件皆用蒙文，设立新式教育机关，输入新文化，其青年党之中坚分子，皆系达呼尔族。苏俄屡次劝诱呼伦贝尔青年到俄求学。由俄归来之学生，已达二十人左右。

六　俄国在蒙之企图

俄帝国曾在外蒙鼓吹独立，设政府于库伦。自一九一七年俄国革命时，外蒙亦一度入中国直接管辖，由安福派徐树铮在掌蒙〔蒙掌〕理之。迨安福派失败，徐氏仓卒归国，外蒙主持无人，赤俄乃乘机攻取库伦，为蒙民设立独立共和政府于库伦，质言之，盖即蒙古之共产党政府而已。谓余不信，可读罗邑领事馆向外交部之报告，而知是言之不诬。其报告谓苏俄主席如列宁，于本年三月上旬，接受〔见〕外蒙全权代表贡仆札勃，接受国书，三月五日，为第三国际十周纪念，外蒙开庆祝大会，三月六日为外蒙国民革命党八周纪念，并举行各种集会，甘受第三国际之指挥云。

外蒙纯粹以党治国，其组织可分六部，为内政、外交、教育、实业、陆军、财政是也。有国会，每年开大会一次，经一月时间，凡军事、外交、政治、财政，及一切重要问题，均由此决定。此外尚有小会几次，及常务会务〔议〕，以决定临时发生之事件。军事方面，外蒙有极精锐的骑兵，男女自四十岁以下，十八岁以上，均须受军事训练，军官学校，有千余学生，已毕业两期，军械方面，有飞机、机关枪、坦克炮车等。

外蒙设有党务学校，学生五百人，国民大学二处，中学四处，小学教科书，完全用蒙文，此外在俄留学者，五百人，在德、法两国亦各有留学生百余人。

观此可知苏俄在外蒙之势焰浩大，苏俄在后操纵，事迹彰明，受其迷者，又以青年党为最。本年四月十七日，外蒙青年党，有煽动内蒙倡乱之进行步骤，此等消息，为哈尔滨护路军总司令得之于哈满护路司令梁忠甲之电告，谓：恰克图、库伦、三贝子两大道间，苏俄运兵械及粮石颇忙碌，并有多辆汽车运送骑、步兵，在各军队内教官，多为俄人，巴尔戛及哈尔哈之青年，在库伦组有内蒙古革命委员会，并拟在巴尔戛蒙境招募蒙古大批游击队，巴〈尔〉戛已有蒙古宣传员，鼓吹哈尔哈与巴尔戛合作，共同抵抗黑省府。

曾据上乌金斯克消息，有布列特种人、喀列梅阔种人、吉尔吉兹种人，充赤党军官，由列宁格勒经上乌金斯克往来外蒙库伦，组织国民革命军。又悉库伦来有蒙人及布列特人宣传员六十余名，均经毕业于西比尔斯基宣传所，库伦设有战术传习所，招内蒙青年党入所，学习炮击、机关枪射法及毒瓦斯使用法，将来各军均以库伦为大本营，现有一部军队，开始向巴尔戛边境开动，由巴喀列至义尊原间，每间五里六〔六里〕，设有哨卡一处，每处驻步兵十人或十二人，在贝尔湖巴〔区〕域内，三贝子开来骑兵一连，计百余人，并有汽车数辆。又在巴尔戛蒙古边境布克鲁伦河地方，开来哈尔哈骑兵甚多，在兴安岭以南到有骑兵一百人，在三贝子则驻有苏俄军队数千人，在贝尔湖附近亦发现苏俄军队，三贝子距大道五六里，建有俄飞机场，克鲁伦河则搭有桥梁，此均外蒙受俄之蛊惑，在内蒙作煽乱工作之第一步也。

又据归自满站人言，内蒙确有不稳状态，因去岁蒙民一度变乱后，所得结果，仅为郭道甫一人造成升官发财之机会，内蒙呼伦贝尔之都统权威，仍然高临于上，所有各项压迫，亦未解决，一般青年党，心颇不甘，赤俄窥破此点，利用外蒙，煽惑此辈作乱，并闻将来进取目的，仍在于中东路区域也。

我国当局，虽于黑省边境，格外紧急戒严，蒙人之往来内地者，必加盘查后始准放行，但亦非治本之法。事关国家边防，根本良策，应由中央妥为办理解决也。

七　日人在蒙之阴谋

本年二月，奉天、哈尔滨等地，忽发现所谓满蒙自决会名义之宣传文，此项宣传，侦知之下，乃由大连而来。所谓满蒙自决会之组织，亦系事实，盖于日人援助之下成立者。其中心人物，名薄益三，系满州〔洲〕后裔，现任日人经营之日蒙产业公司主任，又有库伦方面蒙人多人。该项宣传，内容主张满州〔洲〕及蒙古实行自决。文中所谓自决会之议决案，大要如下：（一）日本永远保护王公地位，力助反对实施平均地权政策运动。（二）打破东蒙古现象，重新组织各机关。（三）满蒙民族，互相扶助，以期实现各自独立，与中国脱离关系。（四）两族共同招募革民〔命〕军，一切经费及军械，由日方供给，并由日方派军事教官训练之。（五）秘密联络土匪，鼓吹革命精神，于有机会之际，共同奋起以实现自决。（六）特派重要人物，前往日本学习军事技术，此类学生，日本已承认予以免费，及其他特别优待条件。（七）与日本协同设立大规〈模〉之开拓公司，改良蒙古畜牧事业。（八）日本已承认允许大连地方，设立自决会中央机关，进行一切事宜。

就上列看察，自决会之设立，已无讳言，已递次实行者，有第七条，闻南汉社决在内蒙设立二十八牧场，先在洮南附近设一处，豢养蒙古牛，并办屠宰、冷藏运欧。查三年来，日本在青岛屠宰牛五百余万头，运出外洋获利在九千余万，此等厚利，何以我国竟无一公司起而与之竞耶，不亦咄咄怪哉。

日本除鼓吹内蒙独立，以施其经济侵掠外，对于政治上，更致全力逞其野心。东北日方要人，如村岗关东军总司令、木下关东长官等，最近在东京集议，对于满蒙问题，分软硬二派，硬派主张不再理张学良，应全力援助东北新领袖之实现，或以国民政府为交涉之主体；软派仍以张学良为入手交涉之步骤，解决吉会铁路及商租问题。

关于软派，有驻满日官之侵略步骤：（一）吉会、长大两路开工。（二）营口起至互〔瓦〕房店经复妙〔县〕与南满本线连络之新线，交涉要求承认。（三）商租问题解决。（四）为满洲治安问题，对于蒙满行政警备。以上以日本外务、陆军、满洲、关东厅，四大机关成为一气，全力实行。今又有韩、满、蒙经济互相提携之说，使经济皆打成一篇。此种阴险之侵略，至为可怖，盖日本竟欲使满蒙成为朝鲜之真真第二。

八 蒙古之经济现状

因外蒙古之交通，皆未开拓，故对于确实之调查统计，殊感困难，其蓄〔畜〕牧、羊毛、副产物等产额，甲于世界，兹将最近蒙古东部（人口四十万）一年之产额列表如左：

牛	一，五〇〇，〇〇〇头
羊	四，五〇〇，〇〇〇头
谷类	四，〇〇〇，〇〇〇担
羊毛	二〇〇，〇〇〇斤

续表

驼毛	六〇，〇〇〇斤
野兽皮	一〇〇，〇〇〇枚

更就蒙古一年内输出之产额表列左：

羊毛	六六〇，一一六斤
山羊毛	二一，〇七五斤
羊毛制物	四，四六〇斤
驼毛	二三，九六〇斤
豚毛	五八，三二三斤
山羊皮	四七，五六六枚
牛皮	一，二六八枚
其他皮类	付[①]八二四枚

内蒙之农产物如小麦、燕麦、高粱等颇多，外蒙则甚少，内外蒙古，盛行相同之各种蓄〔畜〕牧事业及其副产物，不外为毛皮、野兽及采药等等。

外蒙经济，完全独立，有自定的税则，有国立的银行发行［五百万］纸币，有五百万资本的摩托公司（半官半民），岁入在一千二百万左右，岁出在一千万左右，剩余二百万，为办理实业及教育等用度。

我国清代，清政府改〔对〕于两蒙之天然富源，漠然不察，故极端禁止人民移入。民国以还，内地人民如山东、直隶等省，历受内战与灾荒之影响，不堪经济困难之痛苦，乃纷纷向外省移民，其势有似堤之决口，不但在满洲筑成经济之地位，且深入蒙古等处，西林、大板上、索伦等，盖系新筑成之根据地也。蒙古特有之本地风光（Local Color）殆已绝迹，蒙人日常生活之状态，

① 原文如此。——整理者注

亦受移民之同化，惟锡林郭勒盟之东西胡落没金（译音）及呼伦贝尔地方，尚存太古之遗风，度其游牧之生活也。

毛织业之原料，以蒙古所产之羊毛为大宗，惟无精确之统计表格，殊为可惜耳。但就饲养之头数观之，其产额已属不少，其他鱼岛〔鸟〕、矿物、林木等亦颇丰富。

交通事业，亦渐发达，对于经济之发展〈影响〉甚大，外蒙现有汽车五百辆，通中国及苏俄，并有工厂数处，从事生产事业。

九 蒙古之政党现状

蒙古之法制等，仍是封建制度，哈尔哈三〔之〕王公、喇嘛已失其各种特权，而君主、喇麻〔嘛〕高僧，依然持有特权。蒙古之中下阶级，常受内蒙古人所目为寄出〔生〕之官吏、喇麻〔嘛〕、［生］王公及诛求无厌军阀之压迫，时有怨声。迨中国国民军统一后，蒙古亦受革命思潮之浸濯，党务在蒙亦进行之，入党者亦不少，对于所有封建制度及思想，本革命之原则以除之。宁夏蒙兵司令德毅忱以蒙族革命，请党国援助，俾早日成功。继而归向中央者，有章嘉呼图［党］克党〔图〕代表士骧巴彦、济尔葛勒二人，在京陈述章嘉呼图刻〔克〕图归顺之意。

内蒙锡林果勒盟属于察省，前有外蒙党人，借口王公压迫三民主义，决为进一步之解决，由外蒙派骑兵二千，向达里冈厓抵〔牧〕场进展，进行外蒙自治政策，时阎锡山得察省报告，即主张与德木振鲁布札商令外蒙骑兵退出，由察省党部赶办党务。

党务之在蒙，已为蒙民所切望，故在三全大会时，蒙古代表团，对于党务进行办法，〈认为〉应停止内蒙指委会活动，另订妥善办法，以免流弊；蒙人之入党办法，速即订定，俾尽量入党；将三民主义书藉〔籍〕，宜译成蒙文，散布蒙境；中央宜派本党负责大员，赴各盟旗调查、宣传，征求入党。内蒙代表包悦卿出席三全大会，建议内蒙党指委会工作区域，不应限于未设县之地，请予修正；组织盟旗政府，除封建制度，树民治基础；励行强迫教育，开发民智；热、察、绥、青、甘、宁及东三省各省区政府，先设蒙藉〔籍〕委员三人或四人，以人力〔才〕为标准，不限于特殊阶级；划定游牧区域，及以前各公私开垦各土地，应照合法手续，制明土地所有权；蒙盟旗政府与县政府，划清司法权限；至于各盟旗之公产额亦应划清，归盟旗政府管理。

蒙古官民上下，现已认识党之重要，及本身改革之不容缓。哲里木盟齐王为谋解决全蒙旗政治、生计，以及对内对外各种问题起见，特在长春举行蒙王会议，由哲里木盟齐王与达尔罕王先行筹备，会址设在吉长道尹公署内，嗣因各盟旗王公意见纷歧，仅开茶话会二次。后有河套、青海等处蒙旗加入，乃于是年三月十五日，始正式开会，辽、吉、黑三省均有特派员莅场出席，当地行政长官，如道尹孙其昌，警察厅长佟长余，交涉员周玉柄等，均于开会日邀请到会。此次蒙王会议之主动者，为齐王与达尔罕王，其主动原因，闻因外间谣传中央政府欲取消各蒙旗王号，及没收蒙王财产所致。边防总司令张学良氏因见外蒙多故，边防紧急，深恐各蒙王误会，乃派其蒙文秘书袁某来长列席，当场宣告六事，以安其心：（一）中央政府采取五族共和，人民一律［自］平等主义，决不变更；（二）优待蒙王条件，决不取消；（三）个人保证绝对不取消各蒙旗王号；（四）个人保护蒙王财产不收为国有；（五）蒙旗地方之宗教行政，中央及省政故〔府〕决依其固有之习惯行之，不为改制；（六）各盟旗地方治安，省政府负完全责任。此申明后，各蒙王方各安心，由齐王提出议案：（一）依照蒙民自治原则，各盟旗之固有土地、人民，仍归蒙王管理。（一）蒙古民族之智识幼稚，原因在乎教育之不完备，实有改良之必要：

（甲）广设学校，增进人民普通智识；（乙）遴选富有才识之士，派赴外洋考察教育政治，借资借镜。（一）交通、邮政之不发达，足以阻碍民智，依左列方法改良之：（甲）修筑各盟旗官道；（乙）各盟旗市镇等处，设立电［立］报局、邮政局，以利交通。（一）设立大规模之畜牧场，所出产之毛皮等类，概由蒙民自行制造，以利民生。（一）聘请专门名家，改良畜牧各业。（一）添编警察，清查户口，提倡工艺，谋求卫生，渐次施行新政，改造社会。该议案业经大会通过，俟各王归盟后，次第实行。

外蒙政党分国民党与青年党两派，国民党由旧王侯、喇嘛组成，青年革命党由智识青年组成。两党主张不同，国民党于“外蒙是外蒙人之外蒙”旗帜之下，力主反俄亲华，青年革命党系共产党团体，受第三国际支配，其各部指导人物，均系俄人，力主亲俄反华，两派主张适相反，故互相嫉视。去年以来，我国革命告成，外蒙国民党乘机活动，以图消灭青年党及俄人势力，屡次互以武力相见。至去年十一月间，蒙人为解决两派冲突问题起见，召集临时国民大会，投票结果，国民党大胜，青年党乃与各军中之俄顾问及军官勾结，煽惑军队叛乱，国民党领袖丹巴图尔基迫于环境，宣告辞职，青年党领袖铿顿遂任中央执行委员长职，政治上大权逐渐归于青年党掌握。嗣后该党复设计暗杀丹巴图尔基氏于买卖城，该案发生后，国民党之要人如白丹乔志等氏相继退职，国民党形势日非，青年党乘机竭力扶植本党势力，公安局、购卖组合、运输公司、参谋部、各军队、学校等一切机关，悉归青幸〔年〕党支配，绝对禁止非青年党加入各机关。青年党威权膨体〔胀〕之结果，俄人势力继之而入，华人势力则一落千丈。青年党对于华商极力压迫，一时超过十万余之华人竟仅余四千人。最近压迫余〔愈〕甚，上月初旬华商约二千人出外蒙，移住内蒙及张家口附近。目下外蒙境内各国人口如下：

外蒙人	七十万人	内蒙人	二十万人
俄人	十万人	华人	四千人

冯玉祥在库伦设有办公处一所（处长王海平），其地位如领事馆，屡向外蒙当局交涉，要求停止压迫华商政策，但无甚效果。青年党现更图联合内蒙，以扩张势力，秘派宣传员多人分往内蒙各地，设立种种团体，集合青年男女，鼓吹“赤化”，内蒙形势岌岌可危也。

外蒙现许人民信教自由，男女平等，女议员参加政治者，有二十余人。

外蒙主席之被害，因苏俄要求修筑库伦至恰克图铁路，并要求图拉河航行权，经丹巴拒绝，俄人怀恨而害之。赤色帝国主义之侵略，愈能证实。

外蒙青年党，压迫华商之经营机关，为协和国家商店，规模宏大，百货杂陈。此国家设立之商店，无须付房租，且一切货物之捐税甚微，因此支出自然减少，而货物之价格，亦随之低廉，营业发达，可想而知，华商之蒙其害者，实非浅鲜。各商店营业时间，效法苏俄，每日上午九时开门，至下午四时闭门，在开闭时，街中警察，必执警笛狂吹，商家闻声，即依时启息，莫有违去者。

十　国民政府之对蒙计划

国民党既以五族连络为民族主义最初步骤，自与蒙人抱袍泽之怀，其关于《蒙藏委员［委员］会组织法》大旨如左：

第一条　国民政府蒙藏委员会直隶于国民〈政府〉，掌理左列事务：

（一）审议；

（二）计划。

第二条　蒙藏委员〈会〉置委员七人或九人，由国民政府任命之。

第四条

（一）秘书处；

（二）蒙事处。

第六条　蒙事处掌理关于蒙古事务。

第十条　蒙藏委员于必要时，得派〈选〉或聘任专门人才，或精通蒙藏情形或语言文字者为专门委员、编译员或调查员。

第十四条　本法称蒙藏者，指未曾政〔改〕设行省及特别区之蒙古、西藏地力〔方〕。

国民政府中宣部对于蒙藏文化事宜，有编辑蒙藏丛书办法，凡与蒙、藏、东三省、新疆、青海有关系之重要著述及参考材料，由该部负责征集。至如北平故宫博物院及西北科学考察团等所搜藏之材料，由该部特派专员与该院、团等负责人接洽，借用或捐让，通函新疆、宁夏、热河、察哈尔、绥远等省府及驻加尔各塔总领事，将各地各项有价值材料，依照下列标提〔题〕，从详报告：一、行政区域划分、管理状况。二、财政收支状况。三、出产及价格、销路状况。四、交通现状。五、居民之成分、数目及生活状况。六、近年来外交事件处理情形。七、宗教、教育、风俗习惯及其他文化状况。八、山川原野等自然形态之分布情形。对于专门参考及陈列展览图书室亦在设立。

国民政府，在兹训政开始之时，各种建设，正在计划，现交通部对蒙古亦在进行。交部除库伦、恰克图、科布多［里］等处设交通机关外，在蒙藏次要地方，添设邮寄代办所，无线电抬〔台〕亦将推至库伦、拉萨等处矣。

十一 结论

关于蒙古情形，已能得其梗概。以蒙古之地位观之，对于我国之边防，实关重要，中国主权所在，不可或忽也。对于国际，则有日俄之野心家，侵害蒙满，破坏我国领土、政治与经济之完整与独立。美国又乘机以门户开放主义（Open Door Policy）干涉之，蒙满二省〔区〕，无形中已为国际之驱〔角〕逐场矣。

内外蒙古，将不复为我国所有矣。何以言之？外蒙古，久受苏俄之洗礼，已谋独立组织平民政府，观其与苏俄授受，国书青年党驱逐华商，即知其受俄之怂恿，报复我国与俄之绝交，盖外蒙已形成苏俄之领土矣。以言内蒙，虽不若外蒙之甚，然日本处心积虑，有并内蒙而后甘之势，观其蒙满自决会之宣传文件，尽力鼓吹内蒙独立，使之渐入日人之管辖，多一殖民地，即多一侵略中国之根据地，内蒙现在所处之地位，危且急也。盖外蒙青年党，受苏俄之唆使，逼入内蒙，来势甚猛，而日人在内蒙之阴谋又如此。观察我国东北政治中所伏之危机，俄则借中东铁路为大本营，而其侵略之对象，厥为外蒙与北满；日则借南满铁路为大本营，而其侵略之对象，厥为内蒙与南满；是则日俄在我国东北之竞争，危及我国前途，殊非浅鲜。我国现已统一，国家之全力，应集中外交，以积极之办法，处理我东北政务，使日俄不得逞，则作者所切望者也。

十八年六月于光大

《政治学刊》（年刊）
上海光华大学政治学社
1929年1期
（李红权 整理）

李主席治理蒙旗之方针

作者不详

李主席培基此番重莅绥远主持省政，月前记者曾经晋谒，叩以治绥大计，李主席慨然而谈。云：今日之绥远，与曩昔情形有殊，从前绥远特别区之境域，为已设治之各县及设治局所属地方，其乌、伊两盟十三旗，则不过沿都统管旗之旧制，受区政府之统辖而已。今已改省，所有十三旗地方，已成为绥远省境之一部分，而十三旗民众，亦成为绥远省之人民。以土地言，绥远省系合原有之各县、设治局所属及十三旗而成为整个的省，则各县之民众与各旗之民众，无分汉、满、蒙、回，同为省民，其地位自当一般无二。惟是蒙众以交通梗塞，文化落后，一切智识能力远逊于各县之人，则治理绥远省之方法，其要点，须先谋提高蒙民之智识，使与各县民众归于一水平线上，然后始可言治绥远。再进一步言之，倘若治理蒙旗无办法，即不必谈治绥远，此治理绥远省之大计，实以治理蒙旗为要着。再者提高蒙旗民众智识之先，尤有更较切要之事，即筹画蒙众生计，是已自来治绥者，每以办垦为先急，三十年来行之未替。殊不知垦务之振兴，固为发展农业之图，布施政事之基，但垦务对于蒙旗民众，实觉有格格而不相容之感，缘蒙人自有蒙人固有之职业，千百年来逐水草以营畜牧，视为故常，在其盛时，亦颇足以自给，倘就其所长，因势利导，则不患十年生聚，之后其生活上仍有任何之痛苦，较之强废其固有之职业，勉令从事于农垦，实觉事半而功倍。若然，则蒙众生计即可以立即逐渐减除近年之困难，而进于宽裕康乐之境域，夫然后可言治理之也。况此十三旗地利蕴藏至多且厚，如鄂尔多斯之盐碱、煨炭、药材等等，何莫非富利之源，生计之资，开而发之，于蒙旗民众固利益至大也。故此番来绥，对于治绥办法，亦曾熟详筹之，将以提高蒙众智识，宽裕蒙众生计，为开发蒙旗、治理蒙旗之方针，亦即所以治理绥远省唯一无二之策略。今来见询，敢为述之云云。记者敬聆之下，深佩李主席之荩筹允洽，兹特泚笔记之，以宣示于我乌、伊两盟十三旗蒙胞。

《绥远蒙文半月刊》
绥远省政府秘书处
1929年2期
（朱岩　整理）

三全大会中内蒙党务报告

作者不详

民国十三年本党同志白云梯、恩克巴图奉先总理之命宣传党务工作于内蒙各地。至十四年秋七月，召集内蒙党员代表大会于察哈尔之张家口，组织正式内蒙党部；中央由北平政治会议派遣代表指导之；同时二集团张之江、张允荣二同志参加指导。本年二集团方面攻击奉军，本党同时组织特别民军，进攻热河北路，占经棚、林西、赤峰各县；同时组织军事政治学校于经棚县，并派同志分赴各盟旗组织下级党部，宣传三民主义。十五年在包头组织西北盟旗警备司令部，以旺德尼吗同志担任之；同时带领军官、学生赴伊克昭盟七旗，实行党务。本年本党革命军骑兵一旅与二集团联合抵抗奉系军阀；同时退却到宁夏。十六年奉军占领察哈尔、绥远时，组织讨甘军总司令部，以张兆钾、李溪峰为总副司令；彼时联合乌、伊两盟各王公，蒙方担任五千骑兵，奉系供给军火，拟定本年七八月袭击国民联军之后路；彼时革命军正舌〔苦〕斗于豫、鲁一带，后方空虚，消息传来，人心惊慌；同时国民联军二集团第七军军长门致中在宁夏与本党同志伊德钦、包悦卿开紧急会议，对于蒙汉军阀与封建势力连合战线问题，完全依赖内蒙党军打破其战线；同时本党派包悦卿为内蒙革命军骑兵第一旅旅长，兼前敌总指挥，领兵入伊克盟攻击该盟盟长，宣抚各旗军队，铲除反动分子，同时解决有名首领格而勒头数名。本年在各旗组织旗党部与区党部，在乌、伊两盟及土默特各盟旗宣传党义；又于宁夏发表宣言，通电全国，反对共产党；同时在本党对于嫌疑者赛兴额等十数人分别开除党籍，并通缉之。十七年春，回匪蜂起，全甘摇动；同时二集团求本党军队援助后防；本党军本年四月退回甘北盐池、宁夏一带，剿除各地之回匪，镇守灵武、金季〔积〕七县，镇服回藉〔籍〕人民之反动。六月由中央白云梯同志电邀包悦卿等十余人晋京，令改组本党，荐包悦卿等九人为内蒙党务指导委员。本年七月由宁夏起程，八月抵京，在中央宣誓就职。九月底回北，组织党务指导委员会，同时派定热、察、绥各盟旗指导委员二十余旗，同时翻译党义书籍多种，分发各旗宣传之。十八年正月，察哈尔省党部不允工作，热河方面亦未得汤玉麟之允许，不能公开，因种种之关系，本指导委员会机关所以未曾迁内蒙境内。现在本指委员金勋卿等四人来电辞职，其理由有三：一为在修正内蒙党务工作区域之前，党务无从进行；二为积欠工作费过巨，致枵腹从公已两月矣；三为在外蒙之内蒙共产分子，时有潜伏内蒙宣传职务，因经济及区域所限无法制止。

《西北》（月刊）
北平西北文化促进会
1929 年 2 期
（丁冉　整理）

怎样整理绥远村治

樊库　撰

我国塞北一带，人民稀少，村落星散，百户以上的非常少，此即匪徒掠人的好机会，村治难兴的大困难。我绥省匪徙〔徒〕的多，甲于全国，而当局急于清乡的心远过他省，但不见有若何效果，孰不谓村落星散，地势辽阔所使然也。弄得兵日加而民日贫，贫至极点，则老弱死于沟壑，壮者挺而走险，或曰："本省富户，地方大绅，既不感饥寒的苦，又不受压迫的害，揭干〔竿〕而起，甘为匪首者，此何故耶?"余以为此辈究属少数，即有，因其利欲薰心，想乘机而作官，甘为万恶军阀利用，以扩张［势力］其势力，此种事实究属有限。现在北伐成功，事事皆求彻底，惟民利是谋，民病是去，旧军阀的那种伎俩，我想绥省当局及剿匪司令，必不屑用焉。所以我要谈一谈村治。

我们理想中的村治，是使得地方人夜不闭户，道不拾遗，对于有伤风化者，除净尽，孜孜勤劳正事者，安居之，以达到青天白日下的乡村。是以对于整理村治，先使人民有若何的知识富力，方能达到振兴村治的目的？方能打倒直接为民害的贪官污吏土豪劣绅？诸问题彻底研究后，方能达到朴〔村〕治的整个目的。兹分述之如下。

甲　振兴村治要开通民知

我绥省地处边陲，文化不开，人民的知识，非常幼稚，是非不辨，善恶难分。有时把刮地皮长官，吸民脂的土绅，认作最可靠的帮手，有时把应改良的事业，应享受的权利，皆自暴自弃。所以欲振兴村治，非开通民知不可，兹将方法，条列于左：

（一）设立村正副训练所

我们绥远的村治，说起来也有十余年的历史，理应有相当的成绩，达到村能自治，养成同力合作的精神，出入相助，疾病相扶持。孰想适得其反，村民目村长为贪官污吏的走狗，邻闾长为村长的忠正。因此村民对于他们所传达行政区长或县长的命令，也就视若具文，不肯脚踏实地的去履行，甚而常因财政的不公开，办事的歉〔欠〕周到，村民与村长涉讼于县，累年不结者，层出不鲜。我以为这固由村民无知识无涵养，而村长缺乏办公的知识与能力，也是其中的一因也。余以为免除此弊的唯一良法最好各县组织村正副训练所，将各村正副召集到县，教以在村应怎样的以身作则，谋一乡的安宁与富庶，见官要如何的传达民意，解除全村的痛苦，补救全村的缺点。并将民众在国家的地位，官吏在地方的责任，中国贫弱的原因，全省应办的事务，以及世界的潮流，帝国主义的手段，一一与以简单的说明。迨三个月毕业之后，教他复回村组织村民训练所，前在县所受的训练，一一转告于乡民，使全村的人，皆有国民常识，皆知村长承地方各长官所负的责任，并人民在国家应享应尽的权利及义务。果如斯办理，自能造成民众化的村治，前边所说的积弊，岂有不能廓清的道理么？而村中应兴应革命的事业，自能件件举行矣。

（二）设立农民自卫团训练所

民国在绥省的历史，也有八九年的工夫，为农民谋的利益，为地方保的安宁，恐怕没有做到一件，反给地方养成些官土匪，或野心家升官发财的专利品，这种病民的东西，害民的蠹贼，唯恐除之不净，要他干什么？但事在人为，本无一定，好人办则好，坏人办则坏。那末照此看来，绥远以前组织地方军队的没有一个好人么？不不不，天灾兵祸，缺乏教练，皆是难得圆满结果的障碍物。余以〈为〉地方的兵，非养不可，但首领人物及兵士，皆必须受相当的训练，故训练所的设立，实属刻不容缓之举也。第一使民众了解募兵制的弊病，如教练之善者，易变成私人的利物，教练之恶者，则化成民间的官匪，而无事时徒耗国币，坐食民脂，尤所难免者也。欲救济此弊，非行征兵的制度不可，以村为征兵的单位，数村联络设一农民自卫团训练所，由县政府派人训练，除教以军事常识、军事训练、募兵制的缺点、征兵制的优点外，并授以现在中国所处的地位、列强在中国的特权、绥省在西北的位置、西北与日俄的问题……种种国事常识，列强手段，灌入村民脑海，则乐于入武，勇于保国的心，自能油然而生。三个月毕业以后，则令其充任各区巡长、巡官、教练及公安局局警、司法警等差事，一俟县内军警皆经过此种训练后，再令各村单独训练，不论男女，凡年在四十以下，十八以上者，皆受军事的训练，皆有军事的常识，无事时各安生业，有事即出而服务兵役。既能免去募兵制虚耗财政，一党［一党］一派的专利，又克增加捍国的实力，保护地方的治安。不数年以后，则各县的兵，皆可变成民众化的兵，各县的匪，自能消清。不特此也，帝国主义的侵略，外交的压迫，军阀的横行，政客的挑拨，无不依次廓清，消除净尽矣。

（三）办理乡村教育

教育为开通民智的工具，乡下的人民，无丰富知识，容易受反动分子或反革命者的煽惑。他们的言论主张，也是狭小自私，对于本村应兴应革的事业，不是借故推诿，〈就是〉阳奉阴违。这些现象，都是我在村亲眼看见过的，究其原因，岂非教育欠缺所使然的吗？兹将实施教育的方法列左：

（1）乡村教育　居住乡村与城市的民众因为环境不同，所以实施教育的方法，也不能不异，至于教育的宗旨，也稍有点差别。分开来说，乡村教育，前几年我们绥省也办过，但设立学校为数无几，并且还是换汤不换药，与私塾无以异。仅有绥东凉城县郑某当所长时，特别注意乡村教育，孰想好事多魔，受兵灾的影响，饥荒的牵制，卒未达到圆满的目的。余以为要办乡村教育，必须对于课程，要彻底的改革，对于学龄儿童入学，要用强迫的手段，则乡村教〈育〉方能振兴，民智方能开通矣。

（2）乡村民众教育　民众教育的宗旨，就是救济年长失学的男女，和无力入正式学校的学龄儿童设的。他得〔的〕内容，是分乡村图书馆、乡村讲演会、卫生陈列所、露天学校、半日学校、夜班补习学校，以及其他社会教育事业（天足会、运动会、农业改良研究会、纺织毛物研究会、村治会议……），此种完满的民众教育，恐怕绥省乡下的同胞们，未尝听过，即城市的居民，也恐没有尝试过。我记得国民军在我省时，很注意民众学校，办的很有成绩，虽未推行到乡下，然已引起民众读书的兴味了。余以为值此训政时期，民众教育，较急于学校教育，何则？农工商界，为我国社会上中坚分子，而年长失学者，该两界占多数，是以应急提倡民众教育。然查我省民众教育的教师非常缺乏，急应设立民众教员训练所，召集各学〈校〉高小毕业生，或有同等学力者，训练三个月毕业，毕业后分发各村庄，立民众学校，强迫读书，由村长及行政区长负督促村民读书的责任，想〔向〕政府与教局负视察的责任，久而久之，则民众教育不难普及，地方利益，日行增加矣。

上边三事，果能件件做到，则民智的提高，为必得的结果，民众谁肯去作犯法事情，官廷虽〔谁〕敢来剥削人民，剿匪清乡的事务无形解决矣。

乙　振兴村治要改良民生

管子说："仓廪实而知礼节，衣食足而知荣辱。"孔子说："小人穷斯滥矣。"据此看来，民众的为非作歹，多为饥寒所迫出于无奈。总理的民生主义，俄国的经济革命，也都是看到此点。兹将改革之点列左。

（一）减轻村民的负担

我们绥远的人民，种的些土性硗瘠，春冻秋霜的地，平顺年成，仅敷衣食住的需要，若一遇天灾人祸，则困苦不堪。因为绥省民众谋生的路，惟农是赖，别无他种工商业的补助。又加近年旱□作祟，土匪纷起，军事云集，吸民膏，勒民财，种种毒辣手段（架肉票……），俾〔卑〕鄙方法（种大烟，加苛税……）无奇不有，所以弄得人民苦不堪言。据某方调查，绥省自去年十月后至现在，鬻妻卖于〔子〕者，已达五万六千七百余，而死亡于沟壑者，已有五千八百九十余人。请大家想，秋收还待三个月，这个青黄不接时候，饥民怎么办呢？我为亡羊补牢计，为回复原状计，为革命前途计，减轻人民的负担，真是刻不容缓的事。如附加的军事捐、善后费，以不〔及〕其他的苛捐杂税，皆可干干净净的除去。一定有人说，把税都除净，官们吃什么？兵队怎么养？我以为持这种论调的人，还带的几分恶化哩。兵可以缩少，官可以减薪，哪个上帝来给他们定数来！

（二）增加村民的入息

（1）我国四万万同胞，有百分之九十是农民，我绥省恐怕占百分之九十九呢。他们耕田，施肥料率由旧法，毫无革新，所以每年得到的利息，非常的少。至于水利的讲求，种种〔籽〕的改良，皆盲然无知，是以他们的生产增加，永无办到的日子。补救这困难的方法，最好村中公共设立［佃］农业试验场，以资试验种籽的改良，讲求施用肥料，改革农具。

（2）我见村中贫苦者，向富庶者借钱，有月出利息三分、四分、五分、十分、二十分的不同。借票，有月出利息四分、五分、十分的不同。因此弄得村下的贫者日贫，富者日富，且引起村中的种种不和气（贫者害富者，富者欺贫者），卒致贫民吃苦。村中若能组织个借贷社，定妥借贷的条款，请与政府备案，那就免去少数富户以经济压迫贫民，剥削贫民啦。

（3）绥省出产及过境的货物，以皮毛为大宗，最好由官廷帮助各县区人民，组织纺织毛物厂。人民能出资者出资，能出力者出力，是既可增加各村生产，又能挽回外溢的利权，一举数得，莫善于此。

（三）减以人民消费

我们绥省人烟稀少，已如上述。而城市的距离，均在百里左右，人民买卖附加食物及应用农具，非常感受困难，虚费时日，并备受奸商的诈骗，税局人员的剥削。若能村下组织个因利协会，分消费、购办、贩卖三部，由全村筹一二千元，购买农家一切必须应用物品，廉价出售，该社如有亏损或赢余，按全村地亩或人口分配之，听说河北省定县翟城村就有此种组织，成绩非常好，我们何尝不可试试呢？

照上边的办法做去，既能开财源，又能节财流，人民的富足，指日可待。谁肯忘去安乐的生活，挺而走险，图谋不轨自投法网呢？

丙　振兴村治要提高民权

现在正值训政时期，地方自治急应提倡，预备施行宪政，实行民权，所以各省县筹备自治的声浪，遍布全国。余以为最好由乡村做起，依次上进，万一不能，亦应同时并进，以符总理注重下层工作的至意。兹将乡村应办的事列左。

（一）组织公安协社

全村治安，由该社负完全责任，如有异言异服的人来乡，务要查究明白，而对于村中败类分子，宽严并用。如此，则村下治安无虞，自治的精神日增，全村民户，皆达到民众化的自治。

（二）组织息讼、戒烟、爱国等会

我绥省人民知识不开，争斗时起，涉讼时兴，所以村下应设息讼会，解决村民争斗的事，免去涉讼花费的钱，以及禁吸鸦片的戒烟会，建设中华的爱国会，乡下皆应特加注意，大行提倡，务使烟种禁绝，人人爱国也。

村民皆能自治，皆具为国效力的决心，村内的治安，岂能有问题么？匪人的行为，岂能见诸事实么？

设若能照以上的计划作去，我省虽感村落星散的困难，亦可以互通声气，联庄保卫，而剿灭匪徒矣。虽有野心家愚弄民众，煽惑农团，必致于徒劳无功，心劳日拙，因民众早已悉其伎俩，明其险诈矣。而劣绅与贪官的拘接，土棍与污吏的联络，种种欺诈或压迫［的］民众的事实，尤不敢现丑于此种村治之下矣。试问杀人放火的土匪，行为不规的奸细，有立足的地点么？有实现的可能么？况民众皆得安居乐业，享受良好的生活，谁肯揭干〔竿〕而起，甘为匪徒！谁肯受军阀使命，为害乡里！

《西北》（月刊）
北平西北文化促进会
1929年3期
（朱宪　整理）

对于伊、乌两盟之新希望

李培基　撰

斯篇论说系绥远省政府李主席（培基）所自撰，对于伊、乌两盟关怀备至，可见宵肝〔旰〕勤劳，几无一时一刻不以蒙胞为念，凡我两盟王公士庶，皆应口诵心服，发奋图强，增民族之光荣为是。

编者志

远溯秦汉，近及明清，历五千余年，在世界战史上，几无痕迹之可寻；有之，当自元代始，以忽必烈之铁骑西冲俄罗斯、土耳其，里海之水，为之踏翻，一时盅〔盎〕格鲁萨循民族为之望风披靡，依此武功衡之，不仅增我华胄之光，亦实增我东亚之荣也。洎乎今日，一翻旧史，为之凭吊不已，登高俯视，感叹何极。今之民族仍古之民族也，今之疆域仍古之疆域也，何相悬若是之殊欤？其主要原因，皆以历代以来政尚专制，崇宫室，优皇族，置北疆于不顾，视蒙民如化外，只知岁受币帛，南面称一臣字，即为了事。甚矣哉！帝国主义之不能容于廿四纪之末期也。然今已非昔比矣，国建共和，五族不分，兴亡之责，匹夫有之，壮哉！蒙旗岂肯落于人后哉？培基重莅斯邦，重以两盟是念，拟欲造成一大蒙古，能造成一大蒙古，即所以造成一大绥远，能造成一大绥远，即所以造成一大中国也。车辅相依，唇亡齿寒，职权所及，焉能坐视。意见如是，愿竭诚掬以告我蒙胞。所谓希望者，即集我思想，欲有所发泄之代名词也。中山先生曾云：“由思想始能发生信仰，由信仰始能发生力量。”鄙人之希望即鄙人之未来之新思想也。谨就思想所及，愿我蒙胞亟起力行，当然欣为乐助，促其成功。一管之见，约有五端，详述于后。

一、言语　五族一家，汉蒙何分，即〔既〕称一家，奚可见面言语不通，此属一大障碍，不可不除。欲除此障碍，非先统一言语不可。我国言语之不统一，非自蒙古始，如西藏、苗猺（湘属）、福建、浙江、广东，唇齿语音，皆相对茫然。此数年前，中央之有国语之设也，意胥在兹。然福建、浙江、广东言语虽殊，尚赖文字可以通融。其他言语既异，文字尤别根本，隔阂毫无变通方法，即蒙藏是也。藏在川边，姑且不论，蒙在辖境，奚可不问？职权所在，责无旁贷。除由省府筹款，于要冲地带，设立蒙语传习所，俾汉、满、回、藏学习外，并愿各盟旗设立汉语传习所，分别学习，家喻户晓一时固不敢期，官商要人皆须通达汉语为尚，需用人材之处，本主席即〔既〕以斯倡，当以斯相机助之也。幸其注意及早创设，诚第一不可忽之要政也。

二、文字　民族之所存，文化之所寄，悉托于文字。蒙胞固有之文字，良不便一笔抹煞，然世界大同，智识均等，吾国学校由初级起，莫不参加英文，以初级小学之学生尚知欧西之文字，以庞大之蒙族，焉可不谙汉字也。所谓历史、地理、政教、风俗、文物、美术，无一不含蓄于文字之内。文字功用，较言语尤重，且大〔夫〕言语，已如上述，不得稍忽，而文字统一，更不容于或懈也。若根本统一，诸有不便之处，汉蒙两文实为当务之急。政治权力所及，文物灌输所入，无一不假文字之力周旋之、权变之。本主席言念及此，一视汉蒙文字各异之处，未尝不引为隐忧，深盼各盟旗派送聪颖子弟来省入校，稍有造就，选送平、津各大学院，再由各大学院派遣出洋，留学欧美，供给不足之处绥政府必量为资助。同时拟建议于晋垣阎总座，于黄河以北冲要地带，立一蒙藏学院，由中学以上学生拔取，俾其尽量学习蒙汉各文字，作为将来联合五大民族公同工作之预备，刻正在起草中矣①。

《绥远蒙文半月刊》
绥远省政府秘书处
1929 年 4 期
（朱岩　整理）

① 续篇发表于《绥远蒙文半月刊》1930 年 6 期，篇名为《对于内蒙之新希望》。——整理者注

外蒙青年党渐向内蒙宣传“赤化”

应连　搜集

顷据某方消息，谓外蒙政情，现在分为两派。一为国民党，其党员之组织，大部分为旧官僚、王侯以及有力之喇嘛等，一为青年革命党，多系知识阶级之青年。两党之政见与主张，极端不同。国民党方面，以外蒙为外蒙人之外蒙，应置于一个旗帜之下，表示反俄亲华之态度，而共产制度，尤应积极铲除。青年革命党方面，主张急进，外蒙政治与指导之权柄，应受第三国际之支配，而指导人物，亦应以俄人当之，表示绝对的亲俄反华之态度。两派之主张既不相同，以故互相嫉视，互相仇杀，政争之险象四伏，有一触即发之势。上年我国国民革命成功，南北统一，外蒙国民党乘兹机会，开始活跃，拟以武力扑灭青年革命党，以致激起冲突，几至酿成大乱。蒙人为消弭内乱起见，乃自动的召集临时国民大会，对于国家政纲，或亲俄，或亲华，以投票法表决之结果，国民党大得胜利。但外蒙之兵权，多操于苏俄之掌握，青年革命党，以民心向国民党，诚恐将来失败，遂勾结各军中之苏俄顾问及军官等，煽动军队叛乱，遂引起一时之大乱，杀官劫库，四出抢掠，秩序紊乱异常，并以打倒国民党为口号。国民党首领丹巴图尔吉氏，受各方之压迫，并观察情形，最后遂提出辞职。青年革命党领袖乘机攫得中央执行委员长之职，而外蒙政治之大权，遂渐次归于青年党之掌握。今春丹巴图尔吉又在买卖城被暗杀，由是国民党之势力，乃一蹶不振。然该党中有充分之实力，而且得民心倾向之奥援，故一般党员，对于势力之恢复，仍均努力运动，将来或有再起之一日。至青年党亦为扩张本党之势力起见，将所有之军警机关、教育机关、金融机关等，如公安局、交易公司、转运公司、各银行、各学校、参谋部、各军队等，一律归于青年党势力之下，而受其支配。结果华商在外蒙之势力，遂一落千丈，并将与国民党有关之华商二千家，悉行驱逐出境，以免后患。现在外蒙居住之外蒙人约七十万，内蒙人约二十万，苏俄人约十万，华人约四千。冯玉祥氏在库伦设立之办事处，以青年党压迫华商，提出严重抗议，交涉亦未得何等之效果。目下青年党之势力，渐次向内蒙各地扩张，并派员宣传“赤化”，我东省当局，据各方报告，已设法防止云。

《西北》（月刊）
北平西北文化促进社
1929年4期
（朱宪　整理）

绥远集宁县政治写真

陈国桢　撰

集宁自连遭三个荒年以来，民穷财尽，地方庶政，全行停顿；像那行政机关啦，警察啦，地方法团啦，闹穷已闹了三年。当青天白日旗未插之前，那些机关里的大人先生们，本因没钱使换，受经济压迫；然而他们都不说心上的话，这个也唉呀，那个也呵呀，众口同声的都说，处军阀压迫的黑暗时代，百般事项，都不能举办，听去好像是有点热心地方，关怀桑梓的模样。奉军早已赶走，青天白日旗也飞扬满街，算至现在，快满一年，政治刷新，理想中必有美满的结果，然而实得其反。那些百姓的穷苦，本由天灾所致，没有点金的法术，决难立刻弄富；商铺倒闭，也不易马上恢复，都可诿之天灾。而衙役们下乡催粮，既要装米，又要拿面，吃了渴〔喝〕了不算，临走还要拿几个脚步洋钱。保卫团的爷爷们，更加利害。当时到村乡里边，名义是游击匪徒，实在是游击老百姓的吃食哩！一到村庄，东家门出，西家门入，叫嚣呼号，鸡犬不宁，百姓们所有的鸡子、油酒、肉面等物，统统飨了他们的口福。至警察区兵大爷们，和保卫团名义虽异，而实在是一丘之貉。今天拉车，明日要草，一入乡间，百事都管，真有无上的威权。到百姓家中，开箱揭柜，无所不为，妇女的包服，都要翻遍；若一不服从，当下就把那件破军衣自行撕毁，诬赖村民，勒索洋钱。再不遂意，回报长官，他那五谷不分，昏头昏脑的长官，以为侮辱官人，有伤体面，将这百姓拿来处断，打了骂了不算，仍要罚款，不数日就给他个家败人散。若此不法举动，记者耳有所闻，目有所见。这种责任，那尸位素餐的官长们，苦害良民的绅士们，能辞其咎么？说到县长，公安局长，区长等，更使人痛哭流涕。自莅任以来，一事未解，每日不在温柔乡中，寻花问柳，即吞云吐雾，度那黑酣乡的生涯。对衙役、警兵、区丁等，能在百姓中掳掠财物，供我挥霍者，便有嘉许，哪管老百姓卖妻鬻子，流离失所的苦痛呢！现在统一告成，而我集宁在青天白日之下，怪状百出，不禁为集宁人民之一哭，为党国一哭。

《西北》（月刊）
北平西北文化促进会
1929 年 5 期
（李红权　整理）

郭道甫谈内外蒙近况

郭道甫　讲演

郭道甫自被张学良招抚来奉后，其行动、言论遂为人所注意。最近沈阳某处请郭讲演内外蒙古近况二则，兹录郭之演词如下。

（一）外蒙情形　在外蒙统治下唯一的最高机关，就是外蒙平民政府，纯粹以党治国，组织共分六部，一内政，二外交，三教育，四实业，五陆军，六财政。

（甲）政治状况　蒙古政府，纯按社会情形及需要而产生，与苏俄不同。苏俄从前是极端的虐君政治、资本主义，人民受极端压迫，所以结果发生社会主义的共产政府。再看看蒙古情形，不但说人民靡受过压迫，并且还过着他们的游牧生活。人民无一定土地，与中国古代相同，不须共产而产自共了。外边报纸往往过甚其辞，实在是不了解蒙古情形。外蒙政治组织的最小单位为什，什上为佐，佐上为旗，旗上为盟，由各盟组织成蒙古平民政府。

（乙）经济状况　蒙古经济完全独立，一有自定的税则，二有国立的银行（发行五百万纸币），三五百万资本的摩托公司（半官半民），岁入在一千二百万左右，岁出在一千万左右，剩余二百万办实业及教育。

（丙）军事状况　蒙古有最精的骑兵，男女由四十岁以下十八岁以上，均须受军事训练。军官学校有一千学生，已毕业两期，现在是第三期。军械方面，有飞机、机关枪、坦克、炮车等利器。

（丁）教育状况　一、党务学校，有学生五百人，二、国民大学一二处，三、中学三四处，四、小学校，教科书完全用蒙文。此外在俄留学者五百人，在德学实业的，法国亦有留学生，社会教育有学术馆等。

（戊）实业状况　实业统归实业部办理，改良牲畜，垦殖荒地，开辟交通，有汽车五百辆通中国及苏俄，并有工厂几处，从事生产事业。

（己）国会概况　每年开大会一次，经一月时间，凡军事、政治、外交及一切重要问题，均由此决定。此外尚有小会几次及常务会议。

（庚）社会方面　宗教许人民信仰自由，男女平等，参加政治有女议员二十人。

（辛）对苏俄的态度　一、俄国提携外蒙，助成独立，则视为良友。二、外蒙人民政治知识增高，不受苏俄笼络。三、外蒙不受苏俄学说与侵略。四、经济与苏俄有密切关系，不得不提携。五、外交上如承认蒙古独立，则外蒙有独立之可能。

外蒙精神上与苏俄的裂痕　以上所说是外蒙形式上与苏俄的不同。自从帮着［耶］乌量海〈独〉立的事实发现，又引起精神上的分裂。乌量海，外蒙的一部，人民半蒙古半耳其族，因边界时起争执，而苏俄竟不顾友谊，帮我们对方独立，所以引起蒙人莫大的失望。

（二）内蒙情形　乌里雅特蒙古独立社会主义共和国，政府的委员均蒙人，委员长是女子，政府制度仿苏俄，惟教科书用蒙文。现在的内蒙由三特区及奉、黑西部构成，因地理与中国接近，及汉蒙杂居，所以一切制度和中国同。

（子）民族色彩浓厚促成华蒙隔阂　一、文化落伍，二、能力不齐，促成社会不平等待遇。譬如我（郭氏自称）个人在内地读书时，因言语及行动不同的原因，往往招人讥笑，这是何等难堪，所以彼此两方易起恶感。

（丑）蒙古不能撇开宗教　因为在半开化的民族里，不能不赖宗教的信仰来团结人民，蒙古不能撇开宗教，也是根据这个理由。

（寅）蒙古所以要独立的原因　民国十四年蒙古国民党成立，他们目的是要求有，一、独立政府，二、完全的领土，三、自主的税务，四、宗教信仰自由。

（三）呼伦贝尔之远因　中国对蒙政策之失当，大权交与王公而不顾平民志愿，王公视平民如奴隶，蒙民为增高人格起见，遂不能不谋解放。近因：鉴于民国十四年蒙古国民党之成功，组成良好政府，保有完全领土及经济、宗教，对内而打倒王公，外而谋治独立，其用意亦犹中国欲打倒帝国主义，必先打倒军阀，具牺牲的精神，革命的手段，来自己办理自己的事，毫不倚赖他人。目的：一、打倒王公，二、提醒蒙民，三、求民族解放。经过事实：事先的计划，本次扰乱中东路全线，因为著〔这〕大的路线，中国竟縻〔靡〕雄厚的兵力保护，如果破护〔坏〕中东路的秩序，那就很容易的一件事，这世界交通干〈线〉要有两周的阻塞，会引起国际干涉，那事情就闹大了，与我们初衷相违，所以我不采这样激烈手段。外间传说有苏俄指导及飞机大炮等，都过甚其辞，实际不过一千当地的保卫团或一些蒙古青年罢了。你想，拿素无训练的民众和枪械精良的奉军对抗，当然是不济事的，结果，因为顾全大局起见，与奉天妥协了，但是也有相当的条件，一、许设参政厅，二、增加行政费，三、多设教育机关。

蒙古较东省文化落伍，而东省又较中原落伍，但是做事能力都比他们认真，愿我们不要因为文化落伍而自馁而畏缩，要本着我们诚恳朴实的特性，来好好作番事业。外蒙现在的首领都是青年，社会运动更多女子，老的人是没希望了，将来的好运，还赖我们青年自己挣扎了。

十一月二十寄。

《军事杂志》(月刊)
南京国民革命军军事杂志社
1929年8期
(朱宪 整理)

库伦归客谈

作者不详

昨晤新由库伦来京之某君，询问外蒙近况。据云，库伦九年冬失守，徐树铮派褚旅长、高团长将活佛监视，与俄兵开仗，俄大败而逃。但库伦宣抚使陈宦，大权在握，褚旅长受其指挥。闻陈宦受俄贿黄金三万两，与俄勾通偷放活佛，蒙人为俄兵内应，褚、高内外受敌，遂致败亡，库伦为俄人占据。彼时张作霖为三特区经略使，派察哈尔都统张景惠为援库总司令，邹芬副司令。邹芬带兵一师到滂江，并未前进。俄人占库伦后，抢掠奸淫，毒杀汉人，不可胜数。旅库汉人，各自逃窜，俄人派兵围追，一律戕毙，桑北子河一处，计毙六千余人，尸横满野，惨不忍言。凡被追获者，即用刀划剖，或缚树枝扯杀，其逃出者，亦多冻饿而死。计旅库汉人七十余万，逃回者仅十余万人，库伦汉人财产，损失九千余万元。恰克图亦同时失守，死伤人数，损失财产，尚不明晰。库、恰既为俄有，虽准华人通商，但苛索万状，如由张家口赴库经商，每值千元之货，须缴税美金三百元，并备照像片五张，寄库二张，一存查，一贴于放行执照，一自身携带，以防假冒。更须找铺保，纳查验费，一入外蒙境即须查验，稍不如意，人被拘留，货物充公，事实上外蒙已非我有云云。

《西北半月刊》
北平中华西北协会
1929年8期
（李红权　整理）

俄罗斯的对蒙政策

［日］矢野仁一　著　　蔡源海　译

蒙古本来是种族的名称，即是游牧于现今外蒙古车臣汗部北境的克鲁伦河与鄂嫩河之间的肯特山支脉不儿罕山的近旁的一小部落的名称。当十二三世纪之交，由此部落，出了一个鼎鼎大名的成吉思汗，自近旁诸部落着手，差不多征服了亚细亚洲的北部、西部。及到其子孙的时代，亚细亚的大部，欧罗巴的东部，均被席卷了。嗣后本来非蒙古族而与蒙古族近似的诸部落，亦均趋炎附势，似皆称为蒙古族。尤其是有些人把蒙古当做国号，元朝世祖忽必烈送给日本的公文，有大蒙古国皇帝的称号。十七世纪之初，蒙古察哈尔部的林丹汗，送给满洲太宗的书中，亦有蒙古国王之称号，虽非如元或鞑靼一样，建了一个蒙古国，然而常以蒙古当做国号，却是很明了的事实。但是这不过是对外国而言，本来并非国号，亦非地名。

蒙古既为种族的名称，而此蒙古种族所住的地方，是非常广阔。通常所谓内外蒙古之外，新疆省，即天山南北路，及塔尔巴哈台，亦为其所到之地。青海或是黑龙江省呼伦贝尔地方，亦为其居住之所。呼伦贝尔地方，是指于额尔古纳河的支流根河、呼伦湖、贝尔湖、克鲁伦河、［讷］墨尔根河，及海拉尔河、伊敏河、墨尔格勒河等所灌溉的黑龙江省西南一带的地方，地势连续于外蒙古车臣汗部；与嫩江流域的齐齐哈尔地方，隔了一个兴安岭，全然成为一特别区域。额鲁特、巴鲁呼、新巴鲁呼，即是俄国地理中所讲的阿罗特奇布布叶里耶特，蒙古种族所住的地方，就中新巴鲁呼（即布里耶特），蒙古族最多，分为八旗。清朝对于此等蒙古种族，任命了总管、副总管，初使受呼伦贝尔都统的监督，后使受呼伦贝尔道台的节制。

额鲁特部的闲散辅国公，即是伊克明安公，好似附牧于呼伦贝尔城的满洲驻防兵，若由公府现在齐齐哈尔之东北，嫩江的支流瑚裕河看起来，此处似曾住了多少蒙古人。

此外，蒙古种族，在俄领后贝加尔伊勒库资库地方亦有。欧罗巴俄罗斯有叫做杜尔伯特部的蒙古种族，俄罗斯的喇嘛教徒，自五十万乃至六十万人以上，其大部分是蒙古种族。蒙古种族所住的地方，都叫做蒙古，其范围过于广大，与我们通常所想的蒙古是有很大的悬隔。尤其是于独立问题有关的蒙古，是以通常所谓蒙古为主。万里长城外，在满洲与新疆省之间的，实有叫做蒙古根本地的地方。

俄罗斯自一七二七年（雍正五年）的《恰克图条约》以来，关于蒙古，与中国所缔结的条约，非常之多。而每次的条约，都在蒙古取得种种的权利。

俄罗斯在蒙古不但努力获得条约上的权利，并且利用本国人民中的布里耶特人，是纯粹的蒙古种族，言语亦相差不远，且信仰喇嘛教，而讲求怀柔蒙古的政策。布里耶特人住居贝加尔湖两岸，一六二七年以来，渐次归服于俄罗斯权力之下。由十七世纪起归依于喇嘛教。在十八世纪的后半，喇嘛教既成为布里所〔耶〕特人一般的宗教，于是喇嘛教的传道僧及医师，皆由蒙古接踵而至。塞勒金司库的东南，中国国境附近的赤塔，开始建筑了一个喇嘛寺，俄罗斯政府，任命了锡呼图的僧官，不久且增任至三十四人之多，政府并任命名为班第达堪布喇嘛的总教。班第达堪布喇嘛，至今犹存。一八九三年，俄罗斯政府，限定喇嘛僧之教〔数〕为三百人，嗣后渐次增加至一万五千人乃至二万人之多。鄂嫩河图果勒司库寺有名为甘卓尔瓦呼图克图的活佛，住在其中。

俄罗斯为得西藏达赖喇嘛好感起见，派遣喇嘛僧德尔洁夫，亦系布里耶特人，依库伦活佛的绍介，以亲近达赖喇嘛而得非常的信用。一九一三年，《蒙藏协约》亦以德尔洁夫的周旋，而告成立。德尔洁夫，是俄罗斯人所给的名称，实在是叫做萨蒙罗奔，元为圣比得堡大学蒙文学教授，以探险西藏成名。机比可夫，亦是布里耶特人。俄罗斯所以欢迎库伦活佛到本国去，是为怀柔上必要的策略。不但利用喇嘛教徒的布里耶特，并且使库伦领土〔事〕等用尽贿赂、甘言等一切手段，努力结其欢心。

俄罗斯不仅博得活佛的欢心，并且讲究种种方法，使蒙古王公脱离清朝，而归于自国。义和拳匪的前年，一八九九年，某俄国人在广东与当时两广总督李鸿章缔结密约。中国与西欧诸国，不得避免冲突的时候，俄罗斯以兵力、财力援助中国，至其报偿，则承认俄罗斯占领满洲，若俄国再希望则蒙古的土谢图汗、车臣汗二盟之地，均可承认置于其保护之下。但是蒙古王公，如有反对，则中国不任其责云云。嗣后一九〇〇年前奉职天津税关的俄人格罗特，曾向中国政府取得土谢图汗领内的金矿采取权，为实行采掘，照例须开王公大〈臣〉会议。当时俄罗斯领事是西西吗丽阿夫，莅临大会，用蒙古语巧妙演说了一场，其要旨，是属于中国，不如受俄罗斯的保护，更为有利的意义。并撒散十万庐布于蒙古王公，西西吗丽阿夫这种办法，感动了蒙古王公，于是反俄的气焰，烟消云散了。是时起了义和拳匪的骚乱，但在蒙古并无何等影响，太平无事。当时恰克图、北京间的电话既通，其管理在中俄两国人之手。一日突然停止私电的管理，金融全然杜绝。西西吗丽阿夫，对于俄罗斯人，以及一切外国人，劝告立即退回俄罗斯国境内，并警告往南方的危险。外国人，尤其是俄国人，均信形势的严重，以为大乱将至，所以都向俄国国境出发。莫名其妙的蒙古人，正在惊呆之间，中国义和拳匪，由张家口恣意杀戮掠夺，正在进行之中的通信，由电报局职员传遍了。蒙古人不知俄罗斯官幕的虚构，竟异常恐怖。俄国领事对于这个小说的危难，不惜提供兵力的保护，由蒙人的恳请，急电恰克图，将早已准备好了的布里耶特的哥萨克兵四百人，在二日间，召集来了。待哥萨克兵到达之日，即为义和团侵入蒙古的风说消灭之时。于是，俄罗斯为对于中国人侵入的保护者，救蒙古危难的恩人。又俄罗斯在义和拳匪乱之间，在北京与列国取同一的行动，在一方又依广东密约，为欲实行财方〔力〕上的援助，以多数银块，径由恰克图、库伦输送北京，在未到达之先，不期清帝蒙尘，俄国领事，以其中［贰］二百万庐布，在领事馆后面的山上，建筑炮台与兵营。蒙古以为是防备中国义和拳匪，中国人以为是防备蒙古的土匪。俄国领事不管蒙古人如何想像，竟以大胆而非寻常外交家的方法，以表示俄国抵御中国的侵略压迫，保护蒙古的态度，而将蒙古渐次脱离中国，引导其归服俄国的外交算是成功。俄国一方，又盛行非难中国政府新计划的蒙古殖民政策，扬言此种政策，是蹂躏蒙古王公的领土不可侵权，是违犯的约束，实行种种挑拨煽动。又用借款政略，抵当土地矿山，放债于蒙古王公，先由经济上使蒙古归于俄罗斯的保护。科尔沁部右翼前旗的扎萨克图郡王乌泰，一九〇三四之交，以土地为抵当，曾向俄国借款二次，本利共三千〔十〕余万两，不能偿还，结局经东三省总督徐世昌斡〔斡〕旋，以土地为抵当，由大清银行借四十万两，以偿还俄罗斯的借款，这是世人所周知的事情。

元来蒙古是清朝的藩地，决非如俄罗斯所主张的宗主国对保护国的薄弱关系。但自清朝末年以来，两国对于蒙古政策的变迁，变迁了两国主客的地位。结局蒙古属于俄国保护之下，脱离满清而独立，曾费尽种种的力量，但是没有效果。元来蒙古虽是清朝的藩属，这是与清朝帝室的关系，与中国似无何等关系。然而中华民国则以当时清朝并未承认其独立为正大理由，当然要承继清朝对蒙古的统治权。

其后中俄《北京协约》后，接连又缔结了中、俄、蒙之间的《恰克图协约》，蒙古取消独立。蒙古与中华民国的关系，始立于宗主国对保护国的关系。蒙古取消独立国的名目，承认中华民国的宗主权，似已甘愿立于自治国的地位。但是在实际上，无论是在经济上或是政治上，仍比较的多属俄罗斯势力之下。与其说是中华民国的保护国，毋宁说是俄罗斯的保护国，较为近于事实。单看条约的表面，俄罗斯对于蒙古取消独立权，承认中华民国的宗主权，似为非常让步。然检其条约的内容，还可看出俄罗斯潜伏了一种远谋深计，俄罗斯因洞察当时种种的事情，对于蒙古，以自己取得政治上的责任，为最不利益。

若是在蒙古的商工业的利益能收得俄罗斯掌握之中，如能培养俄罗斯势力的根抵〔柢〕，则政治上的责任，尽可让与中华民国，暂时供中国得宗主权的虚名，而俄国的势力一旦建筑于牢不可拔的商工业利益的基础之上，则所谓保护权的政治上的果实，自然会落在俄罗斯手中的。英吉利往年，对于清朝，与以宗主国的虚名而行保护权于廓尔喀（即尼波尔国），行统治权于缅甸，均未发生障碍。所以俄罗斯以蒙古的宗主权让于中华民国，而毫不爱惜，也是同一理由。一九一七，俄罗斯发生革命，中国得此机会，恢复了蒙古一切的权利，一时使蒙古取消自治，亦完全成功。但是这并非出自中国的实力，所以中国与蒙古的关系，在实质上，亦无多大的改良，不过因从前俄国所加的势力，一时减退，自然恢复原来的状况而已，若再有外力来侵，是很容易变迁的，俄国反过激派军，一旦侵入，而在蒙古的中国势力，一扫殆尽。嗣后赤塔政府的过激派军，以讨伐反过激派军为名义，再三侵入，而中国只反复抗议，得不着若何效果，但是这次对中东路适当处置，态度始终得体，足见革命外交之胸有成竹了。

《政治训练》（旬刊）
南京训练总监部政治训练处
1929 年 8 期
（朱宪　整理）

赤白帝国主义下之蒙古

作者不详

北平蒙〈古〉民众联合会，昨推出入京代表二十人，候补四人，计包悦卿、敖云章、刘廉克、崔克明、杨家保、包雅辕、包文焕、乌云芷、鲁子敬、白允明、吴少垣、白玉珠、金海亭、陈世铎、张子青、王德凤、吴恩和、梁风五、陈彭、康济民、经殿陆、陆吉三、希员三、乌伦额等，正筹川资，如费绌，先发出十名。查内蒙六盟，东三盟人口密，物产富，计昭乌达盟十三旒〔旗〕二十万人，卓索图盟七旗二十二万人，哲里木盟十旗五十万人。至西三盟，锡林郭勒盟十旗仅五万人，伊克照盟、乌兰察布盟连西土默特旗、阿拉善旗共十七旗，人口仅二十余万。青海二十九旗，新旧土尔扈特共十余万人。新疆土尔扈特二十旗二十万人。至黑龙江有伊克明安旗约万人。又有达口拉内蒙古二十旗共三十万人，皆同化汉、满。又索伦蒙古一旗约千余人，又呼伦贝尔十七旗三万人，奉天彰武县有新苏鲁克、陈苏鲁克两旗两万人。吉林新城扶余县有纳尔罕蒙古一旗约万人，察哈尔有十四旗约三万人。以上内蒙民旅〔族〕人口，共百七十万，均在内蒙党部指导下。至外蒙库、乌、科四汗一科，人口仅八十万。因唐努乌梁海经俄画作自治联邦，与外蒙无关，俄更将煽动内蒙以分配地权为劝诱，日本对内蒙则以羁縻王公、尊重其封建采地，助其对人民的权威，故王公、台吉，对日感情颇佳。总之，内蒙已成赤白主义之角力场，中国反较淡漠，某国在大连设满蒙民族自决会，并于日前在南满站开日蒙恳亲会，蒙古王公贵族到百余人，并有东蒙各地土豪加入。目下蒙古二十八庙，喇嘛一千人，经白喇嘛之劝导，一律加入内蒙民众联合会，并拥护中央蒙藏委员会。

《军事杂志》（月刊）
南京国民革命军军事杂志社
1929年9期
（朱宪　整理）

粤民党对蒙事之态度

有两种主张

作者不详

广州通信云：粤中民党对于蒙事有两种主张，一主弃蒙者，似属于共产派意见，其态度与李大钊、毛泽东、胡汉民、汪精卫等主张相同；后者之观感，以为似是而非之民族自决，实足令全国分裂，蒙族若可自决，则满、回、藏亦可自决，甚非智者所取，抑中山所唱之民族主义，老早承认满、蒙、回、藏各族为国族，国族应该团结，不能率尔自决。至其他各方面，对蒙问题，尚无若何表示云。

《西北》（半月刊）
北平西北文化促进会
1929 年 10 期
（丁冉　整理）

外蒙古与新疆之研究

林仙客　撰

一　绪言

秦汉以前，我国对于西北，非常重视。秦始皇命蒙恬北伐匈奴，收河南地（即今之河套），曾筑长城，西起临洮，东抵辽东，延袤万余里。汉武帝命卫青、霍去病及李广等击匈奴出塞，因徙通古斯族、东胡、乌桓于上谷、渔阳之地，以侦匈奴动静；复取河西（甘肃之西）之地，断匈奴与西域之交通，并遣张骞通西域诸国，于是乌孙、大宛、康居、月氏、大夏、身毒等三十六国皆通，汉威震于葱岭以西，置都护以统之。东汉之初，匈奴分为南北，南匈奴附汉，而北匈奴尚强，威服西域诸国，屡扰汉边；汉明帝又命窦固等征之，与南匈奴连兵，大破之于天山附近，取伊吾卢地（今新疆哈密县），复遣班超通西域，以杀匈奴之势。和帝是〔时〕又命窦宪再破匈奴，单于乃远遁于里海（Caspian Sea）之滨，通古斯、鲜卑复徙居其故地，于是汉威再震于葱岭以西，置都护以统之，如西汉故事。

降及近代，情势大变，明成祖命郑和率师泛海，遍历南洋各岛，以至红海；印度、琉球、真腊、暹罗、麻剌甲（Malacca）、苏门答腊（Sumatra）、爪哇（Java）等三十余国，皆遣使入贡，一时通商互市，往来不绝；于是已渐转而重视东南。有清之世，虽亦曾一度经营西北，然自鸦片战争，我国战败，割香港，开广州、福州、厦门、宁波、上海等五口为商埠，赔款银二千一百万两；英法联军之役，我国又败，又增开天津、牛庄、芝罘、九江、汉口、潮州、琼州、台湾为商埠，向英国赔款一千二百万两，向法国赔款银六百万两，割九龙于英，许西人得入内地游历传教。自此以后，日本县我琉球，法国占我安南，英国据我缅甸，暹罗亦乘机独立。及中日战争，我国又败，台湾被割，朝鲜被夺；此外德租胶州湾，俄租旅顺、大连，英租威海卫，法租广州湾；于是全国目光，完全移向东南，对于西北，遂不复过问。

中日战争以后，我国允许俄国横贯我满州〔洲〕建设中东铁路，其支线之南满铁路，直进旅顺、大连。日俄战争以后，俄军失败，南满铁路及旅顺、大连，又由俄转租于日。从此我东北三省，竟为日俄两帝国主义政治侵略、经济侵略之惟一目标，国人对于东北，始渐稍知注意。及本年东铁事件发生，苏联东攻绥芬，西占札、满，日人亦欲利用时机，大肆侵略，东北风云，日益紧急，于是全国目光，又完全转向东北，对我西北，迄仍无人注意。

实则西北一带受帝国主义者之侵略，亦殊不减于东南或东北。以外蒙古论，喀尔喀四部，已受俄人之煽惑，另组蒙古国民政府矣；唐努乌梁海，亦因受俄人之胁迫，另组唐努温都斯基国民政府矣。以上二部，已公然脱离我国而独立（名为独立，实则事事受俄人之操纵）矣。我国若仍不思设法收复，则此五百余万方里之国土，将永不复为我国之领土矣。以新疆论，西南因与阿富汗（Afghanistan）毗连，英帝主义者，借口实行世界大回教主义，欲将新疆与阿富汗、印度（India）、土耳其斯坦（Turkistan）、波斯（Persia）、阿剌伯（Arabia）及埃及（Egypt）联络一致，借以遂其侵略之阴谋，西南百余万之缠回，已大受其愚弄矣。西北与苏联

（The Union of Socialist Soviet Republic）接壤，苏联在额尔齐斯河南岸，设有哈萨政府，其意即欲言传共产主义，使新疆脱离中国之版图，是又尽人皆知矣。东北回民因受外蒙独立之影响，亦蠢蠢欲动矣。西南与西〈藏〉连结，英人从中挑拨，已非一次矣。总之，新疆全省现已危机四伏，若仍漫不注意，将来亦难免不为外蒙之续。我国民政府乎，我全国民众乎，安可徒知重视东南或东北，而对此已失之外蒙及将失未失之新疆漫不加察乎？

二 外蒙古

1. 沿革 外蒙古三代时为猃狁、獯鬻、山戎，秦汉为匈奴，后魏为柔然，隋唐为突厥。元时成吉思汗崛起漠北，子孙相继，造成地跨欧亚亘古未有之大帝国。明为喀尔喀诸部。清时先抚蒙东，继平漠北，蒙古全土又完全隶我版图。辛亥革命时，活佛受帝俄煽惑，乘机独立。民国四年，《中俄蒙协约》成，我政府承认外蒙为自治区域；但派都护使及副使等，分驻要区。欧战时期，俄国革命，无复余力以经营远东，外蒙自治政府一方深感孤立之无助，一方复受乱党之纷扰，又于民国八年十一月十七日向我国政府正式递呈，取消自治，我政府乃设库乌科唐镇抚使以控制之。民国十年俄白党陷库伦，胁活佛，而操纵其政权；旋蒙人因得赤党之援，将白党击散，遂又组织国民政府。民国十三年《中俄协定》成立，俄兵自库伦撤退，然因我国内讧不已，迄未接收，殊可痛惜！

2. 疆域及区划 北邻俄属西北利亚（Siberia）之 Transbaikal，Irkutsk，Yeniseisk 及 Tomsk 等州；南接热河、察哈尔、绥远、宁夏、甘肃等行省；东与黑龙江接壤，西与新疆毗连。东西最广处约三千八百里，南北最长处约二千三百里；面积约五百七十一万方里（注一），约当全国面积六分之一（全国面积为三千四百九十六万六千四百五十八方里）（注二），几等于热河、察哈尔、绥远、宁夏、河北、山西、陕西、甘肃等八省面积之和（八省面积为五百八十一万五千三百九十五方里）（注三）。旧分车臣汗、土谢图汗、三音诺颜、札萨克图汗、科布多、唐受〔努〕乌梁海等六部。现车臣汗已改为享尔究爱马克，土谢图汗已改为布克多汗爱马克，三音诺颜及札萨克图汗已改为汗泰谢尔爱马克，即今蒙古国民政府所辖之领土也。科布多当蒙乱时，曾一度归新疆管辖，旋复归蒙古，受蒙古国民政府之统治。唐努乌梁海则自建国民政府，改名为唐努温都斯基。

3. 地势、山脉及水系　地势为一大高原。山脉西起新疆之阿尔泰山，入科布多界为赛留格木岭；此岭迤北分为二支：一为中俄分界之萨彦岭（亦称萨扬岭），一为科、唐分界之唐努鄂拉岭。唐努鄂拉岭东南走札、三两部称杭爱山，东北走土、车两部为肯特山，入西比利亚即与外兴安岭相接。境内河流，有为 Yenisei 河上源者，曰色楞格河，曰乌鲁克木河；有为黑龙江上源者，曰克鲁伦河，曰鄂嫩河，有潴入各湖泊者，曰帖斯河，曰纳林素水河，曰科布多河，曰匝盆河，曰坤桂河，曰拜达里克河，曰推河，曰塔楚河，曰翁金河，曰奎屯河。境内湖泊，最大者为库苏古泊；其次为乌布沙泊、哈拉泊、都尔戛泊、奇尔吉兹泊；又其次为乌留泊、艾里克泊、三沁泊。此外横亘外蒙南部者，尚有浩渺如垠、水草俱绝之大沙漠。

4. 气候　雨量稀少，寒威凛烈，为外蒙气象之特征。南部沙漠地方，气候之差异尤甚，冬季有降至华氏零下二十九度之时，夏季有升至华氏百十三度之时。

5. 人民　人口旧称一百八十万（注四），大部为蒙古族，更可细别之为喀尔喀人（住土、车、三、札四部），额鲁特人（亦称喀尔满克人，住科布多境），布里雅人（住北部近西比利亚一带），乌梁海人（为类似土耳其族之蒙古族，住乌梁海）之四派。此外在各城市尚有汉人及俄人，西部尚有极少数之土耳其人。

6. 宗教　蒙古人所崇奉者，为自西藏传入之喇嘛教，乃黄教之第三支派。蒙人对于此教，崇信极深。家有男丁三人，必有一人剃度为喇嘛。即寻常人民，亦必向喇嘛处请佛一尊，纳之怀中，称“怀中佛”。遇事即对佛祈祷，有疾即请喇嘛诵经，从不服药，其送信之深有如此者！

7. 语言及文字　蒙语属乌拉阿尔泰语系。有母音七，子韵十七，二重韵五，喉音及有气音颇多。蒙文为元末所定，虽为纵行，然系自左而右，殊与汉文不同。

8. 物产　动物：家畜有马、牛、羊、骆驼、驴、骡之属；野兽有狐、狼、野驴、野马、野猪、野羊、猿、熊、狸等类；野禽有鹫、鸢、鹰、乌；河湖复有鱼类。植物：农产有麦类及蔬菜；森林有松、枞、桦、杉、白杨、落叶松、果松等；药材有黄蓍、大黄、甘草、红花等。矿物：以金、铁、煤、铜、石棉、石盐等矿为多，而尤以金矿为最富（金矿多由俄人经营开采）。工艺：以织绒毡著名。

9. 交通　陆运：铁路仅有计划。汽车路有新筑之张库汽车路，由张北直达库伦。旧阿尔泰军台大道，由张北经赛尔乌苏、乌里雅苏台、科布多至丞化寺。台站大道以库伦为中心，东经克鲁伦，接黑龙江省之呼伦贝尔，西经乌里雅苏古，合军台大道至科布多，复离军台大道至乌梁海边境之乌素城，南经赛〈尔〉乌苏，合军台大道入绥远；北经恰克图，直达俄属之 Verklme Udinsk。此外又有东北经东库伦至赤塔（Chita）之大道，东南与汽车道平行，至张家口之商道；及自克鲁伦北达赤塔、南通多伦，自军台大道郭里达站分途趋科布多；自乌里雅苏台西北经金吉里克入乌梁海，自科布多西南经察罕通古入新疆等道路，亦皆重要。水运：色楞格河、乌鲁克木河及苏库尔泊均可通行汽船；帖斯河亦饶有航运之利；惟中部漠中诸水，时常干涸，殊无运输之利。电线：有线电凡二，即由本国政府所设沿张库、库恰两汽车路之线，及由俄人所设自 Irkutsk 至乌里雅苏台之线是。无线电台一，设于库伦（徐树铮筹边时所设），可与国内各电台通电。邮政：库伦设有一等局；恰克图、乌里雅苏台、科布多设有二等局；乌梁海、乌兰固木、札音库伦设有代办所。

10. 重要城市　外蒙重要城布在喀尔喀四部（即车臣汗、土谢图汗、三音诺颜、札萨克图汗四部）者，约计二十有奇，兹择其最重要者，列举于次：曰库伦，今改称乌兰塔尔，蒙古国民政府所在地，独立区域也。曰恰克图，曰赛尔乌苏，曰西库伦（以上三城均在土谢图汗境），曰乌里雅苏台（在三音诺颜境），曰克鲁伦，曰东库伦，曰乌得，曰叨林（以上四城在车臣汗境），或为重要商埠，或扼交通要冲，亦皆重要城市也。在科布多境者，曰科布多，曰索果克，曰乌兰固木，曰杭达盖图，曰萨木克拉，曰金吉里克，或为政治中心，成〔或〕为军事重地，或为通商要埠，或当交通孔道，亦皆重要城市也。在唐努乌梁海境者，曰刻耐斯拉，原名别落插尔克，唐努乌梁海国民政府所在地也；曰乌素呼图，曰肯木毕其尔，曰加达库伦，曰哈特呼尔，亦皆边陲重要城市之堪特别注意者也。

11. 外蒙政治之概观　外蒙政治，自蒙古革命军成立国民政府以后，遂生极大之变化，兹撮要胪陈于次：（a）议员。蒙古议员共分四种，曰国民议员，系由普通选毕〔举〕者；曰青年党议员，系由青年共产党员选举者；曰革命党议员，系由中央执行委员会选举者；曰官场议员，系由陆军、农商等部选出者。（b）大总统。由议员选举之。（c）国务院。由参谋、陆军、司法、财政、内务、外务、农商、教育诸部及参政院组织之。大总统、议员及国务员之任期，均为三年。

三　新疆

1. 沿革　新疆在汉唐时为西域诸国地，宋时东南属吐蕃，西北属西辽；元时大部属察合台汗国；明时山北为四卫拉特，山南为巴什伯里、叶尔羌、土鲁番诸国；清初天山北路为准噶尔所据，天山南路为回部所据，经累次征讨，始行平定，而于光绪十年改为行省。

2. 疆域及区划　新疆东邻甘肃，东北界蒙古之札萨克及科布多，东南接青海；西邻阿富汗，西北界俄属中亚细亚（即 Turkistan），西南接印度之 Kashmir；北邻俄属西比利亚之 Tomsk；南接西藏，东西最广处约三千三百余里，南北最长处约三千又四十三里；面积约五百五十一万一千方里（注五），约占全国面积六分之一，约占旧本部十八省面积（本部十八省面积一千一百一十六万四千九百二十九方里）（注六）二分之一。旧分迪化、伊犁、塔城、阿山、焉嗜〔耆〕、阿克苏、喀什噶尔、和阗等八道，以地域辽阔，至今未裁。

3. 地势、山脉及水系　本省地势可分三种：葱岭、昆仑、天山诸脉，最高地也；天山、葱岭之麓，高地也；四大沙漠，塔里木湓〔盆〕地，天山北路数条山脉之低谷，及哈密西部与吐鲁番附近鲁克沁地方，湓〔盆〕地也。葱岭盘结于本省之西，其分支东南行者为昆仑山脉，喀喇昆仑山、托古兹达坂、阿尔金山、阿斯腾塔格山等皆属之。东北行者，一曰天山山脉，廓克沙里岭、汗腾格里山、那拉特山、珠勒都斯山、博格多山、布尔古山、库尔泰山等皆属之；一曰阿尔泰山脉，博罗霍洛岭、阿拉套山、塔尔巴哈塔岭、奎屯山、南阿尔泰山、北阿尔泰山等皆属之。天山南路之大川，首推塔里木阿；此河上承喀什噶尔、叶尔羌、阿克苏、和阗诸河之水，东流会渭干南河、孔雀河，潴为罗布泊。天山北路之大水有二：一曰伊犁河，上承特克斯、崆吉斯两河之水，西流会哈什河、霍尔果斯河，潴于俄境之 L. Balkash；一曰额尔齐斯河，上承库伊尔齐斯河之水，西北流，会喀拉伊尔齐斯河、克林河、布尔津河、哈巴河、阿列别克河，穿俄境之 Zaisan L. 会 Ob 河，入北冰洋。此外在北路尚有洛克伦河、玛纳斯河、奎屯河、博罗塔拉河、乌伦古河、额米尔河，在南路尚有卡墙河、克里雅河、安得悦河、博斯坦河。全境湖泊甚多，最大者当推罗布泊、此外尚有伊尔里克泊、博斯腾泊、小罗布泊、孔雀海、阿雅尔泊、额毕泊、乌伦古湖、巴里坤湖等，亦颇著名。沙漠之大者凡四，曰塔里木沙漠，在塔里木河之南；曰白龙堆沙地，在罗布泊之东北一带；曰哈顺沙碛，在哈密南境；曰古尔班通古特沙地，在迪化、阿山两道间。

4. 气候　夏季酷暑，冬令严寒，空气干燥，狂飙时起，此新疆气候之特征也。冬令温度，有降至华氏冰点下三十度者；夏季温度，有升至华氏九十七度者。

5. 人民　新疆人口，或云百万，或云百二十五万，或云二百五十万，或云三百万；据白眉初先生所著之《中国人文地理》则为一百二十万；据去年回部代表定希程在京发表之意见书则在四百万以上（注七）；自当以四百万以上之说为较确。本省人种极为复杂，主要者为缠回（亦称喀尔噶什〔什噶尔〕人，居本省之西南，数约一百余万）、蒙古人、汉人、噶勒查人、满洲人、可萨克人、东干人；其次为布鲁特人、锡伯人、索伦人、罗布诺尔人、罗埃人、印度人；又其次为俄人、犹太人、阿富汗人，及中亚细亚诸族。

6. 宗教 本省在往昔沐印度文化，传入佛教；自宋时回教侵入，至元益盛，迄今除汉、满、蒙三族外，殆皆奉之。其教义为识主敬事，归根复命。其教律戒酒、禁食猪肉。

7. 语言及文字 语言通行土耳其语，蒙人用蒙语，汉、满、东干皆用汉语。文字：公文用汉文，经典用回文。

8. 物产 动物：家畜以牛、马、驴、骆驼、绵羊、山羊等为大宗；野兽有野驴、野马、虎、狼、犁〔牦〕牛、羚羊、狐、鹿等。野禽有凤、鹰、鸦等。植物：农产有麦、米、黍、稷、棉花之属；果物有西瓜、葡萄、林檎、梨、杏、桃等类；林木有枞、松、桦、柳等种。矿物：以白金、黄金、玉、盐为最富，硝、磺、铜、锡、石炭、亚铅等亦颇不少。以上各物，尤以焉耆之猞猁狲及天鹅绒，哈密之瓜，和阗之玉，迪化之煤，阿尔泰山之金，奇台之白金，为世所称羡。工艺不甚发达，较可注意之工艺品，为棉布、马鞍、金属器、玉器、毛织物、毛毡、马乳酒等物；此外如蚕丝业、染织业、制革业等，亦尚有名。

9. 交通 （a）陆运。铁路仅有计画。汽车路仅有由俄人所筑由塔城至俄属 Sempalatinsk 之一线。大道之在天山北路者，为自甘肃经哈密（由哈密至迪化有南北二道）、迪化而至伊宁之线。此线之支路有四：一自乌苏趋塔城：一自绥来走承化；一自奇台通科布多；一自镇西经蒙古草地抵绥远。大道之在天山南路者凡二：一自吐鲁番经焉耆、阿克苏、巴楚，分趋疏勒、莎车；一自甘肃敦煌经婼羌、且末、于阗、和阗、莎车而至疏勒。于此亦有支线二：一自婼羌至库尔勒；一自阿克苏至伊宁。此外由塔城、绥定、疏勒通俄属中亚细亚，由莎车通英属印度，由和阗通西藏，亦皆大道。（b）水运。本省水运，以塔里木、伊犁河及额尔齐斯河为最；伊犁河及额尔齐斯河并可通轮，溯伊犁可至伊宁，溯额尔齐斯可至布尔津，惟皆由俄人经营之，殊可慨也。（c）电线本省有二等线三：一自甘肃猩猩峡经吐鲁番、迪化、绥来、乌苏、绥定而至俄属之塔干；一自吐鲁番经焉耆、阿克苏、疏附而至俄属之安的根；一自乌苏北经塔城，而至俄属之沃木斯克。有三等线二：一自绥来至〈阿〉尔泰；一自迪化至元湖。此外尚有支线二：一自绥定达伊宁；有一〔一自〕疏附达疏勒。(d) 本省有管理局一，设迪化；有一等局一，二等局十九，三等局二，代办所三十七。

10. 重要城市　本省城市甚多，而最重要者，约有十四，兹列举于次：曰迪化，省会而兼商埠也；曰奇台，曰哈密，曰吐鲁番，曰塔城，曰伊犁，曰疏附，商埠也；曰莎车，曰和阗，曰阿克苏，曰库车，曰焉耆，曰镇西，曰承化寺，普通城寺〔市〕之最重要者也。

四　结论

关于外蒙及新疆之概况，以及最近之情形，既已略如前述，我辈对此已失之外蒙及将失未失之新疆，将如何以处理之乎？是实一最大之问题也。兹就管见所及，略陈于后：

1. 收复外蒙　外蒙在历史上既已久为我国之领土；此次外蒙（喀尔喀四部及科布多）及唐努乌梁海之独立，完全系受苏联之操纵，是又尽人皆知，毋庸讳言，我国民政府极应于中东铁路问题解决以后，即以和平的（即根据《中俄协定》中“苏联政府承认外蒙为完全中华民国之一部分，及尊重在该领土中国之主权”之规定）或武力的方法，实行收复外蒙；而全国民众，尤当竭其全力以为政府之后盾。

2. 改建外蒙为六省，划分新疆为四省　外蒙面积五百七十一万方里（注见前），新疆面积五百五十一万一千方里（注见前），以如此辽阔之地面，际此诸待建设之今日，若以一省政府或以一其他政府负此重任，实属非易。宜于外蒙收复以后，根据历史、地势、种族等关系，将外蒙划为六省。即以旧车臣汗建车臣省，以克鲁伦为省会；以旧土谢图汗建土谢图省，以库伦为省会；以旧三音诺颜建三音诺颜省，以乌里雅苏台为省会；以旧札萨克图汗建札萨克图省，以布古或阿勒葛令图为省会；以旧科布多建科布多省，以科布多为省会；以旧唐努乌梁海建唐努乌梁海省，以刻拉斯耐或加达为省会。同时亦宜根据历史、地势、种族等关系，将新疆划为四省。划旧迪化、阿山两道，建迪化省，以迪化为省会；划旧塔城、伊犁两道，建伊犁省，以伊宁为省会；画旧阿克苏、喀什噶尔两道，建喀什噶尔省，以疏勒为省会；划旧焉耆、和阗两道，建和阗省，以和阗为省会。新建各省省政府之组织当完全与内地一致，对于蒙、回两族之待遇，尤当与汉族绝对平等。夫如是，既可免避歧视蒙、回两族之嫌，复可兼收行政统一之效，实与中央地方两有裨益。

3. 建造铁路及汽车路　外蒙及新疆与旧本部各省之交通，可谓极不便矣！Verklme Udinsk 与库伦间之交通，较之张北与库伦间之交通，已觉相形见绌矣。他若由 Semipalatinsk 至塔城，则有 Semipalatinsk 与塔城间之汽车路；由 Kokand，Margilan，Andijan 及 Namangan 等处至疏勒，距铁路亦不过数日程；此外由 Yenises 河上溯乌鲁克木河至刻拉斯耐，溯额尔齐斯河至布尔津，溯伊犁河至伊宁，均可通行轮船，较之由旧本部各省经台站大道至刻拉斯耐及布尔津，经天山北路至伊宁，经天山南路至疏勒者，尤不可以道里计。倘一朝边疆有事，敌可朝发夕至，我须累月始达，胜负之数，不卜可知。故宜于最短期内，至少先建造下列之各铁路，平时可利行旅，战时可输军队，实于商业、国防皆有裨益：（a）由张家口至库伦之张库铁路；兹将此路延长至中俄交界之恰克图，或径至 Verklm Udinsk 与西比利亚铁路相接；（b）于张库铁路上复建一横断铁路，东自胪滨，经克鲁伦、库伦、乌里雅苏台、科布多，北达刻拉斯耐；（c）将陇海路延长至安西，由安西分二支：一经哈密、迪化直至伊宁，其支线由乌苏达塔城；一经婼羌、和阗直达疏勒。此外并宜于各重要城镇间，多筑汽车路，以利交通，而巩国防。

4. 普及教育 我国文化较诸欧美各国，本已落后；而我西北之蒙疆，较之我东南各省，则尤为幼稚；观于蒙人遇事则惟知向佛祈祷，有疾则诵经求宥，即可见其一斑。欲事补救，宜外蒙改建为行省，新疆划分为数省以后，限令一年以内设立若干初级小学，四年以内设立若干高级小学，七年以内设立若干初级中学及同程度之职业学校，十年以内设立若干高级中学及同程度之职业学校，十三年以内每省至少设立一大学；此外若图书馆，若阅报所……凡足促进文化，增高知识者，亦当尽量设立；如是则二十年以后，外蒙及新疆之文化，或亦有蔚然可观之象乎？至于文字，以汉蒙文并重，或汉回文并重为宜，不宜专用汉文，尤不宜专用蒙文或回文。

5. 振兴实业 外蒙以牧畜为主，惟墨守旧法，不事改良，故不足与美国西部及澳大利亚（Australia）竞（注八）。极应于外蒙改建行省以后，公私合资，对于畜种之改良，饲养方法之研究，饲养料之培植……尽力讲求；总期外蒙之牧畜事业，至少不落美国西部及澳大利亚之后。此外更当以公私合资，开办大规模之工厂，购置最新式之机器，对于制革、织毛、制骨、染色诸工业，亦一并加以提倡。新疆素以矿产丰富著闻，据英矿学专家监爵的夫特氏在彼所著之《中国地质调查记》中，更称世界矿产之富，莫过于新疆；是新疆矿产之富，不仅甲于全国，抑且冠于世界。惜吾人调查乏术，开采无方，政府不加提倡，人民不知努力，货弃于地，令人觊觎，既属可叹，尤觉可耻，极应公私合资，设法开采，总期此无限量之宝藏，不至永埋没于沙土；更愿此极荒凉之边徼，立时可变化为富庶。

注一：见白眉初先生著《中国人文地理》。

注二：同上。

注三：据白眉初先生著《中国人文地理》。

注四：据莫斯科《外蒙研究志》则为六十七万六千人，内汉人七万，蒙人五十九万七千，俄人九千；特志之以作参考。

注五：见白眉初先生著《中国人文地理》。

注六：同。

注七：见《国闻周报》第五卷第三十六期，题为《新疆之过去与将来》。

注八：美国西部、澳大利亚和蒙古，世人称为三大牧场。

十八，十二，七，于北平

《西北》（月刊）
北平西北文化促进会
1929 年 10 期
（李红权　整理）

日俄逐鹿中之蒙古现象记

作者不详

哈埠特讯云，近来蒙古各民族中，其政治上运动，令人注意者有四，外蒙、内蒙、呼伦贝尔及索伦是也。苏俄之煽惑政策，始于外蒙，以外蒙作其侵略策源地，继之向内蒙、呼伦贝尔进行宣传，阴谋煽动，不遗余力。而高唱“满蒙积极政策”、“大亚细亚主义”之日本，见苏俄势力之东渐，大感不安，对于内外蒙，亦积极活动，企图得一地位。将来蒙古如不成为日俄间之缓冲地，则必变成两国之逐鹿场。兹分述俄日在蒙古之最近活动趋势如下，国人其注意焉。

索伦族被俄人煽动

索伦族，系住在黑龙江省东北，与安岭地方之未开化民族，其生活尚在游牧状态，文化程度甚低，与中国南部苗族相似。近来俄人派遣蒙人，调查该族情形，并与其酋长接洽亲善事宜，依酋长之要求，承诺供给军械，怂恿组成一国，宣布独立，联络外蒙。酋长已表示赞同。

呼伦贝尔二次酿乱

呼伦贝尔去年五月间之叛，因领袖郭道甫归顺而平靖。其后青年党之态度复变，对于辽宁当局之处置，大为不满，其亲俄政策，更加显明，此后不免再起叛乱，而呼伦贝尔，将成东南〔北〕边疆之一大问题，殆无可疑。呼伦贝尔人口总数共有七万二千余，其中汉人占一万七千一百七十左右，俄人占二万二千六百，其他外人有二百六十余，至纯粹之呼伦贝尔人，仅有三万一千八百八十人。由是观之，其所谓独立运动，决不能独自进行。呼伦贝尔各族中最有势力者，系达呼尔及巴尔虎两族，前者已颇开化，知识程度与华人无甚差，前清时曾为大官之忠勇公多隆阿，吉林将军长顺，呼伦贝尔副都统贵福，及去年呼伦贝尔事件中领袖人物郭道甫等，皆系该族出身。巴尔虎族中，亦颇不乏人才，如今副都统公署右厅长巴戛巴抽〔迪〕，即该族人也。呼伦贝尔之民族运动，实以此两族为中心，其余各族，不过居于被动地位。近来达呼尔族之政治运动，颇有可惊，向来沿用之满洲文字，已一律废止，甚至公文书件，皆用蒙文，设立新式教育机关，输入新文化。其青年党之中坚分子，皆系达呼尔族，苏俄屡次助诱呼伦贝尔青年到俄求学，由俄归来之学生，已达二十人左右。

内蒙亦有排华倾向

外蒙古以不过六十万之游牧人民，建立独立国家，于事实上殆为不可能，其所谓政府，实不过莫斯科共产党之分部而已。近来蒙人知识阶级逐渐觉悟，凡事亟谋自主，所有俄人顾问，业已取消，以蒙人顾问代之。现任顾问者名额鲁特，生于西蒙古地方，毕业共产大学。至于内蒙，据最近各方面所传消息，排斥华人之倾向，颇为浓厚，考其原因，固由于日俄人等之种种煽惑，而蒙人以游牧为业，华人则务耕种，移住内蒙者广开田地，蒙人游牧之地，逐渐变成阡陌之场，蒙人之不喜华人，此其一因云。

日人扶植对蒙工具

近来日人在蒙古经营种种经济事业，如满铁会社之输入蒙古牛计划及开垦移民计划，乃其最著者。而在政治方面，亦颇积极企图扶植势力，日本驻俄大使、武官，曾与外蒙驻俄公使接洽考察蒙古事宜，但被苏俄当局拒绝，终归失败。最近又力助外蒙要人，选派蒙人学生至日留学，向外蒙政府拨送青年三十五人赴日，目下外蒙司法次长及外交部要人，皆以亲日派著名，日人正竭力拉拢此类人物，冀用为其在蒙古方面扶植势力之工具云。

《军事杂志》(月刊)
南京国民革命军军事杂志社
1929年15期
(朱宪 整理)

察、绥骑兵之编遣

作者不详

绥远通讯：察、绥两省骑兵司令赵承绶，日前在大同召开一、二、三、四、五各师、团长以上军官，开编遣会议。议定办法如下：一、现在骑兵十七团，改为十七营，团长改充营长，士兵额数，每连减为七十二名，余则遣散。二、现在七个旅部，改为六个团部，旅长改充团长，余均遣散。三、现在五个师部，改为两个副司令部、三个旅部，即以师长分别改充副司令及旅长。闻照此实行后，每月可省军费五万余元。赵氏于闭会后，即赴包头，办理驻绥骑二、骑四两师编遣事宜，闻业经编定骑三师（师长杨兆林）、骑六师（师长张诚德）两师，合并缩编为一旅，而以张诚德充旅长。骑四师（师长王英）、骑五师（师长原屏藩）两师，合并缩编为一旅，以原屏藩充旅长。骑二师（师长郭凤山）暨骑兵司令部直属之卫队营，并由王英师拨一部，合并缩编为一旅，以郭凤山充旅长。至杨兆林、王英二人，则因其资格较老，均任为骑兵副司令。被裁官兵，皆有具体妥善办法。故虽以五师缩编为三旅，而官兵均十分满意。又察哈尔骑兵及大同一部分，亦将次第实行编遣。

《军事杂志》（月刊）
南京国民革命军军事杂志社
1929 年 17 期
（朱宪　整理）

对于兴安区感言

关深 撰

兴安区方数百里，询民间之疾苦，首称匪患，屯垦于此，宜思所以安之。然域近蒙边，古称化外，民俗强悍，勇于私斗，视人命等儿戏，藐法律若弁髦，故逾规越矩，视为固然，由来已久，积重难返。穷肃清之术，惟有威之以法，感之以德，莫克奏效。昔秦鉴周失，立木示信，而秦以富强，汉承秦弊，约法三章，而天下归心，所谓渴者易为饮，饥者易为食也。清末刑赏失当，金作赎刑，子弟为盗，父兄安享其资，致人存幸得之心，而无株连之惧，盗贼滋炽，民不聊生。民国以还，较清尤甚。权衡今古，斟酌现况，在此荒陬边陲，文化未开，政治幼稚之地，苟能援商鞅治秦之法，科以严刑，施以连坐，而后济之以信赏，则父兄讦子弟，庶恶者畏威，而善者怀德矣。上旌其善，下知所操，人心向善，日臻于正，军民相安，课农论桑，与民休止，得行所欲矣。

《屯垦》（月刊）
兴安区屯垦月刊社
1929年1卷1期
（丁冉 整理）

对于蒙旗之希望与计划

纪肇斌　撰

人尽其才，地尽其利，此不特蒙旗之要务，要以吾国以及全世界人类竞争之关键。吾国自神农教民耒耜，仓颉结绳为字，孔孟以中庸至理阐扬儒教以来，相沿四千余年，世界公称文化最先之农主国者。因牧民以教养为先，而人民以农事为重，劳心劳力，上下相安，未始非地利人和之所致。但自海关洞启之后，吾国之人，始有世界的眼光，而中华文字、农作与埃及、希腊之首先开化相同者，至今日已居退化地步。现今世界各国，人口骤增，调查各国近十年来，人口增加数目，除法兰西只增百分之六外，其余各国人口数目，增至百分之七八十者有之，百分之五六十者亦有之。即我国人口，亦增加有四十余分。人口繁滋，土地狭窄，故无论帝国主义之国家，不得不实行种种殖民政策，况吾国地势居温带中枢，而蒙旗各处之膏腴〔腴〕土地，东邻倭国，北接俄壤，彼鹰视鲸吞，垂涎染指者，大有人在也。至于优胜劣败，虽为天演公例，而努力奋斗，为吾侪必具精神，际兹训政伊始，百度更新，而心理建设、物质建设、社会建设、国家建设，成为重要问题。况开展富源，补救穷困，为人类竞争绝大要点，其开展之道，不外人尽其才，地尽其利，货畅其流，物尽其用而已。我东北四省与蒙旗壤地毗连，同隶党治之下，痛痒休戚，唇齿相依，共存共荣，互助引导，蒙旗王公，在野名士，岂少明达之人，惟安于富庶，狃于积习，阻于交通，隔于文言，因教育之未普及，习尚无从变更，交通之不便利，富源无从启发，故本刊对于蒙旗之希望与计划，所在不能不将首先要务，胪列于后。

一、提倡教育

1. 学校；2. 讲演。

所谓提倡教育者，即人尽其才，才得其用之义，设立学校为普及教育之母。自小学而中学而大学，其间经过许多阶级者，为求技术精诣，智识正确，固为人类最优特点。惟教育未普及之先，务须多设小学，使人人明白党义，个个具有常识，则知茹毛饮血，尚有澳洲未开化之土人，我中华文明先进，自当取法乎上，断不能仍处退化地步，而甘居后尘也。惟补助学校教育所不及者，先须多设讲演所，对于村落居民，详为讲演，使知起居饮食，均有常则，学识技术，亟先讲求，潜移默化，如影随形，则愚顽之辈，不难于了解一切也。否则智识不平等，而见解自难一致，此不特为蒙旗首先要务，亦全国各村政所宜研究者也。

二、开采地利

1. 注重农作；2. 开采矿质；3. 广植森林。

所谓开采地利者，即地尽其利，物得其用之义。国以民为本，民以食为天，此亦世界所公认之面包问题也。故农作为土地农产上重要工作，或谓蒙旗各处，地多沙漠，不能耕种，此亦只知守常，不知达变者。倘开畅河流，广植森林，则可吸收水素，因气候、土宜，再加以相当肥料，地质变化，牧〔收〕获自丰，否则牛山濯濯者，不务耕种，非不能也，是不为也。试观日本虽一小岛，亦设法经营，其农产物非常茂盛，有志之人，无往不利，语云“有志者事竟成”者，此也。至于采掘矿质，事非易举，不能不勉为其难，然亦在交通便利之后，相辅而行也。

三、便利交通

1. 铁路；2. 汽车路；3. 市政。

所谓便利交通者，即货畅其流之义。现今各国需要各种原料，如羊毛、皮张之类，求过于供，即东日北俄，其所用之物，如马匹、羊毛、皮张各项，不能远求于欧、澳两洲，只得近取于我国。而我国此种牧畜产额，蒙古为最。故蒙古为牛羊蕃滋区域，而供给于日、俄各国为需要原料，甚至我国沪、津各处羊毛制造厂，反转取于他国，此无非交通不便，运输不便之故。其应建铁路及汽车路详细情形，已由交通栏内，备载清晰，无庸赘述。至于市政，亦为交通上发源之点，未有不讲市政，而讲交通者，因毡庐毳幕，零星散处者，鲜有能讲求市政者也。

四、振兴实业

所谓振兴实业者，即物尽其用之意。合群众之力，谋什一之利，较之各自为谋，出额既增，而工作时间，亦复经济。即如羊皮等类，可以制造毡毯，以一羊之微，而获十倍之利。如牛肉、乳酪等项，若以精造罐头，则可供世界各国食料需要，前途利益，无可限量。诸如此类，不遑枚举，蒙旗实业，不可不极力提倡者也。

上列各节，均须相辅进行，良以振兴实业，则端赖交通，物产多寡，则首贵开采，而创办实业，开发地利，更赖有相当之人才，而人才之辈出，则须设立学校以培养。故吾谓以上各节，相辅而行，不可缺一者也。若然，则我蒙旗执政者，岂可不振奋凌厉，力谋改进以与文明种族同享乐利耶。记者有启迪责任，故不得不本互助精神，为恳挚忠告，此不特为本刊之希望与计划，要亦我蒙旗同胞，所宜注意实行者也。

《蒙旗旬刊》
沈阳东北政务委员会蒙旗处
1929 年 1 卷 2 期
（朱宪　整理）

说蒙古

王永贵　撰

蒙古为世界著名种族，周称玁狁、戎狄，汉名匈奴、鲜卑，唐宋以下，或名突厥，或名契丹，辽、金始称国号。至元之声威尤大，版图则足跨三洲，黄祸则雷震全欧，赫赫蒙古，何其盛也。然而一蹶不振，寂同寒蝉，延至今日，竟列弱小，言念及此，曷胜浩叹。夫蒙古民族如昔也，版图亦如昔也，四部六盟五七四九旗制亦如昔也，以今距昔，计代仅隔明清，计年仅近五百，其盛衰强弱迥别天壤，是其中必有故也。吾想蒙古同胞地居高原，位列寒带，黄草白沙，土断冰裂，强悍其性，禀赋天然，加以游牧是业，田猎为生，试矢试骑，武事其长，故于近古以前，科学未及发达，物质未臻文明之际，以其特长战胜世界，势所必至，理之固然。时至今日，势非昔比，科学之发达，一日千里，物质之文明，不可思议，其所谓农战也，工战也，经济战也，政治战也，外交航空战也，无不以文明必然之程序，战胜于聘使币帛邦交敦睦之中。而蒙古同胞，仍守其数千年浑噩榛莽之旧习，鬼神祸福迷离妄诞之宗教，不问时势，不顺世潮，不知改良，不求进步，欲与世界文明种族相争衡，何异以盲瞶之夫，与离娄、师旷争视听，优胜劣败，天然淘汰之例，其能免乎哉？深望蒙古同胞，惕然醒而憬然悟，共谋所以图存之策可也！

《蒙旗旬刊》
沈阳东北政务委员会蒙旗处
1929 年 1 卷 3 期
（李红菊　整理）

我对于哲盟王公会议之感言

张子赓　撰

按《说文》特相遇曰会，《春秋》二百四十年间，诸侯会合，史不绝书，始于鲁隐公二年，公会戎于潜，终于鲁哀公十三年，公会吴于黄池。其中惟齐桓公会诸侯于葵丘，宰孔赐胙，盟主下拜，衣裳之会，称盛事焉。千载而下，读其载书，初命曰：诛不孝，无易嫡，是内政所由明也。再命曰：育贤才，彰有德，是教育所由兴也。三命曰：恤老幼，怀宾旅，是工商之所赖以劝也。四命曰：无世官，无摄事，是任官分职，各当其才也。五命曰：无曲防，无遏籴，是交通、实业未集其成，已造其端也。综此五者，建设之大纲已备，再能扩而充之，润色鸿业，行之以渐，持之以恒，前人之事，讵非后人之师乎。此次哲盟王公在长集会，提议之案，想必甚多，广益集思，莫非为蒙旗谋幸福，甚望其本孝友以为政，根本大计，已立不拔之基，复推行敬教劝学，通商惠工之能事。各旗由协理台吉，以至印务佐领，有才者可世其官，不才者莫尸其位，泯此疆彼界之分，兴除道成梁之举。不但有无懋迁，往来称便，设遇水旱偏灾而救荒者之移粟移民，亦易为役，此事古人先我行之，宜于古并宜于今，师其意不拘其法。变通尽利，损益得中，无贻削足适履之讥，定收因地制宜之效。开会在即，有感而言，与会诸公，有询及刍荛者乎，如天之福，固不仅哲盟十旗之幸也。

《蒙旗旬刊》
沈阳东北政务委员会蒙旗处
1929年1卷3期
（李红权 整理）

班禅劝导后内蒙之情况

作者不详

我国自变政以来，内乱频仍，迄无宁岁，边远之区，无人顾问。于是苏俄遂挟其赤色帝国主义，对于蒙古，猛力侵略，煽惑外蒙，使其独立。最近中东铁路事件发生，外蒙民众，反受苏俄驱使，图扰内蒙，期与同化。班禅以久客北陲，因念蒙古宗教、风俗，大都与西藏相同，赤白侵略，殊途同归，救藏救蒙，原为一事。目击之余，心滋不忍，因此周游内蒙，一面宣达中央意旨，兼宣传三民主义，俾其了解共和真谛，明了全民政治之近况；一面传布宗教，俾其彻悟夙因，皈依佛法，服从中央政府之命令。所经之各盟旗，无不剀切告诫，痛陈利害。而在民众方面，夙奉佛教，对于班禅之崇拜，异常热烈，不啻视为天神，所到之处，上自王公，下及民众，无不拈香膜拜，顶礼加额，班禅所言，一一诚心授受。于是内蒙王公、民众，均大为感动，倾心内向，内蒙治安，已无虑矣。班禅本意，原拟在蒙再加劝导，近因中央定期明年三月举行西藏会议，蒙藏委员会特派员前往欢迎，因于月前由德王府起程，转道辽、平来京。离蒙时，内蒙各旗王公、贝勒、僧侣、民众，从之赴辽者，达数百人，现正在辽开会，讨论内蒙治安及推选代表参与蒙藏会议两问题，并对于班禅回蒙问题，亦经提出讨论。各旗王公、贝勒，均表示竭诚护送之意。又班禅在赴辽途中，曾接到蒙藏委员会公函，请其就近劝导蒙民，勿受赤俄蛊惑。班禅以内蒙民众，业经一再劝导，彻底明了中央之意旨，内向情殷，到辽后，即覆该会一函，兹将原函附录于后：

蒙藏委员会公鉴：顷奉大函，敬聆一是。承嘱就近劝导蒙民，勿受赤俄煽惑，并宣达中央意旨一节。查班禅顷诚祖国，原为异族侵略日烈，及至内地，又值内讧不息，政府屡易，欲诉无从，故暂赴蒙地周游，借兴宗教而固边陲。复因外蒙已为赤俄所惑，而内蒙地方又与其毗连，诚恐亦难免受其煽动。又念近日邪说横行，对于中央及宗教信仰渐衰，班禅所经各蒙旗地，无不痛陈利害，恳切劝导，宣传三民主义及宗教，幸均得各蒙旗王公、贝勒及僧俗人民等之热烈信仰，倾心内向，内蒙治安，已无虑矣。嗣后仍祈中央对于内蒙各旗，加以怀柔维护，以坚其心。戆直之见，尚希公鉴。专覆，即颂公安。

《西藏班禅驻京办公处月刊》
南京西藏班禅驻京办公处宣传科
1929 年 1 卷 3、4 期合刊
（朱宪 整理）

奉委考察五原、临河山东移垦情形之报告

谢用霖　撰

一　垦民之来历

垦民之来历，民国十四年春，前西北边防督办冯玉祥氏，以后套地大人稀，乃请其顾问王鸿一向山东当局商由该省各县迁移贫民千户前往开垦，后以时局变乱，仅移到六百二十三户，即在后套之刚目、永济两大干渠间辟地六百二十三顷，每户分地一顷，并建造仁、义、礼、智、孝、弟、忠、信新村八处，规模宏大，设计周密，复在包头设山东移垦事务所专理其事，以王充当该所主任。

二　垦民现在之生活状况

霖于四月五日偕同该所副主任郝中衢到达五原县，当即召集各村董开会商议以后进行办法，十六日即偕同各村董亲赴临河垦地视察。

(1) 垦民之数目：原来移民系六百二十三户，房舍、农具俱备，旋以张宗昌督鲁将事务所经费留滞不发，以致渠道失修，难以灌溉，兼匪患频仍，一般垦民，无以为生，流离失所。此次调

查，除死亡、迁往他处及回籍者不计外，尚有四百零二户，皆散居于五原、临河、山霸、满同等处，乞讨为生，间有作小本生意者，均嗷嗷待哺，惨苦之状，目不忍睹！

（2）垦民房舍之调查：据该所人云，八村房舍，初建极为完备，样式亦均画一，嗣后因垦款无着，垦民无人过问，于是为生活所迫，多避居城镇或附居邻村，以致木料多被人窃去，或被匪焚烧，现仅鲁忠、鲁义两村尚有破房数间，有少数垦民居住，余皆一片瓦砾，状极凄凉。

（3）垦民民情之调查：移来垦民，良莠不齐，又以年来管理无人，致强横者则霸占地亩，武断乡区〔曲〕，而稍有智识者，则在官府服务，挑词架讼，不一而足，但详细调查，恶劣分子属少数，安分守己者实居多数。

三　此次领款支配之考查

该所副主任郝中衢，此次由省府领款两万四千元，原为偿还旧欠债务两万三千二百余元。详查此项旧欠，即民国十四年冬，山东当局置垦民于不顾，王鸿一主任，不忍坐视数百垦民坐以待毙，乃由各方揭借大洋二万三千二百元，为垦民置办木料、皮衣、棉衣及吃食等用。该项垫款，皆属确实，此次款项领到，王鸿一氏乃择债务之急迫者，在平偿还一万九千元，复以五千元令郝副主任带往前方，设法维持垦民。该员对垦务之热心，可见一斑。

（1）渠道之修挖：垦民各村在刚目、永济两大干渠间，专赖此二渠灌溉。因永济渠稍好，而刚目渠口冲毁，渠身淤澄，非重行修挖不能应用，曾经该经理王井民氏估工需款二万三千余元，绥远当局担任一万元，其余一万三千余元，由垦民及其余地户分别均摊，计垦民即须摊款六千余元之谱，而各垦民地之私渠修挖又不在内，因领款过少，不敷分配，该所甚感为难。此次绥远当局，在包曾招集包西水利会议，该所副主任郝中衢曾经列席，究竟如何办理，该员当专有报告。

（2）极贫垦民之接济：该所主任郝中衢于四月七日招集各村董会议报告垦民中带有家眷而目下无法生活者，以特贫十元，极贫五元，次贫三元，稍予接济，调查核实，即交各村董领去分发，各垦民均已据领矣。

四 垦民之整顿

（1）地亩之清丈：各垦民原计每户种地一顷，年来因无人约束，各自为谋，强悍者，霸地数顷，愿懦者种地数亩，甚至无地，乃重新清丈，仍按每人一顷，多种者悉令交还，违者惩办，该所偕同各村董现正从事清丈。

（2）村舍及围墙之修理垦民住舍，因无围墙，年来备遭匪患蹂躏，乃商同各村董令各村建筑围墙一座，以资保卫，并由事务所补助款资若干。

（3）不良分子之淘汰：会议时各村董报告，各村中不良分子，计十余人，议决先由各村长警告，不听时再由事务所送官征〔惩〕办。

《村治月刊》
北平村治月刊社
1929年1卷5期
（李红权 整理）

外蒙古问题之过去、现在与将来

孙济川　撰

一　引言

自江心坡问题发生以还，国人竞言西南边防，朝野上下，皇皇焉若大祸将临，一心一德，共谋抵抗，可见吾民族爱国之心，尚未尽丧。然中国四至，与列强相邻而被侵蚀者，岂徒江心坡一隅哉！兹篇之作，即欲使国人知江心坡问题外，尚有更重要于江心坡十百倍者在。其地维何？外蒙是也。当兹东北风云日亟，彼獠牙狞爪、狡焉思侵之赤色帝国主义，方向吾边疆击射，东省人民，身为俎上之肉；而外蒙古为西北屏藩之区，已将躬受其毒。唇亡齿寒，祸将及身。则处今日讨论外蒙问题，似尤为当务之急矣。

二　俄人侵略外蒙之经过

俄国在欧洲之东北，幅员虽广，地实不毛，且无良好出口之不冻港。故自彼得大帝、喀德邻女后等英主御宇以来，即欲攫据黑海而伸足于地中海（当拿破仑战争时，亚历山大第一强迫土耳其割让滨黑海之 Bessarabia 于俄，亦即此意）。至十九世纪后半期，此心尤炽。尝以斯拉夫民族之长兄（Big Brother）自居，而干涉土耳其领域内之巴尔干半岛，克里米战争（一八五四—五六）与俄土战争（一八七七—七八）即由此演成。盖觊觎巴尔干半岛，而欲握近东交通、商业之优势者，非仅一俄国而已也。故自柏林会议（一八七八）以后，俄即改变政策，而转注其目光于远东。始则建筑西伯利亚铁道（一八九一），继则取得满洲筑路之特权（一八九六），而蒙古与西伯利亚相毗连，久为中俄贸易之通路，遂益为其远东发展中之目标焉。

自《尼布楚条约》（一六八九）、《恰克图商约》（一七二七）订结以还，中俄之陆路贸易日盛。商业之联络，遂启俄人垂涎之渐。乾隆之世，俄国著名学者米列尔游历蒙古，曾献记录于俄皇，盛夸外蒙宝藏之富，及地理上与俄国关系之密切。嗣后俄国学者，相继至该地实地考察，归皆著书立说，夸赞外蒙之美，以引其国人之注意。道光时，传教士巴拉第著《游蒙古沿途记》，竟昌言库伦与恰克图之主人，应为俄人。光绪初，俄人浦尔日，著《蒙古》一书，内称恰克图至库伦，计长三百余里（张其昀《本国地理》言，库伦至西伯利亚边界约七百里），森林丰茂，水源充足，山坡牧场，极似俄国后贝加尔湖；土色黄黑，最宜耕种，奇花异卉，令人神怡。其后伯哥列博夫、索拍丁夫两氏合著《俄蒙商务记》，亦有类似之推许。俄人羡慕外蒙，于此可窥一斑。何怪其延颈垂涎，亟亟欲遂其侵略之愿也。

有清二百余年间，中国因外交失败，而丧失领土于列强最广者，莫俄罗斯若。□□□东政策失败后，即存侵略吾国边疆之心。会咸丰八年（一八五八），吾国外有英法联军之役，内有洪杨之乱，无暇北顾时，俄即乘机移师一万二千于黑龙江口，胁逼黑龙江将军奕山，与定《爱珲条约》。于是黑龙江北、外兴安岭南一带二百十余万方里之广土，俄人在从容谈笑间，攫为己有矣。阅二年，俄人为英法联军斡旋索酬，续订《北京条约》（一八六〇），又将乌苏里江东共计九十万三千方里之地，隶入俄国版图。不久，俄人遂在此新领土之南端，建筑海参港。俄人太平洋不冻港之政策，至是虽遂，其侵略外蒙之心，不惟不因此稍戢，且以根基已固，图谋益亟焉。

日俄战争（一九〇四—五）以后，俄国在满洲及朝鲜失其优越之权利，于是积三方侵略之野心，而萃于外蒙。民国元年（一九一二）日俄第二次密约，划长春以南之满洲及内蒙古一部分，为日本势力范围；长春以北及其余之蒙古地域，为俄国势力范围。互相援助，不相牵制。又同年九月与英国重订密约，许英国在西藏之权利，以交换俄在外蒙之优越权。故《俄蒙协约》即于是年十月二十日成立，而西藏问题与南满、东蒙之五铁路问题，亦皆同时并起也。初清廷鉴于俄人野心之日甚，季年曾在蒙推行新政，然上下相蒙，初无成绩。于是外蒙王公，受俄国帝国主义之煽惑，遂乘辛亥革命初起之际，对清廷宣告独立（一九一一）。俄国即利用时机，与订上述之《俄蒙协约》及《商务专条》。该约之成，外蒙不啻为韩国续也。当其时，日、英二国既与俄国有密约在先，而法国于北亚势力，素属漠视，美国新大总统威尔逊，方反对前政府张扬国是之政策，殊不欲干与远东问题。故我国斯时之外蒙问题，毫无外力之援助；惟有哀恳俄国求其由俄使提议另订《中俄协约》，以取消《俄蒙协约》之一法耳。民国二年（一九一三）之《中俄条约》，即所以谋对《俄蒙协约》之补救也。然察该约之内容，非但不能使蒙古跻各省之林，而恢复其康熙以来之状态；即实质上之宗主权，亦又〔不〕可得。盖一九〇七年之《英俄协约》，英、俄二国认中国于西藏之宗主权，实有内政、外交之一切权利，凡未经中国之许可，西藏不能向外交涉，而该二国亦不能直接干涉西藏内政。今者《中俄条约》，虽认中国之宗主权，既规定吾国不能干涉外蒙之内政，而制外蒙死命之《俄蒙商务专条》，又复作俄国为中蒙调解之报酬，在此条约中正式承认之。是不啻言宗主国之中国，对于外蒙无施防及殖民之权，而俄国反于《商务专条》中得之也（俄署之卫队无数额上之限制，而《商务专条》第八款，俄国有与蒙古官吏协商设立领事之权，其流弊必至领署无限制，俄兵亦无限制。又该专条允许俄人于蒙古有租地、购地、建筑、开垦等之自由，且于设有领事之区，及有关于俄国商务之处另设贸易圈，由俄人管理，此非殖民而何?）。其后民国四年（一九一五）之《中俄协约》，虽历时八阅月，经四十八次会议之争执，仍不能出此范围。于是中国自康熙以来，二百余年对外蒙之统治权，自此发生动摇矣。

一九一七年俄国空前大革命发生，西伯利亚境内，尤陷于厄阢不安之象，先后自号独立政府者，凡十数处。外蒙境界与其毗连，不胜其扰，乃恳请中国政府，允其撤消自治。中国遂派徐树铮为西北筹边使，兼督办外蒙善后一切事宜，且加封活佛为外蒙翊善辅化博克多哲布尊丹巴呼图克图汗，并女活佛为外蒙古昭敏净觉额尔德呢车臣敦都布剌木，以示恩渥。徐氏接事之初，颇有革新气象，但终以军阀观念太重，致所有计划，徒事空谈。且其所辖之边防军队，亦仅褚其祥一旅，驻扎外蒙，而其余各军，则分驻北京附近，以备直皖之战。及后战事果发，皖系失败，徐氏因内乱获罪，革职拿办。以方面之大员结果如此，外蒙轻视中央之心可知矣。当其时，苏联新政府方宣布废弃一九〔八〕九六之《日俄密约》，日政府恨之，乃决心利用西伯利亚旧党，谋抗赤俄；且欲由旧党之手，让渡其北满、外蒙之一切权利。故多方煽惑外蒙王公，及勾结蒙匪，大事滋扰，库伦之陷落，日本军校，实与其事焉。徐树铮既去职，政府仍以陈毅治蒙，改西北筹边使为库乌科唐镇抚使。此时蒙事方急，褚其祥迭电北京政府，请派兵赴援。以实力派意见不一，屡次磋商，始委张景惠为援库司令。但当事者，既乏迅敏之手腕，复无真心谋国之意，坐领空衔，虚名策应，卒使库伦方面，众寡不敌，十年二月一日陷于白党恩勤之手，蒙事自此益不可为，而外蒙活佛亦遂于翌年宣布第二次独立矣。库伦既陷，恰克图、买卖城亦相继入于赤军之手。且声言长驱南下，助平中国境内之白党。吾国政府屡次抗议，卒属无效，乃逼舆情，设立蒙疆经略使，思以自己之力，去此外匪，但其时直奉内讧，方在酝酿，张作霖雅不愿以有力军队，用于国事，故亦逡巡不前，结果，遂使赤白两党，公然在吾国境内，大开战事；而库伦即由白党之手，转入于赤党。

苏联政府揭橥“扶助弱小民族”、“打倒帝国主义”等口号，对于中国问题，尤特别注意。一九一九年及一九二〇年之两次宣言，皆言放弃其旧日政府侵略所得之一切权利，与中国政府从新开正式会议，订立平等互惠之条约。当时中国政府慑于协约诸邦共同行动之束缚，不敢公然接受俄国之盛意。后鉴英、意诸强，相继承认苏俄为正式国家，而《日俄协约》，亦正在顺利进行，乃由外交总长顾维均〔钧〕与俄大使加拉罕，在北京外交大楼，订立《中俄解决悬案大纲协定》，开中国与外强订约通商以来罕有之记录，时民国十三年（一九二四）五月三十一日也。该约第五条，即关于蒙古问题，有所规定。今录原文于次：“苏联政府，承认外蒙为完全中华民国之一部分，及尊重在该领土内中国之主权。苏联政府声明，一俟有关撤退苏联政府驻外蒙军队之问题，即撤兵期限，及彼此疆界安宁办法，在本协定第二条所定会议中商定，即将苏联政府一切军队，由外蒙尽数撤回。”此处吾人虽不满意其不立即撤兵，尚须待中俄会议之商定，但撤兵之期，则指日可待（至多不出六个月）。何如苏俄阳言阴违，多方躲避，使中俄会议，不能如期实现。既开幕之后，又以种种不利问题，故意留难，使其至今仍无结果，一若前日两次之宣言及协定，乃给中国承认其为正式国家之饵，今既得承认之后，即可置之不顾也。人之无良，一至于此，可怜吾外蒙古遂因此而久假不归矣！

三　外蒙古之经济状况

外蒙古民族，愚昧难驯，至今尚为牧畜时代，穹庐簇簇，逐水草而迁徙。其据为财产者，即牛羊等之家畜也。个人生活赖于是，国家财政之收入，亦赖于是。故吾人近日言外蒙经济状况者，除略及商业情形外，当以家畜之多寡为定准，事虽近于牵强，要亦可得其大概焉。

（一）蒙古现存牲畜之数目：

	Karamisheff 之报告	Maisky 之报告
马	一,八四〇,八一七头	一,五〇〇,〇〇〇头
牛（附 Sarlik 及 Haiulk）	一,七二五,五〇〇头	一,四〇〇,〇〇〇头
绵羊及山羊	一一,五〇〇,八〇八头	九,五〇〇,〇〇〇头
骆驼	三六五,八二四头	三〇〇,〇〇〇头
合计	一五,四三二,九〇〇头 〔一五,四三二,九四九头〕	一二,七〇〇,〇〇〇头

（二）蒙古牲畜之增加率（Maisky 之报告）：

	生产率	死亡率	增加率
牛	33%	22%	11%
马	29%	20%	9%
骆驼	15%	12%	3%

（三）蒙古乳类之产额（以一年为单位）：

牛乳	三一（以百万桶为单位，每桶等于二七〇磅）
犁〔牦〕牛乳（Sarlik milk）	一八
牝马乳	三四

续表

绵羊乳	一九
山羊乳	三
骆驼乳	六
合计	一一一（百万桶）

（四）蒙古牲畜及牲畜品输出外国之数目（以一年为单位）：

（甲）录自 The Contemporary Review，March 1929

牛类	一〇〇,〇〇〇头
马	一〇〇,〇〇〇头
绵羊及山羊	一,〇〇〇,〇〇〇头
骆驼	三,〇〇〇头
羊毛	约六,〇〇〇吨（年产额约九,六〇〇吨）
骆驼毛	约六五〇吨（年产额约八〇〇吨）
牛皮与马皮	约一三〇,〇〇〇张
羊皮及小绵羊皮	约一,〇〇〇,〇〇〇张
毛皮	五〇〇,〇〇〇张

（乙）录自 W. karamisheff：Mongolia and Western China.（P. 22 and P. 258）

牛类	七四，五〇〇头
马	七〇,〇〇〇头
羊	八〇〇,〇〇〇头
肉及脂肪	六〇〇,〇〇〇担
羊毛（注一）	一二〇,〇〇〇担
骆驼毛（注二）	一，五〇〇〈担〉
马尾毛	一一，三〇〇担
绵羊皮及山羊皮	五〇〇,〇〇〇张
羔羊皮	七〇〇,〇〇〇张
牛皮	八四,〇〇〇张

续表

马皮	七〇,〇〇〇张
毛皮	一二,〇〇〇,〇〇〇元
乳类	一,三二三,〇〇〇,〇〇〇磅

附注:(一)本书页二一及页二五八,均作一二〇,〇〇〇担,但页一二则言每年可得羊毛二八〇,〇〇〇担,以六〇,〇〇〇担自用,则所余自为二二〇,〇〇〇担。

(二)本书页二二,则做一三,〇〇〇担。

(五)蒙古输入品之种类及其来源:

茶 由中国输入,年约二十四万箱,箱二七块。

面粉 中国货占其输入额三分之一,全年消费量六一二,〇〇〇,〇〇〇磅。

小米与米 本土产量甚微,大部分由中国输入,全年总需额约五四七,二〇〇,〇〇〇磅。

烟草 大部分由中国输入,全年消费量约二,五九二,〇〇〇磅。

糖 近来全由中国输入,年四六〇,〇〇〇磅。

酒 全年之消费量约二,一七七,二八〇磅,由中俄两国输入。

"Dalemba" 年需八,八〇〇,〇〇〇码。

"Tsuemba" 年需约四,〇〇〇,〇〇〇码。

粗绢布("Chesoucha") 全由中国输入,总需量约八〇,〇〇〇码。

呢绒类 昔年多由俄国输入,今则华货充斥,然亦不尽得该地人士之欢迎,年需额共约三四五,〇〇〇码。

羽缎("Satinette") 昔年多由俄国输入,今市场上则无俄货,年需额约一二五,〇〇〇码。

印花布("Chintz") 昔年多贩自俄国,今俄货已绝于市场,年需额约一一五,〇〇〇码。

锦缎（“Brocade”） 输入甚微，年约四五,○○○码。

杂物 由中国输入者约占百分之七十五，余由俄国供给之，共计约一,二○○,○○○元。

宗教用品 全由中国输入，年约值七十五万元。

鞣革 战前为俄人独占，今则由中日两国输入，需要额年约十万张。

针线纽扣等 由中俄两国输入，年约值三○○,○○○元。

装饰品 妇女之装饰品，多由中国输入，年约值九○○,○○○元。

（六）商业与金融 蒙古商务，素操于中国商人之手，以京、西二帮为最。西帮者，非专指山西而言，盖混合山西省之太原、大同、汾州，河北省之天津、宣化、蔚州、万全及张家口、察哈尔、多伦若尔等处商人而成。京帮，则专指北京安定门外，外馆各商在库伦所设之分号而言。二帮势力，自以西帮为厚。顾京帮商人，习于浮夸，不服西帮之节制，于是两帮嫌隙以生。陈箓治蒙时，曾饬其设立商会调和其事，终以冲突过甚，分设东营、西库两事务所，各理其事。自蒙古“赤化”以后，该地贸易机关，渐入俄人之手。据蒙人阿穆鲁在莫斯科对记者谈话，蒙古每年贸易总额，俄人与蒙古“中央生产及消费组合”各占十分之三，吾国与其他各国合计之，亦不过占十分之四。此后京、西两帮，若不切实合作，急起直追，则商业前进，殊堪阽危！蒙古古旧习惯，向以砖茶、生烟、哈达等品，为市面交易之媒介。迨逊清季年，俄币输入，蒙民便之，遂握市面金融之大权，地方当局有鉴于此，设大清银行于东营子，以图抵抗，但未几即行歇业。后俄国革命，现命〔金〕缺乏，币价大贱，等于废纸。吾国即乘机设立中国银行于库伦，当时以资本太少，每每供不应求，然势力所及，已足使库伦一隅，以中钞为本位。民国八年，徐树铮治蒙，首建边业银行，以为发览〔展〕边疆实业之张本，其规模之宏，远非前此各银行所可比伦，于是塞外金融，大形活动，惜为时未久，而外蒙即以独立闻。迄今俄国势力深入，设立大公司，滥放借款，外蒙金融自全在俄人操纵之中矣。

四　外蒙古之政治状况

外蒙古自第二次独立以后，在吾国政府虽不承认其此种举动，而仍以五族共和视之，但实质上外蒙之脱离中国羁绊，似无可讳言。今其地亦有所谓国民政府与国民党者，其制度、组织，全仿自俄国，形式上虽革去数千年来之旧面目，实则外强中干，苏联下之一联省而已。今分述各种重要情况，以见其概。

（一）外蒙古之政党

当一九二〇年俄国白党占领库伦时，蒙古左倾青年，多逃亡西伯利亚，苏俄政府利用之，优为款待，加意煽惑，蒙民翕然归之。乃效其所为，组织蒙古国民革命党，后改为蒙古国民党。一九二一年之蒙古革命，及今日之蒙古政府，实在彼辈掌握之中。

当蒙古国民党之初组织也，外蒙贵族及资产阶级，皆参与其事。如喀尔喀王、接尊汗，实为国民党创造者之一分子，由喇嘛出身之合图，亦曾一度为蒙古国民政府之总理。然此不过激烈分子暂时利用之政策，以当时蒙古平民之智识，非常薄弱，实不堪负政治上之工作也。迨羽毛渐丰，下层势力渐固，于是由支配阶级出身之领袖，渐被排除。前总理合图、内务总长彭次克图尔第、司法总长脱甫脱和等，皆于一九二二年秋相继就戮。党内贵族王公之势大衰，大权悉握诸平民阶级之手。

蒙古国民党党权，集注于中央，其党规全仿自俄国，约有下列四要点：（一）蒙古国民党党员须绝对服从党规，厉行党律。（二）行极端之中央集权主义，党之干部对于党员，有绝对支配之权限。（三）各机关各地方到处张示党纲，以谋党员之约束。（四）对于新入党之党员，须经过一定候补试验期间，其时间长短，视出身阶级而异——平民四月，贵族与喇嘛须八月以上。

蒙古国民党组织未久，即有蒙古青年革命团产生。其团员多为蒙古下级官吏之子弟，曾受苏俄共产主义之宣传者。其组织仿苏俄共产主义青年团，但威权高出其上。苏俄共产主义青年团受共产党之节制，而蒙古青年团则与国民党并存，有时且从而监督之。蒙古国民党清党运动（清除贵族及喇嘛之党籍），实彼辈怂恿之也。

（二）外蒙古之政府组织

外蒙古政府当初成立时，为君主立宪政体，拥活佛为元首。及一九二四年活佛死，乃改君主为共和，且不置元首，实行行政合议制。今摘述其宪法之要点如下（录自日人布施胜治著之《苏俄的东方政策》）：

1. 大国民议会休会期内，国家之主权，以小国民议会行使之。小国民议会收会期内，以小国民议会之干部及政府代行之。（第四条）

2. 国家最高机关，在国际关系上代表国家处理政治、通商及其他国际条约之缔结、国境之变迁、宣战与媾和、内外债之募集、对外贸易、国家经济之企图、租借权之让与及取消军备及军队之指挥、金融及度量衡之制定、租税及预算之确定、土地利用方法之确定等事项。（第五条）

3. 共和国宪法之变更，由大国民议会行之。（第六条）

4. 大国民议会由农村、都市人民及军队选举之。议员数额，每年依选举区之人口比例定之。

5. 大国民议会之通常会议，由小国民议会召集之，一年须有一次。临时大国民议会，由小国民议会或大国民议会议员三分一以上之要求，或选民三分之一以上农村之要求，召集之。（第九条）

6. 小国民议会监督政府最高机关执行宪法及大国民议会之决议案。（第十二条）

7. 小国民议会由大国民议会选举之（第十条），对于大国民议会负其责任。（第十一条）

8. 小国民议会一年须召集二次以上（第十三条），每期选出由五名而成之干部及政府阁员。（第十五条）

9. 政府担任一般国务，以内阁议长及副议长、军事及经济会议议长，并内务、外交、陆军、财政、司法、教育、经济各部部长及会计、检察院院长组织之。（按外蒙古国民政府至一九二三年止，教育尚未设部，此处或有错误）

10. 凡由自己劳动而生存之国民（兵士在内），年龄在十八岁以上者，皆有选举权及被选举权。

11. 商人、以前之贵族、喇嘛及不从事于劳动者，皆无选举权。（第三十五条）

12. 蒙古共和国之国旗，为赤色旗，而附以国徽。

上述政府组织各条中，足资吾人特别讨论者，即行政合议制与选举制度。行政合议制，在过去及现在政治上观察之，有三种不同形式：（一）法制，即一七九五年至一七九九年之法国执政委员会（Le Directoire）制也。（二）瑞士联邦委员会（Bundesrat）制。（三）苏俄人民委员会（Saunarkom）制。苏俄人民委员会由中央常务会议产生之；中央常务会议由中央执行委员会产生之；而中央执行委员会，又由全俄苏维埃大会产生之，而对苏维埃大会负其责任。近日外蒙古国民政府之组织，即一依斯制。其所谓大国民议会者，即苏俄之全俄苏维埃大会也，小国民议会者，即中央执行委员会也，小国民议会中之干部（Presidium），相当于常务会议，而外蒙政府，即犹苏俄之人民委员会也。

限制选举制度，已成过去事实，而近日民治发达国家所通行之普通选举制度，除年龄、国籍、无精神病与未受刑事处分等条件而外，率皆不设其他资格之限制。惟苏俄因欲实行无产阶级专政，故加以职业限制，蒙古效之，因亦有卅五条之规定。又各国现役军人及兵士，多无选举权，而蒙古则反无此限制，亦与一般民治国家不同。

（三）施政之方针

外蒙古政府之精神，一本苏俄之成规，所有昔日封建遗制及王公、喇嘛等特殊阶级，一举而扫除之。其政治之基础，即建筑于劳动阶级之上，凡有利益于该阶级之事，如普及教育、劳动集会、劳动组合等，皆竭力予以援助，务使有充分发展机会。对于国家之土地、森林、水泽等，亦以公有为原则。尤堪使吾人注意者，即昔日蒙古帝制政府与外国所缔结之条约，皆宣告无效，即俄蒙之《商务专条》等，亦在废止之列。

（四）政治新献（文成甚早，十二月廿六日《中央日报》所载《蒙古官吏之调查》，未能利用）

外蒙古自其国民党组织国民政府以来，政治上颇多更张。军队编制，系效法苏俄，军队中之顾问，及军官学校中之教官，多为俄人。因地位广漠，故以骑兵为主，常备军约一万六千余人，分驻库伦附近及边境，颇能具有首尾联络之势。其国民政府吏治甚严，信赏必罚，不少宽假。官俸收入至薄，各部部长、次长等职，每月薪俸仅一百二十余两，故政府收入虽微，而财政尚能支持。教育不设专部，仅就内务部内置教育司，境内有国民大学一所、中学若干所，人数均不甚多。教育司之外，另设国家学术馆，直辖于政府，以保存蒙古之国粹，并发扬将来文化为职志。此外近数年来社会文化之设施，亦颇有可观，如报馆、印刷所、剧社、无线电台、电报、电话等之设置是。

由上所述，则外蒙乃先中国本部各省，而享受近代文明之幸福也。然一察其实际，乃大谬不然，真正的享受外蒙古之利益者，非蒙古人自身，乃其后台老板之俄人也。即以财政一端言之，当蒙古为清廷之藩属时，其财政之收入，全持〔恃〕中央补助，年额约在百万元左右，故当时贵族王公，虽挥霍无度，而财政尚属裕如。今者既自称独立，而中央补助之来源亦绝，财政上顿呈窘状，于是不得不节省政府中之官员，以弥其缺。无如蒙人所辛勤节省者，皆为俄人坐享其成。据熟悉蒙事者言，俄国顾问之薪水，每月有支至二千八百两者，年共一百二十万之政费中，而俄人之俸给，即占其五十万，其侵略之状可知矣。余如压迫虐待之事，更可不言而喻。

五　外蒙古在法理上应属中国之理由

外蒙古自清初入隶我国版图后，即为中国领土之一部，纳贡朝觐，服属中央，历数百年而无间。宣统末年，国内革命，各省纷纷独立，蒙古亦乘机脱离中央，自设政府。及清社既屋，国内粗定，蒙古遂于民国四年（一九一五）《中俄蒙协约》中，再隶中国。虽民国十年（一九二一）蒙古得外强之助，又告独立，自设国民政府；但民国十三年（一九二四）五月三十一日，苏俄代表加拉罕与吾国政府缔结之《中俄协定》，固明认外蒙古为完全中华民国之一部分，及尊重该领土内中国之主权也。或谓此种条约，在法理上殊无充分理由，盖一九二一年苏俄与蒙古所订之条约，已明认外蒙古国民政府为蒙古惟一政府，苟此条约继续有效，则《中俄协定》自属疑问。其实此中不难解释，蒙古国民党于一九二一年十月廿七日曾通过一议案，要请苏俄政府为蒙古与中国关系之调停人，则一九二四年之《中俄协定》，俄实应蒙古之要约，而履行其调停义务也。蒙古政府既无豫定调停之范围，自不能因调停结果，复归中国，而自取消前议。是则今日外蒙古在法理上、条约上，皆为中国领土，与本部行省同具密切关系也，彰彰明矣。徒以交通不便，消悉〔息〕阻滞，政府罣于内治，亦无暇北顾，谩藏诲盗，渐启苏俄觊觎之心。此今日外蒙对于吾国若即若离之现象，皆当引躬自咎，鉴往而策来者也。

六　中国对外蒙古之善后

（一）政制问题

外蒙古国民党党纲有曰："如有主义相同、政见相合之党派，则不论其为中国，为俄国，皆希望互相提携，互相扶助。至对于中华民国政治上之关系，则视中华民国之待遇如何而定。如中华民国范围以内之各省及各民族，倘能根据民族自决，各省自治之大义，采用广义的联邦制度，完成各民族平等之精神，则外蒙国民政府毫不反对，加入联邦。"外蒙国民党揭橥民族、民权、民生，与孙中山先生之三民主义，毫无差异；此外蒙国民党与中国国民党，固无二致也。至于政治上之关系，既言视我国态度而定，又举各省为例，则其认吾国为其惟一主权明甚。联邦制度虽不合中国国情，然政府若优容外蒙，亦可酌量情形，稍异内省制度，予以相当之自治权，如东三省另置司令长官者然。在外蒙可享优渥之殊礼，在中国亦不失五族共和之统一，一举两得，策至善也。

（二）移民政策

苏俄煽惑外蒙，易得蒙人同情者，其方法之妙，固为一因，但外蒙地理环境，亦足以助其政策之推行。今采取日人布施胜治之说，分述如下：

a. 地理上理由　蒙古虽为中国领土，但在地势上有易受俄国支配之倾向。其南部一带，有戈壁大沙漠与中国本土隔绝；而北方则与俄领西伯利亚接壤，交通甚便。且西伯利亚境内之布里雅特族，与蒙古同出一源，尤足以诱致其倾俄之心。

b. 经济状态上理由　依马克斯原则而言，非新式工业发达之国家，产业革命，不能奏效。蒙古为半开化民族，当无新式工业可言。但事实常与理论不合，有时在此种程度之下，反易促其实现。蒙古人民为游牧民族，逐水草而居，缺乏土地所有权观念，其据为财产者，为牛、羊、家畜等物，一旦平分之，即共产主义实现之时。某共产党党员尝言，依一九二〇年之调查，外蒙古人口共六十五万人，家畜马二十万匹，骆驼三十万匹，牛百二十万头，羊及山羊八百万头，每人约占马二匹，骆驼半头，牛二头，羊及山羊十三头，依以分配，即成平等共产国家。可见蒙古共产化之易。

故吾谓今日统治外蒙，以根本方法，铲除此种环境，使不再为苏俄共产主义所蛊惑。根本方法维何？除移民实边，开发实业外，无他途也。

吾国人口分配，最不平均，本部十八省每方英里人口密度平均为二百六十七人，东三省五十三人，旧三特别区三十五人，外蒙古、新疆一带，仅三人，而十八省中，尤以江、浙二省人口密度为最高。如此畸形发展，若不急为调剂，政治、经济，必两受其影响，此移民实边之重要一。中国常备兵额之多，世莫与京，今岁因内乱粗定，开编遣会议于首都，继又开编遣实施会议，虽一时尚未能切实履行其议决案，但各方将领，如能彻底觉悟，则成效必不在远。但被裁之兵，若不妥为安置，在在均是扰乱社会秩序，此移民实边重要之又一。移民政策既能收弭乱防边之功，今请进言移民之手续。

1. 政府当奖励国内学者或学术团体，赴外蒙古实地调查，研究地质、气候、水源等情形，分别说明某区适宜某种植物，或某种工业，及地利所出之多寡与分配人数等。前数年美国博物馆屡次从事外蒙之探险，虽以考古等为其目的，其实用上之成效，亦颇不少。吾国当本此精神而扩大其调查研究之范围，使外蒙地理，得有明确之了解，庶几移民问题，方有措手。

2. 交通事业，当促其早日完成。若交通不便，则内地人民虽有志从事殖民工作，亦无如之何。

3. 移民编制，当效法军队，各街、村、闾、邻等长，即为军队长官之职，使无事就屯，有事即为国家边防之军队。

4. 每一区域，设平民职业教育学校一所，使移民有向学之机会，并灌以农工智识及军事训练，俾成完善国民。此外当设立农村小学如干所，以强迫方法，使移民子女一概入学，以提高社会文化。

5. 移民中无家室者，政府当奖励其与蒙古女子结婚，则所生之子女，为汉蒙合种，种族之见，渐可消除。且以理想推测，该种或能混合二族之优点，而成良好国民。

6. 每一区域，设一公共俱乐部，使汉蒙男女，工作之余，欢聚一堂，联络感情，共享劳余之幸福，及养成互助之精神。

7. 蒙古自国民政府设立以来，社会耳目，为之一新，故新剧在该地亦颇流行。吾人正可利用此种需要，为宣传感化之入手。如移民中有擅长此技者，移民长官当竭力奖励之，使有益中蒙亲善者之剧情，时时泛现蒙人脑际。

（三）建设经济中心

近世国家之所以异于近古者，经济势力之逐渐膨涨，有支配政治之潜力，实为一要端。此种现象在对外发展中，尤为显著。荷兰之东西印度公司、英之南非洲公司、东印度公司，皆由经济机关而握政治上之大权，且进而亡其家国也。日本效之，亦于吾国之满洲，设立满铁会社（一九〇六），其势力之范围，不仅以交通为限，举凡属一切文化、学术及社会上各种事业皆属之。故近日实质上之满洲，已濒极危险地位，即由日本能窥破经济之要点，而下侵略手段也。吾国之于外蒙，自有政治上、法理上正大堂皇之统治权，初无须假手于鬼祟伎俩，如日本帝国主义者。然实质与名义，若不能内外相副，则往往引起列强侵略之借口。日本细野繁盛氏所著之《日本并吞满蒙论》中，讨论中国实质问题，即以十八省为中国本部领土，外此则中国历上史〔史上〕素视为夷狄化外之民，不能与汉民族同系统，即无国家之关系，为其占据满蒙之张本。故吾人近日对外蒙古问题，当高瞻远瞩，有名实兼顾之计划。且前述之移民政策，非有经济中心机关，不易实现，即中山先生实业计划中对于外蒙古之开发，亦非有该项机关，不能奏效。愿朝野诸热心边事者，本共存共荣之宏旨，辟此蚕丛。

（四）鼓励国内资本家向外蒙投资

吾人一言外蒙古，即以为黄沙广漠、荒瘠不毛之地，其实此种凭脑经直觉之观念，往往错误。戈壁沙漠，限于滂江以北，叨林以南，过此达库伦约五百里，其间水源缭绕，颇称肥沃。更由库伦北行入西伯利亚森林带，老干嵯峨，古木参天，几忘置身于塞外。唐努乌梁海一区，尤为膏饶，严式超谓“山川伟丽，矫出诸蒙之上，询堪推为塞外之琅嬛也”，其言不为过誉。故吾人劝勉国内资本家向外蒙投资者，非特为国家尽义务，其自身亦可获利焉。蒙古虽为牧畜之区，而米及面粉等物在该地行销亦颇巨。据Karamisheff之统计，蒙古人每年每家约需面粉三百六十磅，米及小米三百二十四磅，而此数全取给于中国。中国之麦，虽以北方为多，而米则运自南方，辗转运输，为时甚缓，费亦不赀。今苟有远大眼光之资本家，在外蒙适宜之区，开辟广大农场，植以稻麦，其获利定可操左券。又蒙古肉类之富，中山先生称为亚洲之阿根廷，其品质之美，曾受欧美市场上热烈之欢迎。惜无盛大资本之公司经营之，致出货不多，不能畅其销行。苟吾人能注意及此，亦生利之一途也。余如地利之厚，金、银、铜、铁、铅、锌等矿藏之富，若有意经营，亦皆可得相当之成绩。惜吾国今日之下台军阀及豪商巨贾，只知住租界，耽逸乐，为外国人之走狗，而不一顾及此，可慨也欤！

（五）中俄邦交问题

中俄邦交，自国民党清党以来，若断若续。最近哈尔滨搜查俄领馆及收回中东路事发生以来，两国已呈交战状态。然西北边疆如新疆等区，则仍安谧如常，苏俄领事亦未撤退。吾政府之所以出此断然手段者，无非以第三国际尝以俄国在华之公署机关，为其宣传之大本营。其实“共党之流毒”，决非中俄绝交所可了事，观世界各国，无论其已承认或未承认苏俄为正式国家者，皆有共产党之足迹，即吾国近日与俄绝交后无俄领之区，亦难必其无共产党之隐伏。故政府欲“消灭共产党”，当求之于别种完善之法，不能轻易以国交为孤注也（当一九二七北平发现共产党秘密文件，两国国交破裂时，西欧英、法二国亦与俄国发生同样纠葛。但英国搜查“苏联商使馆”（Soviet Trade Delegation），及“有限商馆”（Arcos，Ltd）后，即宣告与俄国绝交。而法国则以政治手腕，逼令俄国撤回驻法大使拉氏（Rakousky）而易以他人。结果，两国在外交上各得胜利。故言外交政策，实因各国国情而易，正不必断断自守，人云亦云也）。且吾人由外蒙古立场而观，尤觉政府不必与苏俄永久绝交。盖外蒙地处绝徼，以近日国事如麻之政象，欲以实力顾及西北边防，事实上实属不易，即能开始移民，其收效亦必在数年之后。于是救目前之急，使外蒙渐就吾国之范，而恢复其历来之统属关系，则必将假重于坛站〔坫〕樽俎之间也。

此文毕草，方中东问题开始冲突，作者深冀政府能慎重将事，不致贻后日之悔，故有和平解决之议。不意此文尚未发表，而同江、富锦、满洲里、海拉尔等东西要扼，相继陷落，外蒙古青年党且占据呼伦贝尔，作独立之运动，而政府乃于此时遣使赴伯力讲和，将订不利于中国之条约，则深非作者属文之初衷也。补志于此，以明作者和平解决之本旨，且借此亦可窥见作者对于外蒙古观察之不误也。

《国立中央大学半月刊》
南京国立中央大学
1929年1卷5、6期
（朱宪　李红权　整理）

改良蒙旗行政之管见

邵俊文　撰

第一章　引言

民国肇造，俶扰频年，蒙旗行政，未遑改善，今则统一底定，训政伊始，关于蒙旗之行政，自应顺时代之要求，积极改进。顾或谓蒙旗行政之组织，由来者久，形式上虽权操王公，实际上仍询谋佥同，纵欧美共和国之内阁制者，亦不是过，又何须改弦更张，徒学庸人之自扰乎？余应之曰“否”，古今之趋势不同，政治之潮流迭变，向之所谓新式政体者，今已视同糟粕矣。况三民主义，领导民众，五权宪法，遍传神州，值此百度维新，而蒙旗行政，仍欲墨守成规，不事改进，是诚生乎今之世，反古之道，灾不及身者，殆无其事，此蒙旗行政所以有改进之必要也。或又曰：时代之变迁，潮流之鼓荡，蒙旗之行政，容有改进之理由。第推倒王公，青年得志，本期福国利民，有所建设，讵知青年者流，无高尚学识，乏充分修养，假民众之名，谋个人之利，动则呼号奔走，到处宣传，一则曰破坏，再则曰打倒，习惯经验，均非所愿，王公耆老，亦不之理，汲汲然舍旧而新是谋，即毫无经验之青年，遽欲推翻数千年之习惯，另起炉灶，非惟王公反对，阻力横生，即蒙众程度，亦嫌躐等，势必至利未著而弊旋生，功未见而乱已伏，变本加厉，较王公为尤甚，此种改进，勿宁不改进之为愈也。余应之曰："否否！"余之主张改良蒙旗行政者，无偏无党，不新不旧，非绝对的，乃相对的，只希望王公派，尊重民意，勿大权独揽，将固有之政柄，稍事退让。青年派逐渐改造，勿操之过切，将建设之雄心，略予从缓。新旧妥协，共掌旗政，王公以青年之思想为思想，青年以王公之经验为经验，人无分乎新旧，政务期其美善，王公与青年一而二，二而一者也，同舟共济，黄祸可畏之荣誉，复现于今日矣。诚以天下事和衷共济，方克有成，各走极端，终归失败，我亲爱之蒙旗王公及青年，其各猛然醒而憬然悟，勿以记者之贡献而河汉视之，则蒙旗行政之前途，庶有豸乎？

第二章　王公派所持之理由

甲、沿袭历史上之关系

各旗之分茅裂土，世袭罔替，千百年来，莫之或改，历代史乘，载之详而记之审，固非无据而云然也。乃青年者流，不此之顾，误听邪说之蛊惑，非打倒王公，即重新建设，大有举世皆醉我独醒之概。殊不知乃祖乃父，均食毛践土，受王公之庇荫者，不知凡几，饮水思源，自应萧规曹随，以谋生息。此就历史上之关系，蒙旗之行政不能改者，一也。

乙、根据民国之优待条例

民国成立，五族一家，人无分乎蒙汉，地无分乎南北，行政之组织，均应划一，勿自为风气。第蒙古情形，与内地不同，若强其与内地一致，困难之处，正自不免。故民国成立之初，即认蒙古为特别区域，王公制度，暂仍其旧，事虽出于权宜，理固见诸独到。此就民国之优待条例，蒙旗行政不能改者，二也。

丙、各旗行政共和无改进之必要

各旗扎萨克之行政手续，一事之成，除扎萨克签章外，尚须得协理之同意，协理不同意，扎萨克虽欲独断，亦不可能。或曰：扎萨克与协理同系贵族，关系密切，狼狈为奸，在所不免，讵有扎萨克主持而协理不同意者乎？殊不知各旗执政者，除扎萨克、协理外，犹有管旗章京者在也，盖管旗章京来自壮丁（普通民旗），近亦有用选举制者，非扎萨克亲属可比，故旗务之处理，虽经扎萨克及协理同意外，仍须管旗章京为之执行，方克有效，否则扎萨克及协理虽急〔极〕力主持，而执行无人，终归画饼。且管旗章京，执行旗务时，亦须得旗务、印务、文牍等员之同意，始能正式宣布，于以见蒙旗之行政，完全共和，凿〈凿〉有据，此各旗行政不能改进者，三也。

丙〔丁〕、青年躁进最易偾事

老成谋国，政绩丕著，青年得志，每多偾事，历观往古，比比皆然。诚以老成者，经验宏富，手段稳健，办一事也，通盘万画，无顾此失彼之讥。青年人阅历浅鲜，神经过敏，办一事也，进锐退速，贻虎头蛇尾之羞。且青年执政，肆行无忌，非倒王公之戈，即革协理之命，挺而走险，轻于一掷，旗务悲观，不堪设想。故各旗之不信任青年派者，职斯故耳，此各旗行政不能改进者，四也。

第三章　青年派所持之理由

甲、各旗政治专制不合世界之潮流

自欧战告终，政治顿变，专制政体，淘汰几尽，民主共和，应运而生，故德谟克拉西（Democracy）之声浪弥满于两大陆矣。若我蒙古虽为中华民国五族之一，而实际上，仍王公独断独行，一味专制，民权民生，均不之顾。或曰：各旗扎萨克之办事也必须协理之署名，章京之执行，讵得谓之专制？殊不知协理、章京，均为〔唯〕扎萨克之马首是瞻，无所可否，故扎萨克得为所欲为，无所顾忌，此各旗政治急应改进者，一也。

乙、各王公头脑简单无执政之资格

政治潮流，日新月异，前日认为矜奇立异，今则已视同昨日黄花。故执政者，非思想新颖不足以视察人心之趋向，非魄力雄厚，不足以应付潮流之鼓荡。乃查各旗执政，类皆头脑简单，内不知人心之趋向，外不知政治之潮流，浑浑噩噩，作羲皇上人，于此而犹欲于狂澜之中，撑此过渡之楫，岂不戛戛乎难哉？此各旗政治急应改进者，二也。

丙、各王公仅知保执个人之权利，而不为蒙众谋幸福

各旗收入极丰，执政者任意挥霍，毫无统计，非第经济不肯公开，即常年预算，亦无规定。故各王公衣丰履厚，居尊处优，关于民生、民族、民权三大主义，均不之顾，是诚谓披狐裘居深宫，百姓饥寒不知者之流亚也，此各旗政治急应改进者，三也。

丁、宗教误人急应打倒

蒙古民族强悍，长于骑射，威振欧亚，史册辉煌。洎乎有清之始叶，深虑蒙古之为患，遂以宗教羁縻之，使投身佛国，以喇嘛为权贵，虔心修行，以梵音为经典。其家长以为培养一喇嘛，功德无量，胜造七级浮图，且为喇嘛既可免各种差徭，复尊为民族中之上人。故有清之世，蒙古伏首臣服，罔怀携贰者，胥宗教之

力也。若然则我蒙族同胞，受有清之羁縻，丧失其武力，减少其人口，推厥原因，何莫非宗教误人阶之厉耶？此各旗政治急应改进者，四也。

戊、阶级制度［人］急应铲除

蒙古民族之种类大约有四：曰贵族，王公等属之。曰壮丁，一般平民属之。曰贵族之奴隶。曰平民之奴隶。贵族者世袭罔替，其子孙无论贤不肖，持父兄之庇荫，承袭王公，若平民者，无论其才能若何出众，修养若何充分，终受阶级限制，无执政之可能。若奴隶者，则每下愈况，更无论矣。是则蒙旗行政，以阶级为前提，不以人才为中心，旗务腐败，无怪其然，此蒙旗政治急应改进者，五也。

第四章　我对改良蒙旗行政之意见

甲、各王公宜具有改进之诚意

旗政改良，势在必行，深望各王公开诚布公，推心置腹，牺牲个人之权利，以民意为前提。勿因循敷衍，维持固有之局面，勿瞻前顾后，徘徊歧路而莫之。抱定决心，与民更始，人无分［乎］新旧，政务期其美善，此我对于改良旗政之意见者，一也。

乙、各旗宜改组政治之制度

蒙旗设官分治，各有专责，办一事也，须经印务协理、扎萨克之同意，始克调印。询一案也，必经协理、管旗章京、参领、印务扎兰之认可，方能判决，法美意良，蔑以加兹。乃日之久而流弊生，扎萨克遂独断独行，不重民意，欲救其弊，惟有将协理、管旗章京之任用，纯由民选，既不限定贵旗〔族〕，复不用扎萨克之指派，且每旗筹设参议厅，代表民意，为舆论之喉舌，将管旗章京，改为行政厅，推行新政，为行政之机关。制度改组，民权伸张，旗务之日臻上理者，指顾间耳，此我对于改良旗政之意见者，二也。

丙、各旗立登庸青年之健者

各旗执政，借口青年偾事，每不之用，而一般青年，不见纳于本旗，非北走俄，即南奔日，衔恨王公，结党革命，一旦暴发，不可遏止。为今之计，惟有各旗对于青年之健者，卑礼厚币，延为己用，因材器使，各奏而能，楚材楚用，人地相宜，旗务之发展，亦意中事耳，此我对于改良旗政之意见者，三也。

丁、各旗执政宜力行新政

政治之得失，民生之安危系焉。故政治昌明，人民实获其福利，政治腐败，人民隐受其影响。关心民瘼者，对于政治之推行，罔不实事求是，莫之或缓。若我蒙旗，对于各种新政，多不举行，民生困难，在所不免，今欲挽颓逐靡，对症下药，惟有各旗执政，力行新政，不遗余力，举凡教育、实业之推行，交通、工艺之建设，以及其他种种新政，尽力筹维，庶政毕举，民生裕如，行见化行俗美，道一风同，浑噩愚岷〔氓〕，一变而为富强民族，榛莽沙漠，一变而为肥沃良田，廓彼蒙疆，因我边防，此我对于改良旗政之意见者，四也。

戊、各旗宜由政府委派新政指导员

各旗推行新政，无可避免，第推行伊始，筹措良难，千头万绪，毫无端倪。苟无专员为之指导，则盲人瞎马，覆悚堪虞，事倍功半，收效绝鲜。故各旗于推行新政之始，宜由政府委派新政指导员，指导各旗之新政，终南捷径，进行较易。惟于人选问题，宜审慎周详，宁缺毋滥。最相宜者，就各旗中之蒙人，通晓新政者为上乘。倘蒙人中无相当人选，亦应择汉人熟悉蒙情者委派之，俾人地相宜，指导易易，驾轻就熟，奏效多多，此我对于改良旗政之意见者，五也。

第五章 结论

记者对于蒙情，既不熟悉，对于政治，复无经验。本不可妄事发表，惹人齿冷。第鉴于现在蒙旗之情形，确有改进之必要。用是不揣谫陋，爰将一得之见，拉杂记之，挂漏之处，自知不免，尚希我亲爱蒙旗王公及青年，其各猛然省而憬然悟，蒙旗行政之前途将大放先〔光〕明矣。

《蒙旗旬刊》
沈阳东北政务委员会蒙旗处
1929 年 1 卷 5—7 期
（李红权 整理）

蒙古人今后之觉悟

牛锡麟　撰

蒙古为中国北部之屏藩，纵横数千里，幅员广大，物产富饶，惜风气闭塞，崇尚旧习，世人皆知，无待讳言。有清中叶，闭关自守，沿用旧习，未始不可。今则强邻环伺，视蒙古为鱼肉，侵蚀之计划，着着进行，大有一触即发之势。若不早为之谋，急图改革，诚恐一落异族权力之下，虽欲挽救，势不可能。况值此统一完成，训政伊始，蒙族同胞，急应谋革旧维新之术，而图永久安全之计，凡百建设，积极进行，自当遵循政府之命令，而一谋实际上之建设，人受教育，地利开发，使强邻不得染指于其间，巩固边陲，北顾无忧，亡羊补牢，未为晚也。惟望我最亲爱之蒙众同胞，暨各王公，猛然醒而憬悟然〔然悟〕，是则记者馨香祝祷者也。

《蒙旗旬刊》
沈阳东北政务委员会蒙旗处
1929年1卷6期
（丁冉　整理）

哲盟各旗会议建议书

齐默特色木丕勒　报告

窃吾蒙族为世界最古之民族，亦世界最有荣誉之民族也。自元世祖开疆拓土，奄有歌〔欧〕亚武功之伟，灿烂史乘。有清建国，怀柔远人，优遇蒙族，屏藩北壁，垂六百余年。民国初造，百度维新，而蒙旗上下燕安，恍如不觉，虽连年内争，举国骚然，而蒙旗独静处局外，未入漩涡，宁非厚幸？然晚近潮流所趋，非负嵎可以自存，非闭关所能自守，我不自谋，人将取而代之，我不自保，人或据而有之，盖非及时奋发，励精图治，则优胜劣败，势难图存，此招集会议之所由来也。幸各旗领袖代表，翩然莅止，共聚一堂，博采周咨，集思广益，权现情之得失，作施政之取舍，较彼闭户造车，自为风气者，岂不大相径庭乎？敝盟长忝列主席，愧乏恭献，爰就愚见所及，蒙旗急应举办各事胪述如左：

一、蒙古为五大民族之一，历来政治，自成系统，自应本自决自治之原则，所有各盟旗固有之管理土地人民权利，自当一仍其旧，以符民族自治之真谛。

二、蒙族土地及租息，原属人民公有，厥为民生唯一之源渊，委因游牧关系，未尽开垦，百年以还，迭经出放，所余土地，实已不敷蒙民游牧之需，而蒙民于经济，除农牧租息外，别无营生之方，若复夺其租息，并放其牧场，势必至流离死亡，大违国家注重民生之义。矧地方自治，基于法律，土地、人民应归旗管，是以蒙旗土地，惟有由盟旗保管享用，不得再行强制处分，以符地方自治及保障民生之原则。

三、振兴教育。教育为立国之本，国之盛衰，恒以教育之良否为定衡。蒙旗民智幼稚，不能与人争强较胜，实因缺乏教育之故，故欲启发民智，必须振兴教育，而欲振兴教育，尤必须分为两项进行：

（一）广设学校　旧日蒙旗子弟，除少数受私家教读，殆无教育可言，何怪智识谫陋，游牧生活而外，毫无所知也。应由各旗妥筹的款，广设学校，使一般蒙旗子弟，皆得入校读书，教以普通常识，养成国民中坚。

（二）选员考查教育暨留学　蒙旗教育，方在萌芽，学校之设，实属刻不容缓之图。应选干员分派欧美，从事考查，借资借镜；各旗优秀子弟，佐以官费，资送国内外专门或大学肆〔肄〕业，养成真材，以为国用。

四、便利交通。交通不便，阻碍文明进步，故近世谈新政者，无不以便利交通为先务。蒙地交通梗塞，邮递迟滞，实为地方不发达之主要原因，亟应由各旗统筹办法，按左列各项次第举办：

（一）汽船汽车　各旗如有江流通商地方，应量力进行之。

（二）公路　于各旗重要村镇间修筑之。

（三）邮政电报　于各旗与各市镇间安设之。

（四）电灯电话　于各旗重要城镇举办之。

以上各项果能期诸实现，则交通便利，消息灵通，地方之发达，可即日而待矣。

五、提倡实业。民生为政治先决问题，往者蒙旗民族，专以游牧为生计，在草昧时代，固能处之怡然，今后人文日进，单简之生活，万难满足欲望，必须讲求实业，适遂所生。查蒙旗物产以牧畜、毛革为大宗，外人贩我原料，改成制品，仍货于我，一转移间，搏我资财以去，权利坐失，诚为可惜。亟应广集资本，自行组织大规模之工厂，悉心制造，以供需用，既免漏卮，又维民生，诚一举而两得矣。

六、改良牧畜。查东蒙各旗，素产良马，在昔胜朝，用为骑射之资，其他牛羊蕃息，冠绝寰宇，只以囿于积习，不知讲求刍牧，终致生产锐减，浸有衰落之势。亟宜延揽专门人材，设法改良畜种，数年以后，畜产激增，生计饶裕，实于蒙旗发展，具有密切关系也。

七、试办新政。自南北统一，国基奠定，迭奉中央命令饬办新政，蒙民情殷内向，深愿顺应潮流。但数千年深拒固闭之民族，素乏政治观念，一旦除旧更新，改革太骤，有卤莽灭裂之嫌。然以美馔当前，岂能因噎废食，拟用渐进主义，纳入正轨，即如添编警察，清查户口，提倡工业，讲求卫生诸大端，自当因势利导，竭立〔力〕推行，俾新政次第实施，社会顺序改进，蒙旗前途，庶有豸乎。

东蒙僻处陬方，民风朴鄙，自上年易帜，统一告成，训政开始，百端待举。蒙旗地位特殊，素鲜政争，向以服从中央，保厘地方为本旨，惟以民智未开，思想落伍，对于内地新政，不能充分了解，纵欲努力实行，迄未达到鹄的，耿耿此怀，引以为憾。兹幸新邦再奠，朝气方生，如再故步自封，何异日暮倒行，自当奋起直追，计日程功。以上所举各项，在在关系蒙旗发展，洵为目前当务之急，应与东北当局禀承中央意指，实力奉行，弼成郅治，则党国幸甚，蒙民幸甚。

《蒙旗旬刊》
沈阳东北政务委员会蒙旗处
1929年1卷6期
（李红权　整理）

整顿内蒙计划刍言

郑金铭　撰

民国成立十有八载，中央政府，对于满清不良之政治，无不革新。至若蒙古之旧制，虽屡经改革，而实际上迄未见诸实行，仅对于王公方面，明令优待，而对于蒙民生计、职业、教育，毫无整顿。变政之后，国府南迁，内部各省，无不百度维新，力求治理。惟我蒙旗仍守旧制，兼以内蒙全部，均隶于北，关山阻隔，政府对之，实有鞭长莫及之憾。但情形虽与内地各省不同，其不良之处，自应改革刷新，以促进蒙旗之幸福，势不能任其保守，而使蒙民有向隅之叹也。查蒙旗租赋及杂项之收入，均属不少，而对于支出之分配与用途，毫无预算，因之历年征收之款，均入旗内有势者之手，任意挥霍，视旗务如草芥，置蒙民于不顾。长此以往，蒙民生计，何堪设想？整顿之法，似应每旗另行设立财政所一处，专员负责办理，每年所收之款，造册据报，由扎萨克署管旗章京，指定旗内用途，妥为分配。即扎萨克用款时，亦须向该管旗章京声明用途，以昭公允。此应设立财政所者一也。

复查内蒙各旗地土，虽然肥沃，物产虽然丰富，而各旗财政之支绌，仍入不敷出。揆其原因，多系治理之不良。试以一家庭而论，若无操持理财之人，空有万顷良田，而不知耕种，长此荒芜，与瓦砾何异。虽有万贯之金钱而不谋生利之道，则只有漏卮之出，而无涓滴之入，长此消耗，亦岂无用尽之一日？然有良田而以不知稼穑之人，用不利耕耘之器以耕种之，鲜有不败事者。若然则虽有万贯之富，而无经理之人，固属不可。有人而不以经济之法运用之，则不但不能生利，反足以促其速穷也。以小喻大，国家、蒙旗，均受此同样之影响。若欲使蒙旗有巩固之基，蒙民无流离之患，非先设法整顿财政，实不足以资维持，而免困乏。整顿之法，仍不外开源节流。开原之法，凡蒙旗内有产金、煤各矿之区，极力设法提倡开采。开采之法，或由旗办，或招商股，由小渐大，由狭及广。此事骤然行之，题目未免过大，但宝藏在地，只患人之不取耳。若财源一开，继起者，自不难逐见进行矣。若谓此事体大，非一时所能举办，于旗内荒段，亦可以尽力垦辟。蒙汉之户，兼收并蓄，务使地利尽开，并将旧日耕稼不良之法，力加改善，如是则地之所出，逐见丰盛，虽即多收租赋，而佃户亦不感受若何之痛苦，岂不旗、民两便？各有充实之望，比之泥守旧规，利害之殊为何如耶？若夫铁路之敷设，商埠之开辟，诸般善政，均与扩充财源上有莫大之关系，但非有巨大资本，难以兴办，姑且不论。至于内地各省，多有集资举办某种公司，或关于实业，或关于经济，日见发达，方兴未艾。独我蒙人旧俗不改，仅知守其游牧之事业，言稼穑则以为劳而少获，不如牛羊之易于繁息。而不知改良种籽，利用机械，聘请农师，研求耕耘之法，收获之利，且将十倍于牛羊之利也。乃更有〔囿〕于地气风水之说，任使宝藏，永弃于荒山土壤之间，而不知取以自富，其可惜孰甚？其最关重要者，则为银行设置也。查国内外名区大邑，对于银行之设置，无不极力提倡。诚以银行之设，可以维持金融，可以兴通市面，可以充裕财源，可以辅导民生，既利于国，复便于民，一举而众善俱备，又何乐而不为之耶？况我内蒙各旗，近来受钱法分歧之影响，至为重大。若不设法整理，将来蒙民之生计困苦，其有不堪言者。而整理之法，不外创办大规模之银行，发行一种最有信用之纸币，以资流通市面，划一钱法，如是则蒙民庶可不受经济之恐慌，蒙旗之财政，亦可从此而充裕。创办之法，应由王公首先提倡，以每年收入租赋各款，提出十分之二三，作为股本。其不足者，再由创办之人，担负招股，并敦请富有经济学者，董理其事。如此办法，收效速而且大，然后再由每盟各设内蒙古实业银行一处，发行纸币，得请由中央政府立案，以昭郑重，而维信用。其利益之大，有不可以道里计者。此应创办银行者二也。

再查各盟旗蒙民，只知崇信神佛，并不追求真正道理。青年子弟，又多目不识丁，或充当喇嘛，或无正业，处境充实，则偷惰无为，经济稍迫，则流变为匪。推原其故，实因教育不良之所致也。

夫教育事业，关系于国家之兴亡，至为重要。世界各国，无不竭全力以振兴之。我国近年，对于教育事业，亦略有起色。独我内蒙各旗，对于教育，毫不注意，民智愚塞，一如往昔。谈到实业，更无研究之能力，遂至商埠不兴，交通不便，金融不通，卫生不讲，工业不求。揆其原因，亦因教育不振兴故耳。今欲振兴教育，必先于各盟旗多设立学校，以造就人材。其有特别优秀者，得由各该管蒙古机关，分发任用，俾免倾心外向，则匪患自然肃清。且以当地之人，治理当地之事，赏一劝百，而蒙众亦将倾心教育，日进文明。似此办理，蒙旗幸甚，国家亦幸甚。此应创设学校提倡教育者三也。

以上各项办理，力亟施行，则蒙民立〔之〕生计，永远可保无虞，内蒙开通进化之希望，或不在远乎。刍荛之议，本不足观，倘以一愚之得，不加屏弃，从而采择之，其亦鄙人之所深幸也夫。

《蒙旗旬刊》

沈阳东北政务委员会蒙旗处

1929年1卷6期

（李红权　整理）

蒙旗会议第三次茶话会记录

作者不详

四月四日午后一句钟，开第三次茶话会，除达尔罕王阳王因病未出席外，余均莅场，仍由盟长署扎兰章京苏宝林报告达旗温都尔王阳桑扎布意见书，计提议应行公决者三项：（一）详述蒙古历史暨民国以来优待之专条，际兹政体改变，首都南迁，三民主义薄海同钦，蒙古系五族之一，在青天白日之下，固宜厉行新政。而蒙古历来习惯，不易骤改，且各旗扎萨克，负有统辖治安之责，倘因变更旧制，贻误地方，致为后人之笑柄，我辈难辞其咎，应请东北边防长官暂予维持，徐图改进。（二）各旗开辟以来，荒地无几，而蒙民生计堪虞，应请将各旗所有余荒，作为各该旗蒙众生计地，并设立蒙民生计会。（三）现蒙旗教育幼稚，事事落后，应请设立文化促进会，以便提倡文化各事业。扎赉特旗巴王，建议组织哲盟联合会，厘定蒙员管辖条例。各旗教育经费，应由各旗地租项下拨筹，并取销强制当喇嘛之劣习，用符信教自由之真义。各旗调查户口册，旧例手续过繁，嗣后拟请除呈报盟长一份，本旗各造一份备查外，余册取销。以上各项或表赞同，或未解决，须俟大会通过。旋又报告锡林郭勒盟苏尼特右翼旗德王由北平来函，拟于旧历三月初十日，在北平开内蒙六盟全体大会，齐盟长暨各旗均表赞同，并拟派遣代表，届时与会，遂于五钟宣告散会。

《蒙旗旬刊》
沈阳东北政务委员会蒙旗处
1929 年 1 卷 6 期
（朱宪　整理）

我对于蒙古教育、实业、交通之希望

李殿甲　撰

今之谈蒙政者，竞言教育也，实业也，交通也，其亦知教育、实业、交通为蒙古所积极而不可缓者乎？夫教育乃立国之根本，实业乃富国之渊源，交通乃强国之导线也。试观列国教育不兴者，则国弱，实业不发达者，则国贫，交通不便利者，则国塞，此自然之理也。蒙古地大物博，尽人皆知，一言教育，而教育未普及，一言实业，而实业未发达，一言交通，而交通未便利，推原其故，虽由蒙民习故安常，要亦政府不提倡故也。现张长官鉴蒙古教育之未设，实业之未兴，交通之未便，于是毅然而起，奋然而作，设蒙旗处于政务委员会，以办蒙旗之行政，设蒙旗师范于省城，以培养蒙旗之教育人材，并拟修铁路，以便交通，立屯垦署以办实业，务期将无教育之蒙古变为教育普及之蒙古，无实业之蒙古，变为实业发达之蒙古，无交通之蒙古，变为交通便利之蒙古，此张公之誓愿也。蒙古执政者，果能体张公之意旨，赫然发奋，与张公和衷共济，将蒙古之青年，予以教育，将蒙古之林矿，次第开采，将蒙古之交通，分期举办，吾知蒙古十年后，不难与内地诸省并驾齐驱也。

《蒙旗旬刊》
沈阳东北政务委员会蒙旗处
1929 年 1 卷 7 期
（朱宪　整理）

蒙旗处工作之报告

邵俊文　撰

一　本处成立之沿革

民国十七年度张总司令就职伊始，内苦兵祸之相循，外虑强邻之侵略，汲汲然以励精图治，注意国防为前提。故于百政之先，首在总司令部秘书厅内特设蒙旗处，于九月间委林鹤皋为处长，许卓声为上校处员兼代少将副处长，黄成埒为上校处员，王永贵、金寿有为中校处员，旋黄成埒去职，黄成垗继之，王永贵晋级为上校处员。第事系创办，诸未完备，房屋既未租妥，处员多未委定，临时办公地点，暂借茂林分馆，时经匝月，始租定筹济局故址，十一月五日甫行迁入，正式办公，此本处成立之略史也。

二　本处组织之枕〔概〕况

本处设少将处长一员，少将副处长一员，上校处员三员，中校处员三员，少校处员三员，调查员六员（系少校阶级现未请委），翻译员三员（阶级系少校，现仅委中校翻译员一员，少校翻译员一员），上尉办事三员，录事六员，差弁十名，夫役十四名。兹将本处职员一览表胪列于左：

阶级	姓名	次章	年龄	籍贯	出身	履历	备考
蒙旗处少将处长	林鹤皋	仙洲	四九	吉林长岭	国务院简任职存记	历充局长、议长	
少将副处长	许卓声	赫奕	三八	热河凌源	军官学校	历充营长、中校团附、处员、参谋长、科长、咨议	
上校科长	许卓声	赫奕	三八	热河凌源	军官学校	历充营长、中校团附、处员、参谋长、科长、咨议	
	黄成垙	春田	二九	辽宁本溪	筹边学校	历充主事、科长、大学教授、宣慰员	
	王永贵	宗洛	三八	热河凌源	军官学校	历充营长、中校参谋、团附、上校参谋长	
中校处员	邵俊文	冠卿	三五	辽宁抚顺	师范，荐任职任用	历充校长、委员会长、视学	
	金寿有	鹤年	三八	黑龙江龙江	内务部地方自治讲习所	历充省议员	
	李殿甲	虞廷	三四	吉林依兰	北平朝阳大学法科	历充科员、省议员	
	柳寅青	滦〔瀛〕州	三九	吉林磐石	中国大学法科	历充少校执法官、省议员、咨议	
中校翻译官	王伟烈	心禹	三五	辽宁彰武	奉天蒙文学堂、筹边学校	历充科员	
少校处员	蒋逢吉	庆儒	四一	辽宁锦县	自治研究所	历充科员、会计主任	
	田济苍	慕霖	二七	辽宁营口	军官养成所	历充副官、科员、咨议处员、参谋	
少校翻译官	鄂奇光	景云	三八	京兆通县	荐任职任用	历充佥事、县知事、局长、宣慰员	
上尉办事员	刘世英	继贤	一四	辽宁锦县	中学	历充督查员、分所长、副官	
	牛锡麟	趾祥	三八	京兆固安	文童	历充科员、委员、收发员、文牍员	
	陈世清	靖寰	三三	热河凌源	陆军模范团	历充参谋副官	

三 本处各科之执掌

本处分三科，第一科职掌总务，凡文书、庶务、会计、收发、管卷等均属之。第二科职掌有六：一、关于各蒙旗行政暨其改良事项。二、关于各蒙旗教育设施事项。三、关于各蒙旗僧庙一切事项。四、关于各蒙旗实业提倡事项（如矿、林、农、牧、猎、渔、盐、木、材料等）。五、关于各蒙旗开创交通事项。六、关于各蒙旗财政事项。第三科职掌有五：一、关于各蒙旗铨叙褒扬事项。二、关于各蒙旗提倡生计、改良社会一切事项。三、关于促进蒙汉融化一致、巩固团体一切事项。四、关于各蒙旗垦务事项。五、关于各蒙旗王公世爵薪俸事项。此本处各科之职掌也。

四 本处会议之日期

本处为集思广益起见，爰定每周土曜日午后一点钟为本处例会时期。凡本处职员均出席与议，主席由本处处长兼任，举凡关于各旗政治、教育之改进，交通、实业之推行，罔不各抒己见，题蕴毕宣，公同讨论，一是折衷，可决后，即逐渐实行。兹将本处会议登记簿之格式暨会议情形列左：

甲、会议登记簿之格式：

月日	曜日	会次	提议人	解决事项	备考
一二、一二	土	第二次	王永贵	应调制哲、卓、昭三盟系统表，由文书股调制	

乙、会议之情形：

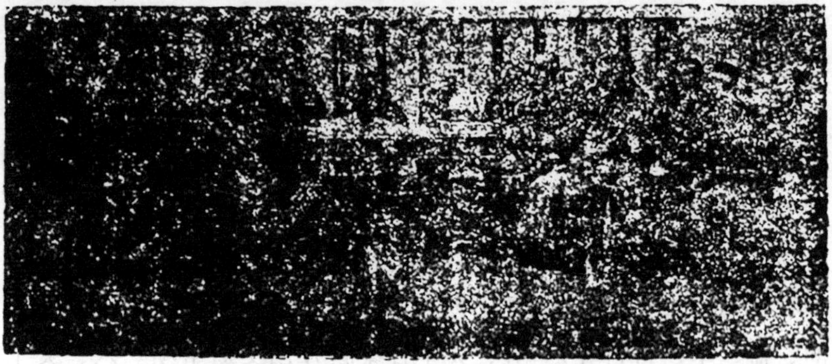

五　本处招待之经过

民国十七年度张总司令就职后，为联络汉蒙感情起见，爰在辽宁省城召集哲里木、卓索图、昭乌达、呼伦贝尔及伊克明安各旗王公等开茶话会，借资联欢，届期出席者，王公及随员约百余人。时经月余，畅谈多次，关于改良事项，亦多谈及，除派员分处招待外，并请各王公参与国庆典礼阅兵式及参观兵工厂等。且张总司令对于各王公及各随员等，均有馈送，以尽地主之谊，杯酒联欢，颇极一时之盛。他若各旗王公因公来沈者，本处亦多派员招待，乐为向导，此本处招待之经过也。

六　本处办学之筹备

蒙旗之开发，非教育无以臻其盛，而教育之推行，非师范无以造其端。本处有鉴及此，爰在辽宁省城筹设蒙旗师范一处，学额定为二百名，蒙汉生各半。附小学额亦定为二百名，蒙生欲入者听。师范生毕业后，成绩卓著者，得由该校呈请东北政〈务〉委员会，以蒙旗教育行政人员任用之，其余概委为各蒙旗小学职教员。兹将本处筹备东北蒙旗师范说明书，胪列于左，以供参考：

一、本校定名为东北蒙旗师范学校。

二、本校以造就蒙旗教育人材，而促进蒙古文化为宗旨。

三、本校经费由辽宁省政府拨给之。

四、本校设于辽宁省城。

五、本校设董事若干名，由政委会聘任蒙旗各王公及辽宁省教育厅长充任之。

六、本校设校长一人，教务主任一人，训育主任一人，文牍员一人，庶务兼会计员一人，专任教员五人，其余教员得聘本校内外人员兼任之。附小主任一人，高小级任二，初小级任二，科任教员二，师范雇员三，小学雇员一。

七、本校招收汉蒙学生各半，暂定讲习科二级，新制师范二级，附小暂设高小二级，初小二级，每五十名为一学级。

八、讲习科二年毕业，新制师范三年毕业，高小二年毕业，初小四年毕业。

九、讲习科蒙生须蒙文清顺，汉文粗有根柢，年龄在十七岁以上，三十岁以下，经该管旗署选送，或自愿入学者。汉生须初中修业二年以上，经本校考试及格者。新制师范蒙生须粗识汉文，并有相当学力者，年龄在十七岁以上，三十岁以下，仍由该管旗署选送，或自愿入学者。汉生须初中修业二年以上，具有同等学力，年龄在十七岁以上，二十五岁以下，经本校考试及格者。

十、师范学生，除纳制服费外，其余宿膳、书籍等费，概由本校供给。附小除不收学费外，概行自备，惟为鼓励蒙生起见，得设官费生十名。

十一、师范生毕业成绩卓著者，得由本校呈请政委会，以蒙旗教育行政职员任用之，其余概行呈请派充蒙旗小学教员。

十二、师范生所习之学科如下：

蒙文 国文 教育 数学 历史 地理 理科 公民

手工 图画 音乐 体育 论理 心理 法制 经济

附属高小除普通课程外，每周加授蒙文二小时。

讲习科课程之标准：

学年 / 学期 / 学科 时数	第一学年		第二学年	
	第一学期	第二学期	第一学期	第二学期
蒙文	7	6	5	3
国文	7	6	6	4
教育		4	6	12 实习三九
算术	5	5	5	3
历史	2	2	2	2
地理	2	2	2	2
理科	2	2	2	2
公民	2	2	2	2
手工	1	1	1	1
图画	1	1	1	1
音乐	1	1	1	1
体育	3	3	3	3
论理	2	1		
心理	2	1		
法制			1	
经济				1
总计	37	37	37	37

新制师范课程之标准：

学科 \ 时数 \ 学期 \ 学年	第一学年		第一〔二〕学年		第一〔三〕学年	
	第一学期	第二学期	第一学期	第一〔二〕学期	第一学期	第一〔二〕学期
蒙文	7	6	5	5	5	3
国文	6	6	6	5	5	3
教育		3	5	5	5	12实习三九
数学	4	4	4	4	4	4
历史	2	2	2	2	2	2
地理	2	2	2	2	2	2
博物	2	2	2	2	2	
公民	1	1	1	2	2	1
手工	1	1	1	1	1	1
图画	1	1	1	1	1	1
音乐	2	2	1	2	2	1
体育	2	2	3	3	3	3
论理	2	1				
心理	2	1				
法治					1	1
经济					1	1
理化	2	2	2	2		2
合计	36	36	36〔35〕	36	37〔36〕	37

十三、本校附编译处，编译蒙古所需要之各种教育书，编译员由本校教职员兼任之，不另支薪，印刷费得由本校临时请公家补助之。

十四、本校校长由政委会委任之，教务主任、训育主任、教员、事务员及附小主任并附小教员均由校长聘任之，报请政委会备案。

十五、师范生中途退学，应追缴在校之费用。

十六、本校各项细则，顺应现时趋势，参酌教育法令另定之。

七 本处旬刊之编辑

本处为促进蒙旗文化，启迪蒙民知识起见，特组织《蒙旗旬刊》，分发各盟及东北各省官厅，一律赠送，概不收费。每次发行二千份，行文则蒙汉合璧，取材则中外殊〔珠〕联，举行政治、教育之改进，交通、实业之推行，靡不多方搜罗，力为宣传，用促蒙旗之文化，借辅政教之进行。兹将《蒙旗旬刊》简章列左，以供参考：

简章

《蒙旗旬刊》简章

第一条 本刊定名为《蒙旗旬刊》。

第二条 本刊以牖启蒙民智识、促进蒙旗文化为宗旨。

第三条 本刊定于每旬出版一次。

第四条 本刊内容文字以蒙汉合璧排印之。

第五条 本刊内容之编辑，共分左列各项：

一、社论。二、国内新闻。三、国外新闻。四、社会琐闻。五、教育。六、实业。七、交通。八、小说。九、公牍。十、警钟。

第六条 前条内容之编辑或翻译应注意左列各款：

一、关于各旗〔蒙〕旗行政及其改良事项。

二、关于各蒙旗教育设施计划事项。

三、关于各蒙旗实业提倡事项。

四、关于各蒙旗开创交通计划事项。

五、关于各蒙旗宗教事项。

六、其他关于各蒙旗民智牖启事项。

第七条 第五条第二、三、四各项之规定，均采用各新闻纸补编之，不得专设访员。

第八条 本刊编辑及翻译事项，均以蒙旗处职员担任之，但外界人士投稿者，经审查刊登后，每篇酌予现大洋二元至二十元之投〔报〕酬。

第九条　本刊编辑及翻译人员均系义务职，概不支薪。

第十条　本刊出版，经费由蒙旗处请东北政务委员会补助之。

第十一条　本刊出版后得分给各机关及蒙古各旗或各学校，一律赠送概不收费。

第十二条　本简章由本处职员会议通过后，请东北政务委员会核准施行之。

第十三条　本简章如有未尽事宜，得随时呈请修正之。

职员之职责表：

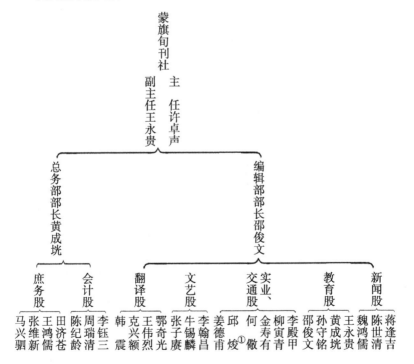

蒙旗旬刊社
主任许卓声
副主任王永贵

- 总务部部长黄成垙
  - 会计股：李钰三　周瑞清　陈纪龄
  - 庶务股：田济苍　王鸿儒　张维新　马兴驷
- 编辑部部长邵俊文
  - 新闻股：蒋逢吉　陈世清　魏鸿儒
  - 教育股：王永贵　黄成垙　孙守铭　邵俊文
  - 实业、交通股：李殿甲　柳寅青　金寿有　何儆　邱焌①　姜德甫
  - 文艺股：李翰昌　牛锡麟　张子赓
  - 翻译股：鄂奇光　王伟烈　克兴额　韩震

① 后文有“邱俊”、“邱峻”，似为同一人。——整理者注

八　本处改组之情形

本处原隶于东三省保安总司令部秘书厅，易帜后，东北政务委员会正式成立，十八年二月初本处遂划归焉。特原有军队式之阶级，完全取消，上校科长，改为主任，支一级薪（薪与上校同，余类推）。中校处员，改为处员，支二级薪。少校处员，改为处员，支三级薪。上尉办事员，改为处员，支四级薪。同时添委二级处员一，三级处员一，四级处员一，五级处员三，六级处员二，二级翻译官一，四级翻译官一，二级调查员一，三级调查员三。二月中旬处长林鹤皋调任东北边防军司令长官公署秘书厅厅附，遗席袁庆恩继之，许卓声实任副处长。兹将本处改组后职员一览表列左：

职级	姓名	次章	籍贯
处长	袁庆恩	少峰	江省瑷珲
副处长	许卓声	赫奕	热河凌源
主任	王永贵	宗洛	热河凌源
	黄成垙	春田	辽宁本溪
二级处员	邵俊文	冠卿	辽宁抚顺
	李殿甲	虞廷	吉林依兰
	柳寅青	瀛洲	吉林磐石
	李翰昌	美叔	江苏丹徒
三级处员	田济苍	慕霖	辽宁营口
	邱俊	子良	江苏淮安
	蒋逢吉	庆儒	辽宁锦县

续表

职级	姓名	次章	籍贯
	何儆	莘农	福建靖县
四级处员	牛锡麟	趾祥	北平固安
	陈世清	靖寰	热河凌源
	张维新	荣久	辽宁沈阳
	魏鸿儒	介华	北平大兴
五级处员	马兴驷	伯骧	辽宁沈阳
	李钰三	韵珊	河北昌黎
	周瑞清	雨田	北平大兴
六级处员	陈纪龄	竹年	山东菏泽
	张子赓	子赓	河北天津
二级翻译官	王伟烈	心禹	辽宁彰武
	鄂奇光	景云	北平通县
三级翻译官	克兴额	明远	辽宁康平
四级翻译官	韩震	名卿	辽宁康平
二级调查员	金寿有	鹤年	江省龙江
三级调查员	王鸿儒	雅轩	江苏铜山
	孙守铭	劭张	吉林农安
	姜德甫	岷远	吉林吉林

九　本处各股之职掌

本处原分三科，改组后，并为二股，第一股办理行政事宜，第二股办理建设事宜，每股又各分为二组。兹将各股之职掌，列表于左：

东北政务委员会蒙旗处职员职责表

股别	组别	官级	姓名	职务	备考
第一股		主任	王永贵	承正副处长之命综理本股一切事宜	
	第一组	二级处员	邵俊文	承主任之命办理本股一切事宜并兼《蒙旗旬刊》编辑主任	
		三级处员	田济苍	专办庶务一切事宜	
		四级处员	牛锡麟	办理文书分配并典守、印信事宜	
		五级处员	马兴驷	专办收发、分缮卷宗事宜	
		五级处员	李钰三	专办会计事宜	
		六级处员	陈纪龄	办理庶务、会计稿件并缮重要稿件	
	第二组	二级处员	李殿甲	承主任之命办理行政一切事宜	
		三级处员	邱峻	襄办行政稿件、简章、条例撰拟事宜	
		四级处员	陈世清	办理普通稿件撰拟事宜	
		二级翻译官	鄂奇光	翻译稿件事宜	
		二级翻译官	王伟烈	同上	
		三级翻译官	克兴额	同上	
		四级翻译官	韩震	同上	
第二股		主任	黄成垙	承正副处长之命综核全股事宜	
	第一组	二级处员	柳寅青	承主任之命主办边卫、实业、交通、铨叙、工矿事宜	
		三级处员	何儆	承主任之命分任边卫、实业、交通、铨叙、工矿事宜	
		四级处员	魏鸿儒	同上	
		六级处员	张子赓	同上	

续表

股别	组别	官级	姓名	职务	备考
	第二组	二级处员	李翰昌	承主任之命主办教育、调查、垦务、水利、渔业、田赋事宜	
		三级处员	蒋逢吉	承主任之命分任教育、调查、垦务、水利、渔业、田赋事宜	
		四级处员	张维新	同上	
		五级处员	周瑞清	同上	
		二级调查员	金寿有	承主任之命调查一切事宜	
		三级调查员	孙守铭	同上	
			王鸿儒	同上	
			姜德甫	同上	

十　本处办公之状况

本处隶于东北政务委员会，办公手续，倍极复杂，苟不详为报告，恐非局外人知其梗概，用是不惮繁琐，将本处办公之情形披露于左。

收发室办公之情形

翻译室办公之情形

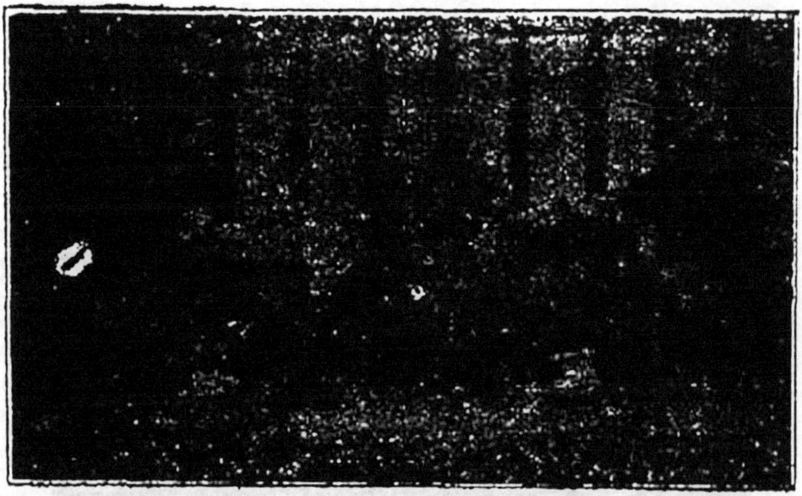

编辑室办公之情形

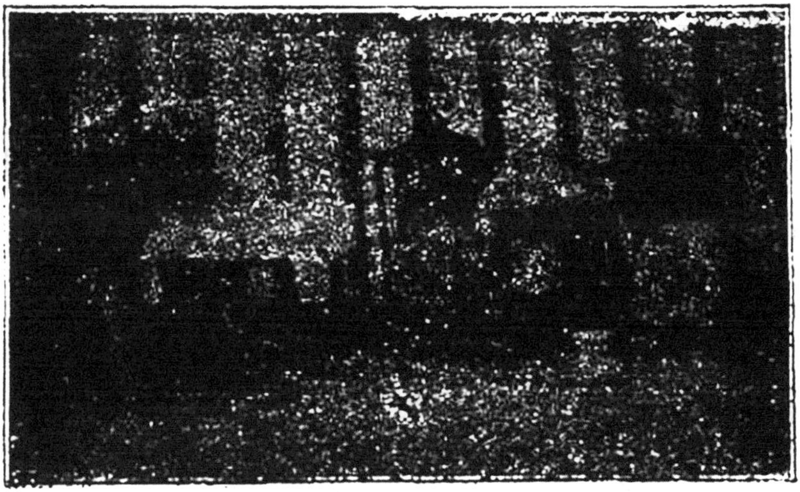

第一股处员办公之情形

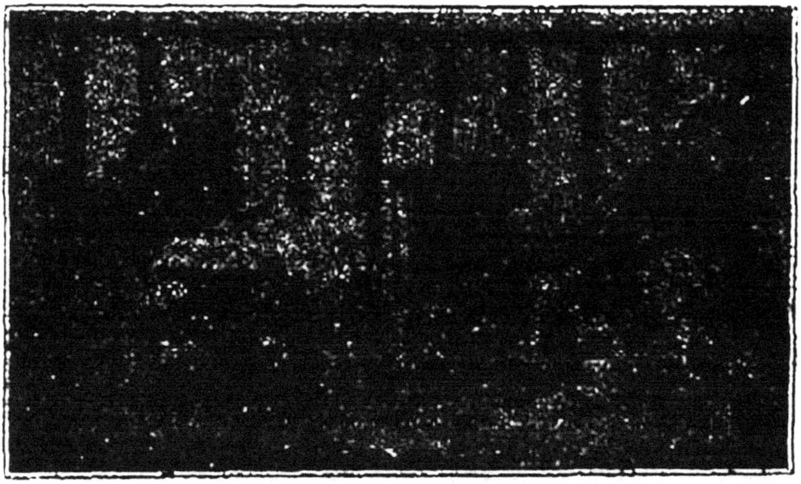

第二股处员办公之情形

缮写室办公之情形

第一股主任办公之情形

第二股主任办公之情形

副处长办公之情形

处长办公之情形

十一　本处调查之报告

闻风知政，觇国者，事必躬亲，询事考言，观人者，允宜面试。诚以百闻不如一见，循名必待核实。蒙旗僻处偏隅，与内地言文不同，风俗各异，现值训政时代，建设聿设〔伊始〕，关于蒙旗因沿革〔革沿〕袭，必自调查始。故本处暂设调查员四员，分往各旗调查，兹将调查表之格式胪列于左。

计开：

一、区城〔域〕　四至及相距里数，地方之冲僻，距名山大川之远〈近〉。

二、山川　山脉之长短，河流之原委，暨古今之名称。

三、地土　山泽原隰、土色地质、水味、沙漠、洼淖、咸〔盐〕碱地段暨熟地荒数亩数。

四、物产　谷、蔬、药品、森林、畜牧（马、驼、牛、羊）、动物（黄羊、狼、章〔獐〕鹿皮毛）以及各种矿产、渔业。

五、天气　四时气候，及风沙、冰雹之常变。

六、人民　种族、户口及风土习俗。

七、古迹　寺庙、碑铭、城镇及古来战迹。

八、教育　各旗有无学校，及学生等级、经费各若干。

九、政治　各旗扎萨克及协理台吉、管旗章京、梅楞等职司之姓名，及施政之优劣。

十、民生　生活状况，有无进步。

十一、实业　关于农产、森林、工业、皮革、毛绒、水利以及各种矿产、渔业之应如何开发。

十二、财政　各旗之收入支出，及盈绌情形（并有无抵押外债）。

十三、交通　各旗铁路、航路、邮电、驿站之有无，及特来之建设。

十二　本处进行之计划

调查员出发之情形

本处承张主席之命，筹设蒙旗师范，以培养蒙古师资。创办《蒙旗旬刊》，以启迪蒙民智识。并拟于各旗修筑公道，以利交通，创办邮电，消息灵便。他若集镇也，工场也，屯垦也，均分期举办，次第推行，化行俗美，道一风同，榛莽之区域，变为灿烂之社会，上不负张主席提携蒙族之热诚，下不惹蒙众之反感。此本处惟一之使命，自应积极进行，不容或缓者也。第事系创办，不可一蹴而几，款难措办，尤当筹画通盘。惟有因势利导，乘机进行，计划务期贯彻，理想成为事实，此本处进行之计划也。

十三　本处处员之修养

本处处员，非具专门之修养，即有相当经验，办事则和衷共济，出差则劳怨不辞。事实俱在，非敢自诩。且每周除处会议外，近更组织图书馆一处，派专员用新式图书馆管理法管理之，购置各种图书杂志及新闻纸等，以便各处员公余阅览，增长识见。此本处处员修养之概况也。

图书馆阅书之情形

十四　本处差夫之训诫

本处差夫，类皆循规蹈矩，勤于厥职。顾恐人类不齐，阳奉阴违，在外滋生事端，在内疏忽职务，本处有鉴于此，爰定于每周土曜日上午十一句钟，召集本处所有差夫，由第一股主任或处员，剀切训谕，对症下药。使粗暴者行为谨慎，疏忽者知所竞进。康成文婢，固不敢期，甄琛苍头，良所钦羡。兹将本处训诫差夫之纪事录，暨训诫时之照片列下：

月日	次数	训话者	训诫题目	备考
四月十三日	第一次	王永贵	奉公守法	

本处训诫差夫之情形

《蒙旗旬刊》
沈阳东北政务委员会蒙旗处
1929年1卷9、10期
（朱宪　整理）

建设新蒙古

张子赓　撰

迟任有言曰："人惟求旧，器非求旧，惟新。"盘庚迁新都，引为《尚书》之精义。《大雅》云："周虽旧邦，其命维新。"曾子作《大学》，引为新民之真谛。可知往古来今，国家之建设，以新为可贵耳。蒙古地大物博，僻处遐荒，数百年来，旧制未尽改善，设吾于此语其执政者曰：现今世界潮流，日新月异，吾子欲安富尊荣，当舍其旧而新是谋，否则大势所趋，恐今非昔比矣。彼将从而诘之曰：恶，是何言也？夫士食旧德之名氏，农服先畴之畎亩，商循族世之所鬻，工用高曾之规矩，士农商工四民之不愆不忘者，以其率由旧章。况我蒙旗，世守祖宗之法制，藏诸盟府，毋敢或渝，讵有蹈数典忘祖之愆，而不行先王之道者乎？然吾之所谓建设者，非违道以干誉，乃循道以课功也。谓予不信，请为吾子分析言之。

一曰军。自军兴以来，征发输送，吾人之痛心疾首于军者，非一日矣。然天生五材，民并用之，谁能去兵？诚以兵之为物也，善用之所以卫民，滥用之适以病民。蒙古民俗强悍，习于武勇，素以敢战称。第恐训练未精，则民不知兵，兵不用命，甚非整军经武之道也。若裁汰老弱，取法征兵，各旗之军，以旅、团为单位，按地方之贫富、人民之众寡，规定甲、乙、丙三等制。甲等制，暂编练两混成旅。乙等制，暂编练一混成旅。丙等制，暂编练一混成团。兵贵精不贵多，旅、团之中，又以连为单位，而步、骑、炮、工、辎重、机关枪胥备焉。征兵之法，本旗男子，年龄在二十岁以上、二十五岁以下，有家族者，方准保送。由各旗王公指定地方，建筑适宜之兵房、操场，授以最新之军事学科、术科，二年退伍，更番递进，行之十年，民尽知兵。有事则可供征调，无事则各安游牧，有勇知方，军民一体，所谓十年教训者此也。

二曰政。德惟善政，政在养民。蒙众民情朴厚，阶级最严，人民富于服从性，上有所求，下必应之，往往度支告匮，分之旗下，额外均摊，亦习以为常之事。夫求过于供，纵在下者好义乐输，而无谓之诛求，于心何忍。考东西各国之行政也，取之于民者厚，而民无怨言，非在上者用以自肥也，仍是用民财为民兴利除弊耳。蒙众之富有马、牛、驼、羊者固多，而贫无立锥者，亦属不少。各王公除衣税食租之外，不得挥霍民众之金钱，用以兴实业、利交通，如此则富者有业可营，贫者自食其力，利用厚生之政，民必欲之，视彼养尊处优，以众人奉一人，所行者半属扰民之政，所存者每多利己之心，迨至民怨沸腾，不知天命已去，前清末造，殷鉴不远。盖以民为邦本，本固则邦宁，使民爱之如父母，畏之如寇仇，不关箕风毕雨之纷歧，端视子弟田畴之予夺。

三曰学。闭关时代，中国视四书五经为无上之学问，自明清以制艺取士，命题者四书五经也，于是一般学子，埋头于四书五经以内，老死牖下而后已。视他书为无用，而所读之四书五经，明其体者谁欤？达其用者谁欤？海通以后，日与外人接近，见其无事无学，无人不学，自觉相形见绌。于是立学校，讲新学，风气为之一变。此就内地言之，而蒙旗之锢蔽，犹如昔也。间有青年志士，欲以新学启发蒙众，第恐一人傅之，众人咻之，于事无济，反多窒碍。辽宁省城蒙旗师范学校，业经准予成立，本年秋季，即可开学，望各旗官署按照分配选送之学员名额，来此入学，造为有用之才，毕业回旗，足敷教材之用，小学不难举办，科学日见发达矣。语云："学然后知不足。"不学则不若人，人不若人，可耻孰甚？况处此大同世界，国无普及教育，非文明之国，人无普通常识，非完全之人，敬教劝学之道，乌可视为缓图？

以上三者，所谓军也、政也、学也，皆应顺世界新潮流，建设新蒙古，是在蒙旗执政者，实力行之。

《蒙旗旬刊》
沈阳东北政务委员会蒙旗处
1929年1卷9期
（丁冉　整理）

阅了《绥远民国日报》后的几句话

双乌　撰

前几天，阅《民绥远国日报》，见有一段最新奇而又不大希罕的新闻登在上边。这段新闻本来是很普通的，也用不着我大惊小怪的来呐喊；不过，在我总觉得有些可新奇的异味存在里边，所以我现在要高声的喊叫起来了。但是，我说的话，仿佛是神经错乱了，一定使阅者要对我发生疑问，机〔继〕而要对我质问，并且还要责骂我几声："你矛盾了吧！"但是，我现在要提前回答诸位一句："西洋镜往后瞧。"

问话且打住，这段新闻究竟是些甚么？"某月某日……某县县长查获某镇村长吞款九百余元……"我看罢这段新闻，就引起我一点感想。为什么？先就新奇的这方面说：现在的各县县长，克己爱民的，固然很多，但是，大多数的，我们一考查他们各个在各县做下的政绩，我们就很明了他们的一切了。各县县长在各县过去做下的政绩，我们都能一目了然的他们在各县政府当主席，也不过仅知道所谓"主席"者，不外是个"官"而已。因为他们的内心是一时一刻忘不了这个"官"字，所以他们表现出来的事实，除探取些民脂民膏外，只有借这官的地位，每月再领几百元"打的□"罢了。何尝要用□□力去做那"官"儿应作的事呢，这是他们过去以及现在很明显为民做出来的工作，岂是我们自好张大其辞。可是，现在破地荒竟在报纸上看到他们的一笔大大的工作:“某镇村长某某私吞公款九百余元被某县县长揭破”，这一来，别人们不晓得，而我自己实在觉着是非常新奇的了不得了。为什么？

（甲）各镇村长之在各镇已在的工作，正和各县县长之在各县的成绩是一样的。各县县长之在各县政府任主席，是纯粹把个“官”字放在脑海里；而各镇村长之在各镇任村正，也完全把个“长”字印在心坎上了。他们的位置既一样，他们的人格又相同，那末，这“私吞公款呀，饱入私囊呀”，当然他们应该要互相包藏，不让泄露，才是在官的大道，哪有自己杀人自己投首的道理？可是，现在竟出人意料，不打自招起来了。□道要演：前者其父攘“洋”而子不证，如今则成了其子攘“洋”而父惩子的把戏吗？这是我不能不觉得新奇之一。

（乙）某君在某镇当村长，我很知道是年久了。所以他做那些剥削人民、私吞公款的事，当然也是很熟习的了。既年久而又熟习，那末，老百姓受他荼毒的也自然是很多而且很深的了。但是，那可怜的老百姓呀，总是敢怒而不敢言。以为人家是一村之长，呼之再再，结果也不过相聚互叹几声“你能怎么样”罢了。其间虽有几个热血志士出来与之计较，但是，人家的洋板，真涌猛兽泉水似的喷出来了。志士的血虽涌，然怎能敌得过那一堆一堆的白净净地洋钱，这么一来，人家那一切的计划，如伪造账簿、克扣烟款、擅行敛民种种还是照常执行，肆行无忌。在这种情形之下，人家就是一足踏破地球吧，还能够被谁发□呢？不想现在事出奇怪，竟有人将其黑幕中的一幕揭破出来了。我仔细想来，大概是干犯了天庭了吧！这真是令我不能不新奇之二。

然而，为甚么我又不大希罕呢？我所说这“不大希罕”的重要理由有二：（A）他的人格方面。（B）他的良心方面。本来无“人格”，怎能讲“良心”，如某村长确系二者全无，那么，他做那些违法殃民的事，也不过正和我们吃家常便饭是一样，那我们还有什么可希罕的必要呢？我现在且把他做下的事实写出来，证明我这“不希罕”三个字。

（A）人格方面。某君的人格，差不多无处不表示是不破产的。如近年来，某镇大种烟苗，而某君则勾结私党，伪造账簿，吞款约数千元之多。其次如见一有势力者，他就行使其逢迎骄谄的手段，只要有利于己，哪管什么人格？

（B）良心方面。近年来，绥远的天灾——荒旱频仍，连岁不收，人祸——兵匪交加，赋税苛重，民生疾苦，莫此为甚。人民在这求生不得，觅死难能的紧要关头中，我相信凡稍有良心者，恐怕没一个不在常掉无数酸心的泪吧？然而，某村长则以为这是他大事活动机会到了，哪还有悲民之悲的恻隐观念哩？于是就大施其掳掠手腕，任意妄为。但卒恨其事机不密，现在竟犯案了。

综上二端，他是一无所具。那末，他那久贪不厌的欲望野心是日益增高。所以我们看他所作的恶劣事业也不过和我们每日上课，吃饭，睡觉是毫无分别的。那我们还有甚么希罕？

一九二九，十一，写于北平

《绥远旅平学会学刊》（月刊）
北平绥远旅平同学会
1929年1卷9期
（李红权　整理）

蒙古青年之使命

陈世清　撰

世界愈文明，人类之生活愈提高，日新月异，务求其华丽而安适。于是世风丕变，趋之若骛〔鹜〕，而工商、交通各事业，亦莫不呈灿烂之景象，以成今日之文明。独我蒙古同胞，自为风气，对于世界文明，隔如两世，衣食住行，犹袭古代部落之风。以言衣服也，冬着羊皮，而夏粗布。以言饮食也，牛脯羊干，乳酪糊浆。以言住舍也，韦鞲撬〔毳〕幕，仅蔽风雨。以言旅行也，骑猎游牧，更无他务。其他工商、交通各事业，则瞠乎其后，甘居失败。当此世界竞争之冲，仍欲作羲皇上人，而不积极改造，宁不畏世界文明种族讥诮乎？然欲改造蒙古之社会，负此重大使命者，其谁乎？蒙古之青年也。盖改造事业，必有优良之学识，充裕之经济，方克有济。现在蒙古同胞，富有学术者，为数无多，工商各业，又为他族代庖，更无经济之可言，以此情况，欲求改造，殆属难能。只可由渐入手，在蒙古各地多设学校，先令蒙古青年研究学术。有学术矣，再求各种事业之发展，顺序前进，可期美善，与文明种族同享乐利也。若然，则我蒙古青年，肩此重大使命，盍憬然悟，而奋然起耶？

《蒙旗旬刊》
沈阳东北政务委员会蒙旗处
1929 年 1 卷 10 期
（刘哲　整理）

蒙古衰弱之原因及今后自强之途径

陈世清　撰

蒙古为世界著名种族，在昔元时，声威远振，奄有亚欧，以此强武绝伦之裔，何以至今一蹶不振，变为弱小民族欤？此其中盖有原因在也！自满清入主中原，鉴于历代蒙古强横、边患时惊，乃思收抚，永为臣仆，待其率土归来，封王公以分其势，明崇爵位，暗削实权。以前清《理藩院则例》之规定观之，蒙旗扎萨克对于蒙民民事仅有处理权，对于刑事概付有司衙门办理，即此可见一般。且对于蒙民不准读汉书，每三年清查一次，蒙民姓名，稍涉汉音者，即须处罚。二百余年蒙民之优秀者，不得为国家官吏，仅充旗署各差，何莫非愚民政策阶之厉耶？然此尤非毒辣手段，其最甚者，即蒙民中有兄弟三人，须以二人当啦嘛，五人中须以三人当啦嘛，既当之后，家中得免差徭，本人得优厚俸给，交际周旋之间，咸尊啦嘛以上位，夫如此待遇，彼知识浅低蒙民，宁有不愿者乎？殊不知当啦嘛，乃灭种之道，多一啦嘛，即少一人之生育，全蒙之啦嘛无数，减少生育何止千万，数百年后，即令其幸存，再欲逞雄于一时，岂可得哉？现在既了解当啦嘛为灭绝种族之毒辣手段，而当啦嘛自可以逐渐少矣。且各啦嘛之俸给，胥由蒙民手足捐助，或钱粮项下拨给，非全由国库支给，即有之，亦不过少数，有清愚民政策之狡猾，有如此者。故我蒙古同胞，近来户口稀少，竟致衰弱，此其一大原因。现在国民〔民国〕成立，五族一家，从前之窳政陋习，一概铲除，阶级制度，早已打破，自由平等，盛行于世，人民权利，日益澎涨，当此时机，我蒙古同胞，宜如何急图自强？睡狮一吼，岂可沉鼾不醒，因循不觉哉？然图谋自强，必须有正当之途径，顺序前进，方有效果，若误入歧途，欲速反迟，鲜有不败者。其途径维何？一、速造就科学人才，以图建设各种事业，对于前清遗留之各种腐败习惯，一律废除。二、禁止蒙民充当啦嘛，以免再入虚无之门，夫如是则人才辈出，户口增加，腐败习惯，逐渐打破，维新事业，循序建设。将见化及边徼，榛莽者变为昌明，风行沙漠，浑噩者知所竞进，黄祸可畏之荣誉，安知不复见于今日耶？我蒙古同胞，其三复斯篇。

《蒙旗旬刊》

沈阳东北政务委员会蒙旗处

1929年1卷11期

（李红权　整理）

外蒙古一瞥

刘虎如　撰

第一章　导言

蒙古本来是种族的名称，因为蒙古族，蕃殖于那块地方，所以就用种族名，来做地名，也叫做蒙古。另外又叫做朔方，还有人叫他为朔漠。那末蒙古就是蒙古了，为什么又有内外之分呢？原来蒙古地方的中间有一片沙漠，叫做“戈壁”，自东至西的横亘起来，其结果则将一个蒙古分成两个，在沙漠以北的，称为漠北蒙古，这就是外蒙古，在沙漠以南的，称为漠南蒙古，这就是内蒙古了。外蒙古，位置在我国的极北部，东界黑龙江省，南界察哈尔、绥远两特别区域和西套蒙古，西界新疆省，北界俄属西伯利亚，面积共有四百八十八万六千四百三十二方哩，人口约有一百八十万人，地广人稀，可谓至于极点了。这块地方人口，既然这般稀少，地方又是这般庞大，加上南部又有沙漠缘起边来，内外两蒙古，也多了一层障隔，天气又是很冷，风力又是很大，冰天雪地，由中国内地人看来，真是一块奇地，哪里敢大踏步的走进去。即或有一二个商人，被利欲所引动，去到那些大城镇，如库伦咾、科布多咾、乌里雅苏台咾，做点买卖，贩点物件，已经可以算做大不了的事情，而政府也亦〔以〕为相去太远，鞭长莫及，多一事不如少一事，由他自治也好，独立也好，尔为尔，我为我，省得麻烦，于是外蒙古就成为莫明其妙之乡。即使有几次，也曾派人前去监督，或管理一切政务，则已留驻上面所说的这几块地方，较小的城镇，就不能见有他们的足迹了。话虽如此说，殊不知交通不便，实足以致之。否则如内地往来极便，朝发夕至，那末外蒙古的“外”字，早可除去了。如此以来，汉蒙之间，不便〔但〕政治上发生隔阂，就是人情风俗，也大相径庭，而文化也居于落伍的地位。目下情形，却已大不相同，从前所有思想上、习惯上、宗教上、政治上的种种束缚，都已解除了，这就是蒙民奋斗之结果呀！闲话少讲，言归正事。此处的地势，是数条山脉包围之高原，北面和西北有萨扬山脉，西南有大阿尔泰山脉，东南有肯特山脉，东北负〔有〕哈马尔达班、爱尔吉克、达尔额克泰岳等山脉，这些山脉的中央，又有唐努、杭爱两大山脉，如果广义的说起来，此等山脉，都属于所谓阿尔泰山脉。河流甚多，大概都是流入吐口的盐湖，主要的河流，为注入喀喇乌苏湖的科布多河，注入奇勒稽思湖的查巴喀河，由乌鲁克穆、贝克穆和克穆齐克三流合成的叶尼塞河，和鄂尔坤河会流的色楞格河，注入乌普萨湖的特思河等，其中又以叶尼塞和色楞格两河为最大，西北大部分地方都受其本流和支流的灌溉。此外虽然还有若干稍大的河流，然多注入小湖，或者末端隐没于沙漠，而本身也不能占重要的位置，只有西北部的乌伦古河倒还比较有注意的价值。湖泊除上述乌普萨、喀喇乌苏、奇勒稽思三湖之外，大的还是不少，都潴于高原的低地，主要的有库苏古尔泊、都尔喀泊、乌伦古泊等，小的则不胜枚举了。这些湖的面积，四时不同，水落时就干涸而成小池沼，水涨时则又汪洋而为大湖。外蒙古地方的气候，冬季极寒，夏季极热，一日之内，昼夜之间温度的高低，相差甚大。西北部因纬度之高和地属高原的关系，寒威尤为凛冽。一年平均温度以库伦为标准，则在摄氏表五度，冬季当在零度下十五度，夏季可以升至二十四度。而空气干燥，沙风激烈，又为此地气象之特色。全区域分为喀尔喀、唐努乌梁海和科布多三部，喀尔喀又分四盟：A. 东路喀鲁伦巴尔和屯盟，就是车臣汗地，领二十三旗；B. 后路汗阿林盟，就是土谢图汗地，领二十旗，古罗格沁部落附牧于此；C. 中路齐齐尔里克盟，就是三音诺颜部地，领二十二旗，额鲁特部前后二旗附牧于此；（1）〔D.〕西路扎克必拉色钦毕部哩雅诺尔盟，就是扎萨克图汗地，领十八旗，辉特部一旗附牧于此。科布多部分：（1）杜尔伯特部左右翼二盟十四旗；（2）辉特部二旗；（3）扎哈沁部旗附扎哈沁信勇公旗；（4）明阿特部旗；（5）额鲁特部旗。唐努乌梁海分：（1）旧定边左副将军所属二十五佐领；（2）旧扎萨克图汗所属五佐领；（3）旧三音诺颜汗所属十三佐领；（4）旧哲布尊丹巴胡图克图门徒所属三佐领。

第二章　外蒙古和唐努乌梁海之独立

外蒙古地方，既在中国的极北部，南面又有沙漠和内蒙相隔，中央政府，对于他实觉得有鞭长莫及之苦。武昌革命军起，各汗王公、喇嘛，便野心勃勃，秘密会议，共推举哲布尊丹巴胡图克图为君主，驱逐满清官吏，自立为蒙古帝国，以共戴为年号。

至一千九百十五年（共戴五年）中、俄、蒙三方面开一会议（地点在恰克图），结果由中国承认外蒙古完全自治区域，和中华民国只保存领土上一部分的关系，于是外蒙就设立自治政府为统治机关，仍旧推戴哲布尊丹巴胡图克图为博克多汗。一千九百十九年北京政府特任徐树铮充西北筹边使，旋将外蒙古的统治权完全取销。不料一千九百二十年，俄国白党因在本国没有立足地，败将巴龙恩琴又生了野心，想将蒙古地方，收为囊中之物，主义打定，便带兵前来侵犯。可怜外蒙古，哪里能够和这班无家可归、挺而走险的俄国人相抵抗呢，所以到得一千九百二十一年的春天，白俄就入库伦了。到得此时，这班蛮横无礼的白俄的军队，竟老实不客气，喧宾夺主起来，将中国的官吏、军队，驱逐得干干净净。但是无礼之中，不得不有稍事顾忌，于是利用哲布尊丹巴胡图克图做个傀儡，算做是外蒙古的君主，而在后台牵线的，却是白俄大权在握，可以肆行无忌了。

自从美国总统威尔逊大唱国际联盟、民族自决的高调以来，蒙古人民也视为金科玉律，一千九百十九年俄国白党要人谢米诺夫利用这个机会，召集全蒙古的代表会议，拟在达乌里地方组织蒙古全体中央政府，暂设内务、财政、陆军、外交四部，而统之以国务总理。谁知这一次蒙古人却忽然聪明，晓得越俎代庖的居心不良，大加反对，同时外蒙自治政府，也被取销，反促成组织蒙古国民政府之机缘，凡外蒙古和布里雅特蒙古的志士，互相联为一体，召集蒙古军队，便在一千九百二十一年春天，攻破恰克图，建设蒙古国民临时政府，一面知照苏俄，由双方合力会剿占据蒙古的白俄，遂于同年夏季，进取库伦，将巴龙恩琴的羽翼爪牙一概除去。

同年六月六日正式蒙古国民政府成立，名义仍旧，以哲布尊丹巴胡图克图为君主，实权则在国务院，院置国务总理一员，分内务、陆军、财政、司法、外交五部，部设总长一人。主事员一人，秘书一员，书记若干人，部内如果分有司、科，那末又当特设主事员，以专理一切。此外还有几个独立机关，如蒙古国民党中央委员会、蒙古青年党中央委员会、学术馆、审查司、国民合作公司中央委员会等就是了。余如教育司和警察司，则附属于内务部，税务司则附属于财政部。又有蒙古全军参谋部，这是统治全境军事机要的机关，权力极大，设元帅一人、参谋长一人以为统率，附属有内防处，以防内乱之发生。

现在外蒙国家主权，已归入三大机关掌握，其一便是国务院的国务会议，这是由国务总理、各部总长以及主事员、秘书和其他各机关的代表所组成。凡一切对内对外临时发生的重要问题，都由此会议议决施行；其一是临时国会，由喀尔喀四部和科布多、达里干阿沙毕等处派遣代表所组成，这便是外蒙政府的立法机关；其一是蒙古国民党中央委员会，凡一切对内对外政治上的方针，以及随时发生重大问题，该会都有讨论指导之权。虽经过国务会议议决的问题，也可加以否认。至于国务总理和各部总长的人选，也由该会提出，所以外蒙国民政府的最高机关，虽然有上面所举这三处，其实操有无上的政权，还是蒙古国民党中央委员会呢。内外蒙古的蒙人，自从归附满清政府以来，就已被编为扎萨克、王公贵族所管辖，毫无干政的权力。及中华民国起来，革除满清政府的专制，而以五族共和、保障民权为宗旨，但是对于外蒙，则仍旧优待王公贵族，许他们继续享受满清时代的专制特权。民国四年外蒙虽然得到完全自治权，谁知却是徒有虚名，实际上还是贵族专政。及到民国十年，蒙古国民党建设了国民政府，方才对于各机关都规定章程，划清权限，而且对于民权问题，也有具体的讨论。民国十二年一月十五日（外蒙古共戴十二年十一月二十八日）经临时国会和国务会议议决之后，由内务部呈请博克多汗公布关于限制扎萨克王公和非扎萨克王公的条件十四条，关于各部和沙毕等处的地方制度五十八条，结果则贵族的爵位、俸禄尚可保留，而他们的实权，则完全划归地方自治议会范围之内。至于地方制度之组织，则采取选举委员制，虽王公贵族，亦当一律服从这种条例。

外蒙的军政，除由陆军部管辖一切之外，还有参谋部为其最高机关，注重训练国民军，在库伦设立蒙古军官学校，一千九百二十三年的夏季举行毕业的，已有一百多人，这一年的秋季，更又开办正式的军官学校，由莫斯科聘来骑兵、炮兵和机关枪各科的教练官二十余人，招生三百余人。

外蒙政府的军队，眼前大部分都是骑兵，并酌设炮队、机关枪队、汽车队以为辅助。据民国十二年的调查，境内所有的骑兵，常备军已经有一万五千余人。驻扎库伦一带的，约有四千余人，驻扎达里干的约七百余人，驻扎乌得的约有七百余人，这是南路的国防军。驻扎桑贝子旗内的一千余人，驻扎塔木斯克寺的一千余人，这是东路的国防军。驻扎乌里雅苏台的约有五百余人，驻扎在科布多的约七百余人，这是西路的国防军。驻扎在恰克图一带的约二百余人，这是北路的国防军。其他散驻在各部落、各旗和各佐领的约有七千余人，预备军约有三万余人。

外蒙政府的财政收入以税务为大宗，现在库伦总税务司，每日的收入平均约有银一万余两，乌里雅苏台、科布多、恰克图等二十余处税务司，平均每月收入银一万余两，牲畜捐每年收入约有二百余万两，并将其他杂项收入合算起来，每年收入约有一千余万元。政府为发展经济起见，更设立一国民合作商业公司，资本一百万元，总公司设在库伦，其他如乌里雅苏台、科布多、恰克图等二十余处，又设有分公司，实权也操于国民党和青年党，凡关于库伦、恰克图间的公有的农业，都由此公司承办。

外蒙政府经济的良好情形，大概已如上述，而且他们为政，也富有法治的精神，对于刑赏异常严明，这也是难得的地方。如一千九百二十二年国民党领袖博多充任国务总理兼外交总长，因操持过急，和本党发生冲突，又因为有连络旧派推倒国民政府的嫌疑，终究被捕枪决，同时处死刑的共有十五人之多。一千九百二十三年的春季，又有旧派人物八人，图谋不轨，后来案情暴露，于是也被捕枪毙。又如一千九百二十三年，政府曾赏尽力于国家建设的布里雅特同志四人各白银一千两，这就是赏罚分明的地方。政府为预防各机关人员之舞弊起见，又设有审查司，明中暗里，考查各机关所办的事务，并有提交查办之权，如果有一经查出置诸不理，或明知情弊徇私不问的事情，那末背后又有国民党和青年党各机关从中监督。所以政府的人员，上自汗王、总长，下至书记、兵士，没有一人不尽他的责任做去的。至于唐努乌梁海，则在一千九百二十二年也有国民政府组织了，京城叫做刻拉斯耐（旧名别落插尔斯克），国名据《字林报》所载叫做唐努都温斯基共和国。当局的人，都是党员，党的组织共有三千人，和俄国的共产党颇为接近，也有中央执行委员会，每遇一定时期，召集大会一次，在大会闭会期间，由内阁执行政务，内阁由阁员七人组成，居民二十岁以上就有选举权，政府官吏都是公开选举。至于财政，据该政府一千九百二十四年的预算表看来，收入总额共有五百万元，一年的支出，则为三十六万四千九百九十两。用途可分十四项：（1）总统府四万六千五百三十两；（2）国务院一万五千两；（3）内务部二万六千一百两；（4）司法部二万四千二百三十两；（5）外交部二万四千六百九十两；（6）上议院二万三千五百六十五两；（7）中蒙会议经费一万二千一百二十两；（8）驻在蒙古政府的使馆费二万零一百两；（9）恰克图行政费一万二千两；（10）科布多行政费一万三千二百两；（11）乌里雅苏台行政费九千七百两；（12）邮电管理费六万四千二百六十五两；（13）中央监狱费一万三千四百九十六两；（14）新监狱建筑费六万两。由这样看来，财政倒没有什么不稳固的地方呢。

外蒙的地位、地势和目下的局势，既已大略有所说明，现在不妨将目光转注到他的风土人情了。不过所说的，还是不能无所缺漏，倘若能够身入其境，那末种种的事物，足以令人惊异赞叹和有趣的，真不知有多多少呢。

蒙古人叫沙漠为戈壁，在内外蒙古之间，也就是蒙古高原最低的部分，高出海面约有二千五百尺至三千尺左右。沙漠之中并没有什么高山峻岭，但是高百尺至千百尺的丘陵，倒是未尝没有。河流虽然不少，大一点的却是罕见，翁金河总算最大的了，其余除了一两条还可以稍稍有水之外，平时都是干涸得不剩滴水，只有一道道的河路。及到大雨一来，方才得有流水，汪汪洋洋，又居然名副其实了。这些河流，既然如此可怜，要他源远流长，沛然注入大海，真是梦想也做不到的了。至于能够流入一个湖沼，已经算得顶上的运气，大多数都是埋没于沙漠之中。湖沼却也很多，但是够得上我们举出名字来的，却实在没有，伊连湖已经是第一个大湖，如果和洞庭、鄱阳较量一下，真是一个〈是〉大盘，一个是小碟了。

戈壁沙漠中的情形，也因部分而有不同，因为此地大部分，尽是沙碛，既然不能黏结，风又来得格外的大，所以往往尘沙蔽空，不见天日。最有趣的，就是明明此地有一堆土，忽而大风一起，这堆土便随之化为乌有，又明明此处是一片平地，忽而风力播扬，沙石如雨，顷刻间却成一个丘陵，这种“天地为之易位，山川为之变色”的情形，倒是沙漠中特有的奇景，非山青水绿、阡陌纵横的地方可以看得到的。但是也有一些地方是沙岩、黏土所成，黏结得甚为坚固，不特上面这种情景比较的少见，且常有岩石嵯峨，泉流滚滚，牧草丰茂，灌木丛生，野花杂卉，罗列满地，这又是地狱中天堂了。至于气候，则在夏天时候炎热无比，好像四围有火烧着的一般。到得冬季，又是寒冷异常，大有“堕指裂肤”的疼〔痛〕苦。秋冬之交，则又劲风卷地，沙石扬天，所有草木也都连根拔起，沙漠中没有大木，就是多大风的缘故。夏雨潴蓄低洼的地方，常有一种植物，高四五尺，质如铁线，风力也不能奈何，他所以有“刚草”之名，沙漠中的植物，此草要算最大了。

至于所见的禽鸟，有沙雉、云雀、鸦等数种。沙漠之鸦，性质强顽，见人不惧，往来的旅客，多受其害，说起来真是一件新鲜的事情。当他看见有人经过，马上一直飞上前来，左右盘旋，乘间啄夺食物，逐去复来，始终相随不离。不知道的人总以为此鸦寄生于此荒凉寂寞之区，看见生人，所以依依不舍，竟情愿牺牲两翅之力，亲亲热热的叫着跟着，谁知他却居心不测，想来瓜分食物呢？有几次他更将驼背的行囊啄破，或将头上的帽子抢去，真可叫做沙漠中的小强盗了。兽类则只见麋鹿、鼸鼠二种，鼸鼠也叫黄鼠，温暖的天气，他就出洞游玩，看见生人到，是非常客气，以前足交叉，后足直立，好像正在拱揖的一般，大家因他彬彬有礼，就赏他一个好名字，叫做“礼鼠”，和上面所说强盗一般的乌鸦，刚好相反。

说起沙漠之大，大概要居蒙古全土三分之一，自北纬三十七度黄河北岸起，至四十八度外蒙古的库伦止，西自东经百度甘肃居延海的东部，跨满洲和蒙古之经界，至兴安岭西麓为止。长约三千里，宽一千二百里至一千七百里，只有自张家口至库伦一段路途比较的稍为繁盛，一路设有驿站，备有井水，队商络绎不绝，土人也分部居住，专事畜牧，穷一点的，则以供给队商骆驼的草料，或卖兽粪。说也奇怪，世上最贱的东西，莫过于粪土了，谁知这里却拿来卖钱，而且价钱很贵，到底是什么用场呢？原来北地寒冷，沙漠中柴木、煤炭，得之甚难，所以兽粪之干，就用来烧着御寒，而不可一日缺了。据说烧着的时候，臭气扑鼻，土人则行若无事，所以有人说他们的嗅神经失却效用，其实也不过习惯成自然罢。

最可惊异的，就是那班游牧之人和队商，当华氏零点下二十二度之严寒，真有“缯纩无温”之情形，而队商则由张家口起程，跋涉穷途，横渡沙漠，以往恰克图一路行来，上有烈风，下有坚冰，寒气凛冽，真如万针刺肌肤，虽有重裘烈酒，也是无济于事。而这班人则每逢冬季，还仍旧在沙漠上来往自如，未常休息，人力足以抵抗自然，由此可见一斑。

现在还有一事，极有趣兴，就是沙漠发见了古城，详细情节，十三年二月十日，《申报》曾有登载。

世界新闻社译《纽约时报》云："十余年前风传蒙古沙漠内，发见一古城遗迹，深埋沙底，殆已数千年。一九〇七年，有一俄人科学探险队，由科士洛夫教授（Professor Kozlov）为领袖，赴蒙实地寻检此古迹，当时蒙古游牧人种，对于外人深怀疑虑，不愿给以报告。其后由一蒙人为向导，得达喀啦廓土（Hara-Khoto），即古城遗址所在处，该探险队人即于十五英尺深之沙碛内，从事搜掘，则古城遗址，赫然在焉，城墙及碑碣均保存未坏。据邻近部落人民之曾在该处居住十世者，声称依彼等之记录，该古城自始即在该处，其能历数千年无恙者，盖因蒙地气候干燥，又有层沙保护之故。喀啦廓土城之街道，房屋已大半为沙压所毁，但检得许多有趣味之古物，其中有佛教寺院及回教礼拜堂之遗物，中国纸钞若干，包钞上刻有字句，表示如有假造者，须受斩首之刑。又有银制饰品及钱币，皆封藏甚密。复于城垣外发见一圆锥形之石窖，中藏书籍二千册，包括七种东方文字。考埋藏书之由，系十三或十四世纪时，中国曾出兵攻取喀啦廓土城，围之数年不下，后有中国工程师，设策断城中水源，用沙囊塞堵通入城中某河之水，而使其流向他方面，城内人民大渴，乃掘一深井，但得水不多。该城势且不可守，众遂将金银宝器，尽埋于地下，城主某氏，手刃其妻若女，乃率众于城缺处奋勇冲出，奈众寡不敌，悉为华军屠杀云。探险队于此石室内，查得许多遗迹，足证当时该城居民文化之高。所藏书籍中，有波斯文、阿刺伯文及印度文之经典，蒙古文、汉文之古书。又有庄严佛像二百尊，均绘于绢布之上，又石刻男女佛像甚多。城中且发见运河遗迹，探险队复于该城附近搜得一石穴，为白种人所从未得见者。”

沙漠的情形，既如上述，但是清朝人方观承的《从军杂记》中，还有几则零零碎碎的见闻，现在且节录如下：

瀚海即古流沙，蒙古呼为戈壁，东西亘万余里，径千里或四五百里。沙石苴杂无草土，山色卢黑燋赤无生气，诧怪卤莽，无起落向背分合之形。其通准噶尔者，为习里哈戈壁，人迹罕至，荒昧为尤甚焉。

瀚海中木之似草者四种，一类针松，茎粗于指，屈曲纠盘，折之如朽索，缕缕零落。一结质，类蒿，紫绿色，凌冬不变，味咸，名“布都鲁哈那”，驼食之，如马得豆。一细蕊，如蓼，色红，味苦，茎稍柔脆，马饿亦食之，辄病泻痢，其性寒也。一丛枝，如菊，末细，茎无叶，相去粟许，肤辄周断若刀截者然，根与布都鲁哈那皆腐黑如出烬余，拨之即折。四木高不逾二尺，根荄纠结，沙石坌积，丛丛累累，望之莫能穷际。流沙中生木，名“查克”，大者合抱，高丈余，枝丫突坳无叶，若常枯者然，外白中黄，若去皮之桑，小者细枝蓬蓬，如柽柳，质坚重而脆，斧斤不易入，而折蹴之无难。折处呈纤孔，削之则否。盖沙气劲忍而质虚陷，故所殖如此。行人资为爨薪，微作硫气，土人烧灰疗胃病，复利女产。

入瀚海二百里，至麻尼图，一井清深，井东数十步有泉，泉上石洞，可容数十人，镌“涌泉洞”三字，颇有笔法。行人指为仙迹。诺明戈壁，旧有石台，呼为达兰土鲁，相传汉时筑。蒙古谓七十之数为“达兰”，峰为“土鲁”，今其处平沙无山。或云“峰”乃“烽”之讹，古谓墩为烽，汉时传烽塞上，此为第七十烽，犹今言七十台也。台杂土石为之，石莹透如晶玉。蒙古谓青金石为“诺时”。

瀚海产石如玛瑙，具五色，中空，随其大小攲正治器，颇可玩。大道所经，行人拾掇殆尽。

驼具十二肖形，鼠目、牛蹄、虎耳、兔唇、龙额、蛇项、马腹、羊首、猴毛、鸡膺、犬股、豕肾。瀚海乏水草，惟驼不畏。牛食已复出嚼为齝，齝一作呞，韩诗“合口软嚼如羊〔牛〕呞”。驼能回嚼，即不饥乏。余行顿瀚海中，忽孺妇数人至，盖望烟知客过也。问其居，孤帐无邻，问所有，乳羊数十，问所食，则指道旁草茎，其质脆，其味咸，冬月不枯，瀹而食之。偶呷乳酪，比之肉食。给以饼果，为未经见者，不敢辄以入口，尝见蒙古毡帐，皆相就而居，此或其罪谪之人乎。

第四章[①] 外蒙古的地质化石和其他古物

外蒙古的地质调查未详，现在所晓得的情形就是以花岗岩和变质岩为主，所以色楞格河诸支流所产金矿甚富，庶几可与黑龙江、西伯利亚齐名。此外则云母、石英也时有发见，而且煤矿之产不在少数，那末古生界和中生界的地层大概一定不少。至于中部的戈壁沙漠，据大多数人的意见，以为这是大湖干涸而成，而且以为此湖存在时期，当在于太古代和古生代，但是近来有人加以研究，则附近一带，并无那时代的岩石，由此看来，湖迹之说似乎又不足信了。不过沙漠中显然有赤色和鸢色的圆砾石，而且沙岩、黏土等也到处都有，此外又有化石存在，那末此地之曾有湖泊是毫无疑意。据一般学者之探讨，以为此等化石是成于淡水湖的底部，并非由咸水的内地湖所成，果如所言，则此地各部于古代有

① 原文如此，未见第三章。——整理者注

大淡水湖可知了。至于西北部的高地，现在还有若干咸水湖，这又是古代大咸水湖的遗迹，但是不可以和沙漠地方相提并论。

外蒙古的地质，大概已如上述，但是还有若干关于古物的消息，对于研究外蒙古古代文化的人，当有些须价值：

（一）俄国探险家彼得谷士洛夫博士曾在库伦附近一带地方掘得向未知名的兽骨和人骨甚多，因此博士深信蒙古地方或者是人类始生地，而且禽兽和爬虫，大部分也是由此发源。他所掘得的兽骨内，有各种鸟骨一百五十具，爬虫、蛇、鱼的骨头一百具，大体的虫类一千多具。此外又发见中国古代帝皇陵墓若干处，最奇怪的就是在这些坟墓中，还找到一些茶砖和麦粒，虽封闭墓中已有数千年，到现在还是很好，一点没有霉坏，可以为人类的食料，由此可见蒙古地方〈之〉干燥了。他又掘出一个古贵妇人的坟墓，其中藏着古铜器甚多，都是精工的制作，高尚的美术。又有绸制物数幅，上面所织的东西都是骑马的希腊人和罗马人像，真是出人意表之事了。

（二）美国第三亚洲探险队队长安得留斯曾向京中新闻记者说过，他们在阿尔泰山麓，掘得一千万年以前古两栖类遗卵化石之处，此外则更在层岩之中，找到六枚头颅的化石，大小好像核桃一般，这种头颅，在上次探险的时候，已找到一枚，后来经过美国自然历史博物馆的考查研究，方才晓得这是两栖类古蜥蜴的遗颅。但是此次到蒙古后，又得到博物馆的消息，那个头颅已经确定为哺乳类的遗颅，因此他们又前往该处搜掘，果然再得到六枚，形状和袋鼠类动物的头颅极其相似。在古生物学历史上，哺乳类的头颅化石，除了那一枚保存在英国博物院中的之外，没有能比较这些更古的了，这些头颅如果以年代说起来，比较一般人所认为哺乳类时代第三纪中的最古期还若早二三千万年，大约是在白垩纪或白垩纪以前呢。此外则在若干砂丘的岩层中，又找到各色各样的石器，如枪头、箭头和锥头等等，做成的材料，大都是碧玉和半透明的石英，这些东西又足以代表一种人类文化发展的时代了。

（三）十四年九月三十日的《时事新报》载有一段国民通讯社北京通讯，题目叫做《美人蒙古探险队之成绩》的说道：

美国亚细亚探险队长安得留斯氏等组织之蒙古探险队，近已安然回京，得极大之成功。据该氏自述，谓今回之探险，比前二回大不相同。此次探险队，实踏遍五千英里之长途，其中二千二百英里，且为前此所未历。余等所收之标本，共载百余骆驼。至今回之成绩，则我侪尝发现野生之驴、马数百匹，古代人类之石器及璧玉等饰物一万五千余件，较阿利安人更早之古代人类之头盖骨四十余具，且发见蛰龙之卵。余侪深信此等发见物中，殊有无限之价值。由沙漠中人之头盖骨，及其时代之遗物，吾人即可推知由冷血之爬虫类至温血之哺乳纺〔动〕物中间之过程。由张家口迤北三百哩之地，发见一化石床，得二三十枚之头盖骨，亦为化石采掘者未有之奇遇。而为科学家最有兴味之事者，于此风雨剥蚀、非常荒凉之沙漠中，竟发现属于有蹄动物之有角动物之头盖骨是也，此等化石，为从未经人发见之珍品，该项头盖上，附有扁平之二角，既大且平，状殊滑稽，圆颅凹鼻，颇似犀牛头。此外又发见海龙遗骸，其趾有踺形之爪，与欧美所发见者大异，故于欧洲系统及美洲系统之外，当别立一蒙古系统。蛰龙之卵，早经披露各报，但于卵化石之外，今复有蛰龙头盖骨之发现。此类动物，为古代陆栖动物中最强大最进化之一种，与美国所发现者相似。其头盖之大小，颇有不同，大者至九英尺，小者亦四英尺，若求其类似，则象或近之。探险中所有遭遇，不能尽述，再可怖者，为一晚突遭猛烈毒蛇之袭击，当地之蒙古人，畏此毒蛇甚，以为此系圣域之物，绝对不敢加以伤害。然是夜毒蛇之来，竟蟠于天幕上，嗣后陆续出现，探险队员之帽中、靴中，无不蟠有毒蛇，共四五十条之多。其时各人面色无不发青，吾侪乃破蒙古人之迷信而杀之。又有一日，同队员发现一黑羽大秃鹰，两翅展开，广达九英尺，近已送于纽约博物院，殆鸟类之王也。

第五章　外蒙古的民生状况

外蒙古人种大概可分为三派：（一）喀尔喀种——这种人身矮体强，皮肤黄中带赤，面平鼻低，大半为元代的苗裔。现在外蒙古的喀尔喀四部除附牧外蒙古的额尔〔鲁〕特、辉特二旗之外都属于此种。（二）额鲁特种——这种人头长得很大，面色是黄的，但是两颊又稍带黑色，鼻头不高，眼小耳大，多居于科布多的杜尔伯特部以及所附的辉特旗，新土尔扈特部、新和硕特部、额鲁特布〔部〕附牧喀尔喀三音诺颜汗部的额鲁特旗，附牧扎萨克图汗部的辉特旗，不过风俗习惯都和喀尔喀相同，所以也可以归入喀尔喀种。据说额鲁特原来是元朝的牧奴，如姚明晖〔辉〕的《蒙古志》曾有几句话："盖元之都和林也，设四牧厂于西，最西者今额鲁特地。额鲁特即其牧奴，迨蒙古浸微，额鲁特渐强，遂叛而自立云。国（指清朝）初，雄长西北。准噶尔、和硕特、杜尔伯特、土尔扈特四部总称四卫拉特，迨准噶尔之乱，伤亡甚众，种以衰微，今所存者皆锋刃余生也。"（三）乌梁海种——这种人容貌和土耳其人相近，明朝人称他为兀良哈，他们自称为动巴，居住在乌梁海、科布多，在唐努山的为唐努乌梁海，在科布多的为阿尔泰乌梁海，至于此种人之所自来则已经不可考了。

语言为多缀的添着语，和土耳其语、满洲语同属乌拉尔阿尔泰语系，母音有七，子韵有七十二，重韵有五，喉音和有气音很多，至于方言，虽种类不同，但是最纯正的，则为喀尔喀语。

蒙古的文字，创始于元世祖，因为那时候西番僧八思巴前来进谒，谈了一会，世祖大悦，但是此时，世租〔祖〕还不曾为天子呢，及到即位，就尊八思巴为国师，命他编制蒙古新字。不过八思巴所制的字母，只有四十一个，新字也只有一千多个，又有语韵之法，使相关纽而成字。到得现在，据《西域图志·杂录》章所说，准噶尔字书名“托忒”（就是蒙古文），共有十五字头，每一字头有七音，前三音为开口呼，属阳，后四音为合口呼，属阴，合十五字头，共得一百零五音。此外又有四外字头，凡十五字头有音短处，就用这四字来增补。

蒙古的教育，实在是幼稚得很，从古的时候，以为养人有禽兽，养牲有刍薪，日用没有缺乏，人事就算完了，教育一事，饥不可以为食，寒不可以为衣，实际并无什么用处。所以无论男女老幼，都是日日夜夜，专心致志于养羊养牛养骆驼，要他们来开设学校，教养子弟，不要说，他们看做没用，就是明明知其有用也，哪里能有如此人材，来做教育事业呢？这也是人智未开，教化不行，举止动作，一概都是太古草味的风气。所以轻视教育这种情形，并不是外蒙古所独有的啊。只有几处人烟稠密的地方，有来过中国内部的，也就仿效汉人的村塾，设立一二学校，但是普通学问一概没有，所教的，不过是满、汉、蒙三种语言文字罢了。而且生徒极少，所肄业的，多是王公、官吏的子弟，这是预备后来服官的地步，如果不是王公、官吏的子弟，则他们读书的目的，又不过是为着将来可以入寺院为僧徒罢了。

但是到得现在，却也知道教育之重要了，政府也竭力提倡，所以已见有相当的成绩。目下政府还没有专设的教育部，就在内务部内特设教育司，管理全地方的教育行政，更在库伦设立速成国民大学一处，人数已有四五十人。又有中学校一处，人数也到得六七十人，制服都极完备。小学校三所，人数共二三百名。设立在各旗的也有十八处，人数有八九百名。又设有国家学术馆，一面搜集蒙古各种古书、古物，为国家图书馆的筹备，一面编纂印行各种蒙古图书，预备将来组织一个国家印书馆。凡关于蒙古新旧学术文化的事业，都归该馆主持。但是所设的学校，由小学以至大学，一概都以蒙文蒙语教授，所用的教员也都是蒙古人。凡体操的口令，和学生所唱的歌谱，也无一不是蒙古语和蒙古音，只有制服，则稍稍带点西洋的式样。

蒙古人素来极其信奉喇嘛教，不过喇嘛教实始于西藏，有红黄两派，蒙古所奉，便是西藏传来的黄教。满清时代，就利用他信教的弱点，当做是愚弄蒙古民族的一种政策，故意看重喇嘛教，且尊哲布尊丹巴胡图克图为国师。如雍正元年，哲布尊丹巴胡图克图来朝，死在北京，帝就亲往祭奠，赐名号、印册，而且遣使护送至库伦。其后五年，喀尔喀奏称胡图克图的后身（呼毕勤〔勒〕罕）已转生于库伦，又诏赐金十万造寺。起初的时候，喇嘛的呼毕勒罕所出，并非一地一族，及到乾隆末年，则类多兄弟叔侄，而且大概都是汗王、贝勒的子弟了。于是就有一件笑话出来，有一次哲布尊丹巴死了，刚好土谢图汗的福晋有孕，大家就指定他肚里怀着的，是呼毕勒罕，不料生出来的，竟是一女。清高宗于是创立一种抽签的方法，而呼毕勒罕自此不能预先指定了。上面既然假作信仰，自然风行一时，蒙古人有兄弟二人，必定要将一个充喇嘛。全体喇嘛，统归胡图克图所管辖，一直到一千九百二十一年，外蒙国民政府成立以后，宗教和政治脱离关系，而国民党、青年党，更大声疾呼，输入国民常识，所以〈喇〉嘛教的势力，已大减了。

至于蒙古人的生计，大多数是靠着游牧，经营商业的人，实居少数，而且从事于种植者，也不能和游牧的人数相比。现在且将吴禄贞先生所作的《东西〔四〕盟蒙古实记》中《蒙人之牧畜》一段文字摘录下来，虽然时过境迁，情形稍有不同，而大概却还是如此呢。

草地不事种耕，则无疆界之分，任意游牧。择水草之肥，支棚以居，持竿而逐，一二日视察一度，清查数目。且牲畜均恋群，无奔逸，按户有家畜，无攘窃之患，即有攘窃，亦一索而得，故余无他事。啮草卧冈，顺任自然。牧马之法，常在牧〔牡〕马上，执长竿牧杖，以驱逐群畜，其距离稍远，或险峻不能到之处，则于杖端曲处置小石，时抛放之，以制群畜之纵逸，故一人能牧数百者。如至傍晚，或雷雨时，妇女亦如男子，驰马而往，加助其夫之不及云。牧畜之盛，推乌珠穆沁为巨擘，牛最肥特，马亦〈善〉奔驰，羊则供食品，驼则供营运。浩齐特、扎鲁特稍次之，科尔沁左右翼又次之。其逼近战线者，牲畜多被两战国强购殆尽，价值腾贵，影响于千里以内。大率三年前〈牛马〉三十两者，价至七八十两，羊二三两者，价至七两，加以铁路既通，贩运自易，故价值不易减。其富者，马三千，牛亦等是，羊万余头，驼五百余匹。贫者为人牧，不给工值，阖家食其乳，亦可宰食其少数……其以盐易米、布者，亦可任意牵驾，惟驹犊则仍归其主。其孳生之数，游牧百可生十之六，除食去十之二，尚可岁赢十之四。惜不知驯服调教，故野牲未驯，甲户所牧，即不能为乙户所牧，且不知选种合种，故未及高索（按即高加索）之雄骏。夏热患疫，冬则倒毙，冬寒驱逐谷中，雪深五尺，无草可食，亦多饿毙，且饥寒力乏，亦有为狼所狙食者。

第六章　库伦、乌里雅苏台、科布多

库伦在图拉河边，蒙古人以此为圣地；或叫做达库伦（就是大市街之义），又叫做谷德库伦（就是圣市街之义）。由此看来，“库伦”二字当做是市街讲，可以毫无疑义了。这市街地位在丘陵中，其南有高五千二百尺的汗山。住民中喇嘛僧居一万三千，汉人和蒙人共计约二万五千，此外则俄人也不在少数。全部市街分为三区：一为宫殿区，有活佛的宫殿、俄国的领事馆、中俄银行分行、教会等建筑。外蒙自宣布独立以来，就以此地为政治的中心点。二为喇嘛区，叫做西库伦，或西营子，在宫殿区之西。这是寺完〔院〕的集中地，喇嘛僧住此的最多。内地人来此开店铺的也不少，其中尤以河北人为多。虽有三百余家，大概都是门面生意，出卖零星物件。三为商业区，名叫东营子，也叫东库伦，或叫买卖城，和西库伦相隔十五里。四围做成方形栅栏，开七门：东西各三，一在南面。面积约四里，东西街三，南北街一，栅外也有街道，栅内商号比较的大，专做发庄生意，共有百余家。从前的大清银行也就是设在此处。城内有一蒙古衙门，专管商民事务。又有商务总会，由各商号推举六家管理。神庙有关帝庙、鲁班庙、吕祖庙，每逢寿诞，都有出游演剧之举动，极其热闹。近三四年来，库伦商务日见发达，规模宏大的商号，都为俄蒙合办。最占势力的为西方公司，本行设在哈尔滨，金融大权，则操于蒙古银行和远东银行。和库伦贸易最多的地方，为满洲里、买卖城、张家口、平地泉。输入品以茶、棉、靴、鞋，及一切装饰品为大宗，输出品以皮毛、马匹为大宗。交通的利器，为自动电车，搭客载货，都很适宜。共约五百辆，属西北公司的二百辆，属库伦政府的一百辆，其余则为苏俄商务局所有。至于库伦城内之电车，也有二百辆左右，都是俄人的营业，获利甚厚。币制有十分、二十分、五十分和一元的银币，纸币有一元、二元、十元、五十元和一百元数种，以金卢布为流行之基金。电灯公司为俄人所办，至夜十二时即灭，且取费极贵，十六支烛光每盏一月当收洋二元。库伦之西，又有乌里雅苏台和科布多。

乌黑〔里〕雅苏台在外蒙古的西部，高出海面约五千七百六十八呎。四面皆山，拥抱着孛克德因果勒河平原，北控唐努乌梁海，西挟科布多，南通新疆省，东通中原各地和内外蒙古要隘。所以无事的时候，是外蒙古一主要商场，倘若有战事起来，这块地方就成为北边的锁钥，真是商业上、国防上一个重镇咧。

此地产草兰——蘑菇——甚多，华人来采办，运至本部销售，数目极大。每斤约售价银二三钱，一至北京，价钱就涨了几倍。而蒙人也因此竭力培种。此外则孛克德因果勒河溪谷，白杨丛生，山地又有落叶松。华人至其地者，就将他们制成木炭。再则近郊山林中，还有覆盆子等果实，华人前往采集的也很多。此地的蒙古人，异常困穷，男子多充苦役，技艺工人极少。又有以售盐为业的，他们的盐，是由色楞怒勒和得卜特尔诺尔运来，并无划一的价格。附近牧草甚少，于是城中蒙人多将牲畜托乡间蒙人饲养，骆驼一头，每月饲料银一钱五分左右，牛、马每头银一钱，山羊一头银三四分。

蒙古人在此经商的很少，专卖食肉，房屋和食物污秽，至于极点。蒙古居民多不吃牛肉，所以羊肉为主要食品。牛奶由各牧场出售，到得冬季，牛奶冰结，用刀切断，成三寸长二寸厚的立方形。夏季则酿成乳酒，都是蒙古人的嗜好品。木工多山西人，技术倒很精巧，无奈漠北一带树木稀少，木料奇贵，长一丈左右，厚六七寸，就要售银一钱了。此外则山西人在此经商的也很多，次之则为直隶人。由此往西，就是科布多。

科布多城在东经九十一度六分，北纬四十八度，超海约四千三百尺，为中国西北要镇。西北有阿尔泰山，土地肥沃，水流很多，草树丛生，芳花缭乱，真是外蒙罕见的乐土。城墙高一丈，厚五尺，周围五百丈。东、南、西三面各有一门，城角设望楼，城内有各官署，规模都很可观。北部有关帝庙，结构宏丽，同治年间曾经重修一次。商场在布彦图河东一俄里，地方很来得宽广，有大街三条，第一条和第二条自南至北，成平行，第三条则自东至西，和第一条交叉成十字形。“泰山石敢当”的石碑，此处也很通行。商铺之繁盛，首推第三街。第二街多大住宅。第一街宽一百余尺，两旁种有白杨树，蒙古各城，有此一街，诚不啻世外桃源。居民都凿井而饮，遇有清泉，便以此为神圣井水，看得非常尊贵。井深七尺左右，井前设立小庙，供奉井神，称为“龙王庙”。又在旁边建设土地庙以为保护。每逢开庙，蒙人前往焚香顶礼的，真是如蚁如鲫。城中又有喇嘛庙，蒙人对之崇敬异常。所以科布多因联带关系，人推为圣都。河神庙为华人所供奉，因为常遇战祸，屡遭劫掠，规模已不及先前，而景象也极萧条，近年来华蒙各人，虽亦捐金修复，但是已经不能如初了。汉商以山西、直隶两省人为最多，订购者为牧畜、兽皮、蘑菰等物，出售者为洋广杂货、茶叶、棉纱等物。各商人多有妻室，无赖商人极少，这就是华商淳朴之美德。

第七章　由库伦至乌里雅苏台，由乌里雅苏台至科布多

由库伦起程往南，至汗山，密林茂生，景色绝好。又渡图拉河，河幅约有三百尺，水流极浅，左岸一带，附近有急流，在此溺死的，时有所闻。再前行，入素诺斯呼兰图溪谷，谷中有博苏

噶驿。经过一山，右望为布尔罕图达巴山，由山的南面过去，只见附近一带，牧草青青，牛、马、驼、羊成群，蒙人帐幕，隐约草间，炊烟时起，真是一幅天然画图，非人力所能状其万一。再向前，则为布黑克驿，四周山岭围绕，中央有图拉河支流一道，泉水清洁，贯穿山麓。更前行，又有多伦驿，驿在多伦溪谷边隅多伦乌拉山麓，附近有布里都泉水。由此向南，沿着多伦溪，至麻尔塞山，山势非常雄壮；及到巴尔基那山，则更峥嵘万状了。山势巍巍，仿佛要倾翻下来，悬崖千尺，层叠多是花岗，上面毫无树木，更觉得崎岖可畏。至诺昆达巴山丘，则又是一番世界，春草碧色，正如绿波，丘下有泉，潺潺作碎玉声，潴为诺昆内乌苏河；附近有鹤甚多。由河南转至博罗陀维海岭，南有济尔噶朗图驿，驿的西北，山岭连结，驿的东南，大野无涯，间有一二小丘，恰似大洋中的岛屿一般。再前行四俄里左右，又有温都尔多博驿。又经过博罗和硕往前进，看见察罕德勒山，山顶黄色，夕阳反照时，金光熠熠，叹为奇观。不多远就到得搭拉布拉克克驿了。更经过那蓝驿、莫登驿、博罗达噶驿、巴彦和硕驿、毕尔噶库驿、苏鲁海驿而至赛尔乌苏驿。

由赛尔乌苏驿往西，初至莫屯驿，驿周围有山岭环绕，最高为塔奇勒噶图鄂山，土人看得非常尊敬，叫做“灵山”，附近牧草甚肥。西面有孛克杜乌拉因山，和杜尔彼利金乌拉山对峙，过二山沿巴彦乌拉山脉就来到诺谟珲戈壁。但见旷野苍茫，杂草茂生，朵朵黄花，好像嵌在天鹅绒上。更经过达母哈毕尔噶驿、修夫杜驿而至罗斯驿，此驿居旷原的中央，东、西、北三面有山脉拥抱，南面则豁然开朗。转向北，又向西横过乌拉格特哈达山，又是一片平原，经过万山重叠之后，见此草花缭乱的景色，精神总当为之一爽。及至济尔噶朗图山，则又崎岖不平了。再前行有哲林穆驿、蒙格图驿，在此两驿之间，有布尔基、因夫孛盐泉，为蒙人第一财源。过蒙格图驿，往西北出赛杜尔因戈壁，地势高低不平，芳草丛生，景色苍润，仿佛中原的沃土。更经过塔尔哈因搭拉旷野，渡达布基拉河和布尔克河，为察布齐尔驿。再向前行，依次为哲林驿、恩以锦尔乌纳克特驿，都没有什么可记。及经过哈达图驿至贺通图山，跋涉至山顶，纵目四望，但见群山错杂，其中杭爱一山，好像鹤立鸡群，庄丽峭绝。经过和屯杜乌来汉隘口，又一片平野，四顾茫茫，惟见坎塞德罗哥丘陵孤零零地立着。再行四五十俄里，就到得哈拉尼敦驿，驿在群拿尔湖边，地势平坦，杭爱山脉在指顾之间，一到夏季，牧民多聚于此地。更沿察罕湖，向北入哥尔河溪谷，至哥尔驿，溪谷尽头，有巴彦乌兰山。再经过和和鄂博坂、布里图平原、汗德巴岭，就到得塔楚驿。由驿前行，横过巴彦布拉克高原，渡过塔楚河，两岸断崖千丈，水势湍激，其中更以夫赖温都尔乌兰山，尤为奇特。及渡阿尔塞因乌苏河，走过曼塔尔杜罗贡小山，出于孛哥基溪谷而至呼都克乌尔图驿。再往西为锡伯平原，北面有塔奇勒噶鄂博山，山势高耸，蒙古人称为圣山。由此西行，又是羊肠小路。经沙尔噶卓特驿，到得推驿，驿在推河之旁，河水甚急，且有瀑布，飞珠溅玉，正如悬崖白练，虽不及庐山之瀑布远甚，然得之于外蒙古地方，其美丽更觉得比较庐山要好的多了。西入巴因乌杜尔山峡，仰看山容，形似圆锥，危峰高耸，为雨水所侵蚀，正有东坡所说“森然欲搏人”的样子，俯视道旁，则尽是赭色泥土，夕阳西下，一片胭脂，颜色之配合，在大江南北求之，恐不可得，更不必说蒙古了。及经过布杜克乌拉山不多远，便是乌尔图哈拉驿。再前行又为鄂洛该驿，驿在济尔噶朗图山和额勒索图陀罗海山的平野，济尔噶朗图山，为济尔噶〈朗〉图河和铁勒哥尔河所发源，二河都流入鄂洛该湖，鄂洛该湖是咸水湖，蒙人多来此制盐，此湖附近的地方，又产砂金，所以是外蒙古富源之所在。及经过乌塔驿，渡过拜塔里克河，便是拜塔里克驿，附近一带，地土肥沃，农地纵横，大概可以分为五部：（一）达拜塔里克驿，在拜塔里克河左岸，每年播种约二百五十石。（二）铁德达王农地，也在拜塔里克河左岸，每年播种约五十石。（三）玛扎萨克农地，播种最少，每年大约只有三十石。（四）车臣汗农地，每年播种约五十石。（五）达亲王农地，每年播种约四十石。

又前进经过札克、霍波尔、布木、巴哈布塔、噶乌兰等驿，路途虽远，无一物能引起吾人的兴趣。至渡了图鲁根果勒河，过了雅杜拉山，一路西进，先到乌布尔济尔葛朗图驿，驿为土谢图汉和车臣汗的爱麻克人所居，土地肥沃，民力殷富，惟道路崎岖不平，车行其上，倾轧得非常利害。渡沙喇乌苏河，只见群山隐约中，有德勒山耸立其间，山麓有古墓，断碑残碣，蔓草荒烟，据说这是拔都大王部下速将军的葬身处。前往不远，行过海尔汗，悬崖壁立千仞，下临深潭，如果偶尔不慎，堕将下去，那就断无生理了。更往西，经过哈喇布尔噶苏图峻谷、伊克尔乌拉山，入乌朱尔塔因阿麻溪谷，有阿鲁济尔噶朗图驿，驿中设喇嘛庙，规模极其宏壮，墙壁都以青红紫绿光怪陆离的刺绣品装饰起来。再前行，经过呼济尔图驿，横越阿斯哈图山，为岱罕得勒平野，有驿也叫岱罕得勒，元朝时候，也曾为一著名都会，现在却满目荒凉，旧日雄图，已无可踪迹了。由此往西，又有特尔图驿、舒鲁克驿，再向前就可以看见阿基杜固苏美大庙，庙内丹碧辉煌，陆离光怪，美丽中带着严肃的气象，常住于此的喇嘛僧，共有一百余人，开庙之期，热闹异常。由庙南入奈木佃尔峡谷，向西入禁罕布拉克峡谷，有法寿砢驿，由此至乌里雅苏台相去不过十五俄里，登高远望，就已经可以看见乌里雅苏台于云烟缥渺中了。

由乌里雅苏台向西经过博果图河、伊勒河至阿勒达勒驿，驿由土谢图汗掌管，市面极其繁盛。由此向南转西，横过鄂勒济硕山，登高一望，只见孛克德因河溪谷平原坦坦，绿树森森，倒也悦目畅怀。再前行，又经几处山，几块平野，就来到博勒驿，驿在博勒溪谷中，附近牧场很多，羊群马群，络绎不绝，每当夕阳西下，蹄影纵横，朔风怒号，蹄声凄切。但是一片萧条景象中，反足令人神清气爽。驿北有察罕诺尔、乌兰哈伊尔罕等山，再过去就是乌兰呼都克驿。驿西为塞库尔乌拉山，山麓有布里都诺尔湖，湖中雁鸭成群，或泅入水底，或引颈高鸣，寂静的湖面，也为他们活泼泼的动作，弄得生趣盎然。塞库尔乌拉山后道路极其平坦，经过依克哲斯驿，至巴噶哲斯驿，驿后沿札布汗可〔河〕有一条大路，沙土铺地，柏树丛生，有一危岩，怪石嶙峋，上面一块大石，绝像一只鸡，也可以算做奇观了。及经过布固驿、博罗陀罗海砂碛，就到得巴噶诺尔驿，驿在巴噶诺尔湖附近，这是一口咸湖，周围有二十五俄里，湖中鱼类甚多。再前行，经过杜尔根驿，吉勒戛琅图山高耸面前，当下雪的时候，峰顶白雪皑皑，真如玉树一般。再进为巴尔噶那驿，再进入札哈布拉克溪谷，有驿和此溪同名，再进又为哈喇乌苏驿，由此前行，走哈喇乌苏溪谷和布彦图果勒溪谷至鄂博山，此山蒙古人看做圣地，山上设栅，不许闲人入内。西望平原一片，有一城巍然中峙，城边树木苍苍，和屋宇的白垩、丹青相掩映，这便是科布多了。

第八章　交通

从外蒙古通至各地的道路，共有几条，而所谓驿道，则有两条：一条是由阿尔泰军台至乌里雅苏台城，又至科布多城，一条是由阿尔泰军台至库伦，又至恰克图。

往乌里雅苏台的道路，是由内蒙古兴和道吉斯洪伙尔达站向西北走，共有四百里，经过六站，至赛尔乌苏驿，再由此往西北，渡过沙漠，经过土谢图汗部的左翼中旗、左翼末旗西、左翼右末旗西南、左翼中左旗东、左翼后旗东与北、左翼左中末旗东南、右翼右旗南，更西北，渡过翁金河，经过三音诺颜汗部中前旗、右翼中左旗，南至□拉□多，共一千四百九十里，经过二十一站。更由此往西北，渡过塔楚河、推河、拜喀里克河，经过三音诺颜旗、右翼右后旗，南又渡过扎布干河，经过左翼左旗、□后旗西南，至乌里雅苏台，共一千五百七十里，凡二十站。更由此望西，沿乌里雅苏台河和扎布干河的北岸，经过扎萨克图汗部中右翼末次旗、左翼左旗南，渡扎布干河，沿都尔泊至扎哈沁旗，折向北走，就到得科布多城，共一千三百二十里，路过十四站。这一条路多沙漠硗碛之地，只有推河附近气候却温和宜人，地土也肥沃可种，风景极好，元代园囿的故迹还有可见的呢。

由库尔乌赛驿往北，横过沙漠和杭爱山脉，渡图拉河，至库伦，共九百八十里，经过十四站。再往北行九百二十里，十二站，便是恰克图。这一条路上马驼水草所在有备，行旅没有什么不便，不过库伦地势很高，约有四千二百尺，山峦重叠，道路狭隘。由库伦往北沿色楞格河至恰克图，地势又渐渐低下，河流纵横，罔〔冈〕陵起伏，地土肥沃，树木繁多。至于恰克图，地势还高有二千五百尺，再往北，便是俄属西伯利亚境地，只见道路平坦，又有池塘、溪流，大小船只来往不绝，长堤芳草，桃柳成林，仿佛中国江南的风致，不再有白草黄沙的景象了。

乌里雅苏台和科布多附近，又有三条巡查卡伦之路：一条由乌里雅苏台向北，经过扎萨克图汗部入科布多境，渡过特思河至近吉里卡伦，共九站，长六百里。一条由科布多往西北，渡过布彦图河和科布多河至索郭克卡伦，共八站，长五百八十二里。一条由科布多往西南，经过阿尔泰山脉至新疆的搜吉卡伦，共八站，长一千零九十里。“卡伦”是满洲语，意思便是防守的地方。但是除乌里雅苏台和科布多的附近，别处也未曾没有，清朝姚莹的《卡伦形势记》中，曾有详细的说明。

恰克图以东，车臣汗部十四卡伦，地多平甸，□卡伦内驻库什倜〔固〕尔兵二百人，“库什固尔”者，蒙古语保障也。其西多山林，仅恰克图为衢，自恰克图至库伦绵亘八百余里，扼要有色楞格大河，东岸联冈，直南至衮图达坝罕，其间峡沟丛树，皆天然险隘。各扎萨克属下额兵，俱善围猎，枪箭乃其所长，俄罗斯马少无习射者，固不敢入，即入不足当沿途一围耳。先是准噶尔恃强入俄罗斯境，不见一人，遂至额尔口城，深入六百余里，无一人，准噶尔以其狡猾，惯示以弱，恐诱之深入，乃退。俄罗斯呼准噶尔为喀勒玛克，及见喀勒玛克之强，为大兵灭绝且进，大惧，边境遂谧。其国与中界连者凡四游牧，一布哩雅特，在恰克图边外迤西，人俗同喀尔喀，间有仿俄罗斯盖房以居者。一哈哩雅特，在布哩雅特西，与边内之唐努乌梁海同。一哈木尼罕，在恰克图边外迤东，与边内哲［克］布遵〔尊〕丹巴胡土〔图〕克图属下打牲之哈木尼罕同，亦有盖房居者。一奈玛尔，接连哈木尼罕，与边内巴尔呼同。以上四种，皆喀尔喀未附时，久属俄罗斯者，多奉黄教，亦有与卡伦蒙古相善者。虽久隶俄罗斯，为之防守卡伦，而淳朴类蒙古。故每卡皆有俄罗斯数人，羁绊戍〔戍〕守，盖恐其内附耳。松公筠云：“此四游牧，但宜羁縻，不可招致，一以定制彼此不食逋逃，二则其人众心不一，故乾隆三十年有布哩雅特十余户，欲求内附，俄罗斯羁绊不果，诏亦不许，四十八年复有俄罗斯四十余户，由科布多投诚，诏按户赐予口粮，抚谕令其回国，俄罗斯益倾诚无异志矣。”自库伦以西，与俄罗斯界通者，则有乌里雅苏台所属之津济里克卡伦、塔尔巴哈台参赞所属之辉迈拉呼卡伦。津济里克东接库伦，辉迈拉呼西接科布多。盖俄罗斯部落，东西极长，自东而西，绵亘黑龙江、库伦、乌里雅苏台、科布多四属，卡伦八十有二。科布多属极西，卡伦名曰和尼迈拉呼，由此渡过额尔齐斯大河，即至辉迈拉呼。其津济里克外，尚有木克木齐克及阿勒坦淖尔乌梁海蒙古游牧，塔尔巴哈台外尚有哈萨克游牧相隔，由此以北，乃至俄罗斯。乌梁海久服，岁纳貂皮，由乌里雅苏台将军送京，其近俄罗斯者，亦与彼交纳。哈萨克相传古大宛地，盖非也。圣祖御制《西师诗》，曾考正其误。哈萨克有左、右、西三部，乾隆一十二年来归，锡封汗王，常遣子弟入觐贡马。其部北与俄罗斯邻，西南与布鲁特接。布鲁特接者，在伊犁卡伦之外，直至回疆喀什噶尔一带，皆其种类。东西二十厄鲁克皆游牧、打牲为食，各族头人曰"伯克"，由众推立。其地产马，与哈萨克同，亦贡马入觐。乌里雅苏台城在三音诺颜部，驻扎定边左副将军，总统喀尔喀四部兵马，兼理扎萨克图、三音诺颜两部事务。有参赞大臣二人，一用彼处藩爵，一由京简放。四部蒙古藩爵内各特授副将军一人，四时同扎萨克、台吉往乌里雅苏台轮流驻班，听将军调遣。其中有专管牧厂者，或不善理，则有倒毙赔补，不免累四部属下蒙古矣。科布多城在扎萨克图汗部西北，近阿勒台山，城东北有明噶特蒙古游牧，西北有数百户旧厄鲁特游牧，城南有阿勒台、乌梁海等游牧。阿勒台游牧内尚有乾隆三十六年安插土尔扈特蒙古，尽属科布多管辖。科布多地暖，稍有屯田，谷麦足供一城之食。自津济里克至和尼迈拉呼一带二十三卡伦，由四部扎萨克选台吉、章京、兵丁分驻，一年更代，官给钱粮。所有总管卡伦侍卫，由京派往，三年更代。科布多城北卡伦以内，乃都尔伯特游牧，属将军、参赞辖。此等蒙古本厄鲁特四卫蒙古之一，乾隆十九年，全部来归，封汗、王公、扎萨克、台吉有差。由科布多卡伦西通塔尔巴哈台西南，径红庙可抵乌鲁木齐。塔尔巴哈台卡伦，皆轮遣满州〔洲〕及厄鲁特兵戍守，伊犁所属卡伦，戍兵亦然。

外蒙古的道路，除了小径不可枚举之外，其余的情形，大概已如上述。此外又有中东铁路，起点于海参崴，至满洲里和西伯利亚大铁路相衔接，至上乌丁斯克或玻索尔，往南便是恰克图了。

苏俄为便于运输起见，现已派员至买卖城附近测绘地图，调查产业，打算建筑由开雅哭磨至乌耶路夫拿地方的铁路，资本三千八百万元，其中四百万元为材料和运转费，余为建筑费。定于一千九百二十八年开工，由西伯利亚铁路搬运材料，并拟建筑某某二条支路，路线未定。其目的是在转运色楞格河的物产，以及开垦沿河的荒地，将来还要和中东路连络。

但是据驻特罗邑领事申作霖的报告，苏俄政府决以二千万卢布，经营外蒙交通，先建设由库伦至恰克图的铁路，以期与俄属西伯利亚铁路接轨，此外更拟依次建设下列四线：

（一）由库伦至乌里雅苏台间的库乌线；

（二）由库伦至科布多间的库科线；

（三）由库伦至桑贝子旗的库桑线；

（四）由库伦至萨拜多庙的库萨军用轻便铁路。

在库伦则更有俄人的长途汽车，以充库伦、张家口间的交通，华人虽然也有经营，但是车辆却不及俄人的来得多。电报也以库伦为中心，南线由乌得通入内地，北线在恰克图和俄国线连接，东线通车臣汗部的汗府，西线则正从事建设。在库伦、恰克图、乌得、车臣汗之间，已经建置长途电话，可以算做亚细亚洲最长电话线。而且徐树铮镇守库伦时候，就设立了无线电台，所以库伦的交通，已不可说作不便。至于公文书信，则都由官驿递送，又不免迟缓一点。

第九章 蒙古旅行的方法

蒙古人通常是带着帐幕，骑着骆驼旅行的，当他们人数很多，足以集成一群，而所行的又是远道，总一定有如此的情形。北部和中部蒙古人去到五台山或北平顶礼名庙，也总以此方法出之。一领老羊皮袍子作为卧具，几个犊皮囊（形状看去很像小犊的原身）盛着食物，一个小蓝布的帐幕，已经为烟熏黑，而且许多地方是补过的了，一个罐，一个炉栅，两个水桶，和几块零碎毡毯，以上种种，差不多是必需的了。他们这般轻装简从，所以走得很快。至于每日行路的一定长短，则靠着骆驼的情况、年岁的节季，以及旅行者自身的忍耐力而定，一百二十华里，或四十英里，就已经足够一日走了。有时候还可以走得多一点，但是总不到这个数目的日子居多。蒙古人对于他们的骆驼，是很能够留心的，即使骆驼很肥很壮，而他们却情愿将行程延长至许多天，不愿伤及他们的动物。

但是蒙古人总是喜欢下得骆驼，骑上马，据他们说马的行动，比较有趣，再则马的行走也快得多，所以他们常骑着马背出外游行。至于骑着马旅行不便的地方，就是倘若行程很远，马背上只载得几磅行李，但是对于马也该十分当心，倘是你走进一铺客栈，那就和在中国内地不同，总该买极多的草料，以备家畜半夜的大嚼。在蒙古地方，如果你走到一所帐幕，你自己的居住宿，就可以无忧了，但是马匹则只可以置之不管。在夏季太阳很热时的〔的时〕候，便当将马释放，据说那时候如果给马吃东西，马背就要发胂，所以饲马的时候，当在晚上和早晨，而且帐幕附近的草场，也总没有什么草，因为已被此处的家畜吃掉了。

骑着马旅行的一种普通而且安逸的方法，就是和骆驼旅行队联络一起，这旅行队，自己备有帐幕，可以与居民远离，而屯于丰草之中，于是马儿便不必有另觅牧草之忧了。

蒙古常用的车辆，构造是很简单的、很粗拙的，而且虽不雅观，却是很轻便的。行客所坐的车，上面都有一个盖着毡或布的架，以为庇护，其中可容一人坐着、躺下和睡觉。马匹的速率，虽然很好，又不快，又不慢，但是长途旅行，却是罕有拿来配车的，通常总是以牛来服务，所以他们的行动，极其迟缓，有时候一日之中，还走不到十哩。

蒙古人最欢喜的事情是骑马，但是能有骏马的很少，且有许多人，是以两脚来走的。徒步旅行的人，大部分是穷苦的，他们为的是宗教进香。徒步旅行的人之住宿，大都靠着路过人家，但是他们有时候，也自己带着帐幕。有一次在蒙古的南部，我曾看见二个人，住在一个只有几磅重的帐幕之内，幕架是一根脊梁，用一根重量和力量与手杖差不多的木橛支着，他们有一个小罐，一个小水桶，一个柄杓，一块毯和一张皮。前几日他们二人中，有一人曾向予索药，所以当我走到帐幕的门口去看他的病人，他们当中有一个跑了出来，请我进去，幕内不能容得下三个人，我在帐内，他只可立在帐外了。在帐内要坐起来，已觉无地可容，至于伸直，则真有所不能了。而这两个喇嘛，居于其中，对于他们的设备却融融泄泄，不改其乐。他们是库伦人，往五台山去进香的，是否如此，虽不可必，但据他们说起来，却是如此。他们在路上已有数月，而且离家也大约有五六百哩了。帐幕和设备，如此奇特，我悔不当初将他一起买来，作为骨董呢！

在另外一块地方，我又遇到四个人，他们是往安多去的，这是在西南部某处，他们也有一帐幕，而且行李很重，他们在路上，已有一月，至于到得目的地，则大约还有三四个月的路程呢。他们年纪都很轻，大约只有二十四岁，现在是去到那些学术名区，去研究学问，借以得到学位和文名回来，而跻于本乡的喇嘛之列。他们既打算离乡若干年，在行囊中各人必积有银子，但是他们一切所需大多数是向人家讨来，所以川资花去甚少，而人民很能对他们表同情，于是他们很容易得到馈赠。他们自奉也甚薄，我看见他们将罐放好，满满的装着水，而且又加入适量的粟，这个当儿在那里烹调的人，原来已经是觉得饿了，他讥笑两个同居一起的喇嘛，因俭省而不参加，而且就以粟不会膨胀为托辞，引诱他的伴侣，欣然允诺，比较平常多拿点粟出来，他们正在预备以水煮粟，作为一餐，又得到一小块干酪，他们就切了几片，放入罐内来调味。喇嘛和俗人，有时候可以步行数百哩去膜拜名庙，但是半途而止的也有。他们之因此而旅行，通常总是恳求此等名庙，与以臂助，而且常常可以得到。有一次若干人，由森耐脱起程，步行至五台山，到得那里，脚已重茧而疲乏了。他们向庙请求，更因为几年前，他们地方上的若干人，曾有广大的布施，至今还是名留庙籍，于是这些疲乏的旅行者，就得到优渥的待遇，而且用马送他们回去。这些寺庙既然与旅行者以此等帮助，自然希望能得他们的报酬，而且因为有这善举，又一定可以得到许多归附者和许多捐助了。

华人旅行，多坐骆驼车，这是富商旅行的普通方法，骆驼车四面都有东西围着，其长可以伸直睡觉，其阔则看你安置车轮而定。这种车是极其舒适的，骆驼队夜里通常都要行走，但是旅行者则并不如此，他可以上床睡到天亮。

寻常旅行者，总以骆驼车为行路最安逸的方法，车辆和骆驼既经得到之后，第二件事体就是预备着食物和其他必需品。

车上必要的东西，是一个小小的柳条油瓶和一个刷，以为涂车轮之用，一盏铁灯笼，一些点灯笼的中国蜡烛，许多张糊灯笼的纸，又有两块木头，用一条绳缚在一起，这是当骆驼于出车杠用来阻止车轮的，而且车轮前面，就放在支木之上，这也是要预备端正的。

在蒙古地方旅行，颇多兴趣，但是寻常的旅行，总是极慢，不禁使人厌倦。骑着马旅行，则不但不生厌心，而且走马看花的，一般有极多的新景致和情形可见。日日夜夜，你赶上前去，日落日上，其光华竟如海上所见的一般，熠熠繁星，和一轮明月，在这可爱的平原上，也具有一种引力。你一路行去，不时可以遇到帐幕，在夜里则有狗叫为表示，在白天则□颜色鲜明的映景，看过去远远的见有昏沉沉不大清楚光芒。当你还绕着小山之麓，跑过去，则可以看见一群鹿吃了一惊的跑开，他们跑路的能力，是很快的。又可以看见一座庙宇，红色的墙，装金的屋顶，显于目前。而平流过去，山旁处处点着绵羊的白色，在下面的平原中，又可以看见那些蒙古人骑着马，在一大群马中，东冲西撞的跑着，正追赶他们要捉的马，拿马的东西，是一根系着活结的棍，看去好像一根钓渔〔鱼〕竿一般。在有些可爱的路上，你又可以碰到一个两三百辆牛车的驻扎处，这些牛正在吃草，这些赶车的人，则正在修补他们的木轮。或可以遇着一串载着茶叶，一声不响的骆驼，当吃饭的时候到了，而且有一个帐幕，特然在目，你也可以离道路去如此做法了，这时候马儿无论如何疲倦，也必能重整精神，因为它们晓得眼前的事情，所以赶着想去休息了。

骑马旅行，最有趣的事情，就是行程终止，经过十天或二星期之不宁、困惫、失眠和艰辛以后，洗了一个澡，换上一套衣服，铺上一张白色的桌布，坐下来吃外国食物，又到一张舒舒服服的床上睡了一觉，这种逸乐，只有那些骑马旅行的人，方才能够完全领略呢。

和旅行相关连的，还有走入一个帐幕当有的仪容，此处不妨顺便一谈。有些旅行者，只因为不知礼节，以致作成大误，虽然蒙古人对于不知他们的礼节的人，总能加以原谅，但是能够知道遵守若干较紧要的风俗，总是比较的好些。

无论由哪一边走进帐幕，一定要对着帐幕骑向前去。即使你来在帐后，也当离开一些路绕过帐幕而来到帐前。倘若是步行的，那末更要依着这种规矩了。及走到帐幕的附近，就当立定呼狗。而且倘要在你呼狗之前，这些狗不出来和你冲突，及到你一呼，他们的确要来了，而且来和你冲突了，但是你之呼狗，并不是和狗挑战，只是警告帐幕中人出来将狗止住。蒙古狗是极其凶猛的，倘要没有帐幕中人来保护，他们就当发生莽撞的行为而做成危险。叫了一声“诺华”或“诺华呼雷”，这些帐幕中人必当出来保护旅客，这是法律所规定的。在他们未曾受到保护之前，骑马的人则坐在鞍上，徒步的人则拿着两根棍来御狗之狂吠。为什么要拿着两根棍呢？据我想来，总是如果一根棍被狗咬住，他还可以用另外一根棍打去。及到二三个妇人、小孩走出来，叱去驯良一点的，按倒凶猛一点的。当这个时候，旅行者就跑进帐去。不过他还要留心将他的杖或鞭放在门外。据我看来，这是蒙古人普通的习惯，罕有违背的。有一次我在一个帐幕中，看见一个孩童，拿着一根长芦苇进来敲着地玩儿，就被他们大大的骂了一顿，而且几乎受到责罚。

将杖和鞭留在门外的意思，据蒙古人自己说起来，是因为一个人带着鞭或杖走进帐来，就是侮辱主人，仿佛他之行为是以狗来看待主人，而将施以杖责的一般。“你将鞭策带进帐幕做什么用呢？狗已关在门外了，你莫非是走进我们的帐幕来打我们的。”旅行者既将鞭策放在门外，走进低矮的门口向屋内人说了一声“门堵”，而且去坐在炉台的左边。大约在帐背和门口之间，居中的地方。倘若主人没有什么表示，那末他就在那里坐定了；倘若请你上坐，那末坐不坐上去又随你的便了。走进帐幕，通常不必脱帽，但是许多的蒙古人也常行外国人脱帽之礼，所以这个礼节也不至于使他惊异。倘若帽子脱去，就当挂在帐背，而且比较客人本身高一点或者放在大柜之顶，切不可朝着门放。旅客当盘腿而坐，倘若不能盘腿，他又当留心，必须将两腿伸向门口；将脚回内，朝帐背伸出去，即使不是本地人，也都视为卤莽之举。第二件事体就是交换鼻烟壶，客人先将他的鼻烟壶，奉给主和帐内人，然后将他们接来。但事〔是〕外国人大概都是没有鼻烟壶，那末蒙古人便将他自己〈的〉奉给外国客人。鼻烟壶当用右手掌去接了来，恭恭敬敬的奉回原主。那些能说蒙古话的人，当他将壶接来和送回，口里要问主人的好，倘若主人问他，他就要回答，那些不会说蒙古话的人，则不妨点头笑笑，也可以代过通常的客气话了。

这个当儿，妇人们便将茶温了起来，而且马上在客人面前放了一张小台子，然后送上一杯茶来，做客人的便当双手去接，放在台子上，过一会儿再喝，如果茶不过热，也不妨将茶喝完。茶之在蒙古，不像在中国内地有一定的规矩，客〈人〉如果想喝，就可以双手奉还茶杯，叫添上数次，当已经喝够了，他就说出来，或者作一表示，那末这个杯子，可以不再添了。当他喝茶的时候，又有一盘白色的食物，通常放在台子上，或交给客人的手里，不过这件东西，依规矩是不希望你吃的，你只可以尝一尝，少取些须就够了，然后又两手恭恭敬敬的递转去。

离开帐幕的时候，倒没有什么极特别的规矩，握手和说“再会”等习惯通常是没有的，上马之前鞠一鞠躬和笑一笑，就算礼数已周到了。

至于走进这些在平原上的帐幕，不必有什么难为情，到得无论哪个村落，他若希望走进去，也不妨随意休息。倘若蒙古人拒绝入内，或冷冷淡淡的款待他，主人立刻就要受到辱耻，他们以为这种行为，非人之所当有，只是一只狗罢了。倘要主人不供给客人白喝茶，也当立刻得到同样的恶名，据我想起来，总是因为蒙古的地方，没有客栈，众旅客都不得不以私人的住宅为寄宿和休息之所了。你第一次下马走进一个完全不熟悉人的住宅，而且希望他烹茶和种种款待，且又不费一文，似乎总觉得有点近于强求。但是这个帐幕的主人，也许同时在几百哩路外，坐在他人的帐幕中休息呢？所以这件事体，是两得其平的，在外旅行的蒙古人，所受到款待，他必转施于其他的旅行人。

如果有若干的帐幕在一起，断不至于同在一个时候，许多的帐幕一起禁止客人入内，不能允许客人入内，一定有些特别原因，如疾病、生产、小儿种痘，以及其他一些事情。如果那里只有一个帐幕，在这［个］种境遇之下，旅客们就当他往了。但是在一个村落之中，必不至于众帐幕一概同时禁止生客入内，即有一二是如此情形，他又可以在他人帐幕中得一栖身之所了。

蒙古对内地华人时有怨言，因为他们来到蒙古，走进他的帐幕，而且受他们的款待；等到蒙古人到内地去，则他们享以闭门羹。有几次我和他们一起坐在他们帐幕中，他们狐疑不决的问我是否能引他们入我之所居，我自然说我是可以的了，而且他们来访我，断不至于食言。那些在北京的蒙古人，因为他们在蒙古的时候，也曾款待过外国人，但是在北京他们来到汉人的门口，则都受人驱逐，所以对于这种态度，不时口出怨言。

上面这一章，乃从《与蒙古人居》一书译出，对于在蒙古内地旅行的情形，已经详述无遗。至于在蒙古人帐幕中寄宿的事实，此处还没有提及，现在将他帐幕中之一夜那章文字，译在下面，虽然说的是作者本身的经历，但是帐幕中的夜景，和其他一些习俗，却也可以窥见一斑。

第十章　帐幕中之一夜

我们之旅行，对于每日之时间和路途的方向，都没有一定。倘若我们能够看见太阳，那末时间和方向二者都可以知道了。但是上层的空气满载着灰尘，太阳为之隐蔽。而地面上所见的也只有一点朦胧的微光。后来黑暗渐渐的浓厚，我们就晓得夜已至了，过了片刻，我们又来到一条大路，我的指导人就告诉我此处不远，当有帐幕了。我们的骆驼和我们自己，都已疲乏得很，而且甚愿能够立刻达到休止的希望。但是我们只管走上前去，却仍旧不见帐幕。

我的引导骑了一匹行走如飞年轻力壮的骆驼，远远的在我之前，我只能看见黑漆漆的一块，沿看〔着〕路走了许多的时候，我将骆驼的速度加快，赶上了引导，问他这些帐幕是在何处？他指了一指说："帐幕恐怕就在那里。"听了这句话，心中微觉安慰，也不过如是而已。他的骆驼跑得快，马上又走到前面，我这只老骆驼又落后了。仍旧没有帐幕，这远远的黑块，仍旧忽隐忽现于前面黑暗之中。我方才觉得引导人，不能确实知道有帐幕，和我无异。忽然间这黑块似乎渐渐阔起来了，原来是骆驼身体打横，立在路上吗？现在将我的骆驼，加以催促，于是一直向前，走到他那较速的伴侣一起。

我们的确舍正路而不由，但是何处是帐幕呢？远远的看去，只见有一条东西，比较其余的黑暗要黑了一点，以蒙古人眼光之敏快，一看就注意到了。等到我们走至临近，这些狗就狂吠起来，帐幕之门也开了，其中正在熊熊的点着火，我们终竟找到居人了。于是我们立刻坐在喇嘛帐中光明灿烂的火旁。这个喇嘛年纪约有二十七岁，和他母亲同居，她已经是一个五十多岁的老太婆了。

此外还有一个小喇嘛，年约十五岁，他们正在用膳，食物为煮熟的粟，用一种极酸的变味牛奶调和起来，这位老太太，催促这两个喇嘛快点将饭吃完，使他可以烹茶享客。鼻烟壶交换用过了，对于本主人本身的康健和安宁，以及他的畜群之平安兴旺等惯有的问题，都一一问过了，答过了，至于他则又问到我等是何等样人？现在想往何处去？一路来家畜的情形如何？我的喇嘛不怕造次，就问他在帐幕中可否容一席之地，以为我们睡宿。

我们喇嘛主人，对于这个要求，似乎有些不愿意，答道："我恐怕不。"他之恐怕，似乎十分应当的，原为这个帐幕既然很小，靠北堆着许多箱笼，还有一个神龛，上面点着一盏牛油灯，至于西边则又大部分用羊牢，在东边除了七瓶八罐、盛水器、牛乳盆堆在那里之外，还吊着一条发胖的小牛，它觉得暇闲无事，只伸出舌头舐着所能及到的东西，看去倒也津津有味。这样看来帐内是没有隙地，能容三人之宿了，那末其他两个人又怎么能有余地呢？

我的喇嘛，却行所无事，答称我是不妄自尊大而扰乱秩序的人，只要小小一点地方，就足以容身了。而且后来这件事体，总算解决了。我睡在所坐的地方，我的引导则睡在一个邻近的帐中，此事既然铺排端正，我们用我们的茶，邻居的人都来看我们，我们的居停也立刻变成和蔼可亲，和我攀起谈来，我的引导则替我治餐。

我们的居停主人，识见较寻常一般喇嘛为优，而且能蒙古文——僧侣能此，已是一件极特出的事情了。当我拿出《福音教义问答摘要》和《劝世文》的书囊，他递给我他在饭前所读的那本书，这本书并不是印的，写着的，是蝇头小字，已经为指弄污而破了，里面所说的是若干古代历史上的轶事，这喇嘛将他刚才所读的地方，指给我看，而且他有一个字，他不能了解，于是就向我咨询，后来他又请我将全段读给他听，我就读了一遍，原来上面写着的是——这位英雄（我已忘其名），用他的白帽将洞口塞住，取了一块大石头，在地上冬冬敲了起来，这只狐狸惊慌万分，冲出洞外，它的头上就带了这白帽子逃了。

我正读到这里，当时有一个邻居走来，给我看一本蒙古的祈祷书，这是通常用于火神的，我又读了一段，那时候我们的饭已经备好了。

我们生趣勃勃的谈了一回这个问题以后，时候已经不早，应该睡了，我的引导员走开到另一帐幕去了。居停主人就将羊牢和火之间的一块地方，给我休息，我用我的羊皮毯一转，躺了下去，觉得大小已经很够，不必再大了。但是我看了一看，这位喇嘛自己却是无地容身，我不免要问他如何一个办法呢？据他说有一只母牛正要产犊，他是要坐着看守的。天气如此之冷，即使来在四月，如果一只新产的小牛，暴露终宵，也当冻死，于是这喇嘛坐在火的东南，一手拿着《福音》，那一只手则不时将燃料加入火中，使其光明足供阅读。虽然极其困乏，我却稍睡即醒，举目看看这个喇嘛，他总还在那里慢慢的读，这本是《福音》，而且常常添上一些燃料，以保持光亮。这本书幸亏是北京一个华人，以木版印成的，虽然没有活版的清洁，但是字迹较大而完整，更合于蒙古人恶劣的眼光，和帐幕朦胧之光。他终夜这样读着，不时又出去看看他的母牛，及到东方发白，别些帐幕中人已开始走动了，他方才去睡，而我们又预备离此他往了。

第十一章　物产和商业

外蒙古人民，专门从事于畜牧，所以物产也以家畜为大宗；至于制造的工艺品，则竟可以说做没有了。

植物则松、枞、落叶松、白杨、桦、杉等森林甚多；牧草极其繁盛；又有大黄、甘草、红花等药品，白菜、菠薐、麻茹〔菇〕

等菜蔬。大黄多运往俄属西伯利亚，麻菇多运至中国内地。沙漠中又有一种苏离草，多运至北京，作成草帽，极其洁白美观，但是价值也很昂贵。

家畜为蒙古的富源，蒙古人相遇，必定先问家畜安否，方才对叙寒暄，话家常，谈杂事。畜有骆驼、马、牛、羊、豕、骡、驴等。其中又以骆驼和羊为最。骆驼背有二蜂〔峰〕，或只有一蜂〔峰〕，性很驯和，能够耐劳耐苦，又能够耐饥耐渴，且在沙漠中行走极速，所以有“沙漠船”的美名。但是一到夏天，牧人就当将他放之荒野，便可恢复气力；等到毛色改变，然后将他收转来服务。

羊有数种，蒙古人将他的皮拿来当衣服穿，将他的肉拿来做食物吃，将他的骨头拿来做成种种器物用。而且每年输出的数目也极大。据十三年四月十一日《时事新报》所载内外蒙古的骨粉事业：“奉讯：查羊骨一物，用途颇多，长者可供工业上制品，如牙刷柄及诸美丽装饰；即其短者，碎之可作磷肥，烧之可作骨粉，在工业、农业上无不以奇贵之物视之。吾东三省为吾国食肉最多之区，残余之骨，不知利用，弃之如沙泥，视为废物，殊为可惜。近来亦有利用此废物在内外蒙古经营骨粉事业者，其制法分新旧二式机械，新式机械一台，每月可制骨粉五十担。每担以天津市价计之为三元二角；其原料不过一元七八上下，故每担可得纯利八九角之谱。据由天津每年输出额为百六十万元。蒙古兽骨以乌里雅苏台、阿尔泰山、唐努乌梁海以及库伦等处为多，从事经营者，以外国人为多云。”

马和狗也是家畜中两种紧要的东西〔西〕，牧马的人家，每牧童一人，可以管马二百匹左右。出产以喀尔喀左翼为上。蒙古的狗，躯干伟大，性很猛烈，守夜极好。内地人往往以大价钱去买来，不过一离本土，不免要稍失其特性。

外蒙古家畜的产额，据日人方面所发表：中国人的调查，马一千八百万匹，牛两千万头，骆驼一百万头，羊四千万只。俄人莫勒邹氏的调查，则又差得远了，马七百万匹，牛一千万头，骆驼五十万头，羊二千万只。包罗邦氏的调查，则又更少了，马二百万匹，牛一百万头，骆驼十二万五千头，羊八百万只。最少是被尼姑森氏的调查，马五十万匹，牛四十五万头，骆驼七万头，羊二百万只。至日人吉田氏的调查，则又稍多，马二百二十万匹，牛一千五百万头，骆驼三十万头，羊二千二百万只。又俄商大布勒西亚夫氏，当欧战时，曾废去年余的功夫，五千元资本，亲往外蒙调查。调查所得，计有马二百四十五万匹，牛一千零五十四万头，骆驼二十七万头，羊一千一百五十万只；其中三分之一，是蒙古自己的消费，三分之一是运往他处。又马伊斯开氏最近的调查，马至少有一百十五万匹，其中为纳税民所有的八十八万六千九百匹，王公和高级喇嘛所有的七千三百十匹，寺院所有的十九万零三百匹；骆驼共二十二万八千六百四十头，其中为纳税民所有的十八万五千九百头，王公和高级匪〔喇〕嘛所有的一万零一百头，寺院所有的三万二千五百头；牛共一百零七万八千头，其中为纳税民所有的八十八万二千头，王公和高级喇嘛所有的一万六千五百头，寺院所有的十七万八千九百头；羊共七百十八万八千只，其中为纳税民所有的五百五十四万二千只，王公和高级喇嘛所有的二十二万七千只，寺院所有的一百四十一万八千只。以上纳税民所有的额数，都较其实有数少。其实马约一百五十万匹，骆驼三十万头，牛十四万头，羊九百五十万只。牛的生产每年约可增加十六万头，羊一百六十万只，马十五万匹，骆驼九千头。上面所列的增产率中，又因为饥寒、狼咬和疫病之死亡，结果则马每年增加十二万七千匹，骆驼九千头，牛十二万五千头，羊一百二十万只。附产品分了上述之羊骨粉外，还可以有牛皮二十万张，羊毛三百万斤。

矿产则有金、银、铜、铁、铅等金属，又以阿尔泰山脉所产最多。唐努乌梁海库苏古尔泊附近山谷中，都是沙金的出产地。而且据俄国矿师所调查，库苏古尔泊沙金的产额还是不在少数呢。(未完)①

《蒙旗旬刊》

沈阳东北政务委员会蒙旗处

1929 年 1 卷 11—15 期，1930 年 2 卷 1—17 期、20 期

(李红权　整理)

① 1930 年 2 卷 20 期后未见刊载。——整理者注

为外蒙青年党进一言

邢事国　撰

世界文明之日趋进化，而政治之革新，每随时以俱进，惟当此新陈递坛〔嬗〕之际，其间之折冲争衡，恒为不可免之事实，亦即政争之所由起也。然政争之原始，本有一定之轨道，顺是以进，方能化各派之意见，集于一点，所谓集思广益，进为地方谋福利，方不背政争之原则也。外蒙自鼎革以还，内部之纷争，迄无宁日，而其前后之政争，恒有外人参与其间。曩者白俄之不惜钩心斗角，日以侵略满蒙为职志，彼时王公大臣，不明大势，每被其蛊惑，辱国丧权之事，屡有所闻。比者苏俄成立，表面之宣言，固甚冠冕堂皇，不曰拯救弱小民族，即曰进世界大同，而暗中则实行其“赤化”政策，冀各民族之尽隶于彼旗帜之下，事实昭彰，人所共知，其帝国主义之野心，恐较白俄时代为尤甚，稍有常识者，类能言之，以故列国防之也深。而不图足智多能之外蒙青年，竟二〔尔〕堕其术中，而莫能自拔，吾不胜为之悲矣。

试按现在外蒙古情形观之，其危机四伏，不可终日，盖其内部一切之设施，莫不以俄之制度是从，以蒙俄之风俗、人情、政治、教育等项，迥不相同，而一欲一炉融冶之，岂可得哉。夫以俄之政策，纯为经济政策之属于理想者，其不合于现时代之生活，不待言矣，而况荒郊辟〔僻〕壤之蒙古乎？遽欲步武赤俄，是真不可思议之甚者也，何悻乎大权旁落？而彼青年党者，不过徒作傀儡耳。

凡政治之不适于民情者，决不能长久存在，其能苟安一时者，特以希冀侥幸使然耳。四月二十七日，库伦地方蒙俄双方，竟以发生巷战闻，是盖蒙民之困于暴政之结果，而终欲一鸣其不平耳。据报纸记载，双方之死伤者，有五百余名之多，不可不谓之巨大事件。年来外蒙新闻，俄人惯以对镇〔封锁〕之策出之，复作种种掩饰，故此次库伦事变，其实际当不仅止于此也，来日大难，正未有艾，因果相循。殆无疑义。

外蒙自清以还，深受不良政治之羁縻，以言教育无有也，复以宗教束缚之，绝其子嗣，痼〔锢〕其智能，直欲置之于万劫不复之地。而其阶级之严重，专制之恶毒，实为人类不平之事体。民国成立，五族一家，凡百弊政，均在修改之列，蒙人倘能励精图治，尽力于内政，不为邪说所引诱，则时至今日，当树不少鸿猷伟绩矣，徒以青年之不察大局，误入歧途而不觉，是亦蒙民之大不幸也。

青年党者，亦均一时俊杰，忧世愤时，其谋国之心，未尝非善，徒以饥不择食，引狼子为腹心，洵至随其彀中，而不自觉，一著之失，遂铸大错，顾当时国内疲于内乱，对于边政，每多疏虑，卒至酿成如斯局面，故我虽欲为外蒙青年党责，然又不能不为之谅也。

今者国内统一，训政伊始，凡百国治，对于蒙政之讲求，尤不遗余力，开诚布公，迥非向日之因循可比。外蒙青年，允宜力图国是，相与更始，庶近日库伦事件，不致再度发生。一误宁堪再误，何取何从，吾知外蒙青年，于兹当有所反省，而惕然醒悟矣。

《蒙旗旬刊》
沈阳东北政务委员会蒙旗处
1929年1卷15期
（朱宪　整理）

对蒙政策

云　撰

近数日来，中俄交涉有直接会议之倾向，果能按照协定，顺序解决，则多年外向之外蒙，或有解决之机能。及今预计将来对蒙应适用何种政策，与现在应有何等之注意，实为国人分内之事。报载蒙藏委员会日内将在太原开会，研商行政计画如何实施，是我政府对于蒙古问题，业已由讨论而趋重于实际施设，殊为可喜。吾人每不惮烦，屡屡发表关于此问题之评论及纪载，诚以外蒙关系，不仅北面防务而已，若久久不决，将来发生变化，成为东亚重要问题，甚或牵涉世界和平，亦未可知。若从蒙古之历史，及其人种之性习，以及现在改革情形加以推验，则知吾人倡为此高渺之论，未必与事实相距甚远也。

外蒙近况，不易探悉，就从一二游历西人发表游记，得其仿佛而外，概无所闻，被逐华商，略有称述，语焉不详，更难悉其要领。但吾人确知十年以来，俄人处心积虑，“赤化”蒙古，因俄蒙交通之便，及俄人之金钱操纵，与夫主义之贯输，从事种种改革，蒙古已非昔日之蒙古，经济制度大有变更，军队训练，业已三次退役，军械早已改良，一切物质文明逐渐敷设，政治管理，亦粗具条目，青年心理，大都追慕成吉思汗之伟业，故世人若尚以北平所见之蒙古人概视外蒙，或心目中悬想外蒙不过一荒瘠之沙漠，则为大错而特错。华蒙之关系，已成为俄进一分，华退十分之比例，华商由七八万人，逐渐减少至三四千人，昔日凡三四千万之商务，今仅能维持零星杂货之贸易，全额已减去十分之九，即此保商一点，亦应早日求得华蒙间一种适当解决，其他关系重大者更无论矣。

今假定外蒙，依中俄协定而告解决以后，我将树立何种政策，以求华蒙永久相安乎？吾人以为历来沿用之羁縻政策，固应屏除，徐树铮之逼变覆辙，亦不宜再蹈，夷狄之见解，亦应根本化除，即向来华商一种欺凌态度，亦应改变，唯本五族共和旨趣，扶助弱小民族之主义，使蒙人了然于世界之大势，并深知我之可以恃赖，完全从亲爱互助上，扶持共利益，或有永久相安之可能乎？唯此非一日之事也，俄人经营数十年，所费心思财力，不可以数量，今我欲求所以胜之，则精神上之跨越，至少应抛掷十倍之心力，得当与否，尚不敢必也。若盲昧无睹，徒托空言，而欲收功万里，恐难免为俄人所笑矣。今有一事，言之不胜惭沮者，即蒙事一无所知是也。以俄蒙关系如是之密切，蒙古政权、军权、经济权，已尽操俄人之手，然苏俄研究蒙事之公私机关，无虑数十，其用心之深密，气魄之沉着，不禁令人叹服。故我今日所最应注意之事，即为熟知蒙情，其要有三：

（一）蒙藏委会 不仅为咨询与设计机关，应指定专款以供行政费用，并抱定宗旨，转移蒙人之思想，保护蒙人之利益，凡关于“宣传”、“教育”、“放垦”、“保商”、“水利”、“交通”等事项，皆应急切施行，其程序由细微以规远大，由内蒙以及于外蒙，在未实行之先，应征集熟悉蒙事之人才，并实地为种种细密之调查，以为一切之准备，此其一。

（二）参谋部 本应熟知各边边情，当民元、二之际，参谋部密派调查员，遍于各边，关塞险夷，人情风尚，知之靡遗，迨蒙匪内犯，即赖其预为报告，得以有备无患。自后国是蜩螗〔螗〕，此项人员，早归裁撤，今亟应本此计画，选派人员，密为注意军事、地理、交通等项，以定边防大计，此其二。

（三）研究边事机关　昔地学会之《地学杂志》，对于边情，屡有贡献，由张相文独力支持至十五年之久，卒以资力告乏，宣告停板，至为可惜。此后遂无继起者，纵有一二留心边事之人，苦于材料难集，废然而止。今后学者应转换目光，或实地调查，或结队旅行，著为专书，以供参考，由国家任奖励保护，及经费赞助之责，各校亦宜设此专科，以为系统之研究，此其三。

总之，一事不知，儒者之耻，自号为宗主国，乃不知其隶属国之情况，尚日日放言高论，非奇耻乎？国人有欲湔雪此耻，宜从事于钻研，则今日之不知，即为他日深知之张本，又不以妄自贬损者也。

（《新晨报》）

《世界周报》
上海世界周报社
1929 年 4 卷 4、5 期合刊
（李红权　整理）

伊克昭盟乌审旗纠纷尚未解决

作者不详

绥境伊克昭盟乌审旗发生政变纠纷，几近十年，对于王公制度，实为一重大打击，去岁伊盟副盟长阿王亲为调解，略告平息，不意本年又发生问题，伊盟长沙王曾为此召集全盟各旗王公在札萨克旗盟长公署会审一次，亦无结果。此次绥境蒙政会在绥开成立大会，各王公均来绥出席，独乌审旗特王因旗内纠纷未决，不克前来，新任乌盟盟长巴王，最近以此事日趋严重，亟须彻底解决，电沙王询问意见，并请速为处理，沙王曾电乌审旗左右两派，停止军事行动，俟绥境蒙政会事布置就绪，沙王即返旗谋彻底解决办法。

乌审旗纠纷之经过情形，言人人殊。据阿王谈称，乌审旗境内，沙漠曼延，土丘遍地，除东部接近郡王旗处尚能通行车马外，余则纵横往来，无一定路线，交通不便，消息迟缓，基于此种闭塞情形，数年前发生政变，札萨克特古斯阿木固朗失权，旗内军政权均为军官孟克尔济把持，为期几近十年。去岁本人出任调停，孟允退职，一切军政权均交还特王，但有一条件，即特王须保护孟克生命财产之安全，特王当亦允诺，孟克遂如约退职。不意特王在失权时，固无能为力，一旦收复军政权，即有意去孟，因此孟克逃避于杭锦旗。乌审旗分左右翼，特王之札萨克公署在右，孟克所部军官居左，孟克既逃，孟部军官遂深表不满，此时特王对孟部则施以报复，于是竟成左右两派之对立。本年废历正月，双方竟至动武，互有伤亡，纠纷遂一发而不可收拾，其后双方虽停止军事行动，但情态恶化，益趋严重。此事一般颇不直特王之所为，因其对孟克尔济不应食言而予以报复，如特王此后不追究孟克，亦不苛待孟部，则乌审旗纠纷易于解决，否则真前途不堪设想矣。

就阿王谈话观察，可见内蒙王公制度之无形动摇。孟克尔济之行为，就旧王公统制观点上言，为犯上作乱，而身为王公之阿王，似亦不作此种看法，可见王公本身之思想亦有极大变动。

《时事月报》
南京时事月报社
1929年14卷6期
（朱宪　整理）

蒙古青年党的独立运动

颂华　撰

自从民国成立以来，呼伦贝尔的叛乱，原不止一次了。远且不论，最近二年间蒙古青年党当国家多事之秋，乘机倡乱，运动独立，先后即已有二次。去秋国民革命军北伐甫告完成之时，蒙古青年党乘东三省政局的变化，在呼伦贝尔酝酿独立运动。八月十五日该党竟受外人的嗾使，率领蒙古骑兵在呼伦贝尔的海拉尔附近，袭击中东路西线，发生过一次中外注目的变乱。其后幸经当局派守备队将蒙骑兵驱散，乱事始平。这件事本志于二十五卷第十八号中已有过《呼伦贝尔事件述评》一文将它说过了，读者想犹记得。今年中俄两国，为了中东路问题，不幸发生冲突。数月以来，东北军事、外交，异常吃紧。及至本月（十二月）间蔡运升等赴俄进行谈判，借谋解决争端。孰料正在此时，蒙古青年党忽复抵瑕蹈隙，在呼伦贝尔倡乱，希图独立。这种事变，去岁今年，一度一度的续续勃发，真是我们东北边境方面一种心腹之患了。

呼伦贝尔常常发生变乱，虽与地势有关，然究其实际，则人事有所未尽，亦是一大原因。就呼伦贝尔的地势论，它是黑龙江省的西北部，虽与俄境相接，然东据兴安岭，且有海拉尔河横贯南部，黑龙江水映带西境与北境，依山带水，形势是很好的。其中部为一大平原，土地肥沃，南部多湖沼，畜牧、农耕，都颇适宜，天然环境，再好没有。不过讲到其地“人”的问题，那就有点复杂了。他姑不讲，单就其地蒙人而论，分有十七旗之多。他们大都奉喇嘛教，用蒙古语，智识既浅，物质生活亦低。他们与汉族未曾互相同化，而政府又未于文化与经济上施以积极改良的政策，他们因此往往易为外人所鼓动而受其愚。故就“人”的问题而论，其地变乱频作，决非偶然，这是国人所万万不可忽视的。

现在呼伦贝尔主张并运动独立的蒙人，据最近哈尔滨方面的消息而论，约分二派：一派是亲俄派，所谓青年党员，就是该派的中坚分子；还有一派是自主派，这派是由旧派中分化出来的，其主张是蒙人自主，不附中国，也不附苏俄，其希望是造成一个完全蒙人自主的独立的局面。以实力而论，前者比后者强，因为前者以俄国为后盾，受俄国款项与军火的接济，且有实际上从事独立运动的历史。但后者多半为握有各旗保卫团兵柄者，故亦有相当的实力。昨今二年呼伦贝尔的乱事，也就是这两派造成的，不过前派的中坚——青年党格外厉害罢了。去年的乱事，不必去说它了。至于今年的乱事，乃是由于中俄发生冲突后，两派得到了可乘之机才发生的。盖当中俄冲突，札兰诺尔于十一月下旬失守后，我方大部分军队不得不退出海拉尔。其时都统贵福又避往大赉县。于是自主派便因利乘便，运动各旗保卫团约千余人，自草场方面，向海拉尔进攻。十二月二日遂入据海拉尔市街，将我留守骑兵二百名驱出。自是以后，他们就自由行动，毫无忌惮，委官设治，居然独立了。

但是事情并不如此简单。实力较强的青年党决不肯落人之后，加以俄人复在背后煽惑，予以军火的接济，助以骑炮兵千余的兵力，故亦利用其可乘之机，扰乱海拉尔。据上海《时事新报》十二月二十六日沈阳电讯，该党扰乱海拉尔后，即在该地组织共产政府。政府委员七人之中，除该党领袖阿明泰及成德外，尚有俄人二名。故事态的严重，实较该处去年乱事为甚。幸据各报续讯，青年党和俄人，后来迫于情势，退出海拉尔。海拉尔仍由都统贵福管辖，该地交涉员赵仲仁亦回任。地方秩序，渐复原状。海拉尔因此得以转危为安，这可算是不幸中之一件幸事了。

我们考求呼伦贝尔事变迭起的原因，就其最大者说，当然是由于一部分蒙人受外力操纵所致。这是彰明较著，无可讳言的。可是反而求诸己，则该地地方政制之不良，以及蒙汉的人民彼此犹未同化，却亦不失为事变所以迭起的重要原因。近据报载，“贵福语人，呼伦蒙民认蒙人有自治的必要。现在内蒙已无青年党踪迹，惟若必压迫蒙人自治，则蒙人亦不能默息”云云。由此可知该地地方制度确有改良的必要，特不知今后呼伦的地方当局于此能否有所改进，以补以往的缺点。兹请单把彼地蒙汉人民同化问题提出来略为说说。

讲到彼地蒙汉人民同化问题，我们窃谓除于教育方面切实注意外，大家还应当讲求“国内殖民”（即所谓移民殖边）的办法。就像最近浙江省政府民政厅分电本省各县，招集年在十五岁以上、四十岁以下的壮丁，兼有家属，而志愿往东北去领地垦荒者，予以指导，给以川资，奖励他们往东北去开辟荒地，成家立业。这是值得我们大书特书的。因为这种办法不特可以缓和本省人口过剩的恐慌，补救边境方面地广人稀的缺陷，并且于汉蒙间的彼此同化亦极有裨益。所望别的人口密度过高的几省，听风兴起，实行这种政策。但是我们同时也不要忘记了西北高原和西南方面广大的边境，也是人烟稀少，而其蕴蓄的宝藏甚为丰富，很需要人工去开发。此外还有须注意的，便是西北的回族、高原的藏民，以及在西南文化尚很低的苗、猺、猡猡、僰人等族，都是与汉族同为中国国民，大家应得同化起来，共同努力，提高文化，结固结不解的关系。要达到这个目的，方法虽不止一端，惟“国内殖民”却亦不失为一种切实易行而容易见效的方法。

在今年一年之中，中国边境方面可谓多事极了！西南则发生滇边江心坡的问题，在高原的康藏方面则亦曾告烽火之警。至于东北，尤其多事。除日人侵略南满，窥伺东蒙外，俄人又为中东路事件，借端与我启衅。不但在俄的华侨倍受虐待，且北满沿边的许多地方亦惨遭兵燹，人民因此而流离失所者不知凡几！关于这些不幸的事情，本志已先后叙过了，孰料还不够，到了年底再添上一件呼伦贝尔的事变。这不但我们觉得痛心，即全国国民亦莫不痛心。现在呢，民国十八年结束了。我们希望从今以后，全国上下，同心同德，发展边务，巩固国防。能如此，则今后边境方面，便不难否极泰来，另有一番新的气象；能如此，则从十九年起，不但我们可有许多关于边境方面好消息记载，以与读者相告慰，而全国五大族共同的福利，也可从此增进了。

《东方杂志》（月刊）
上海商务印书馆东方杂志社
1929年26卷24期
（丁冉　整理）

呼伦贝尔独立警耗

内蒙新旧两派分争　苏俄在背后撮弄

作者不详

哈尔滨函：海拉尔放弃后，内蒙一时曾陷入无政府状态中。呼伦贝尔都统贵福，人老而耄，自去岁郭道甫一次变乱时，对于蒙众，早无驾驭能力。其子福龄，较乃父尤为顽固，于顺应时变，抚慰有众，瞀然不知。中俄问题发生后，外有苏俄之煽惑，内有都统之压迫，蒙人遂至分心离德，暗地有所组织。其一派为有运动历史之青年党，即去年郭道甫引以倡乱，而实际亲俄者也。其另一派则为旧派蜕化而来，介乎新旧之间，完全主张蒙人治蒙，不附俄，不附中，欲造成一独立局面。以实力论，青年党恃苏俄为后盾，枪械、款项，均有人供给。自旧派蜕化之一派，则多半为野心王公、台吉，而握有呼伦贝尔各旗保卫团兵柄者，其实力亦具有相当之坚强。当满、扎失守，海拉尔放弃后，两派遂为显明之举动，野心派之王公、台吉趁我军大部退却，贵福避往大赉县机会，乃召集各旗保卫团约千余，于上月底，自草场方面，进驻于海拉尔。本月二日，入据市街，将我留守骑兵二百，驱逐出境，委官设治，居然独立。其详细制度，虽未得悉，顾据传闻，已有主席、委员、公安局长等名义，僭妄尊大，俨已自侪于省区之列。此一派得势，其夙夜兢兢于革新连〔运〕动之青年党，相形见拙〔绌〕。并因苏俄在后蛊惑，乃亦决心一逞。密方探报，谓新巴尔虎盐场左近喇嘛庙内，已聚有二千余众，拟袭攻海拉尔。须苏俄以军用汽车多辆，自边境外向该方输送械弹。预料起事之期，当不在远。闻俄骑炮兵千余，本月三日，自扎兰诺尔开进至乌固诺尔车站。其地距海拉尔八十华里，一般推测，俄军系有意援助青年党，助长呼伦贝尔乱事。另一说，则谓俄军开向前进，是蓄意不退，为将来盘踞久远，争持东铁护路警备权地步。但以其举动观测，与呼伦之独立内争，总不能无关系也。我军前线，以边防第二军骑兵张树森旅扼守免渡河，为第一线。以第二军步兵第五旅扼守兴安岭，为第二线。以黑军骑兵第二旅及步兵第五旅一团扼守博克图，为第三线。另以步兵第十四旅，沿富拉尔基以下布防，以迄于昂昂溪为止。第二军军部亦移在昂昂溪。近日虽无战事，惟蒙古既有变动，俄军又复开进，防俄防蒙，在在为不可缓忽者，〈是〉以各线军备，仍在加紧戒严中。

《兴华报》（周刊）
上海华美书局
1929年26卷50期
（李晓晶　整理）

乌盟调查员高秉彝函陈乌盟四子王、达尔罕、茂明安各旗应兴事项

高秉彝　撰

谨将乌盟四子王、达尔罕、茂明安各旗应兴事项列陈于下：

一、筹设教育也。地方文野，教育攸关，大抵教育普及之地其人民必多强而智，反是必多弱而愚。查该三旗户口数万余，竟无官学一处，民习除畜牧、念经外殆不知教育为何用，狂狂〔狉狉〕獉獉至为哀悯。际兹优胜劣败之时，蒙旗文化尝〔长〕此闭塞，此其〔决非〕地方之福。窃以振兴蒙地，当以筹设教育、开通民智为要，而办学款谨拟一、附加地租；一、抽收土捐。查乌盟未垦地甚多，拟嗣后放垦，每顷附加学捐若干补助教育，此附加地租之办法也。又乌盟为甘省暨察省往来孔道，土商络绎不绝，每年运入土药无虞万万，应按两酌捐若干补助学费，此抽收土捐之办法也。暨有款矣，每旗应设学额，令教育厅按旗分大小、民户多寡酌量分配，先小学，后高小，后中等，循序渐进，各学中文为主，蒙文为辅，兼管之中知所先后，十年树木百年树人，振兴蒙旗当以教育为始，此也。

一、宜边防驻军也。查乌盟位于西北，屏藩内地，其与外蒙分界处非有天然沟划设险以守也，今历数旗，概未一驻省军队，纯系蒙人填防。谨按三旗之兵数未盈千，自卫尚恐未足，乌能作我长城。值此南方内煽，暴俄外侵，疆域多事，险于万分，居今日

而言边防，窃以乌盟非驻精兵数万，择要布防，不足弭外患而靖内难，并不足坚各旗之热忱内向也。其驻军饷项或由放垦统筹，或由国家资助，当详为规定；其驻军名额或由蒙汉新招，或由已成之军拨给，亦应详为规定。籓篱不谨，堂奥阽危，未雨绸缪究胜于临渴掘井也，振兴蒙旗当以驻军边防者此也。

《绥远省政府年刊》
绥远省政府秘书处
1930年
（李红权　整理）

伊盟调查员关恩泽、荣陞阁会陈伊盟七旗应兴应革事项

关恩泽　荣陞阁　撰

窃查伊盟七旗文化落后，民智不开，欲行开发，建设之事固居多数，而改革之事亦复不少。委员等此次亲赴伊盟各旗宜慰及调查关于该盟之行政、司法教育等事多目睹耳闻。委员等斟酌地方之环境，本诸人民之程度，以为伊盟七旗现在应行举办及改革之事约有八项，一得之愚，条拟如左：

一、厉行清乡　查近数年来战事迭起，灾荒频仍，救济既不能周至，莠民多起而为匪，呼啸奔突，为害乡里，伊盟各旗之痛苦莫此为甚。虽经官军之痛剿，而此剿彼起，兵去又来，究其所以不能彻底肃清之原因，在于有潜匪身之所，匿藏之窟，现在各县虽厉行清乡，而蒙旗尚未举办，则匪类犹有匿迹之所、潜逃之乡。故为解除人民痛苦、根本肃清土匪计，宜先由省政府详细规定蒙旗清乡章则，然后照会各旗札萨克依据章则厉行举办清乡，务绝土匪根株，如是则匪无匿迹之薮，而人民乃能各安生业。

二、编练边警　边警二字乃边防警备队之简称，伊盟七旗南与陕北接壤，西与宁夏为邻，本省边界因无军队驻守，而邻省驻军常有越界强征地租、索草要料之事发生，且绥远与陕北原以边墙为界，近日榆林、神木等县之侵占绥地已越边墙而北上，与该地居民常发生纠纷。兹为保守边界、免除纠纷计，宜先划清省界，

并编练边防警备队一千余名，分驻边防，不但可抑邻省之北上侵占绥地，且可防土匪之蹂躏蒙旗，而界地之地租亦不至为邻省所强征，并与防止外蒙之南下、赤俄之蔓延亦有莫大之关系。

三、划清旗界　伊盟七旗互相接壤，犬牙相错，多无显明之标记为之界限，故此旗侵占彼旗土地或彼旗侵占此旗土地之事时有所闻，因而酿成纠纷，数年不决，不但于两旗之感情有伤，且于公道之旨相违。宜由省政府照会各旗札萨克，先将该旗与各旗不清之旗界呈府审核，然后再遴派妥员为之划清，绘图附说，存府备查，另树界石，派人看守。

四、改良牧畜　近数年来伊克各旗之蒙人虽渐知稼穑，然究以牧畜为主业，故于牧畜一事虽非外行，然于牧地、牧草、畜舍、畜产品种、交配繁殖、遗传、饲养管理、饲料之讲求究欠精细之研究，年来蒙旗牧畜之锐减，亢旱不雨、水涸草干固为重大之原因，而蒙人于牧畜一事墨守旧法、不知改良亦不无相当之影响。兹为改良牧畜、裨益蒙人生计起见，本省应聘一对于牧畜素有研究之人，创办一种蒙文牧畜刊物关于牧畜之应如何改良详细登载，将此刊物发给各萨札萨克，再由札萨克散给蒙民，以为改良牧畜之宝鉴，发行既久，再派人亲往蒙旗，授蒙人以牧畜之知识如是则于牧畜之改良、蒙人之生计两有裨益。

五、整理台站　伊盟七旗文化落后，交通不便，邮寄公文甚为困难。查台站之设专为传达消息、送递公文，河西六台近竟有少数台站不明斯旨，对于蒙旗札萨克呈送绥远省政府之公文竟拒而不受，不为传送，此种行为不但有负职责，且于国家设立台站之本旨大相径庭。省政府宜通令杀虎口台站管理局对于河西六台严行整里〔理〕，以便传达公文，不致有误要公。

六、整顿蒙兵　伊盟七旗年来因土匪之猖獗，皆有骑兵，身体强健，剽悍善战，对于保卫地方、剿办土匪尚称得力，惟士兵素日未受相当之训练，而编制又太无系统，剿匪之时联络既感不易，调度遂生困难，故于此种骑兵宜切实整顿，以期指挥统一，联合不感困难。

七、均摊兵费　蒙旗养兵，意在保卫地方，防御匪患。伊盟七旗骑兵人马之食粮除札萨旗而外，多系由各该旗内人民摊派，因无详细章则及标准，摊派殊难公平。理合由省政府照会伊盟各旗札萨克，关于摊派兵费先由该旗详订摊派规章及标准，然后呈请省府核准备案，以示公允而免轩轾。

八、整理司法　伊盟各旗之民刑诉讼手续首先由各该旗札萨克处理，如不服时可向盟长、绥远省政府及法院等处上控，此种程序相沿既久，成为习惯。近竟有本应在此旗公署诉讼而径往他旗公署诉讼之事发生，因而酿成旗与旗之暗潮，若不早为取缔，恐有窒碍发生。省政府宜照会伊盟各旗札萨克，以后关于此种不合法之逾旗诉讼案件概不接受，以清界限而免争端。

上述八事均系伊盟七旗现在应行举办及改革之事项，是否有当，敢祈酌夺施行。

《绥远省政府年刊》
绥远省政府秘书处
1930年
（李红权　整理）

实察员李逢唐调查丰镇县治概况

李逢唐　撰

一　丰镇全县面积约四千余方里，已垦地亩约三万六千四百余顷，水地约居四分之一。水地又分红水与清水两种，红水者山水，清水乃泉水也。气候较归绥县稍寒，主要农产以糜子、谷子、大麦、莜麦最多，居民率皆业农。

二　全县共分六区，总计四万二千九百零六户，二十三万九千六百四十九口，共编为二百二十三编村。十八年冬曾办一村长训练班，共训练过村长八十余名。

三　丰县民风俭仆〔朴〕，人性强悍，惟烟赌之风甚盛。现在四区烟馆公卖，六区抽捐放赌，此皆导民为非者也。

四　新办事项：自濮县长莅位后，办一教养局，以收容灾民，此纯系募款办理，成绩颇佳。又成立一职业学校，现正在招生。余有国术团、军草差车处、风俗礼教改进委员会，奉令办理者有清乡局、戒烟所，此率徒有其名耳，清乡局虽已成立，实际上因匪氛甚炽，不能下乡，故暂难收实效。

五　全县之军队约四百余名，县政府侦缉队四十四名，保商团一百余名，分驻县城内与隆盛庄。其士兵皆系招募，且有殷实铺保。保卫团分驻各区，士兵多系收编之土匪，全县总共二百四十余名，实则三百名亦有余，内中良莠不齐，兵匪不分，故丰镇之剿匪与清乡非彻底清除现有之保卫团不为功。

六 丰镇县去岁之灾情，二、三两区最重，现除三五家富户外，余皆嗷嗷待赈。此次丰县所领得赈粮之分配，颇称公匀，但近来一般饥寒交迫之灾黎，卖妻鬻子者不计其数。

七 丰县原有积谷七百余石，于十六年度各机关因经费支绌，已将此谷粜售开支，现已颗粒无存矣。

八 城区金融：现在市面上流行之各种纸币价格极为参差，尤以本县财务局所出之饷糈票价值低廉，每元只抵四角有余，此项饷糈票共数六万元，原以地亩捐作抵，嗣以灾情奇重，地亩捐一时摧征不起，致五、六两期不能如期兑现，故尔价值低落，若不从速设法维持，则市面将更形枯涩矣。

九 暴废公物：建设局存有电杆数百条，此原系西北军退却时所遗留者，近来竟将该杆拍卖，充赈务委员之旅费。

十 征收机关之弊窦一时不易得据，但隆盛庄分卡弊端较多，如征盐税而不给据等情所在多有，此率为卡员舞弊耳。

十一 杀虎关之二成皮毛捐，原系归地方学款，当西北军在时，曾将此项捐款办一虎关学校，及西北军退后，该校亦于无形中解散，此款遂亦流入陋规。近由地方人再三交涉，但杀虎关人员仍主张以此款办一班初中，是此仍不若归诸地方办理较为统一，或者将此款项拨给教育厅，在此地办一初级中学，则事权统一，或可收相当之效。

十二 教育概况：全县有高级小学十四处，内有女子学校、职业学校各一处，共学生一千五百一十三名，初级小学九处，内有女校一处，共学生四百六十九名，各校经费全年总共一万三千九百七十元。此外犹有省立平民学校四处并社会教育所。

十三 看守所近日死去押犯数人，如羁押犯孙三宽、刑事未决犯王八斤、唐有存等，据云因囚粮、煤炭等费太少，致冻馁而死。民间对于司法之舆论颇不甚佳。

十四　丰县既无城池又无土围。有住户四千五百五十一户，共男女二万二千零二十八口，商号七百三十八户，商民共五千八百四十五口。全城设街公所四处，城内警士共数七十八名，设四分驻所，各设巡官一人。

十五　不隶于绥省之机关在丰县设有蒙盐缉私局、蒙盐收税局两处。

《绥远省政府年刊》
绥远省政府秘书处
1930 年
（李红权　整理）

五原县实察员刘锦魁建议地方应兴应革事宜

刘锦魁　撰

一、各县政府法警多无薪饷，致有勒索情弊，应筹给薪饷，制定制服，并更换粗通文字者。

二、各县公安局及区公所往往擅理民刑诉讼案件，原被告一律羁押，除处罚外，不问用饭与否，并勒索火食等费，每日一元，应请严禁。

三、丰镇三区所住之塔拉审判处系察省所设审理八旗蒙人诉讼机关，乃擅理绥东五县汉人案件，专意勒索，实有不合。

四、查集宁、兴和、陶林等县护送商人出蒙之蒙兵沿途勒令民户供给，而护送费乃归自得，有请蒙兵住村保卫者，其不供给之村多受其害，有匪患时亦不营救，甚或假剿匪之名纵兵散在民间勒索渡生，并擅理民间诉讼等情弊，均属不合。

五、查绥东五县匪徒所需枪弹闻多有本地保卫团及蒙兵暗中卖给情事，若不严究，地方治安实为堪虑。

六、闻兴和、丰镇、陶林、集宁等县近日集有土匪三四百人，均系土著，探悉若发给免罪执照，枪弹多有收交之可能，惟须协同该四县素有声望之耆绅及天主堂教师从中斡〔斡〕旋始能取得土匪信仰。

《绥远省政府年刊》
绥远省政府秘书处
1930年
（李红权　整理）

包头县长刘毓洛呈报行政计画

刘毓洛　撰

一　调查渠路振兴水利

理由　查包头黄河东西横亘，水流平坦，两岸之地当然有相当之水利，惜以年来岁荒匪扰，民不聊生，虽能见及，不遑兼顾。幸本年地气较潮，播种较易，大有预兆丰年之象，一切建设亟应先事绸缪提倡。计画黄河两岸易于施工各渠道择要兴修，俾地方人民咸获黄河之益而免黄河之害，裨益民生当非浅鲜。

进行办法　拟于开河后督饬各区遴派妥员，协同各村村长周历沿河各村，切实履勘，查有堪修渠路，绘具图说报县覆查，估计工资，拟订章程，就地集股，克期兴修。经费如有不足，应由县呈请公家补助贷款，以期必底于成而利民生。

实施期间　本年春夏之间调查筹办，秋成后集资兴工。

一　推广建筑救济人工

理由　查近年以来荒歉频仍，一般人民流离失所者更仆难数，即就此次清乡调查结果考之，每村失业民户恒在十之六七，其因生计所迫铤而走险之辈当非少数，所以边地土匪独较内地为多者，未必非生产压迫有以致之。若不设法消纳，代辟生机，则地方公安终无宁日。所困难者，年来灾歉迭至，物力凋敝达于极点，救济能力至薄至弱。为今之计，应由县府规画堪筑土堡，各村责成民众集资兴修，并择可挖之渠、可开之矿集股合办，以期无业人民获有工作，地方建筑亦得利赖，一举两得，莫善于此。

进行办法　拟由县政府督饬各区村长定期调查关于需要人工之筑堡、挖渠、开矿各种地点，拟具计画，报县核夺，根据清乡案内年富力强无业壮丁就事支配，务使人无废工，事无不举，以谋公共之幸福。

实施期间　春夏之间规画工程，秋后冬初履行工作。

一　提倡垦务

理由　查包属各村人民自罹灾祲，逃亡过半，原有土地日就荒芜，所幸本年东作较易，流亡地户渐渐回村，若不设法由官厅提倡垦辟，则多数良田鞠为茂草，势必愈荒愈多，生产日少，农无余粟，供不给求，虽有丰年亦不免粮荒之惧。为今之计，宜将各村未垦生荒及原有熟地本年实得地数分别清理，限定秋初雨多之际，由地主招户开垦原有荒地十分之三，责成村长调查报告，如有阳奉阴违者送县惩办，庶免弃利于地而收田野日辟、生产日繁之效。

进行办法　拟即规定表式，分谕各村村长先行调查生熟荒地及未垦荒地亩数，报县汇核，妥订促垦专章，俾各区长督饬各该村长催令原户从事工作，一俟秋雨连绵宜于开垦时，再由县府派员考查各村开垦成绩，酌予奖惩而资观感。

实施期间　春夏两季调查筹办，秋后农隙督促垦辟。

一 提倡毛织、制革工厂

理由　查皮毛原料产于西北，久为全国所审知，独于织毛、制革等工厂迄未有人提倡设置而利用之，以致工无所施，利权外溢，殊为地方之遗憾。为目前计，亟应联合地方绅商筹集资本，试办小规模织毛、制革之工厂，聘用专门人才，招收工徒从事工作，以资提倡，苟能办理得法，继起有人，裨益地方正未可量。

进行办法　拟由县政府劝导地方绅商发起筹集股本，物色工师，择选相当地点计画进行。

实施期限　本年春夏间筹备，秋成后集资成立。

《绥远省政府年刊》
绥远省政府秘书处
1930年
（李红权　整理）

临河县长彭继先呈报第三期行政计画

彭继先　撰

甲　应行整顿各事项

一、荒地归公补助囚粮　查方五福堂于民国十五年间在三区挂领垦地一段计数十顷，押荒款价迄未缴纳，至今数年，并不经管，应依法仍归公有，以免荒废。拟自十九年三月起，令饬第三区区长将该五福堂上水地酌量放租，每年所收地租尽数交差徭局存储，随时拨给看守所作为囚粮，以资补助。

二、增加教员俸薪　查临河因交〈通〉不便，生活程度过高，各校教职员月薪或十余元，或二十余元，除食用外绝少余裕，非提高待遇不足以招贤能。拟自本年二月一日起，各教职员月薪均按三十元支给，所需款项由税契二成教育捐项下开支（已在教育厅立案）。

三、添购各学校教育用具　查临河风气不开，各学校一切用具均因陋就简，不敷应用，拟添购堂桌坐椅八十套及风琴、挂图等项，现已着手办理，约于本月底即可竣事。所需款项均由税契附加二成教育捐项下开支（已在教育厅立案）。

乙　应行建设各事项

四、建筑民市各房屋　查城内街基地业经放尽，建筑房屋犹极寥寥，其余各地依旧荒芜，去年迄今收成较稔，从事建筑绝不困难，拟公布自三月十五日起至五月十五日止，凡领有街基地者，均应建筑房屋，一经过期，收回另放。

五、开辟北城门以便交通　查临河于十四年间筑城时，四面开门，颇觉便利。前任吕局长迷信风水，堵筑北门，既无充分之理由，徒贻往来困难。迩者全县汽路行将完竣，而第八路线以北门外为起点，若非赶速开辟，不便良多，拟于四月初间开工，所需款项由改编旧保卫团撙节薪饷项下开支。

六、创设模范学校　查临河风气不开，文化落后，各初级小学校或有名无实，或腐败不堪。拟于三月一日在一、二、三、四等区各设模范小学校一处，并请师范人才充膺教员，以资观摩。所需款项本年份暂由丈青地亩内摊派开支，俟下年赈务结束，另抽粮捐。

七、创建学校教室　查县立第一高级小学校现有学生共计四班，仅有教室两所，自修室三楹，其建筑鄙陋，不复赘论，惟各屋拥挤，殊有人满之患，如再扩充班级，实无办法。兹拟添筑教室四所、教员室四所、储藏室一所、会议室一所，原有教室改筑自修室。县城女学校亦添筑教室三所、自修室一所、储藏室及厨房各一所，业经招集工程师量地绘图，并派人赴宁夏购买木料，俟五月初旬材料运回即从事建筑，所需款项仍由契税教育附加捐项下开支。

八、建筑驻军营房　查临河开辟未久，公私房屋均极缺乏，向来驻防军队或借住商号，或强占民房，无论商民同感困痛，长此以往，亦非办法。兹拟将旧农会地址扩充建筑以作连部，旧保卫团房舍再加修理以作团部，东关旧有官地一方、房屋一所，拟再扩充，改作营部，定于六月一日开工，所需款项由丈青地亩捐项下撙节开支。

九、建筑官厕以重卫生　查临河人民对于清洁向不讲究，以致城关各马路异常污秽，不惟观瞻不雅，而于公共卫生尤觉非宜。兹拟在县城关建筑官厕六所，每所预计需洋三十元，定于四月一日实行，所需款项将来由违警项下开支。

十、县城周围完全用砖砌筑　查县城纯系用土筑成，而土内所含沙质过多，恒有塌圮，连年补修所费甚巨，且十七年间永济渠决口，西城墙强半冲毁，淹没房舍，损失极多。业经招集各绅磋商，佥谓以砖砌筑可一劳永逸，但城周围约六里，高一丈二尺，统计需洋五万余元，工程浩大，筹办困难，兹定为分年进行，每年砌筑一面，轻而易举，成功可期。拟于本年九月一日先由西城着手开工，所需款项均由全县丈青地亩逐年摊收。

十一、建筑县商会　查临河商会于民国十五年间成立，因无相当址，一遇开会时，而陕坝、蛮会、乌拉地各商号均因会址不定恒不临会，商务进行殊多窒碍。业经招集各商号开会议决，准由各号自行筹建筑费五千元，以便开办，并由城内官街基地筹拨一方，俾资建筑，定于六月一日开工。

十二、建筑教育局　查临河教育局自组织成立后，租占民房，每年需租洋数十元，而且卑隘不堪，近来教育会因无房屋，附设该局，更形拥挤。兹拟将街基地旧日划定教育局地址建筑局长室三楹、办公室三楹、书记室及火房数楹，完竣后将教育会一并附设，以便办公。约需款洋二千四百元，定于六月一日开工，所需款项由丈青项下开支。

《绥远省政府年刊》

绥远省政府秘书处

1930年

（丁冉　整理）

绥远财政厅对于蒙藏会议提案一则

绥远省财政厅　撰

查乌、伊两盟各旗财政向系自收自支，既不划分国家、地方，亦未编造预算、决算，以致各项收入共有若干，一切开支如何分配，均属莫知底蕴，相沿日久，故步自封。现在训政开始，种种事业亟待建设整顿，财政尤为当务之急，蒙旗事同一律，自应设法整理。拟请由蒙藏委员会行知各该蒙旗行政机关，将全年收入、支出各款，按照中央颁发书表式样，先行编造年度总预算，分别送由本管省政府详加审核，通盘计画，再行确定国家收支与地方收支之界限，以期渐入正轨。是否之处，尚祈公决。

《绥远省政府年刊》
绥远省政府秘书处
1930 年
（李红权　整理）

建设厅呈覆对于蒙藏会议之提案

绥远省建设厅　撰

呈。为呈覆事：案奉钧府蒙字第三零七号训令内开：为令遵事：案准蒙藏委员会总字第八九号咨开：沿边各省对于蒙藏会议各派代表一人参加等因，附提案标准一份。准此，当经报告本府二月七日第六十次例会决议，提案标准行各厅及法院拟议，限一星期内具覆。至应派代表，俟提案决定再行选派等因。除分令外，合行抄发原咨并提案标准各一份，令仰该厅遵照，就管辖事项拟具提案，于二月十五日以前送府，以凭汇核为要。此令。附抄发原咨暨提议标准各一份等因。奉此，遵查职厅对于蒙旗方面范围内详加讨论，其提案要点有三：（一）蒙旗矿产亟应规定妥善办法，以免纠纷，俾利进行；（二）划定蒙旗区内垦牧范围，以资办理而免废业；（三）改良蒙旗畜种以资繁殖。以上三项均为训政建设时期应行筹维之要图，兹由厅长分别建议提案，借备蒙藏委员会大会之解决。理合缮具提案，具文呈请鉴核，俯赐汇辖，并乞训示祗遵施行。谨呈绥远省政府。

《绥远省政府年刊》
绥远省政府秘书处
1930 年
（丁冉　整理）

民政厅呈覆关于蒙藏行政建设应行改善各提案

绥远省民政厅　撰

呈。为遵令拟议，恭祈鉴核事。案奉钧府蒙字第三零七号训令内开：为令遵事：案准蒙藏委员会总字第八九号咨开：沿边各省对于蒙藏会议各派代表一人参加等因，附提案标准一份。准此，当经报告本府二月七日第六十次例会，决议：提案标准行各厅及法院拟议，限一星期内具覆。至应派代表，俟提案决定再行选派等因。除分令外，合行抄发原咨并提案标准各一份，令仰该厅遵照，就管辖事项拟具提案，于二月十五日以前送府，以凭汇核为要。此令。附抄发原咨暨提议标准各一份等因。奉此，查蒙藏区域既为吾国外藩，而所处位置复为我国重要门户，乃缘地方荒僻，遂致外人垂涎，任意侵占，兴言及此，惋惜殊深。值兹建设万端，训政伊始，举凡全国所有建设事业实有不容或缓之势，西藏与绥远相隔虽遥，其政治上之设施固不容与蒙古或爽，是对其行政组织自未便独异，亟应改善组织，督促厉行，庶统一邦基，早观厥成。是否有当，理合谨就管辖事项拟具提案，备文呈请鉴核施行。谨呈绥远省政府主席李。

《绥远省政府年刊》
绥远省政府秘书处
1930 年
（丁冉　整理）

民政厅呈省政府拟定本省任用县长办法

绥远省民政厅　撰

呈。为呈送事：案奉钧府总字第二六九一号训令内开：为令行事：查本省第一届考试及格县长各员，现在学习期间均已届满，自应按照成绩核定分数，以便归班任用。除宋秉敏、王鸿铎均在太原，王明仁甫委学习外，所有学习期满任光春等二十二员名，成绩经服务各机关先后列表到府，当经汇列总表平均分数，提交本府第一百一十三次例会决议，通过王明仁俟学习期满按考核成绩分数归班任用，宋秉敏、王鸿铎未经学习不列考核等因。除呈报考试院备案并分行暨令各该员知照外，合亟检同成绩表，令仰该厅查照，并将归班任用办法妥为拟定，呈候核夺。此令。附送成绩表一册等因。奉此，查《绥远省任用县长暂行条例》规定，任用县长之资格分为考试、荐举两班，嗣后轮委办法拟以二一为比率，即荐举班一人，考试班二人，譬如先遇缺出，即以荐举班存记挨委之赵鸣瑶提出任用，次遇缺出，再以考试班存记任光春、刘振文依次提出任用，其余照此类推。又查前项《条例》第九条内载现任县长因故调省得归入存记班等语，自应自十八年十一月三十日公布施行日起，将因故调省各员列入荐举合格人员之后注册存记，以备挨次轮委。是否可行，理合开具因故调省人员衔名清单，一并呈送鉴核施行。谨呈绥远省政府主席李。

《绥远省政府年刊》
绥远省政府秘书处
1930年
（丁冉 整理）

民政厅关于蒙藏行政建设应行改善各提案

绥远省民政厅　撰

一、蒙藏民族使之能自决自治，与国内各民族实行团结为整个的大中华民国国族。

查蒙藏地处边陲，沃野万里，人迹罕至，风气晚开，天然利益妄弃于地，有心家国莫不深忧。为今之计，应将国内失业之民移殖于该两地，一面将两地解放之奴隶及联合两地之民众施以各项相当建设教育，一面晓以宣传合作之利益，俾各民众皆明了革命建设之意义，对于革命政府有绝对［殊］的服从及信仰，果如是，则庶几由自决自治而进于实行团结矣。

一、蒙藏特殊情形分别先后缓急，逐渐改革进行以谋发展。

查蒙藏与中国政治、宗教向不相同，故其生活状况亦彼此各异，两地风气闭塞，建设缺如，且向为俄英两国所把持，吾国自应急起直追，迅筹救济之策，首先注重政治设施及建设方略，兴其利而除其弊，解倒悬而进大同；次则求改善其宗教、风俗，徐图发展，则蒙藏前途庶有豸乎。

一、蒙藏之行政组织应依本党主义加以适当之改善，及蒙藏王公名号奖励其自动取消。

查蒙藏行政组织本与中国内地悬殊，应先遴派党政兼优人员前往组织行政、司法各机关暨各级党部主持党政要务，期与内地息息相通，同时并举，不至瞠乎人后，于是再进而求教育、经济之设施与交通、实业之建设，彼此组织暨同，系统不紊，自无隔阂之嫌。果如是，则曩日之王公名号由其自动取消亦易于反掌也。

一、蒙藏一切奴隶一律解放，并妥筹善后办法。

查蒙藏地广人稀，若厉行新建设之工作，需人较夥，类如修筑道路、改良农业、振兴水利、积极造林，无一不要需人才，果能进行不悖，靡特解放奴隶之生活问题赖以维持，即善后办法亦可庆圆满结果，但视力行之如何耳。

《绥远省政府年刊》
绥远省政府秘书处
1930 年
（李红权　整理）

党政学院毕业学员归班办法

十九年七月本府议决

绥远省政府　撰

一、本办法依照本省颁行《太原党政学院毕业学员归省任用办法》第四条规定之。

二、各学员报到后，应依照本省颁行《党政学院毕业学员任用办法》第三条所列各项，由省政府分发四厅及法院依次委用。

三、各县及设治局所属区长、局长、科长或承审等职遇有缺出，应由主管机关先就第一届分发归班学员依次轮委，如第一届第一名已有差委或声明不愿充任，应就第二名叙委，余类推。

四、各厅、院委用前项人员后，应将所委职务呈报省政府备查。

五、本办法如有未尽事宜得随时修正。

六、本办法自公布日实行。

《绥远省政府年刊》
绥远省政府秘书处
1930年
（李红权　整理）

绥远省政府呈行政院为沃野设治局成立日期及情形补请备案

绥远省政府　撰

呈。为呈报、为咨行事：案查绥属伊克昭盟鄂托克旗东连乌审，南临陕、甘，西界黄河，北接杭锦，物产丰富，幅员辽阔，沿黄河流域有陶乐湖滩，曾经绥省放垦多年，实有急应设立县治之必要，迭经声述该地经济、交通实况及各种理由，检同地图呈奉钧行政院令准设立在案。当即委派专员前往该旗所属陶乐湖地方增设县治，兼办垦务事宜，定名为沃野设治局，并拟订《设治办法大纲》，暂由职敝府刊发关防，业于本年八月二十三日在该地组织成立。开办数月，极为融洽，不但汉蒙相安，进行无阻，即于垦务、行政诸大端均亦办有成效。但以陶乐湖滩一带滨临黄河，土地肥沃，近年以来因受土匪影响，渠道无人整理，以致此滩等于石田。兹当灾荒之后，自非开挖渠道不足以厚民生而辟利源，现由职敝府筹发专款，督饬该局长拟订计画，绘具图说，组织各水利公社及董事会，选举经理，西自月牙湖开口，东至红岸子出捎〔梢〕，开挖惠民渠一道，利用黄河之水，可灌地二千余顷，业经筹备就绪，定于明春开工建修，以期早日完成。惟查该局成立之初，正值军事时期，交通阻断，以致未能呈报。现在大局底定，理合相应将增设县治及设治后办理大概情形，连同该局《办法大纲》备文补报，除分咨主管各部［外］、呈报行政院外，伏乞即请鉴核查照备案。谨呈。此咨行政院、内政、财政、实业各部。

计呈送、附送《办法大纲》一份。

绥远省政府主席李

《绥远省政府年刊》
绥远省政府秘书处
1930年
（李红权 整理）

绥远省政府电南京行政院派员前往鄂托克旗之陶乐湖滩地方筹备设治（十九年二月二十一日）

绥远省政府 撰

南京行政院钧鉴：庚电并第五一九号训令均奉悉。查绥属鄂托克旗原与甘肃所属阿拉善旗南以边墙为界，西以黄河为界，天然畛限，划若鸿沟，数百年来尽人皆知。自宁夏省政府成立，阿拉善旗改隶宁省，旗界如旧，并无变更，亦即绥、宁两省省界显然划分，毫无参差，所有鄂托克旗之陶乐湖滩居黄河以东，确系隶属绥省领域之内，疆界分明，实无再行会同勘划之必要。至宁省请在该地设治者，当系因该地一带报垦之初，绥远曾有委托现归宁属之平罗县代收官租情事，该省或不免因此误会，认为属其管辖，现在职府对于该地设治业经筹备就绪，势难延缓，拟恳钧院迅赐核准，以资进行而便治理。绥远省政府主席李。印。

《绥远省政府年刊》
绥远省政府秘书处
1930 年
（李红权 整理）

绥远省政府咨考选委员会将本省考试及格人员像片、名册、履历送请覆核

绥远省政府　撰

为咨送事：案准贵会选字第六号咨开：以奉国民政府公布《考试覆核条例》通令遵行，并制定限期表依法送会办理等因。查敝省于上年举行县长考试，系遵照行政院颁行《县长考试暂行条例》举行，当于十九年三月七日具报行政院备案，复经电请考试院、行政院简派典试委员，嗣奉考试院第二一四号训令，奉准国民政府发给《绥远省县长考试典试委员简派状》七纸，即于四月三日组织成立绥远省县长考试典试委员会筹办进行，电请考选委员会核派于存灏等九人为襄校委员，旋奉考试院训令第二三九号照准，并令发派状等因。当即公布考试日期，以十九年四月七日举行第一试，十日举行第二试，十三日举行第三试，十七日举行第四试，及检验体格各试，均取严格主义，对于监试及阅卷各事无不封门严查，特别认真，计第一试应试者一百七十三名，录取一百四十名，第二、三两试录取二十七名，第四试录取乙等任光春等十五名，丙等十名，业于上年四月二十二日备文连同考取及格各员成绩表、履历册、像片等件呈请考试院暨咨请考选委员会、内政部分别备案。按绥远僻处边疆，远接内地，此次举行县长考试，应考各员长途跋涉，志在开发西北富源，为民众辟生路，志趣良佳，惟以绥省辖治仅十七县局，用人无多，各试严行甄别，

仅取中二十余名，特念边蒙之区，政治、文化均属晚进，非有精通政治人才实不足以收效果，当于考试完竣之后，依照部章另订《县长考试及格人员学习规则》，将录取各员分发各县政府实地学习，现已期满归班任用。兹准前因，相应连同考试章程、考试官名册及履历书、考试人员名册、履历书、像片、试题、考取试卷、考取人员现任职务、服务成绩表等件备文咨送贵会查收核办。再，查各及格人员原送像片业经分呈送考试院暨咨送考选委员会、内政部有案，现敝府所存者仅有十九名，其余六名均服务蒙疆，路途遥远，除径催依限补交外，相应先将现存像片一并送请贵会查核，合并声明。此咨考选委员会。

《绥远省政府年刊》
绥远省政府秘书处
1930 年
（李红权　整理）

绥远省政府咨内政部以沃野设治局系就绥省境界设治不必另行划界请转呈行政院先行备案

绥远省政府　撰

绥远省政府咨：

为咨请事：案准贵部民字第五四号内开：以敝省咨报设立沃野设治局应先行与宁夏省划分县界再行咨部转呈行政院备案等因。准此，查绥省疆域统辖乌、伊两盟十三旗，沿旗之旧界即绥之省界。陶乐湖滩位在绥之西南伊克昭盟鄂托克旗部内，向归绥省管辖，其界限东连乌审，南临陕、甘，西界黄河，北接杭锦，土地肥沃，出产丰富，在前清光绪二十九年经前垦务大臣贻谷派员劝令鄂托克旗报垦，于三十一年设局丈放荒地一百余顷，并振兴水利。彼时因回、蒙纠葛，当于甘肃平罗县交界适中地点设立土堆三十二个，复派专员张震会同平罗县会勘，将旧有之交界墩台五座加高培厚，又在五推子设立小土堆十五个，迤北又立界堆二座以清界限各在案，此陶乐湖滩之确系绥远区域管辖之历史大较也。只以未曾设治，居民苦无保障，因乏久居之心，几成瓯脱之势。敝府考察情形，非先行设治不足以招纳居民，爰于上年六月间在陶乐湖滩设立沃野设治局，曾经呈报有案。溯自派员治理以来，开渠灌田，放垦开荒，凡关建设事项靡不积极筹备，一力经营，非特蒙汉人民居处相安，即宁夏省府亦无不遇事赞助，并无异词。

但该省原请增设之陶乐设治局本系侵越绥界，在事实上绝对无争执之可能，自敝省成立沃野设治局之后，该局即行中止停办，是陶乐湖滩与沃野为同一地点，而宁夏省府已认定为绥省辖县，毫无疑义。再按之舆图，该局之设治区域又在鄂托克旗疆界之内，更足以资证明陶乐湖滩为绥远之辖境无疑。屈计该局设治施政将近一年，惨淡经营，煞费苦心，人民徙居于此者为数甚众，正在筹办教育，发展商业，开挖渠道，从事垦殖之际，诸凡应行建设之事无不着手次第进行，县治形式规模粗具，以绥省之区域绥省设治管理，依绥省固定之界限为界限，天然畛域最为清晰，似无另行与宁夏省从事划界之必要，事实昭然，未敢缄默。兹准前因，相应将沃野设治局成立之始末暨依据地理、历史管辖施政并毋庸另行划界各情形咨请查照转呈行政院准予备案施行。此咨内政部。

主席李

《绥远省政府年刊》
绥远省政府秘书处
1930年
（李红权　整理）

托克托县长王礼馨呈报行政计划

王礼馨　撰

甲　整顿事项列左

一、整顿团警　查职县公安警察只有二十名，分驻托城、河口两处，维持秩序尚且不敷，倘有匪警，更无防守之可能。县长以加增警额则经费为难，仍旧维持则治安可虑，再四筹思，实无善法。惟查职县保卫团一百一十名，原系集中县城，以资调遣，乃自《保卫团法》颁布之后，奉令各归各区，故将原有一百一十名之团丁分为五保，每保二十二名，分驻五区，而县城防务则委诸驻军办理。现在驻军开拔，城防空虚，乃将各保团丁调回半数，借资守城，而各区人民啧有烦言，盖因经费由区摊收，知有区而不知有县也，若仍扭〔狃〕于部章，将整个之保卫团分散各区，不特各怀区界，调动不灵，而且兵分力薄，一旦有警，危险堪虞。此项保卫团之组织既不合于部章，不若改为公安警察，以五十名分驻五区，每区十名，为公安分局警察，维持各本区秩序，以六十名集中县城，并以原有警察二十名共八十名，分为马步各半，以步队专事守城，以马队专司剿匪，其经费以原有保卫团费充之，则维持治安易收指臂之效，是否有当，伏乞鉴核示遵，以便办理。

一、整顿学校　查职县全县学校在托城者只有第一小学、清真小学，在河口者只有第二小学、职业小学，共计四校而已，至于各区小学均付阙如。县长为整顿教育计，特令教育局长对于各校校长严加考核，分别去留，以免滥竽充数，并令各校补充各班人数，整顿各级课程，总期款不虚糜而收效且巨。但河口两校地址尚属适宜，而托城第一小学地址狭小，不敷应用，拟移于北门里关帝庙内，所遗校址以备清真小学迁入，一转移间，两校之地址宽绰，均可发展，自无人满之患，现正着手进行，一俟修葺完竣，即行迁移。至各区小学，近因连年荒歉，均致停办，长此以往，教育前途殊为危险，故令教育局选择校长人才，委赴各区重新整顿，现在五区五校均于四月一日开学授课。惟各区经费支绌，进行极感困难，兹经地方会议，每校经费月定五十元，由财务局另筹的款补助二十元，下余三十元由区自筹，如此办法，则各校经费自可维持。此整顿教育之情形也。

一、整顿财政　查职县地方财政困难已达极点，现在除党部经费另筹的款不计外，而公安局经费年支二千七百余元，教育局经费年支一千四百余元，财务局经费年支一千六百余元，建设局经费年支一千八百余元，第一、二小学经费年支四千一百余元，清真、职业小学经费年支一千九百余元，各区小学补助费年支一千二百元，支差处、赈分会经费年支八百余元，加以临时之学生津贴费，各局、校修理费，实察员、县长之出巡旅费等，年需二千元，共计全年应支一万七千元之谱，乃收入项除省库补助警、学各款三千七百余元及斗贩、船筏、鼓乐、婚帖、鱼屠、膏捐各项年收三千二百余元外，全年计算尚短一万元之谱，此项亏款系由财务局摊派各村负担，按月催收以资应用，但职县连年荒歉，民不聊生，此项摊款虽经严催，而缴者□有十之二三，以致各机关经费无法维持，在财务局催收乏术，虽感对付之难，而各村缴款未能，已受催差之扰矣。以县长之见，此项摊款各村既系由地亩分拨，不如随粮附收，以逸待劳，借省手续，以免各村摊款之难及催差之累。惟查部章，各县附加田赋不得超过正税之数，职县官租钱粮额数一万二千余元，已经附收党费三成，兹拟十九年度自七月一日起再附收地方费七成，年可收八千元之谱，核与部章亦无不合；至不敷二千元之数，则由各捐项下加以整顿，所差无几，当可维持现状，不必再摊各村。所有整顿财政计划，是否有当，伏乞鉴核示遵，以便办理。

乙 建设事项列左

一、修筑河坝 查职县背山面河，地势洼低，自古以来常遭水患，故前清咸丰年间道署曾拨库银一万两筑坝防堵，自后每年又由国库拨给城工津贴钱四百吊，时加修理，始免水潦之灾，是以地方人士对于修筑河坝非常注意，当河口商业兴旺之时，每年修理河坝需款总在数千元之谱，迨至近年，商业萧条，筹款不易，以致河坝失修者已五六年矣，尚幸天旱不雨，河水无多，故数年以来均免水患。乃去年夏间霪雨缠绵，大水暴发，距离河堤只有尺许，好在暴发于白日，查觉尚早，即集人民速施抢护，始能脱险，但数丈宽堤已冲去大半，现在所余者只有一丈之宽，亦云险耳。今年若不修筑，一旦大水复来，则托城二千余户人民必遭没顶之祸。县长每与地方父老谈及河坝，均皆栗栗危惧。兴利必先除害，修筑河坝实为当今急务。但工程浩大，非巨款不能办到，兹经测勘，共计冲坏河坝三百七十丈，修筑二丈底，一丈收顶，一丈二尺高，应用六万六千六百土方，每方由远处取土，需洋四角，合洋二千四百七十四元，拟由本年征收地亩摊款附加一成，以备修坝及筑城之用，如蒙俯准，并乞示遵，以便着手办理。

一、修筑城墙 查职县旧有县城高置山顶，一般人民悉居城外之山下，屋宇散涣，道路纵横，因无城墙，随处皆可出入，名为县城，实不如有围堡之村落。民国四年卢匪占魁破城，焚烧掳掠，无恶不作；又十四年苏匪雨生破城劫掠财物之外，并掳去前县长徐泰，嗣后虽经陈县长与驻军王营长提创修筑城墙，然以款项为难，低于四围各路口筑一短墙，亦属无济于事，故十六年冬间李□钩股匪由东城墙拥入，幸经驻军抵御，只抢去高起运之财物，并绑去女票一名。查县城迭次失守，损失不可胜计，县长为地方计，拟修筑城墙，借资防守，以免人民之损失。兹勘定由旧城西南角至南门计三百五十丈，又由旧城西门边至北门计五十丈，两共四百丈，修筑底宽一丈四尺，收顶六尺，高一丈二尺之城墙，共计四千八百土方，每方需洋八角，共洋三千八百四十元；再由南门而至北门，乃系靠近黑河，不关紧要，勿庸筑墙，只由住户之墙加以添修，足资防守。计长约有六百丈，每丈修理费洋四元，共需洋二千四百元，其余补修城门、添筑水道一切材料、木绳、泥工等费约需洋一千余元，总共约需洋八千元，其筹款办法详于修筑河坝之内，不敷之数由各住户摊派之。

一、修筑各区村围堡　查职县西、北两隅为土匪出没之要路，以故该处人民被匪蹂躏而死者不知凡几，若不筑堡防守，则该处人民终无一夕之安。兹拟于该处冲要之路如三间房村、一间房村、南窑子村、祝乐沁村、乃只盖村、补还岱村、鸡嘴营村、帐房坪村、五把什村、关四窑村、老官营村、石老新营村、什力邓村、五十家村、陈俊营村、大圐圙村、韭菜滩村、一间房村①、黑烂圪力更村各筑堡子一个，计周围约一里，四隅各筑炮台一个，在内底宽五尺，收顶三尺，高一丈二尺，每堡共计土方八百六十四个，每个以六角计，需洋五百一十八元四角；又每丈约需草绳洋五角，

① 原文如此，与前重复。——整理者注

每堡共需九十元，统计每堡需洋六百零八元，此项用款由各该村自行筹措，不足时由县补助三分之一，其款项由下次领到赈款内拨用，定于秋后举办。

一、疏浚旧渠　查职县什力邓之渠原用黑河之水，春秋二季均可灌溉，是以沿渠各村自无灾旱之虞。乃去秋山洪暴发，河水横流，原有二十里之渠尽为冲坏，以致沿渠数百顷之地未能灌溉。现在各村大户愿以价值四千元之地契向平市官钱局息借二千元，借资疏浚，曾经呈准赈务会令县代为接洽，该款借到即行兴工，否则俟秋收之后民困稍苏，即行督饬办理。

一、开凿民阜、民生两渠　查职县灾情奇重，曾蒙赈务会分配工赈款洋六千元，并蒙建设厅派员测勘指开民阜渠之用。现在哀鸿遍野，待哺嗷嗷，自应迅速兴工，借资救济。兹定于四月十九日开工，限五月底完成。至民生延长渠线业经测勘，呈请赈务会核办，俟原定五万之经费发到，即行兴工。

一、建筑监狱　查职县监狱自民国九年倒塌之后，迄今数载尚未修复，考其原因，虽因地方困苦，筹款为难，亦由历任敷衍不筹办理之所致。现在羁押人犯只有三间小屋，面积狭窄，自无空气、光线之可言，对于卫生大有妨碍。况且房屋太老，木料腐朽，迭生逃犯之事，对于地方治安尤为危险。县长莅任伊始，睹此情形，即有建设监狱之念，无如历年灾歉，地方困难，振兴水利、救济民生较诸建设监狱为尤急，乃舍缓图，急奔走呼号开凿民利、民阜二渠，以工代赈，救济灾黎，今幸渠功告成，浇地数千顷，本年秋收有望，民困或可稍苏，而建筑监狱实为急务，兹拟利用旧砖，即就旧址兴修，估价约需一千五六百元之谱，如蒙俯准，所需经费即由本年地亩教实费项下拨用，则县长即行绘具图说，呈请核夺。

一、修筑桥梁　查职县民利渠客岁告成，浇地千余顷，人民实受其惠。惟沿渠七十余里并无一道桥梁，交通诸多阻碍。该渠前经赈务会代向平市官钱局息借五千元，除开凿支渠外，提出一千元修筑桥梁三座以利交通，现正着手进行，限于五月底告竣。又县西各村往返黑河东岸向有桥梁，交通称便，乃去年山洪暴发，被水冲坏，现在代以舟渡，极感困难，已令建设局斫伐河畔枯树，从速修筑，限于五月半告成。

一、修筑阳沟　查职县后街阳沟因久不修，沟底反高于地面，一遇天雨，不特道路泥泞，交通不便，且于修便〔竣〕之马路亦大有妨碍，兹经重行修理，计长约二百五十余丈，口面宽四尺，底宽三尺，深三尺，已由建设局函知街公所转饬沿沟各户按照尺寸重行深挖，预计十日内即可竣工。

一、修筑马道　查职县本城街道甚为窄狭，且又凹凸不平，对于交通殊感不便。兹拟先由北门起至南门止修筑土马路一条，计长四百五十丈，每日拨囚犯十人，每人每日筑马道二丈，加给口粮四合，计二十三天即可竣工，此项计画现已动工。

一、栽植树株　查职县城西黑河堤一带长约四里半有奇，以之栽种树株甚为适宜，既便浇灌且护河堤，前经估计每距离一步植树一株共需一千六百树苗，已令财务局购买，于植树节日由地方各机关团体负责挖栽，惟所栽树株诚恐不能尽活，预计如有死树秋后即行补栽。再，职县城东一带涉〔沙〕梁最多，栽植杨树最为适宜，县长已令建设局广为宣传栽树之利益，并拟秋后人民种树千苗予以一元之奖金，此款由本年地亩教实费项下开支。

《绥远省政府年刊》
绥远省政府秘书处
1930年
（李红权　整理）

归绥县长张锡余呈报行政计画

张锡余　撰

一、扩充乡镇小学　查归绥僻处蒙边，民智蔽塞，非力谋教育进展不足以言自治。县属计分三区，共三百八十余乡镇，拟凡在一百户以上之乡镇均设立初级小学一处，由教育局遴员充任教员；一面施行强迫教育，其有子弟而不入学者，罪在父兄，逐渐推行以期教育普及。惟值灾荒匪患之余，青黄不接，先择乡镇现时可以筹办者即行举办，余则俟本年秋收后一律实施。

一、教授农民识字　查归绥农民思想顽旧，识字者少，拟于各乡镇成立小学内附设农民识字班，每班以农民三十人或四十人为度，每日上班认字，由小学教员担任教授二小时，以六十日为限，凡不识字之农民均须轮流上班受课，借以增进农民知识。

一、训练各乡镇镇长副　查各乡镇镇长副多属农民选任，知识缺乏，对于应尽职务多未了解，遇事每不负责，若不加以训练，匪但于自治进行诸多障碍，即改良村范亦感艰困。拟由职府组设乡镇长训练所一处，定五十人或六十人为一班，训练期限两个月，教授一职即由职府人员兼充，或聘约其他人员担任，纯尽义务，亦拟于本年秋收后举办。

一、清查地亩　查县属地亩除少数粮地外，余均蒙地，经公家清丈、人民承领，惟地亩数目按升科底册核算未尽翔实，拟于秋后派员逐一清查，并令地主将地价自行报明存案，以资标准。

一、修理山道　查县属察素齐镇北赴武川大道有门庆坝，长约十里，中间甚高，重载车辆非特难行且有危险，惟此□每届冬令车行不绝，或山后农民载粮来察镇出售，或山前农民载货物赴山后易换粮食，盖山前所产大半山后所无，故两县相距一二百里之农民往来贸易，以货易货，实为归、武两县之孔道也。地方人士早有修治之议，惟以近年来灾荒迭见，筹款维艰，致未兴修。第查此坝虽前后十里，而中间最高难行之处仅一里之长，且土多石少，修治尚易，奉拨工赈之款指定整理黑河水利，倘有余裕，则请拨一二千元以为兴修该坝道路之资，道经平坦，交通便利，殊于民生、地方两有裨益。

一、修理沟路以利煤运　查县属万家沟内煤产丰饶，沟长约六十里，道路崎岖，运输艰困，煤价日昂，亦不外感交通之不便。若能改良窑口，用机器开采，由察镇至沟内敷设轻便铁道，遂俾火车直达窑上，诚为开源利民之要图。惟兹事体大，限于财力，目前实难办到。查沟内运煤道路有龙滩桥地方险阻最甚，上年复被山水冲刷，车行益难，如工赈之款有余，酌拨二千元以资修补，则煤运畅通，煤价自减，人民日用所需不至有昂贵或缺乏之虞。

一、整理水利　查县属各村旧有渠道多以年久失修致成淤废，拟责由建设局长会同各区区长查明，分别督饬各该村长副从事疏浚，俾旧渠干线引水无阻，凡水量可达之处而不妨害他人使用者均应以次开挖，以期水利之［之］振兴，拟于本年六月起督同建设局长派员沿村查勘，认真办理。

《绥远省政府年刊》
绥远省政府秘书处
1930年
（李红权　整理）

归绥地方法院法庭开闭暨秩序规则

作者不详

一　本规则系按《法院编制法》第七章第五十四条至六十六条之规定循序编列，悬挂法庭以资遵守。

一　法庭开设于审判衙门内，但有特别规定者不在此限。

一　审判员居法庭首席，于开闭法庭及审问诉讼均有指挥之权。

一　审判员于开庭时有维持秩序之权。

一　公开法庭有应行停止公开者，应将其决议及理由宣示，然后使公众退庭，至宣告判断时仍用公开。

一　停止公开，法庭审判员得指定无妨碍之人特许旁听。

一　审判员得命旁听之妇孺及服装不当者退出法庭，并详记其事由于狱牍。

一　有妨害法庭执务或其他不当行为者，审判员得酌量轻重，照左列各款分别处分：

一、退出法庭；

二、看管至退庭时；

三、至开庭时更得处十日以下之拘留或十元以下之罚金。

一　原被告及中证人、鉴定人、翻译等有前条之行为者，照左列各款分别处分：

一、刑事被告受前条第一或第二款处分者，应不听其辩论即行审判。

二、民事原被告受前条第一或第二款处分者，应听在庭当事人之供述行其审判。

三、刑事被告或民事原被告受前条第三款处分者，该处分应于本案分别宣告。

四、中证人、鉴定人、翻译等得不待闭庭实行前条第三款处分。

一 前二条所载处分不得用刑律俱发罪之例，并不准上诉。

一 律师在法庭代理诉讼或辩护案件，其言语举动如有不当，审判员得禁止其代理辩护，其非律师而为诉讼代理人或辩护人者亦同。

一 处分妨害法庭秩序之人，应详记其事由于议牍。

一 受各项之处分者如系官员，得按其情节移请惩戒处分，律师受处分者亦同。

《绥远省政府年刊》
绥远省政府秘书处
1930 年
（李红权 整理）

归绥地方法院旁听规则

作者不详

第一条　凡法庭应设旁听座位，除法令特别限定外不得禁止旁听。

第二条　左列人员审理员得依据《法院编制法》所定之权限禁止入旁听座及发给旁听券：

一、有精神病或酒醉者；

二、携带危险器具或显露凶暴情形者；

三、其他认为有扰乱法庭秩序之虞者。

第三条　旁听人除《法院编制法》所规定外不得有左列各款之行为：

一、接谈、拍手或于审判有妨碍之行为；

二、对于审理中各员之言词为批评、非笑或杂以喧哗；

三、宣告退庭或闭庭后任意逗遛；

四、吸烟；

五、任意吐痰；

六、其他有失敬礼之行为。

第四条　法庭得就旁听座位由本处发给旁听券。

前项旁听券不得取〔收〕费。

第五条　旁听券应于出庭时缴还。

旁听座如有空位随时补发旁听券。

第六条　法庭设新闻记者席，旁听者不得擅入。

第七条　法庭得设特别旁听座，但以接待内外参观人员为限。

第八条　旁听人不守旁听规则时劝止之，不听者由审理员照《法院编制法》所定分别予以处分。

《绥远省政府年刊》
绥远省政府秘书处
1930年
（李红权　整理）

归绥县党政联席会议简章

十九年三月本府核准

作者不详

第一条　本会定名为归绥县党政联席会议。

第二条　本会议为谋本县党政相互发展及解决党政重要关连问题为宗旨。

第三条　本会议出席委员以县党部委员、县长、教育、财务、建设、公安四局局长为当然委员。

第四条　本会议开会须有党政两方各过半数委员之出席，其议决案以出席委员过半数之表决为有效。

第五条　本会地点设于县党部，每届开会期前由县党部召集之。

第六条　本会议主席由县长及县党部委员轮流担任之。

第七条　本会议常会于每月十五日下午一时举行一次，遇有特别事故发生时得召集临时会议。

第八条　本会议会议记录、文件保管及议事日程编制等事由县党部秘书处办理。

第九条　凡提议案件务于开会前一日送交县党部秘书处，以便编制议事程序。

第十条　本会议之决议案关于党务者由县党部执行，关于行政者由县政府执行。

第十一条　本简章如有未尽事宜得由本会议过半数委员提议随时修改，分别呈请备案。

第十二条　本简章经党政联席会议通过并呈报省党部、省政府备案施行。

（本简章系经省党部、省政府第四次联席会议议决通过。）

《绥远省政府年刊》
绥远省政府秘书处
1930年
（朱宪　整理）

和林县实察员齐寿康建议地方应兴应革事宜

作者不详

一、筹赈籽粮。查该县灾害连年，逃亡、饿毙者处处皆是，今蓬实、草籽亦已食尽，当此春播之期，若不赈以籽种，则秋收又无望矣。

二、保卫团所需子弹。查该县股匪虽少，而与素称萑苻遍野之托县毗连，匪警日有所闻，然保卫团丁每人仅有子弹十二三粒，每遇剿匪，因子弹缺乏不能得力，应请由省政府再予发给，以资保卫。

三、修筑道路。查该县接近省垣，行路尚感不便，今清河之汽路已修至清和，两县交界处亟应接修，以利通行。惟地方瘠苦，力难建设，应请由省政府向平市官钱局代借巨款，用工赈法修筑，使该县加利归还，可免该路之废弃。

四、水利。查该县有河流数道，最利于灌溉，应请由建设厅向银行代借巨款，使得广开渠道以利民生。

五、重新规定保卫团经费。查该县保卫团经费虽由财务局支付，而仍自向民间摊派草料、食粮，弊端颇多。查每团丁原饷月给五元五角，火食草料在外，似不若重行规定每人月加三四元，火食、草料均归自备，则此弊端庶可免除。

六、扩充看守所房舍。查该县看守所仅东西小屋各一间，拘有罪犯五六十名，光线不足，设置又不卫生，因而受病死者时有，该县政府内空房甚多，亟宜扩充以重人命。

《绥远省政府年刊》
绥远省政府秘书处
1930 年
（李红权　整理）

和林县政府县政会议规则

十九年三月本府备案

作者不详

一、本规则系根据《县组织法》第二十三条规定之。

一、本会定为每星期开常务会一次，开会时间每星期四下午三时，遇必要时临时由主席召集之。

一、本会各委员每届开会时不得无故不到及迟到早退等情事。

一、各委员开会时遇有特别事故不能莅会者须预先声明请假。

一、本会应议事项须经过半数委员认可方能通过。

一、在会议时除依照《县组织法》第二十二条规定事项外不得提议其他不属本会范围内各事项。

一、本规则经本会决议通过后实行之。

一、本规则经本会委员认为有修改必要时提交会议修改之。

《绥远省政府年刊》
绥远省政府秘书处
1930年
（李红权　整理）

集宁县难民训练所执行委员会办事细则

作者不详

第一条　本细则依据《难民训练所执行委员会简章》第四条之规定制定之。

第二条　本会设执行委员七人，互推三人为常务委员。

第三条　本会常务委员之下设总务、教务、训育、事务四股。

第四条　本会各股设股长一人，股员二人至三人，录事及工友若干人。

第五条　本会各股股长由执行委员会聘任之。

第六条　本会各股股员由各该股股长提请执行委员会聘任之，录事由本会雇用之。

第七条　本会常务委员之任务如左：

1. 处理本会一切日常事务；

2. 召集各种会议；

3. 执行本会决议案；

4. 核阅本会文件；

5. 考核本会各项人员之勤惰；

6. 筹措本会经费；

7. 聘请本会教职员。

第八条　本会各股之任务如左：

（甲）总务股，其任务如下：

1. 收发及保管本会文件；

2. 拟办本会各项文件；

3. 监印及校对各项文件；

4. 缮写文件及印刷品；

5. 掌管受训练者报告事宜。

（乙）教务股，其任务如下：

1. 编制训练大纲；

2. 调制课程表；

3. 管理受训练者请假事宜；

4. 通知各教员授课时间；

5. 管理各教员请假事宜；

6. 召集教务会议。

（丙）训育股，其任务如下：

1. 召集受训练者；

2. 管理及稽核受训练者之勤惰；

3. 稽核受训练者之缺席理由；

4. 维持教室秩序；

5. 检查受训练者之卫生事宜。

（丁）事务股，其任务如下：

1. 编制预算及呈报决算；

2. 购置本会应用物品；

3. 保管账簿、出纳款项；

4. 分发赈米及书籍等项。

第九条　本会各股办事细则由各股另定之。

第十条　本细则如有未尽事宜得召集执行委员会议决修改之。

第十一条　本细则自呈准之日施行。

《绥远省政府年刊》
绥远省政府秘书处
1930年
（李红权　整理）

凉城县政府村长训练所简章

作者不详

第一章　总纲

第一条　本训练所以造就村长人材、整饬材〔村〕政为宗旨。

第二条　本训练所附设于县政府内。

第三条　本训练所训练期间分为三期，每期以一个月为届满。

第四条　按照村庄额数，每村保送村长二名入所训练。

第五条　凡保送入所训练之村长，以左列资格兼品行端方者为合格：

一、粗通文字者；

二、曾办村政二年以上者；

三、家道股实者；

四、经该村股实富户二家以上保送者。

第二章　组织

第六条　本训练所设正所长一人，主任二人，正所长由县长兼任，主任由科长兼任。

第七条　正所长总理所内一切事务，主任禀承正所长之命襄理所内一切事务。

第八条　本所教员由县党部及各机关人员分担，但均系名誉职，不另支薪。

第三章　课程

第九条　本训练所所定课程以左列数种，如有未善得随时增减之：

一、三民主义概要；

二、村政要义；

三、村民会议规程；

四、地方自治概要；

五、息讼意旨；

第四章　限制

第十条　凡入所训练之村长，如有下列之一者不得入所训练：

一、劣绅土棍经法庭判决属实者；

二、品行不端者；

三、素有不良嗜好者；

四、亏欠公款未曾清结者；

五、身体衰弱不堪任事者；

第五章　附则

第十一条　村长入所训练，如因路途遥远往返不易，所需膳宿费准由该村公款项下开支，但每人每天不得超过大洋四角。

第十二条　本简章自呈请批准后施行。

第十三条　本简章如有未尽事宜得随时修改之。

《绥远省政府年刊》

绥远省政府秘书处

1930 年

（李红权　整理）

临河县长彭继先呈报第二期行政计画

作者不详

一、设立粮行　查临河向系产粮最富之区，粮行一层尚未举办，无论粜籴均感困难，影响国税尤为至巨。特招集商民孙国佐、李魁元等五人，各领斗牙帖一张，在县城暨永康、庆远、太和、平成等村分别设立粮行五处，以便交易而裕税收。

二、设立炭栈　查临河全属煤矿阙如，所需燃料向仰给宁夏磴口县。以烟炭当天暖河开之际，需用既少，运贩无人，及至冬季河冻，运输困难，不特煤价奇贵，抑且恒苦缺乏。兹招集商人王正凯、张应等五人，各领煤牙帖一张，在城内暨各区筹设煤炭堆栈五处，以平煤价而应需要。

三、创办牲畜市　查牲畜为绥区农民大宗出产，因无集市之故，买卖时苦无正当之销场。当在县城永兴、庆云、太华、平定等处创办牲畜市，并招集孙金墀、丁存仁等六人各领牙帖一张，在各集市充膺牙纪。

四、整顿契税　限期税契早经通令在案，惟临河僻在边陲，因循成习，事经多日概未奉行。（县长）到任后严除弊窦，切实整顿，民众谅解之下亦殊乐于从命，截至前月底约收两万余元。

五、取销旧保卫团改编马警　查保卫团纯系招募，全年需款一万余元，糜款之巨殊骇听闻。（县长）为除积弊计，为节糜费计，业于十八年十二月间将该团官长一律取销，其余士兵太〔汰〕弱留强，改编马警三棚，全年计算约可减省七千元之谱。

六、汉蒙联防 查临河僻处绥西，幅圆辽阔，年来时局不靖，萑苻遍地，因有土匪世界之名称。专恃军队之剿除，则地方艰于供给；纯借团警之维持防范，难免疏忽。除清查户口、检查枪械外，并委杭锦旗中八各大臣把兔波罗为第一游击队长，中公旗加格尔气梅林张盖武龙士为第二游击队长，杭锦旗西把圪大臣板得圪带为第三游击队长，无事则联防会哨，有警则协同追剿，所赖冬防无事、地方敉平者，职是故耳。默察汉蒙感情亦因之较前融洽。

七、疏通商路 查十八年春间外蒙匪类在中公旗屠伤旅客三人，该旗蒙民因被株连之累，遂断交通之路，影响商务关系至巨。前据商会长报称，绥西一带所受损失约在数十万元，当派把兔波罗、武龙士等向乌盟副盟长巴宝多尔济一再交涉，迄获谅解，并允嗣后旅商经过该旗特别保护。现在商驼络绎不绝，商号金融较前渐形活动。

八、调查农椇 查临河各渠共能灌溉之地除沙碱不适垦植外约一万五千余顷，现在已种者仅三千五百余顷，其余良好沃壤依然鞠为茂草，一经寓目，万分可惜，但人口过少，无力耕植。当筹旅费二百元，派富户傅田山、商会文牍耿秉信前往天津调查新式农椇，如能适用，即为购买，以资提倡。将来荒地若充分开垦，约计每年增加收入当在五百万元以上。

九、设立邮局 查临河向无邮局，传递公文、往来函件均由代办所办理，该所因陋就简，具体而微，倘邮寄包裹、汇兑款项，尤感困难。当函请北平邮务管理局改设邮局，业经该邮务局长聂克逊覆函，允为改设，以便民众。

十、改定各村之名称 查临河旧系内蒙伊盟杭锦旗地，所有各村名称纯属蒙古土语，不惟鄙陋不堪，抑且毫无意义。当将第一区所属之沃包豪、丹达木堵等六村改为永兴、永昌、永和、永康、永嘉、永丰，第二区所属之秃龙盖、什蓝计等四村改为庆远、庆云、庆余、庆乐，第三区所属乌蓝淖尔、蛮会堂等六村改为太和、太安、太华、太熙、太宁、太昭，第四区所属之杨柜、三会等六村改为平顺、平治、平化、平政、平成、平定，并刻木质图记颁发各村，以资取缔而便改良。

《绥远省政府年刊》
绥远省政府秘书处
1930 年
（李红权　整理）

蒙藏会议提案标准

作者不详

总则

一、本会议一切提案均应遵奉总理遗教及本党历次宣言、决议，以扶植蒙藏民族，使之能自决自治，与国内各民族实行团结为整个的大中华国族为目的。

二、本会议一切提案均应酌核蒙藏特殊情形，分别先后缓急，逐渐改革进行，以谋蒙藏之发展。

民政

三、蒙藏之行政组织须予确定并充实之，但与本党主义、政纲如有违背之点，须加以适当之改善。

四、蒙藏地方自治须遵照二中全会关于蒙藏决议案第六条三、四两项办理之（原文录后）：

> 对于蒙藏各地教育、经济之设施与交通、实业之建设，由中央政府协助其地方政府依据本党主义、政纲尽力进行，惟军事、外交及国家行政必须统一于中央，以整个的国家力量谋蒙藏民族之解放。

说明本党训政之意义，督促蒙藏人民积极培养自治之能力，完成自治之组织，并优先登录蒙藏人民参加地方行政，并奖励蒙藏优秀分子来中央党政机关服务。

五、蒙藏王公名号奖励其自动取销。

六、蒙藏一切奴隶一律解放，并妥筹善后办法。

财政

七、蒙藏财政应遵照《建国大纲》第十一条、第十三条之精神及《地方自治实行法》之规定，参酌蒙藏地方财政现状，确定国家财政与地方财政之界限，及蒙藏行政机关之收入与用途。

《建国大纲》十一条、十三条原文录后：

十一、土地之岁收、地价之增益、公地之生产、山林川泽之息、矿产水力之利皆为地方政府之所有，而用以经营地方人民之事业，及育幼、养老、济贫、救灾、医病与夫种种公共之需。

十三、各县对于中央政府之负担，当以每县之岁收百分之几为中央岁费，每年由国民代表定之，其限度不得少于百分之十，不得加于百分之五十。

交通

八、蒙藏交通应分别国家与地方之性质从事建设，关于国家者如路、电、航、邮等顷〔项〕由中央设法举办，其固有之台站亦应分别整顿，至公路一项，由地方筹划修筑，限期完成。

教育

九、蒙藏教育应就其需要积极兴办国民教育及社会教育，并由中央拨款创办特种学校，以造就训政时期所需之各种人才。至实业教育尤应设法提倡，以谋生产之增进而改善其社会经济。

实业

十、蒙藏土地应就其地质、气候之差异，划分为农、牧、林、矿等区，使各适其宜，对于牧畜尤宜积极提倡改良。至土地之分配，应先顾及蒙藏民之生计，并劝办各种工厂，从事制造，以增进生产。凡生产、消费合作事业亦应予以指导、赞助，务使蒙藏社会由游牧经济进而为农工商经济。

司法

十一、蒙藏地方应本司法独立之精神，先设简易司法机关，采用陪审及巡回审判制度。凡蒙藏地方现在代行司法权之机关，须将司法权交由新设之司法机关行使，以期蒙藏人民与内地人民受同一法律之保障。至司法人才尤应就地积极培养，以备改良司法之用。

宗教

十二、蒙藏宗教应确遵信教自由之原则，于保护之中寓改善之意，破除多数人民充当喇嘛之积习，以求人口之蕃殖。

《绥远省政府年刊》
绥远省政府秘书处
1930年
（李红权　整理）

司法公署组织章程

作者不详

第一条　凡未设法院各县应设司法公署。

其有因特别情形不能设司法公署者，应由该管高等审判厅厅长、高等检察厅检察长或司法筹备处长或都统署审判处长具呈司法部，声叙窒碍缘由，经核准后得暂缓设置，仍令县知事兼理司法事务。

第二条　司法公署即设在县行政公署内，以审判官及县知事组织之。

第三条　设司法公署地方，所有初审民刑案件，不问事物、经征、重大概归司法公署管辖。

第四条　司法公署设审判官一人或二人。

审判官设有二人时，以一人为监督审判官，司法行政事务应由审判官负责者，由监督审判官负其责。

第五条　审判官由司法总长于具有司法官资格人员中呈请大总统任命之，但特别区各县审判官资格得准用审判处审理员资格之规定。

第六条　关于审判事务概由审判官完全负责，县知事不得干涉。

第七条　关于检举、缉捕、勘验、递解、刑事执行并其他检察事务概归县知事办理，并由县知事完全负责。

第八条　公署司法行政事务除有特别规定者外，应由县知事与审判官共同负责。

第九条　审判官不得为《法院编制法》第一百二十一条所列各事。

第十条　审判官受高等审判厅长之监督，县知事关于司法事务受高等检察厅检察长之监督。

审判官惩奖章程及县知事关于司法之惩奖章程另定之。

第十一条　司法公署置书记监一人，书记官二人或四人。

第十二条　书记监由高等审判厅长会同高等检察厅检察长派充，并报司法部备案。

书记官由审判官遴员会同县知事派充，并报高等审判厅及检察厅备案。

第十三条　书记监及书记官掌理诉讼记录、统计、文牍、会计及其他关于司法上之庶务。

第十四条　书记监及书记官受审判官及县知事之监督。

第十五条　司法公署置承发吏四人至六人。

承发吏受审判官之监督。

第十六条　司法公署置司法警察若干人，受审判官及县知事之监督。

县司法公署额设司法警察如不敷用，得随时调用县行政公署巡警。

第十七条　司法公署置检验吏一人或二人。

检验吏受县知事之监督。

第十八条　司法公署酌量事务繁简得用雇员。

第十九条　司法公署诉讼章程另定之。

第二十条　司法公署处务规则由高等审判厅厅长、高等检察厅检察长定之并报司法部备案。

第二十一条 第十条、第十二条、第二十条关于高等审判厅长、高等检察厅检察长之规定，于司法筹备处长、都统署审判处长适用之。

第二十二条 本章程自公布日施行。

《绥远省政府年刊》
绥远省政府秘书处
1930 年
（李红权 整理）

绥远第一监狱组织法

作者不详

第一条　绥远第一监狱设典狱长一人，分设第一科、第二科、第三科、医务所、教务所，皆承典狱长命令掌管左列各项事务：

第二条　第一科设候补看守长一人、主任看守一人，主管左列事务：

（一）各种文件、规则之起草；

（二）职员之登用、转任、免职、叙等、进级、赏与、惩戒、金年〔年金〕、给〔补〕助及履历簿之编辑保存；

（三）印信之典守及盖用；

（四）统计之编制及其材料之收集，并各报告之作成；

（五）文书之收发处理及编制、保存、废弃等项；

（六）职员、人民在监之请愿等之审查及处理；

（七）收发室之监督管理及值班顺序、方法之查定；

（八）在监人书信及令状等一切文书之收发；

（九）在监人身份调查及身份簿之编制管理；

（十）在监人之指纹撮〔摄〕影及保管；

（十一）在监人携带物品之受付及保管；

（十二）刑期之计算及刑之执行处分；

（十三）公用及在监人使用书籍之整理及保管；

（十四）在监人携带乳儿及分娩；

（十五）赦免、假释、减刑之申请及执行事序；

（十六）在监人出狱、疾病、死亡之通知；

（十七）在监人接见及送入物之处分；

（十八）预算、决算及经费之出纳；

（十九）男看守女看守之用、免、试验；

（二十）不属于各科所主管事项。

第三条　第二科设看守长一人、候补看守长一人、主任看守一人、男看守三十四人，内有陆军看守八人、女看守二人、监丁六人，主管左列事务：

（一）监狱警备及在监人戒护检束；

（二）男看守、女看守之勤务配置及休息；

（三）看守以下之教习及训练；

（四）看守寄宿舍之管理；

（五）戒具及防火机之使用试验及管理；

（六）监房及诸门启闭并其锁钥之管理；

（七）在监人之押送；

（八）在监人之食粮、衣类、卧具、杂物之分给及保管；

（九）卫生消毒清洁法之施行；

（十）作业之督饬检查；

（十一）购入物之分配及管理；

（十二）作业器具之检查；

（十三）在监人监房、工场之异别；

（十四）在监人各种呈请之调查；

（十五）在监人之行状视察；

（十六）在监人接见书信之监视检阅；

（十七）在监人之疾病、死亡及尸体之处分；

（十八）在监人逃走之追捕；

（十九）在监人入浴、理发之施行；

（二十）监狱出入者之管理；

（二十一）监狱内全部火具之管理；

（二十二）在监人书籍之授受及管理；

（二十三）看守以下使用公物之监督及检查；

（二十四）在监人赏罚之施行；

（二十五）在监人教诲教育之管理；

（二十六）送入物之检查；

（二十七）监房及工场之检查；

（二十八）墓地之管理。

第四条　第三科设候补看守长一人、主任看守一人、工师四人，主管左列事务：

（一）物品之购入、收支及保管；

（二）建筑及修缮之工事施行；

（三）不用品之变卖及保管、转换；

（四）制作品之定做、保管、变卖；

（五）物品卖价及工钱之征收；

（六）保证金之保管及邮券之收支、保管；

（七）佣役之雇入；

（八）建筑物及官有财产之管理；

（九）工业之种类选择；

（十）工业之存废调查；

（十一）工业之课程赏与金之计算及等级之升降；

（十二）作业配置及转役；

（十三）作业日课表之调查；

（十四）赏与金之调查；

（十五）制作品贩卖之评价；

（十六）作业之原料、制品、器械之收支及保管；

（十七）在监人食单更易之调查；

（十八）看守以下贷与品之调制及保管、授受；

（十九）在监人被服、卧具、杂物之调制、保管及授受；

（二十）工业承揽之契纳。

第五条　医务所设医士一人、助理医士一人，主管在监人医治事务。

第六条　教务所设教诲师一人，主管在监人教诲事务。

第七条　本监组织法系遵照司法行政部颁布《监狱处务规则》定之。

《绥远省政府年刊》
绥远省政府秘书处
1930年
（朱宪　整理）

绥远高等法院对于蒙藏会议关于司法事项之提案

作者不详

查绥属蒙旗诉讼向归各旗扎萨克管理，民国六年前国务会议虽决议蒙民一切刑事案件及蒙汉民相控之民刑案件概为县知事审理，但当时格于情势，未克实行，迁延至今，几至积重难返。夷考其实，各蒙旗幅员辽阔，远者达千百里，若不问远近，一律责成县政府管辖，殊有鞭长莫及之虞。兹为因地制宜，力求改革起见，自不得不酌拟分期整理办法，以期积极进行，借收成效。谨将管见所及暨整理方案条陈于左。

一曰筹备时期也。绥属乌、伊两盟区域辽阔，各旗民众向以游牧为业，其风俗习惯、语言文字均与汉人不同，而通晓现行法令之人尤为凤毛麟角，不可多见，兹欲就司法事务统一而改良之，自不得不先为左列之筹备：

（甲）筹设司法行署　查各旗区域广漠，交通复多不便，其与各县政府距离程途在一百五十里以内者，不分蒙汉，一切诉讼事件应划归县政府管辖。一面派员实地查勘，凡不属县政府管辖之地，计其道里，酌其情形，划为若干司法区域，再于各区内择一地点适中、商务繁盛、人口稠密之处所建设司法行署，以受理第一审案件。第一审终结后，再按照法定审级，由地方法院或高等法院分别受上诉。至行署如何组织，则当视经费多寡及诉讼繁简，另为详细之规画。各行署之办事章程，则当仿照县司法公署之办法另行规定。再，旧设之巴音塔拉两审判处既在绥远辖境之内，亦当事同一律，酌予改组或分别裁撤。

（乙）训练司法人员　查蒙民既鲜法学专材，而汉人之学习法律者不皆通晓蒙文蒙语，审判人员殊难其选。不得已，只有于省城设立法官养成所，由省政府分行各旗，选送通晓文理，各县政府选送通晓蒙古文言之优秀分子入所练习，由高等法院选派推、检各员担任训练，则将来司法行署成立，就地取材，可免扞格难行之感。至养成所之设立章程，则须俟定经费后另行规定。

（丙）预集筹备之的款　查建设司法行署及办理法官养成所，非有确定之款不足以资进行，拟由省政府预定应用数目，请中央如数拨给，总期款不虚糜，事能有济。

二曰实行时期也。前开筹备事务办理完竣之日，即各司法行署完全成立之时，但为促进改良、餍饫众望起见，犹当采用左列之制度：

（甲）陪审制度　查蒙旗封建思想、积习难移，骤行改良司法制度，深虞顽固官民多所疑阻。况蒙旗之特殊习惯，审判官不易周知，斯判断难孚民隐，若能于开审时采用陪审制度，遇有特种案件，俾蒙民之通晓文字、知悉案情者莅庭陪审，则审断易昭明允，尤可免民众之借词责难。至陪审办法，则当俟司法行署筹设时另为缜密之规定。

（乙）巡回审判　查蒙旗地方辽阔，欲多设司法行署，则经费困难，但管辖之区域过大，不惟案情之真伪难以周知，即诉讼人之远道听审亦不免多感困苦，若能采巡回审判制，于每年春末秋初两季，由法院选派人员赴各旗巡视一周，遇有特种案件则就地裁判，既无设官分职之难，可收清讼便民之利。至巡视所需办公、旅费，则核实开支，由省政府统筹拨给。

以上所拟各端，欲于节省经费之中成统一司法之举，变通办理，事出权宜，斟酌损益，尚待硕画。谨举概要，用备采择。

《绥远省政府年刊》
绥远省政府秘书处
1930年
（李红权 整理）

绥远高等法院整顿司法收入办法

十九年一月七日本府议决

作者不详

（一）执行检察职务之县长，对于司法方面应行没收没入之款项、物品，如赃物、违禁物等，悉交司法公署核收报解，不得希图利己，越权处分。

（二）执行检察职物〔务〕之县长，对于刑事诉讼应实行检举职责，移送司法公署审判，不得私自处罚，对于民事诉讼不得越职受理。

（三）兼理司法之县长、局长，对于每月之各项司法收入应于次月初十前查照旧颁表式，详细填报高等法院，不得隐匿不报或呈报逾限。

（四）兼理司法之县长、局长，对于有犯罪嫌疑之人不便交保者，应发交看守所管押，不得在看守所以外羁押，希图敲剥。

（五）执行检察职务之县长及兼理司法之县长、局长，均不得私制诉讼状纸。

（六）凡有违反以上办法之一者，均应依法惩戒。

《绥远省政府年刊》
绥远省政府秘书处
1930年
（李红权　整理）

绥远各县局自治讲习所实施办法

作者不详

第一条　为养成筹办地方自治领导人才起见，各县局应依本办法之规定设立自治讲习所。

第二条　各县现任地方自治人员凡未经训练者，均应遵照部须〔颁〕《区乡镇现任自治人员训练章程》分别训练之。

第三条　本所训练期限定为两个月，如课程讲授未完得呈请延长，但不得过四十日。

第四条　本所设所长一人，由县长兼任，综理全所事务并监督指挥所属职员。

第五条　本所分设教务、事务两股：

一、教务股掌理全所教育及管理事宜；

二、事务股掌理全所文书、会计、庶务及不属于教务一切事宜。

第六条　本所各股各设主任一人，秉承所长分别经理本股事务，各股设股员一人，商承主任助理一切事务。

第七条　本所得设雇员若干人，其额数由所长定之。

第八条　本所设教员若干人，分别教授课程，由县政府就左列人员中聘任之：

一、曾受训练之县政府秘书科长及局长；

二、曾受训练之区长；

三、本地党部党员或通晓党义者；

四、对于地方自治素有研究及富有学识经验之人；

五、本所主任及职员。

第九条　本所主任及教员由所长先就县政府暨所属职员分别聘任，如无合格者另行酌聘，各股员由所长就县政府职员委任，兼办雇员由所长临时雇用之。

第十条　本所学员额数，一等县三十名，二等县二十五名，三等县及设治局二十名，以能成一班训练为限，不得随意减少。

第十一条　本所学员由县政府就第十二条所列资格选取之，经确实审查合格始得入所。

第十二条　凡中华民国国民年在二十岁以上五十岁以下，具有左列资格之一者，得经县政府审核选取入所训练，其证明资格之凭证均须呈送县政府查验：

一、候选公务员考试或普通考试及格者；

二、中国国民党党员办理党务在一年以上者；

三、曾充委任官一年以上者；

四、曾任小学教职员或与高级小学以上毕业具有同等程度者；

五、曾办地方公益事务确著成绩，素孚众望者。

第十三条　有左列情事之一者不得入所训练：

一、有反革命行为者；

二、受褫夺公权之宣告尚未复权者；

三、被中国国民党开除党籍或停止党籍之处分尚未恢复者；

四、贪官污吏、土豪劣绅经法庭判决有案者；

五、受破产宣告尚未复权者；

六、亏欠公款尚未清结者；

七、有不良嗜好者；

八、有神经病及身体衰弱不堪任事者。

第十四条　学员选取后应由县政府造具详细履历清册，呈报民政厅查核，转报省政府备案。

第十五条　本所课程如左：

一、三民主义概要；

二、建国大纲；

三、建国方略（《孙文学说》、《民权初步》简习方法，《实业计画》大要）；

四、五权宪法；

五、帝国主义侵略中国史略（附不平等条约）；

六、法学通论概要；

七、民刑法要义及违警法；

八、地方自治概要；

九、地方自治实施办法（总理手定之《地方自治开始实行法》为根据，分述户口、土地、警政、教育、道路、财政、交通、实业、水利、山林、卫生、合作救济事业及识字运动等）；

十、现行地方自治制度（附法令）；

十一、市政概要；

十二、公文程式。

前项课程得由教务主任商承所长酌量增减，但增减项目不得逾规定四分之一。

第十六条　学员在训练期间膳宿费概由本所供给之。

第十七条　学员训练期间经考试及格由本所发给毕业证书。

第十八条　除区长训练及任用办法另有专案规定外，此项毕业学员应由各县局呈请民政厅分发原县局筹办一切自治事宜，并汇报省政府备案。

第十九条　学员经县政府确实审查合格，准予入所训练，免除入所考试。

第二十条　毕业考试由所长举行之，试毕由县政府将成绩表连同原试卷呈送教〈育〉、民政厅审查核定，认为及格然后令由本所发给证书。

第二十一条　毕业考试每门课程以百分为满，六十分为及格，总平均分数不满六十分者为不及格。

第二十二条　本所经费由县地方款内作正开销。

第二十三条　本所教职员均准酌给津贴。

第二十四条　本所经费应由各县局核实造具预算书，呈由民政厅查核，转请省政府核定。

第二十五条　预算概数如左：

一、开办费，一等县一百元，二等县八十元，三等县六十元；

二、薪津、工食、教员津贴，以授课钟点计，每小时定为五角，主任月支津贴十六元，股员月支津贴八元，雇员月薪十元，厨差役月支工食八元；

三、办公费，每月一等县三十元，二等县二十五元，三等县二十元；

四、学员膳宿费，每名每月至多以八元为限。

第二十六条　本所办事、教育、管理各规则由各县局自行拟订，呈经民政厅核定行之。

第二十七条　本办法实施日期以命令定之。

《绥远省政府年刊》
绥远省政府秘书处
1930年
（朱宪　整理）

绥远归绥地方法院缮状处规则

作者不详

第一条　本院为便利诉讼人起见，设立缮状处。

第二条　缮状处置缮状生，专代诉讼人撰缮民刑诉状，但能自行撰稿或由律师代撰者不在此限。

诉讼人请求代作状词，得据请求人之口述据实代作。

第三条　缮状生须具备左列资格，由院长选取派充：

一、年在二十岁以上，文理清顺，字体端正，略具法律知识者；

二、确无不良嗜好及受徒刑以上之宣告者。

被选取之缮状生须觅取殷实店户之保结存查。

第四条　缮状生薪资由征收缮状费内开支。

第五条　缮状生对于请求人之先后应立时登入号簿，依次缮作，不得任意颠倒，但有紧急情形者不在此限。

第六条　缮状生在职半年以上，确系勤慎称职，或有尽〔异〕常劳积〔绩〕者，记功或酌给奖金。

第七条　缮状生有左列情事之一者，立即撤换，触犯刑法者依法惩办：

一、额外需索或有教唆诉讼行为者；

二、对外请求人故意留难或辞色倨厉者；

三、应声明回避者；

四、泄漏状词于相对人者；

五、对于确能自写作之诉讼人强制代写代作者；

六、代作状词违反请求人之本意故为增损者；

七、违反长官命令及其他有背职务情事者。

第八条　缮状生有左列情事之一者记过，记过三次者撤换之，但功过得互相抵销：

一、字迹潦草或错误过多不便核阅者；

二、程式错误或漏盖戳记、名章至二次以上者；

三、其他有背规程情节较轻者。

第九条　代缮状每百字征收国币一角，不满百字者亦作百字计算，代作状词每百字征收国币二角，不满百字者亦作百字计算。

第十条　代写状纸应将原稿粘附状尾并加盖骑缝名章，其代作之原稿亦同。

第十一条　代写状纸或代作状词所征费用，应立时填给定式收据并登入日记簿内。

第十二条　每日实收缮状费应于散值时就日记簿内总结一数，连同现款及收据存根送由本院会计主任核收，并于簿内总数加盖名章后再送书记官长转呈院长核阅。

第十三条　缮状处收支数目应按月册报高等法院备案。

第十四条　本规则自呈奉核准后施行。

《绥远省政府年刊》
绥远省政府秘书处
1930年
（李红权　整理）

绥远省党政联席会议规则

十九年一月四日议决

作者不详

一、本会议为谋本省党政相互进行及迅速解决党政关连重要问题起见，于每月第一星期六下午二时在省党部、省政府轮流举行一次。

二、本会议在省党部举行时，由省党部委员中推定一人主席，在省政府举行时，由省政府主席主席。

三、本会议以党政两方委员各过半数之出席为法定人数，其议决案以出席委员过半数之表决为有效。

四、本会议会议纪录、文件保管及议程编制等事，在省党部举行时，由省党部秘书处办理，在省政府举行时，由省政府秘书处办理。

五、凡提议案件务于开会前一日送交召集会议机关之秘书处。

六、本会议之议决案关于党务者由省党部执行，关于行政者由省政府执行。

七、本会议遇有特别事项发生时得召集临时会议。

八、本规则经党政联席会议通过施行。

《绥远省政府年刊》

绥远省政府秘书处

1930 年

（丁冉　整理）

绥远省地方行政人员训练所章程

作者不详

第一条　本章程依照内政部颁发之《地方行政人员训练所章程》规定之。

第二条　本省任用县长及县佐治员，除别有法令规定外，均由本所训练之。

前预〔项〕县佐治员以县政府各科科长及所属公安、财务、建设、教育各局局长为限。

第三条　本所直隶于绥远省政府，由省政府咨请内政部转呈行政院、考试院备案。

第四条　本所分设县长组及县佐治组，其训练期限均为三个月。

第五条　本所设所长一人，由省政府主席兼任，副所长一人，由民政厅长兼任，主任一人，由所长、副所长委任，秉承所长、副所长之命综理所内一切事务。

第六条　本所设教务、训育、事务三股，每股各置股长一人，股员若干人，秉承所长之命办理教务、训育以及收发、会计、庶务、文牍等事，并受主任之监督指挥。

第七条　本所教员由所长聘任，但省政府主席及各厅厅长应就中央及地方之重要政情为定期之训话。

第八条　依《县长考试暂行条例》考试及格之人员，除已按照《县长考试及格人员学习规则》学习期满甄别及格者不再训练外，应一律入所归县长组训练。

前须〔项〕以外之人员除高等考试及格者外，具有左列资格之一者须经试验及格后始能入所训练：

一、现任或曾任荐任官，经甄别审查合格得有证书者；

二、现任或曾任最高级委任官三年以上，经甄别审查合格得有证书者；

三、对党国有勋劳或致力革命七年以上者；

四、在教育部认可之国内外大学毕业且有专门之研究者。

第九条　曾经本省佐治员考试及格并经中央核准有案者，应一律入所归县佐治组训练。

前项以外之人员除普通考试及格者外，具有左列资格之一者，须经试验及格后始能入所训练：

一、现任或曾任委任官，经甄别审查合格得有证书者；

二、曾致力革命五年以上者；

三、在国内外大学或高等专门学校毕业者。

本条及前条之试验课目及方法由本所所长按其投考职务之性质分别另定之。

第十条　训练课程以党纲、党义及本党重要宣言、决议案并现行重要法制为主要科，以撰拟公牍、规划政务为测验成绩标准，其教授课目及考核方法由本所拟定，经省政府核定后咨请内政部备案。

前条训练如因职务性质关系所授课目不同时得分班教授。

第十一条　训练期满后其测验成绩平均满六十分者为及格，不及六十分者应补授训练。

前项补授训练时期由所长定之。

第十二条　训练及格之县佐治员应依其固有资格以各县局长、

科长候委。

第十三条　训练及格之县长、佐治员由省政府造具详细名册，咨请内政部转呈行政院并分呈考试院备案。

第十四条　本所经费由省政府核定，在省库支给之。

第十五条　本所办事细则及教务、训育各规程由本所另定之。

第十六条　本章程自公布日施行。

《绥远省政府年刊》
绥远省政府秘书处
1930 年
（李红权　整理）

绥远省民政厅十九年度第一季行政计划

作者不详

一、考核吏治　绥远地面辽阔，人烟稀少，设治仅有十六县一设治局，距省窎远之县局地方情形殊难周悉，每患鞭长莫及之虑。现十七县局既已各派实察员常驻各该县局，业经责成各该员详查一切随时确报，俾得考核，借资整顿，以符训政之旨。

一、召集行政会议　查各县局长系为亲民之官，所有设施均与民隐息息相关，一切行政事宜自应由各该县局长参酌地方情形，依照训政时期进行方针妥为详细规划，拟定议案送厅，定期召集会议，以资解决而利推行。

一、厅长照章巡视　查民政厅长巡视各县局，业于上年遵章制定巡视程序，分别呈准在案，本年春季拟于区长训练所毕业后，即遵照前项程序巡视。

一、各县局长照章巡视　查县局长巡视程序业经遵章由民政厅制定，呈奉核准，已饬各县局于本年春季遵照办理，并将每次巡视情形分别呈报，以凭考核。

一、各县政府办事细则　查《县政府办事通则》业经中央颁布，其办事细则及保存档案规则应由民政厅拟定，现拟分别厘定，令饬遵行，并拟先行遴委各县政府秘书科长，以符定章而重职责。

一、县政府行政会议　查县政会议归绥县上年业已实行，萨拉齐县亦于本年一月举办，拟令其他各县务于本年一律照章筹备，积极进行。

一、调查户口　查调查户口最关重要，拟令各县局遵照表式切实调查，务将十八年份统计各表详细确实填列送厅，以凭汇编呈报。

一、督饬筹办地方自治，完成《县组织法》上年十二月三十一日将各县村政委员撤消，所有村政事宜应由县政府妥为接办，并饬属遵照《县组织法》筹划进行，暨按本省完成县组织进行期限切实办理，依期完成，以建立地方自治之基础。

一、催征积谷　各属筹备积谷已由本厅依照部颁《义仓管理规则》通令遵照办理，有因灾荒不能征足定额者，拟再催筹积补充，限期竣事，并申令应各组织义仓管理委员会，妥为保管。

一、严禁缠足　此案已在省成立天足总会，各县局地方组织分会，兹拟饬属在三个月内督同天足会人员认真查勘，务期一律解放，俾全省陋习早日廓清。

一、筹设禁烟委员会　根据本省《修正禁烟实施办法》，由省政府设立禁烟委员会，专司关于禁烟一切事项，谨就中央颁布《禁烟委员会条例》暨本省地方情形参酌损益，拟具组织条例，呈候省政府核定筹办，以便督率进行。

一、禁种烟苗　拟令各县局对于禁种遵照《县长履勘烟苗章程》查禁，并函各实察员随时帮同认真调查，务期本年春间不再有烟苗发生，以杜来源而早禁绝。

一、严禁吸烟　前令各县戒烟所均于本年一月成立，拟于春季先饬各县局按章积极进行，限期勒戒，俾旧染即时断除，烟害早日肃清。

一、考核公务员禁烟成绩　按照部颁《公务员考成条例》第八条之规定，每四个月考核一次，分别奖惩，拟饬属自一月份起每届四个月将公务员禁烟成绩列报本厅，汇同核实，分别奖惩。

一、训练区长　遵照部定条例令行各县保送合格人员入所训练，已于一月十五日成立，开始训练。

一、筹备考试各县公安局长　本省各县公安局长拟举行考试，以符部章而重警才，业经厘订条例，定期举行。

一、厘订各县公安局预算　本省各县公安局经费有完全由省库补助者，有完全由地方筹给者，有地方款不敷开支由省库补助者，兹特通盘规定，分别审核。

一、办理清乡　本省清乡总局业于上年十二月十五日成立，对于各县清查户口、枪械正在积极进行，以收实效。

一、督饬设立接生婆训练班　遵照部定办法通令各市、县、局一律设立接生婆训练班，以期切实训练，普惠民生。

《绥远省政府年刊》
绥远省政府秘书处
1930年
（李红权　整理）

绥远省县长考试及格人员学习办法

作者不详

第一条　本省考取合格县长，由省政府分配各县政府学习。

第二条　学习期间一律定为六个月。

第三条　学习期限自到县之日起算。

第四条　学习员到县，县长应酌派职务实地练习。

第五条　学习员须将学习事件逐日作成日记，按月由县长连同学习员办事之成绩加具考语，分报省政府、民政厅考核。

第六条　学习员在学习期间因病或特别事故请假在三日以上者，由县长转报备案，其请假日数不得算入学习期间。

第七条　学习期满由省政府依左列科目定期考核：

一、拟撰公牍章则；

二、假拟处理事件。

第八条　学习员每月考核分数与期满考核分数平均满六十分为及格。

第九条　学习员期满考核及格，由省政府归班任用，或予相当差委。

第十条　学习员期满考核不及格者，直行另派他县继续学习，仍以六个月为期。

第十一条　考取县长原在本省各行政机关服务者，得在原机关学习，本管长官按照本办法第五、六两条办理。

第十二条　本办法如有未尽事宜得随时修正。

第十三条　本办法自公布日施行。

《绥远省政府年刊》
绥远省政府秘书处
1930 年
（李红权　整理）

绥远省政府呈请行政院拟在鄂托克旗境内增设沃野设治局

作者不详

呈。为呈请事：案据职省建设厅长兼垦务总办冯曦呈称：绥属伊克昭盟鄂托克旗毗连甘、宁，幅员辽阔，面积合有地十三万七千五百余顷，物产有盐湖、碱淖及银、煤等矿，蕴藏之富甲于他旗。历年该旗报垦之地数在一万余顷，因交通梗塞，地方不靖，丈放甚少，故发展甚迟。际兹训政开始，建设方殷，设治之举不容再缓，谨将设治要点缕晰陈之。该旗接近宁、甘，距绥窎远，民间每有争执，辄以便利起见径赴附近邻省县府解决，相沿至今，几不知为绥土绥民。不但此也，即征收税款、摊派费用、军队驻防、公文往来莫不唯邻省之命令是听，以情势言之，此应设治者一也。近来苏俄“赤化”由外蒙日渐侵入，该处因无军政机关镇摄查禁，是以人民多被煽惑，若再因循，“赤化”蔓延势必不可收拾，以国防言之，此应设治者二也。该旗境内僧众及蒙汉居民共约有两万余名口，已成村庄者仅有三十四村，村落星散，率多穴居，年来人民迭受教堂、回民种种欺凌，日见逃散，推其原因，病在无官治理，以治理言之，此应设治者三也。又省界既不清晰，管辖权限又属不明，人民对法律无所遵从，挖渠种地尽为恶棍垄断，开矿经商全被土痞掠夺，生产不能发达，经济日形窘促，皆由无官治理之故，以建设言之，此应设治者四也。综上观之，鄂旗境内实有增设县治之必要。矧现在包宁汽路行将通畅，交通可称便利，此时前往设立县治，自易着手。至经费一节，应由设治局长兼办垦务并办一切税务，以全数收入拨抵经费，一俟规模完成，再行分别办理。似此变通，以地方之收入供县治之所需，在公家不费筹款之难，在地方可得治理之效，一举而数善皆备等情。据此当经职府第五十一次例会决议：所陈各节，均属切要，应据情呈请等因。查鄂旗设县为绥省今日要图，拟请钧院核准在该旗境内增设设治局一处，定名为沃野，其县治区域先以该旗业经报垦之地为范围，逐渐扩充。理合绘具地图，备文呈请鉴核，指令施行。再，职省西境与宁夏省境系以黄河为界，上年十一月间宁夏省政府请在东旗鄂托克之陶乐湖滩增设陶乐设治局一案，业经职府电请内政部转呈撤销，现在所请设治区域即包括该陶乐湖滩地方在内，合并陈明。谨呈行政院。

计呈送鄂托克旗地图一纸。

绥远省政府主席李

《绥远省政府年刊》
绥远省政府秘书处
1930年
（李红权 整理）

绥远省政府令各厅暨高等法院拟具蒙藏会议提案

作者不详

为令遵事：案准蒙藏委员会总字第八九号咨开：沿边各省对于蒙藏会议各派代表一人参加等因，附提案标准一份。准此，当经报告本府二月七日第六十次例会决议，提案标准行各厅及法院拟议，限一星期内具覆。至应派代表，俟提案决定再行选派等因。除分令外，合行抄发原咨并提案标准各一份，令仰该厅、院遵照，就管辖事项拟具提案，于十一月十五日以前送府，以凭汇核为要。此令。

附抄发原咨暨提议标准各一份。

主席李

《绥远省政府年刊》
绥远省政府秘书处
1930年
（丁冉　整理）

绥远省政府致南京行政院举行县长考试电

作者不详

南京行政院钧鉴：案奉钧令《县长考试暂行条例》以本年三月底为有效期间等因，当即遵照筹备举行。兹定于三月五日起至二十五日止为报名期间，惟时日迫促，三月内仅可将第一试举行完毕，其余各试约在至四月初旬内办竣，除典试委员另文请派外，理合电请备案。绥远省政府主席李培基叩。鱼。印。

《绥远省政府年刊》
绥远省政府秘书处
1930 年
（李红权　整理）

太原党政学院毕业学员归省任用办法

十九年七月本府议决

作者不详

一、本省保送太原党政学院学员修业期满领有毕业证书者适用本办法之规定。

二、中等学校毕业生经本省保送太原党政学院毕业学员以各县区长候补任用。

三、各专门学校或大学毕业生经本省保送太原党政学院毕业学员照所学科目依左列官职归各县局分别任用：

1. 地方行政组毕业者得委各县局行政科长；

2. 财政组毕业者得委各县局财政科长或财务局长；

3. 审监组毕业者得委各县局承审员或管狱员；

4. 警卫及卫生组毕业者得委各县局公安局长成〔或〕卫生局长；

5. 教育组毕业者得委各县局教育局长或中等学校校长；

6. 建设及农矿工商组毕业者得委各县局建设局长。

四、毕业学员归省时应向省政府报到，呈验毕业证书并送详细履历，以便注册分别归班任用，归班办法另定之。

五、本办法如有未尽事宜随时修正。

六、本办法自公布日施行。

《绥远省政府年刊》
绥远省政府秘书处
1930 年
（李红权 整理）

土默特总管公署参领办公处简章

十九年七月二十九日本府议决

作者不详

第一条　本署附设参领办公处以全体十二参领组织之。但遇有参领充住〔任〕科长或局长时，应由总管酌委佐领代行职务。

第二条　参领承总理之命，督饬所属佐领及骁骑校率各苏木领催等调查该管蒙古户口暨生计、教育状况，并森林、实业、荒地、绝〔畜〕产各事项，其调查细则另定之。

第三条　各参领到处办公均系义务职，概不支薪，但各苏木于整顿后如有特别增加收入，得报由总管呈明省政府酌予提奖。

第四条　参领办公时间除星期暨例假外，每日按照规定钟点到处办公，并于签到簿内亲自签到。

第五条　各参领等如有劳怨不辞，成绩卓著者，准予分别记功请奖。

第六条　各参领等若有办事不力、敷衍塞责者，应分别记过或降级，倘有情节较重者依例撤换。

第七条　本简章自奉核准日施行，如有未尽事宜得呈请修正。

《绥远省政府年刊》
绥远省政府秘书处
1930 年
（李红权　整理）

蒙古会议之成绩

荷田　撰

筹备许久之蒙古会议，于五月下旬开幕，六月初旬闭幕了，出席蒙古代表四五十人，议决提案百数十件，虽西部各蒙地代表未能参加，重要提案未能全得结果，但此破天荒的会议，总算有相当成绩。荷田素注意蒙古问题，此次得列末席，愿将会中成绩撮要报告，以供关心蒙事者之参考。

蒙古会议，在年来各种会议中，可说是最重要，因为关系于中华整个民族之团结，关系于总理民族主义之实行，关系于百数十万蒙古民族之生存进化。

为什么要开蒙古会议？所谓政府要人，因〔固〕一再宣布，但我觉得有两点，很明显而重要：

一，蒙古虽属中国，但因交通、言语、生活等种种关系，蒙民与中央彼此隔绝，向少来往，且满清政府或军阀政府时代，对蒙古民族，不是歧视，便是漠视，所谓羁縻〔縻〕主义，怀柔政策，为先后一辙之唯一方略，于是对蒙民的文化、政治、经济、社会种种方面，毫不注意改进，惟知笼络其王公，愚软其人民，因之蒙民对政府，时生种种误会，感情隔阂。现在的中国国民党和国民政府，本着总理国内各民族平等，一切被压迫民族解放之精神，对蒙族自然不特不歧视漠视，且要重视，但实际对蒙古有什么设施，可说是一点没有，故蒙民到现在，依然有许多怀疑。这次召集各盟旗代表会议，一方可以表示中央对蒙古的注意，一方可以使各位代表到中央实际观察，使感觉到现在和从前军阀政府，真正主义、方针不同之点。

二，蒙古情形，中央向无调查，明了者鲜，即欲求汉蒙各民族平等，为蒙民谋利益，除苦痛，但究竟蒙古文化如何发展，交通如何开发，行政制度如何改革，士〔土〕地、生活等问题如何解决，以及有什么痛苦？需何种利益？恐一切茫然，如凭空计画，不免闭门造车，隔靴搔痒。且各地情形复杂，惟有各地方代表知之最深，感之最切，一堂讨论，或可得比较切实易行的各种方案。

但会议结果，究竟怎样？就重要问题讨议情形，分别撮述，可略知这次会议的成绩。

（一）这次议决各案中，最富于革命精神而全场一致的，是限制宗教与解放奴隶。喇嘛教为蒙人思想行动之最大束缚，种族衰亡之最大原因，此次各代表有关于宗教的五六案，都是限制办法，并议决喇嘛不得干政，可见蒙人对宗教的觉悟。又奴隶为蒙古最大恶习，此次议决根本打消，可说是打破蒙古阶级制度的第一声。惟王公制度依然存在，虽因事实关系，不便骤然取消，但无一人提案主张，亦可见蒙人觉悟之程度。

（二）关于卫生、交通、实业等三十余案，无讨论一致通过，亦可见蒙人改革的心理。但卫生案太零星，或不合实情，交通、实业各案，未定切实办法，恐实际不发生苦〔若〕何影响，不过大家以为办理卫生，开发交题〔通〕，振兴实业，是有利而无害的，便一致通过，未注意切实实施。

（三）教育案，照第二次全国教育会议《蒙藏教育实施计画案》通过，固免纷歧，但此次各位代表来自蒙地，应按实地情形，对急切而尤要者，议一切实办法，有所补充才好。

（四）内蒙党务，可说是关系最要，此次关于党务的提案，仅有一案，且意见太简单，而审查议决时，更成不关重要之寥寥数语，尽征蒙人对中国国民党了解之程度。

（五）盟旗制度，为此次会议中重要之案，蒙藏委员会与各代表提出者共十余案，对于行政组织及行政人员之名称，多数主张改革，然对于原有权限与人员，一律仍旧，一方表见改革精神，一方表示守旧态度，又一方有蒙古自治与省县划分之嫌，故东北四省代表，在审查会争论甚烈，结果笼统规定，多仍旧贯。

（六）土地、财政问题，关系蒙人生活问题，与省县冲突之点更多，在审查会时，蒙古代表与四省代表，辩论尤烈，结果土地问题仅定原则，财政各案一律缓议。

总之这次会议，虽未能完全如吾人所期望，然蒙古代表数十人，不远数千里由海道来京，得参观中央各机关、接洽各党国要人，了解现在中央对蒙族之主义政策，而中央亦得借此知蒙地许多特殊情形，明了蒙人各种希望，彼此误会减少，感情增厚，共同团结为整个的中华民族，以抵抗帝国主义，其成绩实亦很大。至各种问题与其解决方法，于此次已开研究之端，将来二次、三次会议，继续讨论，最后成绩，当不难如吾人最初之所期望。

自觉君，为前共同努力于西北协会之一人，屡函征文，以此为应，继续研究蒙古问题，愿与自觉君共勉之。

六月十七日草于南京

《生存》（月刊）
上海民生研究社
1930年2期
（丁冉 整理）

本刊今后之唯一使命

慕侠　撰

车无輗则踣，齿无唇则寒，内外两蒙与中国内部之关系，早成车辅相依，唇齿相连之势。今外蒙为俄强据，中国内部，几已入于车无輗、齿无唇之境界，国人犹不知凛惧，一旦赤焰延及内地，纵掬西江之水，恐难救此燃眉之急。本刊应时而起，意欲唤起民众注意西北，促引政府收回外蒙完成我疆土，集合我民族，造成整个的中华民国。同时对于抚蒙政策尽量供献，俾当道有所采取。其对于蒙古，一本开导之宗旨，使之确识民族的关系，与地位的关系。而于生产方面，指示以开明之路，使之日向繁荣，脱去固陋之风，铲除畛域，蒙汉一家，同享共和之福，协御强邻之寇，由内蒙及于外蒙。斯刊虽小，调剂之力极大，而应负之使命，因之亦重。长城固坚，恐不能阻赤炽之延，黄河虽长，恐不能洗外侮之耻。斯刊也，如悬秦镜，如燃温犀，烛照瀚海，魅魑俱现。拟以彻底之眼光，改善两蒙之庶政，使之纳于正轨，一致拥护中央，本此目标，完此使命。溯思十八年已去矣，而已去之岁月，不容挽留，其新来之岁月，焉可忽过，来辙方遒，巨任斯肩，自愧力薄，诸赖勛襄，尚望海内贤达，毋吝珠玉，频赐教益。督促民众，须认识蒙古问题，即是中国统一问题，蒙古存则中国俱存，蒙古亡则中国俱亡，蒙古不统一，则革命不为成功，蒙古不内向，则五族不算团结，蒙古抚治失策，即为防俄失策，蒙古无有彻底办法，即是与“赤化”以南侵之机。两蒙王公，不乏明贤，识透此种隐索者，大有人在。惜中央用兵国内，无暇远及阴山之北，以致旧藩分崩，任外族之煽惑，受他人之嗾使，反噬相及，同种自残。中东之役，海拉尔蒙骑屡扰后防，是其明证。言之痛心，思之疾首，周详办法一时固难想出，然坐视其旁，任人宰割，未免有切身之痛。爰整笔阵，编此小刊，一面唤起朔方蒙众反醒，一面敦促当局注意，从此两相接近，感情益洽，隔阂既免，意见必融，调剂之力，端赖文字。小刊使命所在，责无旁贷，自当奋发精神，勉励始终，完此伟大之使命，符我挽救之初心。际此岁月一新之时，正乃锐进图强之期。昔卜式输财助边，吾人纵无财相援，而有坚决之心志，与不挠之精神，亦可代国家略尽匹夫之责。邦人君子，幸其襄赞。小刊文字，概取公开，不出五族之外一律采纳，有以鸿篇巨制见赐者，无任欢迎，必为提前露布，以公有众。是不仅小刊之光，抑以证我邦人君子，尚未置其旧藩于度外也。西上昆仑，东俯沧溟，登高力呼，所望响应，国魂既存，此心不死，不问前途之渺茫，但视吾人之最后。神明华胄，天亶聪明，甘此落于人后，记者深为不平，想阅者当亦同声惋惜。风雨萧萧，鸡鸣嘐嘐，拔剑四顾，先斩鸱鸮，东陆睡狮，其醒当有日矣。

《绥远蒙文半月刊》
绥远省政府秘书处
1930年5期
（朱宪　整理）

意何在焉？

晨钟　撰

久酝酿于蒙古地方的南京蒙古会议，这次幸喜没有开成，价〔假〕定开成了，不过蒙古人是用“肉包子打狗”，决不会有什么好的希望！目下蒙古会议的提案要目，在《蒙藏周报》第十七期里，已经制定，想吾人也许看见过。然这规定的提案里，究竟列入的是些什么东西呢？也不过是些掩人耳目的几项官样文章，却没有提到惟一保护人民生命财产的编练军队，难道对于这项是忘了不成吗？也许，因当局者忙于政治、外交、军事的关系，不曾着意。可恨，一般服务蒙古事务的人，也竟忘了不成吗？提到这里，吾人也曾想到，或者是这些服务的人们，因自己洋钱的需要，却就不敢站在孙总理扶助弱小民族的立场上，为争此而出来说几句话吗?！却为何竟将这件很大的提案，一字不提的置之脑后，反道〔倒〕把许多次要的卫生呀，医院呀，提了个不少的。然则蒙古民族，向来是地处漠北，历居高原，且又常受着浠〔稀〕薄的空气，而每年患病的人，道〔倒〕不见的增多，却也死亡不了几个；但是每年受土匪的抢掠，和军队的蹂躏，以及其他种种的压迫而遭死亡破产的数目，不知要比因病死亡的人，更增加几百培〔倍〕哩！所以说编练军队，那才是我们保卫生命财产的正当防御。要比起那些个设立医院、讲求卫生的提议，确有价值的多，何以这会议的提案里，却一字不提呢？这个梦葫芦，让人猜来，也就不知究竟“意何在焉”？但是我总觉的，这次会议开不成，道〔倒〕是给吾人无形中交了不少的运气啊！

一九三〇，十五，写于北大课次

《蒙古》（月刊）
北平蒙古留平学生会
1930年6期
（朱宪　整理）

外人之蒙古近况观

——《东方》二六卷二三号

济民　摘

蒙古民族原为中国最后满清王朝所统治和压迫，迨一九一一年，在地理上始分为外蒙古及内蒙古。自一九一一年满清帝国推翻后，外蒙古即宣告其自治之权，随之于一九二一年即发独立之宣言。可是，南部蒙古——即内蒙古——仍在中国势力统治之下。

蒙古民族不仅居住于蒙古区域，如外蒙、内蒙，且遍布于外而与俄属地相接。在西伯利亚即有一种不列亚特人民，组织有苏维埃式的不列亚特蒙古共和国。

从东方亚细亚的地图上看，蒙古之人民共和国——就是外蒙古——在中俄两大国方面形成一个缓冲，这个地理位署〔置〕使蒙古政治地位常陷于纠葛纷乱中，并且表示他〔她〕的左右为国之难。那些情形确是不幸的，但是，在事实上她在她与中俄两大国之间复有少数微小的缓冲地域。那些微小的地域为蒙古民族所居住，这种蒙古民族，始终专诚的和蒙古友善的。

独立的蒙古国之面积约一,二八五,〇〇〇立〔平〕方基罗米达，或是实事上说，有西欧全面积二分之一。这个博大的国家人口涵有七〇〇,〇〇〇到八〇〇,〇〇〇蒙古人及一〇〇,〇〇〇外蒙古人，而外蒙古人即是以中国人和俄国人为最多，人口密度显然的是这样的极其低下的。蒙古之首都为库伦，而自一九二四年后印〔即〕改称为“赤色英雄之都市”。这个都市现有人口一〇〇,〇〇〇，并设有电力厂、戏院、影戏院、银行、邮局、电报局及印刷局。库伦有三种报纸，一种每周出两次，其他两种则如一周出版一次，及一月出一次。摩托车交通亦属发达，就是电话及无线电亦已建设装置了。

库伦市内有两大庙宇，有一五,〇〇〇喇嘛之众。那两个喇嘛庙名为“高旦”和“德秀恒”。“高旦”以其为佛教最高的一派，故颇著名东半球。国内各处，喇嘛庙所在多有，而喇嘛僧占人口概有百分之十五，又占其全男人口百分之三十以上。喇嘛僧对于蒙古国之生命颇关重要，虽然近来他们势力日见减削，但其势力犹未消失呢。有的那些庙，如在独尊的亲王之手，领有无数的畜类。要表明那种所有物的意义，我们只须稍稍叙述即可知道了：在一九一七年，库伦有一喇嘛庙领有三〇,〇〇〇匹马，一五,〇〇〇牲畜，及一〇〇,〇〇〇头羊。

直到现在，蒙古尚未有铁道。运输概由马及骆驼负送。但摩托车则日见众多，而且现在航空还在筹划呢。

蒙古人口包涵各种种族，其中最纯粹而最占势力者为“喀黑格喀汉”，斯族居于北部蒙古。各种族皆以他们的宗教得以连合一齐，此不必再言其他的原因。他们的宗教信仰，知之甚少；但在十三世纪，蒙古人，及中央亚细亚民族，皆行“萨买芜”（译音，进〔近〕于巫医之意）的宗教之业。十六世纪之末，佛教传入于蒙古，初犹保持佛教之原来形式，后来如在西藏一样，则要其名为喇嘛教，或称为“黄智〔教〕”。这个就是直到现今和蒙古人结不解之缘的宗教之起源。直到最近为止，蒙古喇嘛之最高首领是普通所名为库伦之呼图克图（即库伦活佛）。他是喇嘛教的教主，又一时会〔曾〕掌握行政之权。呼图克图之起源当回说到西藏哲人达拉拿陀，而呼图克图即是达拉灵魂之再生，最后的活佛（呼图克图）是第八代达拉灵魂之再生，当活佛于一九二四年去世，他便没有由他人来继承。蒙古具有完美的佛教文学，虽然这种文学是印度、西藏的基调。当不〔木〕版刻印流传佛教，及各喇嘛僧开设学校与图书馆时代，一〇八卷的《干九拉》（经名）还保存着，而学习佛教之历史用西藏文字印行，并翻译为蒙古文，连注解共有一二〇卷，有名的《旦九耳》，现今犹保存的蒙古文抄本尚藏于库伦图书馆中。这个抄本是很宝贵的，因为当中国战乱之时，抄本所从印的本板被焚毁了。但佛教时期——更正确地说，喇嘛时代——却使蒙古人之教育，不能发展，因为喇嘛教不但清净消极的，后反阻挠进步，喇嘛教完全是苟安的，惰性的。凡此影响为时有三〈百〉年之久，可是我们对于这历史上的世界的征服者尚不能不部分的赞许呢。一九一一年新世纪开场了——在中国及蒙古总是彰然的事实——时满清皇室为中国民族所推翻而拥戴了共和。同时，库伦在一九一一年十一月十八日革命之后，蒙古亲王及库伦活佛便宣言外蒙古为一统治国家，而脱离中国。此后他们［后］获得俄国的资助，而俄国立即和蒙古结政治条约，并劝他们不要牵及内蒙，使之亦独立而加可他们的战线。一九一二年末，库伦活佛扎不曾丹霸便以“由众所居”的名义被推戴为蒙古的大可汗了，又在首都庄严地戴王冠了。这个变革使蒙古科学发展，欧洲思潮，日常知识，及专门与普通教育皆流布发达。同时喇嘛势力的消降是很卓著的。蒙古科学委员会此时便产生了，科学委员会的首领便驻居于库伦。科学委员会的目的是使蒙古的教育及科学与西洋发生关系。一个图书馆，博物馆，及学校皆早已建设起来了。

至于蒙古内部的教育的组织，民众教育行政处现正遣派蒙古青年到欧洲去，费用由公家供给。那些青年男女是在学校研究普通及专门教育，但同时他们又自由学习技艺，从事实际建设。在他们的教育中及活动中，他们习受柏林委员会之监督与管理。一九二〔一〕［十］六年，在柏林，蒙古贸易委员会便开始经营了。因此蒙古得各种机器，而须〔许〕多德国专门学者便被雇为蒙古建设工作。这个重要的计划，直到现在尚在继续和发展中。自一九一二年同意后，蒙古曾数次向俄借款，总数概有五，一〇〇，〇〇〇金卢布之多，而蒙古因之能改善国内经济状况。可是，俄国却没有完全获得利益。从一九一七年以后，当卢布开始日渐跌价之时，俄国在蒙古的势力之减削变为非常明显的，而同时中国的势力复占优势了。这件事的结果，在一九一九年中国便和活佛政府结一种条约，由此外蒙古便取消其自治权，中国当时能获得如此结果，全系处理手腕之敏捷。中国人同时又利用蒙古反抗共产主义，视之为一工具，蒙古政府便移入中国军阀官吏之手中了。

可是，当时有许多蒙古人却不满意新的政治状况，一九一九年蒙古人民党便产生了，其目的在再努力于“蒙古独立”。一九二〇年一白俄将军谢米诺夫威逼中国人，侵攻库伦，又用“蒙古独立”政策，遂占领首都。故一九二一年全国皆在白俄军队诸首领之手。一九二一年三月十三日，在恰克图便选举了第一次临时国民革命蒙古政府。在同年中此临时政府得苏维埃俄罗斯之奥援，扫除蒙古之白俄军队。新政府又第二次拥戴库伦活佛，加以全〔金〕冠，但是他的势力仅是形实〔式〕而已，待活佛于一九二［十］四年三月去世，蒙古即自宣告为一共和国，直至今日尚复如此。依据蒙古国民政府之决定，共和宪法已起草了，此宪法即立法部在于民国会议及政府所代表之最高权力。同时又发宣言，以一九一一年为蒙古独立之纪念元年。

一九二四年十一月便招集大国会，此会涵有每年由人民选举的一百被选者。蒙古共和国的公民，无论男女，在十八岁以上，皆有选举及被选举权，大国会独有修改及通过共和政体之基本法律，又如小国会招集开会，则大国会每年仅招集一次。小国会有议员三十人，由大国会本部中推举的，并且对于大国会完全负责。而小国会自身轮流选举五个永久的委员，此五委员即执行国家之最高权能，在大国会休止期中，最高政权便由小国会行使；若小国会亦在休止期中，则五个委员便行使最高政权。

蒙古人口可分为三种社会团：亲王及贵族；喇嘛；平民或是哈拉特什，而平民占全人口百分之七十五。虽然无数的牲畜为许多喇嘛庙、亲王所领有，然而这样却不能使他们占优势的，因为全国百分之八十的牲畜财富尚为平民所有呢。国家收入，全由税收，此蒙古之普通情形，税收及关税收入使蒙古经济达于收入〔支〕相抵的平衛〔衡〕状态，此实可喜。蒙古财富之渊源惯是饲养牲畜，羊、山羊、马及骆驼。蒙古因有高山、沙漠之隔绝，使国家陷于孤独地位，不能与他国往来，故蒙古人今日犹保有其往日游牧之特性。寒冬凛冽，有时百分之三的牲畜便冻死了。所以为蒙古增加牲畜起见，则寒灾的事实不当视为天时自然，而应有以防御之。依一九一八年统计报告，蒙古动物增加之数每年达于五九〇,〇〇〇头，其数殊足惊讶，而在此数中，马及牛类各占百分之十，而其他全为羊及山羊，骆驼为数则颇少。可是一九二四年的统计，却报告蒙古有牛类家畜十七兆头之多。

羊及山羊的豢养是一个蒙古人家庭经济的基础。肉、脂肪、牛乳、羊毛（主要的输出物）、兽毛、皮、肉〔内〕脏、各种毛发——这些一切家庭经济或是输出的物品皆是蒙古〈人〉从他们的畜类羊群获得的。至于牛乳，一半为家中食用，其他则制造为干酪、乳油及乳酒，除食用外或是用为生畜之食料。蒙古人既不善于喂饲牲畜，寒冬又没为牲畜庇护，因此很多的牲畜便损失了。或者就因为如此，及输出于俄国的大数目的牛类，因此蒙古牛类的总数目增加便日渐低降了。蒙古不顾及那些损失，所以现今的经济状态牲畜饲养，尚未过多的冒险，盖在冬季，牧场殊不能充分供给。倘使，在另一方面，整个制度完全改革合理了——倘使在冬季把干草储藏了，温暖的厩房建筑了，又为牲畜防御狼群与各种传染病——则普通物产定必日见增加。那改革无款〔疑〕能使蒙古在世界牲畜的供给居于首要的地位，并且使物品的供给多取得于此。现政府既能显然见到于此，视豢养牲畜为最重要，及以那些改革视为国民实业之改进。从下面输出品统计之概况看来，这一部分的国民经济是如何重要啊！出品的统计如下：

牛类	一〇〇，〇〇〇〈头〉
马	一〇〇，〇〇〇头
羊及山羊	一，〇〇〇，〇〇〇头
骆驼	三，〇〇〇头
羊毛（除每年总产额九，六〇〇吨外）概有	六，〇〇〇吨
骆驼毛（除每年总产额八〇〇吨外）概有	六五〇吨
牛皮及马革概有	一三〇，〇〇〇条
羊及绵羊概有	一，〇〇〇，〇〇〇头
兽皮	五〇〇，〇〇〇件

在那些生货的交易中，蒙古从中国获得砖茶；从俄国获得麦粉、五谷、米、丝、绵布及皮革；而从德国蒙古购得机器、械物、教育物品、纸及教授用的影片。一九一八年，这一年外蒙古之输出和输入贸易相抵，其全额概有五〇，〇〇〇，〇〇〇墨西哥银币。可是，这种经济状态尚不足以代表全蒙的贸易，又生货输出的状态亦不能表示全蒙的供给的。

农业颇为幼稚，仅荒瘠之区，加以开辟，这个开辟的土地大部培种蔬菜，由居住于蒙古之中国人从事经营，现政府正努力于农业，从事改良。

至于工业，可说蒙古在实际上直到现在尚说不到。在额尔泰有一制革厂，此厂方始开工作各种制造，有一砖瓦制造所，锯具厂，及其他许多葺修店铺。或者那些可称为达于工业发达的初步吧。蒙古有许多的矿产，此在意想之中；而矿业的发展可为蒙古前途之最紧要处。国内需要即取给于国家自身：皮革（皮带等等），及羊与绵羊之皮（制造尚在初步），一种特别种类的薄毡帽（从羊与骆驼的毛织造成的），而纺织尚在进行中。

有一个时期，中国人曾掌握蒙古商业的大权，许多重要的中国商号皆在蒙古设立支店。除中国人以外，俄国及其他国商人现在亦［亦］获得立脚处，但蒙古本地人渐日处于占先的地位。蒙古私人尚少经营商业，但自一九二一年蒙古中央合作社成立，其目的即为交易，这个组织由政府及私人资本而成。蒙西喀比合作社在全蒙古概有一百分社，即有〔还在〕中国与俄国立有分社，一九二一年概〔该〕社有〈社〉员六十人或七十人，一九二四年有社员三,〇〇〇人，而今则有一〇,〇〇〇社员，发展亦称顺利。蒙西喀比除资助其社员及从事贸易外，复善为处理重要生货工业事件。合作社的活动多在蒙古、中国及俄国。一九二三年，蒙古国家银行颁布执权后，即由昔日贸易及工业银行改称今名。蒙古货币昔为银、铜及金、铜混合币，如中国、墨西哥银元。但是，现在，蒙古另制定货币庚塔克拉克（译音），概有二先令，分为百分，名为蒙古塔克拉克。是银票由国家银行发行，银币由国家铸造，现在又铸造金币，独立蒙古又自设立邮政事业（下略）。

概顾上文，我外蒙古，自经解脱中国之羁绊，而频行独立运动以来，凡十数载，始有今日真正民治国家之实现。原因固虽顺应潮流之驱驶〔使〕，实际则不可谓非英才隽士致力之由来也。更就内部言来，亦甚俱〔具〕观摩，诚有一日千里之进步〈趋〉势，如教育、职业之实施；土地、矿山之采发；银行、工厂之开办；邮政、电报之建设；铁路、航海……之计划；一一不甚〔胜〕枚举。而将来与世界到〔列〕强，列于同一之国际地位，岂可逆料哉？夫又回溯我南部蒙古，刻尤在他人统治蹂躏之下，而反不能赖潮流而改变，应时势而忆〔奋〕起，良可叹也！

晨钟附言

《蒙古》（月刊）
北平蒙古留平学生会
1930 年 6 期
（李红权　整理）

鼓励蒙古青年几句话

金养浩　撰

在三重铁蹄下蹂躏的蒙古，那一种的痛苦和可怜的情形，我委实是不愿意提到的。咳！可怜的蒙古同胞，可爱的蒙古乡土，恐怕是要一天危于一天了吧。在国内有剥夺摧残的军阀，在国外又有那赤色的苏俄和万恶的日本，正在施展他那侵略我们侮辱我们的政策呢。咳！可怜的同胞哪，赶快的起来反抗罢，日本人不是有这么几句话吗？“十万头驴，赢得来满蒙山河地，多少鲜血，方换到这些特许权。”你们听，他有这种的观念，我们不极力的反抗他，不是要危亡呢？苏俄的野心，也是很利害的，从打巴尔干是失望以后，就立谋内外蒙古，宣传“赤化”，高呼共产，这些个主义，也又〔不〕过是利己害人的工具罢了。如此的说来，现今的内外蒙古，是不是已成为俄国发泄野心的目标了，最后的一天，恐怕道〔还〕有个东方的巴尔干的纷争吧。到了那时候，我们黄金的蒙古和可爱的乡土，马上就变为日俄的极东国土了。还说什么痛苦，……危险，恐怕是更甚于现在了。同胞们哪，革命的同胞，有这种的现象，我们就不去抵抗吗。好在当〔尚〕且未到那步田地，我们道〔还〕有奋斗抵抗的余地，那我们就赶快的和他抵抗罢，不要再过那醉生梦死的生活了。要知道模模〔迷迷〕糊糊的是不能成功的，必须要团结起来，向那压迫我们剥削我们的帝国主义者去奋斗。打跑赤色的苏俄和万恶的日本，要扫除一切凌虐我们的对方，那么才能够恢复我们原有的自由，夺回天赋的权利呢。可是现在我们团结啦么，没有吧，仍然还是散沙般的自求福利呢。所以我要大声疾呼，唤醒沉睡的同胞，要一致的团结起来，去打那赤色的苏俄和万恶的日本，还愁他不跑吗。那时候的黄金蒙古和可爱的乡土，仍然道〔还〕是让我们来享受呵。

《蒙古》（月刊）
北平蒙古留平学生会
1930 年 6 期
（朱宪　整理）

我对于蒙古王公希望的三点

康济民　撰

古人说："顺天者存，逆天者亡。"我们现在可以说：顺潮流的生，逆潮流的亡，我们再看英国博物学家达尔文氏说的"物竞天择，适者生存，优胜劣败，弱肉强食"，我们就可以明白了，大概有机物，都是要竞争，适合环境，以求进步，而保生存的，古有恒言"不进则退"，必为天然的淘汰，这是毫无问题的了。

我们看看欧西各国的人民，早已丢掉了游牧的生活，走过了农业时期，现在就走到机器工业时代，物质文明，科学发达，所以他们的国家，十分富足，武力强大，这是因为他们的人民，自由竞争，航行世界，经商五洲，因此人民才得到安居乐业，享受快愉的幸福，有这样的良好结果，就是他们不违背潮流，日求前进，而不守旧，方能有此文明国家的美名。

就以中华民国说来：是世界上最不进步的国家，也可以说是守旧的国家，但是自从鸦片战争以后，就与外国订了五口通商的条约，就不能闭关自守，也就大开门户，于是就与世界各国互相来往，交涉日多，因此中国就派送学生，赴欧西各国留学，考察文化，所以就把西洋的学术输来许多，中国人民因此很有了新的知识，风气大开，于是大有进步，一日千里，将来的前途，是不可限量的。

回头来看我蒙古民族，在这二十世纪，还过那二千年前的游牧生活，毫无一点进步，真是十二万分的守旧，换一句话说，就是开倒车，推其原因，不外二种，一是受满清的愚民政策，使蒙人的知识日日落后，二是王公们不大明了世界潮流，国际的竞争，所以仍然是守旧。我们现在，若不亟起直追，力图改革，以谋适合潮流，而求生存，不久必为天然淘汰！况且我们处的环境，是十二分的危险！四面八方，都是敌人，乘机想来灭亡我蒙古，这是如何的可怕呢？我既知道蒙人的地位如此危急，不久就要灭亡，哪能默而不言，坐而待亡，所以我就不由自主的，对于王公们发生了最低的希望，约有三事：

（一）强迫教育

教育为立国的要素，人人都知，要谋一国一族的强盛，务必要从教育上入手，不然，终久是不能成功。因为教育是启发人民的智慧，培养人材的工具，无论国家、种族的兴衰，全看他有无人材，有人材则兴，［有］无人材必亡，这是一定不会错的。我们看西洋的教育普及，人材甚多，所以他们的国家文明，种族强大，再看我们，毫无一点教育，也就没有许多人材，因此我们的种族，日趋于衰弱。闭目想想，在元朝的时候，我们是如何的强壮，占有欧亚二洲，不过几百年来，我们就如此的萎糜〔靡〕，这就〈是〉没有教育的缘故！我们现在不愿甘心灭亡，而求生存，非实行强迫教育不可。负此强迫教育的责任是谁呢？惟一的就是王公，所以我才希望王公赶快竭力的提倡教育，是救我蒙族的津梁，若舍了教育，那是实在无法可想了！

（二）实行开垦

你看，我们有偌大的土地，完全是荒芜的，没有开辟，这是何等的可惜！然而，一方面使他人的垂涎，时有强夺的屯垦，丧失权利，又受他人的压迫，更为可怜！一方面自己不使耕种，自己就没有粮食，每日所用的米面，都是依赖他人的共〔供〕给，价格又大，一旦遇有天灾人祸，道路不靖，交通断绝，我们有乏食的恐惶，甚而还有绝食的危险，这是何等的可怕！

我们当王公的，应该奖励人民自动开垦，一则可免去无粮食的大患，二则可以解〔减〕少他人的移民屯垦的念头，并且改良游牧，日谋进求，务使合乎潮流，若不要为时代的落伍者，那才好呢。

（三）训练兵士

我们想要谋社会上的安宁，地方上各种事业的发展，务必要有良好的军队，来担任一切的治安，那些人民，始能安心努力各种职业，民族才有进步，并且现在士〔土〕匪遍地，哪能没有军队呢？我们看现在各盟旗的军队，毫无纪律，又没有受过训练，简直连军人的常识都没有，其余他负的责任，哪能谈到，照这样的军队，人数又不多，就〔再〕多也无所用，我们从今后，把所有的军队，务必加以相当的训练，才能达到保护人民的责任，方不愧为兵呢。

综合以上的三事，我们的王公，能够马上就要去实行，不但能求生存，并且能把我蒙古种族振兴起来，可以与文明的民族比肩，不然，恐怕难免天然的淘汰，那时就想做去，也恐环境不允许了！

十九年四，九，写于法大二院

《蒙古》（月刊）
北平蒙古留平学生会
1930年6期
（李红权　整理）

我的见地如此

亢仁　撰

在叙事之先，为声明自己的意旨，有几句话要告读者：第一，请读者不要竟然目我为思想的落伍者。第二，更不要干脆看作没有勇敢、慷概〔慨〕和创造的作为。诸君若是这样的批评，那根本就算是读者的不对。要知我所以书写这些事儿出来，一来我觉所写的东西，因有很多可以表扬的价值，同时还有采行的必要；二来更可将指出来的种种，认有适合时代的，采取施行；不适合时代的，而革故鼎新，这才是我发挥意见的本旨。

谈起蒙古民族来，谁都承认是个不开化的民族，并且，终日与牛、马、羊等为伍。但无论何人，总没见到蒙古民族确有许多特别精神的表现，而要比新兴文明的国家目下所采行的制度，还要发生的在早哩。

（一）“自由”：这两个字，在现今各国的民族，为争它的实现，不知用了学者多少心血，和人民的多少牺牲之后，结果成功的固然很有，失败的也不在少数。但是谈到蒙古这一方面来，“自由”这两个字的实现，早经就享有了。现在举几个例子来看：蒙古民族所信奉的宗教——喇嘛教——虽有教中共守的信条，然从来作喇嘛的人，莫有听说过今天犯了教规，而被责罚，明天犯了法条而被致死，这是从来没有听见过；设或有的，也不知作了多少次人所共恶的事，不然这种情形是万中难有一个的。从这个例子看将来，蒙古民族的信教自由，是不受限制，且不受教里的束缚，也就可代表人民是极享有信教自由的。还有个较明确，而且极端自由的例子——即是“法律”这样东西。在从前蒙古民族散居漠北的时候，那固然没有受这“法律”束缚的可能，却〔即〕就是到得极盛时代——元代——也从来没有制定过“法律”；这确是文明新兴国家比不上的地方。就以目下全世界讲，除去暹罗国稍有点习惯法外，没一国是无“法律”的规定。固然，一般立法的国家，借词法律为人民的保障，要真正讲起来，何尝不是限制人民天赋自由的一种障碍物。但这种限制人民天赋自由的武器，蒙古民族是从来没有加在身上过。再将婚姻自由来谈，现在文明各国，讲婚姻自由的声浪，差不多无时无刻的，没有听不到的时候，就是新闻纸上每天提倡这样事情的文章，实在也数见不显〔鲜〕了。惟我蒙古民族，除去少数的王族世爵外，平民普通是自摘〔择〕自配的多。照此看来，蒙古民族确是生来自由，事事自由。如果我们自己是甘愿受压迫和蹂躏，那就是我们情愿自己放弃自己天然享有的权利了。

（二）“博爱”、“平等”：再谈到这两层上，这是现在的民治国家，极于想法使人民要走上这种道路上去；并且，一般的学者也极力的鼓吹，让人民得享有这样的幸福。无奈言只是言，却不见行耳。然由我们民族看来，这样的道路，前多少年代以前，不知就走上去了。这种幸福，也不知享有多少时了。现在也举几个例子来看：蒙古民族的习惯，从来不论是走到任何蒙古的地方，只要你是同种族，或能操蒙语的人，而你的饮食居住，那算是丝毫不用你负责的了；若是同你交谈起来，再要性情相投的时候，那更奉你若上宾。也不单只对我们种族的同胞是这样情形，说一句缺德的话吧，就是对于冒牌的杂种，也只要你会说几句“哈穆勒恨塞”（释〔译〕音）或“他什苏姐挠”（释〔译〕音），也是同样的亦可把食呀宿呀解决了。照这些很普通的习惯看起来，蒙古民族的朴厚诚实，真带有一种天然施惠的情形；这种精神的表现，我以为走遍天下，也找不出第二种民族来。末后再举个例子——却也是我们民族中间一庄很普通的事——用来证明我们蒙古民族是“博爱”，同时更可知道是“平等”，现在将他写了出来：蒙古民族中，最具有特征的一点，即是每当一个人无力生活的时候，就可向他所在地的王公世爵那里，拿一块“哈达圪”（释〔译〕音）作敬见礼——但在普通情形之下，十有八九可以见到的，有时府中的管事，或代会见——但概〔既〕经会见，则将自己无衣缺食的情形诉知，当时，他们即很表示欢喜的对他当面说知，给牛羊多少，驼马多少，日后靠此而好好的生活去吧。由此，这人却也根据这些惠赐，逐渐的逐年过活下去；而牲畜也因逐年滋生的结果，也就特别兴旺起来。到的这个时期，一因牲畜兴旺，再因家产发达的缘故，这才复拿着“哈达圪”、“乌漆”（释〔译〕音）等礼物，又到他的恩主那里请安问好；同时将自己生活状况与牲畜的数目，很忠实的还要报告——有时王公或管理者，因事微日久的关系，也许不记的了；但是概〔既〕经他复来，又知他这样的长进，也很快乐的当面对他奖励一回；然而有时还令府中休息，同时又给预备酒饭，饭后，还要跑马歌唱作种种的娱乐——有时王公也常常是参与作戏的。照这样情形看来，不但“博爱”足以表现，即就是“平等”也算是极好的表现了。

上边既经述过蒙古民族俱〔具〕有的几种特征，现在更有一种他民族比不上的特色——“军队”，还未提到，现可略述一二，供诸读者。在过去的先祖成吉斯汗，其所以能统一欧亚的原因，也不过全仗着这军队的力量来扩张。因蒙古人的军队，第一，每个人的体质是非常强悍。第二，用不着充量辎重的供给。而每于出征之时，每人携带马匹数骑，以备替代；同时家室马后相随，饥进膳，喝〔渴〕侍饮；衣服破烂，又可随时补纳，因此之故，而对当时财货的消毫〔耗〕，国家实在也受不了多大的影响。所以每到一处，战无不胜，攻无不取，这是我们元代强盛的原因，亦即是蒙古民族俱有的特色。

综合上边写过的各种特征，实在世界民族里边少有的。但我们既已俱〔具〕有这样的特征，决不要将自己可采取的地方丢开，而从别处找去。况又在这二十世纪各民族竞争的时候，在争自己一切幸福的趋势里，民族间每每要起来改善他们的种种不幸，而向幸福的道路上去，这个去的道路，便是“改造”与“创造”。这种“改造”与“创造”的动机，亦即是革命的思想的出发点。且实行这种思想的出发点，亦无所不用其极的而作出种种新的“改造”与“创造”出来。然这样的做去，固然是再好也没有，但在实行这样动作的时候，实在不是轻可易举的事。故我觉的我们蒙古民族在过去的风俗习惯制度里，实有符合现在新潮流和新国家所采行各种制度的地方。因此在作者的心里想，我们现在所负的职责，不仅是“创造”一端，还须要将旧具的特征，若是适合时代的，大家用方法来保留和通行；不合时代的，要力加更变；而后使它灿然一新。同时更要将我们数千年来受环境的影响，或许是未注意到的地方；也许已经不适合时代的制度，还在固守不放，首如教育的施行，宗教的改革，旧有爵制的维新，牧畜的改善，或作化牧为农的种种等，以上所述各项，总办〔归〕更要极力的想法实施才是。最后则更进而为政治、军事、外交、人材的培养。这却是我们现在刻不容缓的事情。提到这里，作者的意见也就发泄了不少的出来，下期再谈吧。

一九三〇，四，十五，写于北大三院

《蒙古》（月刊）

北平蒙古留平学生会

1930 年 6 期

（李红菊　整理）

对于内蒙之新希望

李培基　撰

斯篇论说系接续本刊第四期而作，洋洋洒洒极中肯綮，读者幸勿忽略诵去，造福蒙汉实力赖之，非书生泛论可比。

编者志

一、生产　考牧畜固为蒙胞自有历史以来特殊之生产，不可废弃，已略言之矣。施政之余，尚拟改善牧畜新法，以期繁殖。惟蒙境生产事业不仅限于牧畜之一道，如开煤矿、采甘草、制盐碱、造革毛，如能经营得法，其富量胜于牧畜。关于以上各端，绥政府决与以政治的权力充分相助，促其生产发达，借免富藏弃地，幸勿迷信自封，自甘荒废。开采工作，决与牲畜无关。如谓开一矿，即能影响牧畜；若掘一井、搭一灶，则牛马将死尽矣，其谁见信，荒谬之论不可偏重。况生产事业与群众有经济调剂之能力，例如牧畜失利，而开采获利，大可以补不足；若专恃单纯的生产，即一蹶不能再振。凡我蒙胞了解此义，纵使迷信动听，试问生命为要耶，乃迷信为要耶？必有应之者曰：生命为要。须知人有生命，即当求生产，生产与生命，乃两不离之物。任使生产之路加宽，勿使生产之路渐短，盖短生产即所以自短生命也。

一、交易　内蒙与外蒙不同，因内蒙假平绥路交通之力，汉、满、回各族相继北移，渐成五族共居之地，所谓牧畜、垦殖大有汉蒙同化之概。考中华民国之立，原合汉、满、蒙、回、藏五大民族组织而成，并无此重彼轻、此亲彼疏之判，所以中央有蒙藏委员会，即小如绥省府，亦有两盟委员出席议事，共担政权。其他班禅过京，所到各省倍受欢迎之处，当为众所知，即蒙古王公、贝子，其谒各当道者，亦莫不备极招待，特别优容，如存歧视，能若斯乎？在最高机关犹存五族一体之心，比至下层，反视为秦越，诚属大谬。内蒙渐成合居之地，而交易事项所在皆有，幸勿各挟私心，见利而不见义，互相欺诈。常此不改，大与五族一体之旨相背。为此一节，前特出示布告，有众任何方面，如有故存幸心、阴怀欺诈者，一经查觉，定依法办之。今后交易之间，务使打破隔膜，彼此以诚相见，盖交易愈广，则盟旗钱法愈活，不然纵拥有牛羊千万，不将坐困以老耶？绥省府为谋维持内蒙交易起见，一面减轻税率，一面派兵保护，使之安全贸易，其早来归为是。

一、情感　人类与其他动物稍异者，惟在情感，所以自古以来大圣贤、大英雄、大宗教家、大政治家，无一不富有情感。而成其伟大事业者，小而推之于社会、于人群、于家庭，亦莫不有情感系乎其间。盖缺乏情感之人，乃弃人自弃之政策也。现今世界大同，国际尚讲和睦，况乎五大民族共组之中华民国。其休戚荣辱相关密切之处，不言可知，接近犹恐不及，焉可自相嫉视，亟宜破除旧染，力谋亲善。五大民族在地位上原属平等，在法律上更属平等地位，法律皆平，而人群之间有何不平之处。且情感系交换的，以善意待人，未有能遭白眼者，反之以白眼待人，亦未能有引人垂青者。谓予不信，试问王公游历京、津一带者，车船旅舍饮食起居，何一不享同等待遇，甚且行时，地方长官多有代为开销旅费，预备车船者。上流人物往来如此，下层社会，更不宜稍存种族观念也。

右列数端，乃我对于蒙胞之新希望，亦即我之新策略也。自今以后，当以政治权力逐一促其成功。然上倡尤在下和，从此与蒙胞笔谈之日甚长，各旗有何痛苦，尽可陈诉，此《蒙文半月刊》即蒙众诉苦之地也。

《绥远蒙文半月刊》
绥远省政府秘书处
1930 年 6 期
（朱岩　整理）

谬称外蒙政府已受赤俄羁缚

作者不详

外蒙受赤俄煽惑，背叛祖国，甘心附外，世界民族程度之低，无与比伦，顺逆不知，背向莫明，至于今日，后悔何及。中央早有计画，一俟国内肃清，当根据国际公理，先与赤俄严重交涉，决不受侵略者之欺辱。以历史、地理、种族、宗教种种方面言之，赤俄决不应强据外蒙，而外蒙亦决不应甘附于俄，明达事体诸先进，对于中央及辽、晋两方面，早有输诚之表示，无如青年蒙人，留学日俄，重受邪风，自号开通，究其实在，天良早经泯没，甘心向敌，自苦不知，谬称外蒙政府现经改组，总理为泰材特尔吉，颇通汉文言语，人尚温厚；副理为坤格尔（曾留学于俄都）饱吸“赤毒”而归；外交首席为格列尔施布，中俄言语均不甚通；次席为塔瓦，人极精干有为，每奋〔愤〕赤俄压迫之极，常离席高呼大蒙古不受异族支配。内务首席为梯米特尔格。陆军首席为藤巴特尔，人极精悍，曾任乌梁海长官，为唯一亲俄派。财政首席为雅尔屯格里尔，尚通汉文言语，每与陆军首席意见相驰。教育首席为布脱根，司法首席为统脱布，次席为公博马脱马申夫，为唯一亲日派，曾留学东洋。参谋总长索成布尔，曾在赤俄士官学校毕业，参谋次长系一俄人，姓名未详，权在总长以上，全蒙军事，悉在其掌握中。陆军首席藤巴特尔，每受其牵制不得如愿。军事如此，财政益见纠纷，政府出纳、预算，无一不在俄官操纵之中。

新派人物，亦长生旧想，而旧派人物，更思念祖国不已，每望神京，常凭空默祷，以祝黄河之早清也。外蒙要人心理如是，内蒙同胞可以觉矣。

《绥远蒙文半月刊》
绥远省政府秘书处
1930 年 6 期
（丁冉　整理）

说中央对于蒙藏扶植之至意

慕侠　撰

自革命完成统一、中央政府建都南京后，关于施政上之趋向，逐渐纳于正轨，其于蒙藏之策划，尤称详尽。现在蒙藏委员会提议，即专为蒙藏同胞谋福利起见，此项会议不久即行实现。兹将中央对于扶植蒙藏，实施之步骤，略陈于后，想为我蒙藏同胞所愿闻者。

一、本会议一切提案，均应遵奉总理遗教及本党历次宣言、决议案，以扶植蒙藏民族，使之能自决自治，与国内各民族实行团结，为整个的大中华国族为目的。

二、本会议一切提案，均应酌核蒙藏特殊情形，分别先后缓急，逐渐改革进行，以谋蒙藏之发展。

三、蒙藏一切奴隶制一律解放，并妥筹善后办法。

四、蒙藏交通，由中央设法举办，共〔其〕故有之台站，亦应分别整顿，至公路一项，由地方限期修筑。

五、蒙藏教育，应就其需要积极兴办，国民教育及社会教育，并由中央拨款创办特种学校，造就训政时期所需人材，其他实业教育，尤应设法提倡，以谋生产之增进，改善其社会经济。

六、蒙藏土地，应就其地质、气候之差异，划分为农、牧、林、矿等区，使各适其宜。对于牧畜尤宜积极提倡改良，并劝办各种工厂，从事制造，以增进生产。凡生产、消费合作事业，亦应予以指导赞助，务使藏〔蒙〕藏社会由游牧经济进为农商工经济。

七、蒙藏宗教应确遵信教自由之原则，于保护之中寓改善之意。

综计上列七项观之，所有改善不良制度，兴办教育、实业，保护信教自由，可谓无微不至，乃愿我蒙藏同胞，急起直追，本中央扶植蒙藏之策划，先自励进。查绥远省政府整顿乌、伊两盟政策，早与中央不谋而合，决以行政的权力，尽量扶助蒙藏。王公应祛故步自封之思想，进而与省府协谋合作，以登共和之域，而享平等之福，岂不懿欤！

《绥远蒙文半月刊》
绥远省政府秘书处
1930 年 7 期
（丁冉　整理）

外蒙问题

俞振楣　撰

一　绪论

呜呼！疾痛惨怛憔悴呻吟于帝国主义铁蹄之下，盖莫甚于此时，而莫极于外蒙。外蒙，蒙古之一部分也，其土地之广，几占神州之半，其宝藏之丰，足救中国之贫，诚天赋之乐土也。惜乎有清之时，吏治昏暗，不思改革其恶俗，畅利其交通，教育其人民，开垦其土地，遂使日俄有可乘之机。民国成立，内乱相寻，外患益亟，更不得经营外蒙，改藩为省，遂使大好河山，操纵于赤党手掌之中，沦为帝国主义之盘上俎〔俎上肉〕。嗟嗟！外蒙问题之重要，良不亚于山东问题与西藏问题也；盖外蒙一失则内蒙危，富源尽，而中国永无自强之希望，国人幸勿以其远而忽之也。

二　外蒙之沿革

外蒙之地，商前已不可考，据书籍所载，在周为山戎、獯鬻、猃允之所居。周太王避寇迁岐山，足见当时已谋蠢动。其民非土著，其国无城郭，以牧畜为生，逐水草而居。秦汉时，匈奴最强盛，建王庭于喀尔喀，统辖漠南北地，且时入寇云中、上谷诸郡。

前汉历代诸帝患之，故有公主和亲之举焉。至后汉分其地为单于，再变为蠕蠕，三变为突厥，四变为回纥，终变而为蒙古。唐时有鲜卑、乌奚桓者，错居漠南，薛延陀、契丹等，则据漠北，建国曰辽，蒙古属焉。至也速该，乃并吞诸部，与女真抗，其子铁木真嗣位，勇敢善用兵，大举西征，所向披靡，欧人共传黄祸，前后灭国凡四十，疆域之广，即汉唐盛世，亦不能过云。在位二十二年殂，三子窝阔台嗣位，南灭金，威名远慑欧洲，莫敢撄其锋。世祖即位，建都北平，奋其余威，灭残宋而主中国。数传至顺帝，荒淫无道，为明所逐，遁归和林，复号蒙古，度其游牧生活，时南犯，英宗寻被掳焉。清初，既平察哈尔，蒙古乃惧而入贡，岁献白驼一，白马八，是为九白之贡。既而喇嘛教传入外蒙，遂失尚武精神，而国势渐衰。迨民国世，乃受日俄之宰割，而不能奋向日成吉思汗之雄威矣。

三　外蒙之地理

一、外蒙之自然地理（位置、山脉、河流、湖泽、沙漠、气候）

1. 位置　外蒙位中国北部，东界黑龙江、辽宁，南界察哈尔、绥远、宁夏、甘肃，西南界新疆，北界俄属西伯利亚之外贝喀尔、伊尔库次克、叶尼塞斯克及托木斯克诸州，面积凡四百八十八万六千方里，人口百八十万。

2. 山脉　外蒙之山脉，以阿尔泰山为主，自新疆入科布多，折而北，沿中俄边界而入西伯利亚。其支脉在外蒙者，有唐努山、杭爱山、肯特山。

3. 河流　外蒙幅员虽辽阔，然天气亢燥，河流稀少，往往赤地千里，不见水草，其著者有克鲁伦河、敖嫩河、色楞格河、额尔坤河、图拉河、札布干河、翁金河、推河、拜塔里克河、贝克穆河、科布多河、乌陇古河、特恩河、额尔齐斯河。

4. 湖泽　外蒙湖泽颇多，故六畜赖以滋长，计其大者，有胡尔罕鄂伦泊、察罕泊、鄂罗克泊、锡拉布里都泊、特尔们池、桑金达赖泊、察罕克尔泊、乌布萨泊、伊克阿拉克的〔泊〕、赫萨尔巴什泊、库苏古尔泊。

5. 沙漠　外蒙沙漠，几占全土三分之一，即大戈壁是也，东起兴安岭，西尽天山，斜亘外蒙古间，地势高出海面四千尺，土性干燥，赤地千里，行旅极感不便。

6. 气候　外蒙之气候，可谓全世界之最恶劣处，四季之长短不均，春秋均各一月，夏二月半，余皆冬令矣。而一日之间，气候亦有差至九十度者，其故在白昼阳光直射沙面，故酷暑非常，至日暮则沙土散热，遂降冰点，冷风忽起，纷纷降雪，俄顷之间，竟积数尺，诚异观也。

二、外蒙之人文地理（派别、区分、都会、人种、政体、宗教、教育、风俗）

1. 派别　外蒙自元顺帝被迫回蒙后，即建喀尔喀蒙古国，有部众万余，析为七旗。喇嘛教入蒙，乃分三国，即土谢图汗与同族车臣、札萨克图是也。

2. 区分　外蒙区域，现分六部，曰车臣汗、曰土谢图汗、曰三音诺颜汗、曰札萨克图汗、曰科布多、曰唐努乌梁海，为旗八十有六，分为四盟，曰汗阿林盟、曰齐齐尔里克盟、曰喀鲁伦巴尔和屯盟，及札克必拉色钦毕都哩雅诺尔盟。

3. 都会

a. 库伦　位土谢图汗部，地势冲要，人烟稠密，可三万许，活佛居焉，其宫殿壮丽，夏季膜拜者，不绝于道。

b. 买卖城　即恰克图，属土谢图汗部，位中俄交界处，百賜云集，茶为大宗，人口三千，南距库伦八百里。

c. 乌里雅苏台　在三音诺颜西北境，土地肥沃，人民繁庶，为边防要塞。

d. 科布多　在科布多部，其地气候温暖，水草丰茂，且交通便利，为蒙疆之要道。

4. 人种　外蒙之人种，大别言之，有喀尔喀、乌梁海、唐古特三种。

a. 喀尔喀　身倭体健，肤黄赤，鼻低面平，大半为元裔。

b. 乌梁海　容貌颇似土耳其人。

c. 唐古特　身肥肩阔，肤淡黑，面长鼻高，盖自西藏迁此者也。

5. 政体　外蒙之政体，在昔以神权治理，奉喇嘛而汗王辅之，至近日国民党起，组织国民政府，尽夺活佛汗王之权，而为赤俄之傀儡。国民政府之下分设内务、陆军、财政、司法、外交五部，组成国务院；领以国务总理，五部各有总长一，主事员一，秘书一，书记员三人至五人，且聘俄顾问一员，而握有重权焉。至军事方面，有蒙古全军参谋部掌之，设元帅一，参谋长一，其下附设内防处、外防处，然皆有赤俄之顾问。

6. 宗教　外蒙古昔无宗教，自明初喇嘛教传入，渐得蒙人之信仰，奉行维谨，不敢稍违，于是渐掌政权。清时创掣签之法，颁金奔巴瓶，以定喇嘛之承继，今则外蒙国民政府力倡教育，破除迷信，对于活佛之信仰，已不若从前矣。

7. 教育　外蒙以游牧为生，固无所谓教育，举止动作，犹是太古草昧之民，间或有之，则皆以佛教经典为主，对于国家人才之培植，全不顾及。国民政府成立后，因感教育之需要，遂设学校四十七所，学生凡三千二百人，民国十一年因苏俄列宁夫人捐资四十万元，遂创办中学四所，学生二百六十人，又设国民大学一所，学生六十余人，赤俄亦借此积极宣扬“赤化”，故蒙民之亲俄派，固实繁有徒也。

8. 风俗　外蒙之风俗，因专事畜牧，故勇悍耐劳，见异不迁，守常安故，质朴不华。处女蓄辫两条，妇人则否。饮食恶鱼鸟，亦其异点。居无室，以幕为庐，故能迁徙。嫁娶之礼，一如汉人，而丧葬则不然，弃尸于野，任膏兽吻不顾也。俗崇活佛，祈福解祸，风行外蒙，家三男，则一人须为僧。

三、外蒙之经济地理（物产、贸易、交通、邮电、财政）

1. 物产　外蒙人民以游牧为生，故其物产以六畜为最，稻谷之类，仅足供给，本地蔬菜，则销路颇畅，果类味皆不美，花卉亦少悦目者。而家畜之众，诚可谓乃外蒙富源，畜有骆驼、牛、羊、豕、骡、驴，野兽有虎、豹、熊、鹿、狐狸、狸、獾、兔、羚羊、山羊、野骡、野马、獭鼠、栗鼠、鼲鼠，水禽有野鸭、凫、雁、鹅，飞禽有鹰、雕、鹘、鸨、鸦、鹊、鸠、鹌鹑、鹧鸪、画眉、雉雀、沙雉、云雀，鱼族有鲤、鲫、鳅、鳝、画鱼、红鳞鱼及龟、鳖、螺、蛤，虫多毒螫，以蝇、蚊、摆翎、臭虫为最，蛇、虻、蜥蜴、蜘蛛、蜂、蝶所在皆有，野蚕尤多。至于矿物，金类有金、银、铜、铁、铅，产于阿尔泰山脉，食盐产于各盐池，其量甚宏。

2. 贸易　外蒙北界俄属西伯利亚，南连汉地，故实处中俄交易之关键。清康熙时会于库伦，准双方互市，继又以买卖城为市场。外蒙出口，以砖茶为大宗。外蒙金融，计有中国银锭、银元，俄国金洋、银元，日本金票，拓殖、俄边银行牲畜票，凡六种，金票势力最微，牲畜票势力最大，纸币凡四种，一元者为猪票，绘猪形，五元者为羊票，十元者为牛票，五十元者为马票，均有其形，市场使用，须换成牲畜票，方可使用。

3. 交通　外蒙之交通，政府曾拟筑张库铁路，因经费无着，遂开辟一汽车道，往来颇称便利，由张抵库，四日可达。又乌得北至库伦设台站，以递送公文，由库至恰，则有长途汽车。

4. 邮电　外蒙之邮电，自中国加入万国邮电后，对于外蒙，亦力加整顿，电报以库伦为中心，南线由乌得与中国电线通，北线于恰克图与赤俄电线联络，且设长途电话，消息亦颇灵［设］捷。

5. 财政　外蒙财政，当未独立之前，极形简单，税收仅牧畜一项，故政费亦赖中央接济。独立以后，财源断绝，且百废具〔待〕兴，皆赖经济，于是一面逐渐加税，一面向俄借款，十一年冬，竟以外蒙全部矿产抵借俄金卢布一百五十万元，自此之后，外蒙全〔金〕融始稍有活动现象。现外蒙年入可四百万两，出项则中央政费需一百二十万两，军费一百万两，地方政费一百二十万两，教育经费三十万两，收克〔支〕相抵，尚有二三十万两之盈余。

四　日俄双管齐下之外蒙

一、俄诺曼诺夫王朝之侵略外蒙

外蒙之与俄交涉，始自有清初叶之《尼布楚条约》，斯约订立于康熙二十八年，准边境往来贸易之自由，未几喀尔喀内附，而中国北境与俄领西伯利亚之交涉益繁。康熙五十一年，俄皇大彼得遣使赍约如北京请改订商约，未允所请。迨雍正五年，俄女皇喀德邻，复遣使申前议，世宗乃遣图理琛与俄使会议于布拉河上，订《恰克图条约》，开恰大〔克〕图为中俄通商市场，贸易遂盛，寻于乾隆二十七年，乃设钦差大臣于库伦，以办理边务。后以小故，封禁商场，乾隆五十七年，又复其初，其后俄遂取得蒙古各地通信权，且设领署于库伦。逮光绪七年，伊犁约成，俄遂得与科布多、乌里雅苏台之通商权，自后俄之经营外蒙，不遗余力。民国初元，乘我内地多故，竟举外蒙为其保护国。民国四年，《中俄协约》告成，外蒙仍归我国，然种种利益上之比较，则俄得保护国之实利，而我徒握宗主国之虚名耳。

二、日本对外蒙之野心

东邻日本，虎视鹰瞵，对于地广人稀之外蒙，久欲入我版图，以速圆彼大陆帝国之好梦也，于是派遣浪人、军校，游说外蒙活佛、王公，唆使独立而归日保护，诱以利害，迫以威势。会俄白党谢米诺夫，谋推翻苏俄政府，故愿作傀儡，规取外蒙，为彼复仇之根据地，乃派其部将恩琴，率兵入蒙，勾结蒙匪，有日本军校居中指挥，民国十年二月一日，蒙匪乘防军懈怠，突劫活佛，并陷库伦，不逾二月，而乌里雅苏台、科布多、唐努乌梁海，随以全部失陷，此虽由我政府援救之不力，要亦未始非日本阴谋侵略阶之厉〔之厉阶〕也。

三、赤俄之积极侵略

欧战既作，俄国内讧，苏维埃政府取诺曼诺夫王朝而代之，以扶弱锄强为己任，放弃历来之侵略政策。外蒙既失所依，乃幡然归隶。其后俄白党巴龙、恩琴两将①得日人之援助，率其残部攻陷库伦，建立旧式帝国。时远东共和政府，以白党近处肘腋，有关国本，乃由赤塔派遣赤军，长驱入蒙，攻陷库伦，击散白党余孽，

① “巴龙恩琴”乃人名，并非两人。——整理者注

于是俄之势力，重复入蒙，根深蒂固，不可轻视矣。而蒙古亦甘于亲俄，谓苏维埃社会主义联邦为蒙古之惟一友邦，所有劳农阶级之利益，国家社会之经济，均与苏俄取同一之步骤，且举列宁、齐吉林两氏为蒙古永远生命之名誉代表。苟信然，则外蒙不啻认其为宗主国矣，噫！可胜叹哉。

五 外蒙现状（党政、军事、教育、卫生、实业）

1. 党政 蒙古国民党人，既得外蒙全部，乃于库伦组织国民政府，仍载〔戴〕哲布尊丹巴呼图克图为虚名君主，借以收拾人心耳。政府之下，设内务、陆军、财政、司法、外交五部，组成国务院，有总理领其事，五部各设总长一人，又聘俄顾问一员，事务胥取决于彼。此外特殊机关，尚有四所。

（1）蒙古国民党中央执行委员会 蒙古国民党为外蒙之惟一政党，其所揭之党纲，殆于〔与〕中国国民党之三民主义相同，然其实际，则不啻第三国际之一部分也。该党之组织法，系采委员制度，库伦有中央执行委员会，每年召集全体大会一次，其他各部落、盟、旗、佐领，亦遍设分会。

（2）蒙古革命青年党中央执行委员会 其党纲及组织与国民党同，推年龄则以二十五岁为限，而不能直接干预政治，而受国民党之指挥。

（3）学术馆 该馆直隶于国务院，其职务为搜集各种蒙古之古物，筹设国家图书馆，且编纂各种图书，筹设国家印书馆。

（4）国民合作公司 外蒙政府为谋外蒙经济发展起见，乃创办该公司，资金凡一百万元，设总公司于库伦，而恰克图、科布多、乌里雅苏台等处亦有分所，其中办事者，皆属国民党与青年党之党员。

外蒙最高主权盖握于三大机关：

（1）国务会议，即国务院，一切对内对外事件，悉由该机关主持之。

（2）临时国会，即立法机关，司理立法事件。

（3）蒙古国民党中央执行委员会，对于国事有指导之权，委员七名，均属重要人物。

外蒙对于民权问题，亦极注重，故于王公札萨克亦有名〔明〕文规定裁制其权限，自后各部落、盟、旗王公，皆仅存虚荣之爵位，与微薄之年俸，而向日之宗教袭封权、优越权、生杀予夺权，均被剥夺无遗，而地方政府之权，遂能自由发展矣，此盖外蒙之惟一好现象也。

2. 军事　外蒙之军事有常备军、武员队、临时军三种：

（1）常备军　为征兵制，凡满十八岁之男子，均须入伍，训练六月后，遣回本旗，作为预备兵士，其在训练时期，对于战斗技术及政治常识，务求明白。

（2）武员队　为一大规模之军官养成所，名额在千名以上，设于库伦。

（3）临时军　每年夏季，在各旗召集十六岁以上至四十岁之男丁，施以普通军事常识，以备一旦有事，则全国皆兵。

外蒙军政，除陆军部外，尚有蒙古全军参谋部，辖有骑兵、炮队、机关枪队、飞机队、汽车队、骆驼队，以骑兵队为主力，常备兵额凡一万六千，预备兵额则有三万五千。

3. 教育　外蒙之教育，以蒙古国民党之宗旨为宗旨，分国内国外两方面。

（1）国内教育　以养成普通常识及国民资格为标准。

（2）国外教育　派遣留学生，以培植专门人才为目的，计在德者有五十名，在法者二十名，而在俄国留学而受“赤化”薰陶者，则有百余名之多。

4. 卫生　外蒙民族对于公共卫生及个人卫生，向不讲究，于是疾病流行，死亡相继，实为外蒙民族莫大之危机。外蒙国民政府有见于此，爰清除街道，提倡宣传，不遗余力，又特设平民卫生处，及宏大之医院，费用虽巨，不惜也。

5. 实业　外蒙以游畜为生，故政府特设大规模之兽医厂，以减少其死亡率，并严禁荒火，扑灭野狼。又对于农业之改进，物产之化验，皆有具体之研究。至于矿产，到处皆是，货弃于地，未免可惜，遂与俄人合办开矿，近已有煤矿四处，铁矿一处，金矿二处，银矿一处，已先后实行开采矣。

六　结论

咄咄我华，列强侵迫，南辱于英，东窘于日，而横跨欧亚之赤俄，更奋其戾气，喧肆逼人，夺我库页，占我沿海，更渐渐南进窥我外蒙，百年以来，门户洞开，堂奥曝露，佯以扶助弱小民族为名，阴行侵略之实，居心叵测，虽妇人孺子，亦皆知之。嗟乎！页〔贝〕加尔湖两岸，未始非蒙古牧场也，惜以满清吏治之昏庸，遂使数千万里可战可争锦绣河山，断送于俄，然俄得陇望蜀，更谋入据外蒙。噫！外蒙非他土，乃中国本疆之一也，外蒙非他族，乃五族共和之一也，曩昔贝加尔湖流域，犹可以远而弗较，今赤俄入我外蒙，是犹缚人手足，使之勿动也。同胞乎，是可忍，孰不可忍，为今之计，亟宜先于政治、经济、军事上之实力，作一充分之准备，然后举兵北征，与暴俄周旋于国志，肃清奸慝，而固我藩篱也。

本文根据

1. 《蒙古境》，全一册，中国图书公司出版。

2. 《国防与外交》外蒙问题全章，谢彬著，中华书局出版。

3. 《蒙古问题》，《百科小丛书》第一百十三种，谢彬著，商务印书馆出版。

《秀州钟》（年刊）

嘉兴秀州中学青年会

1930年9期

（李红权 整理）

呼伦贝尔与独立运动

振流　撰

这几天报纸上，时常看得关于呼伦贝尔的事情，究竟呼伦贝尔是什么一个地方？呼伦贝尔的民族、行政是怎样？呼伦贝尔独立运动是什么一回事——民族自觉还是受赤俄利用？呼伦贝尔与中国国防关系又怎样？我想国人在呼伦贝尔事件发生之时，又值内蒙青年党在海拉尔建设共产政府之际，对于以上几个问题，应当有些许了解。我在匆忙中写这篇东西的目的，其用意不过在此。

I　呼伦贝尔概观

呼伦贝尔，在黑龙江省之西部，以所辖呼伦、贝尔二湖而得名。呼伦贝尔的面积，总共计十五万五千五百九十九平方公里。他的四至边界如下：

东面有大兴安岭山脉为界，计北端由黑龙江起，南端至索岳尔济〈山〉止。

南面由索岳而〔尔〕济山起，其边界向西北行，穿过贝尔湖，达苏布尔格湖。

西面边界由苏布尔格湖起，向北行，与外蒙车臣汗部及俄属后贝加尔犬牙相错。满洲里站为呼伦贝尔与俄属后贝加尔交界之处。

西北边界，以额尔古纳河界俄属之后贝加尔省。

以上为呼伦贝尔的边界，不过西南和西北各处边界，至今多未划清，常起争执。

呼伦贝尔为黑龙江省之一部，占有黑龙江省西边之全部。境内山河交错，形势险要。中东铁路由呼伦贝尔之满洲里入境，向东南行，经海拉尔至兴安出境，入江省内部。

呼伦贝尔，天然富源非常丰富。东北多山，森林尤富，就调查所得，产林面积，为三万平方公里，约当全面积五分之一。西南富草原，宜于畜牧，皆为游牧民族及土著民族之牲畜所满布。牲畜实为呼伦贝尔人之财富，纳税完粮和日常交易，多用之以代替。西部河流交错，湖泊亦甚多，产鱼尤富。自扎伦诺尔至满洲里一带，该处居民，终年以捕鱼为业。据民国十五年统计，输出之鱼类，为六，三五五吨，大部分先至哈尔滨，然后分散于北满各地。居民业捕鱼者，约有二三千人。呼伦贝尔，多数富源之中，皮张亦占重要位置。兴安岭繁密之森林，多为野兽生息的地方，因此狩猎事业，亦很发达，野兽之肉，可供食，皮张除自用外，又为输出大宗。讲到农业，较为逊色，惟铁路沿线向北之地域及额尔古纳河及沿岸狭幅之地，与农作相宜，可移民屯垦。呼伦贝尔的矿产，颇足引起世界资本家的注意，金矿所在多是，现已有开采者，在吉拉林河一带之金矿尤佳。炼矿开采者现有两处，扎伦诺尔和满洲里。扎伦诺尔煤矿，大部供东省铁路之用，据调查所得，该处积存之煤，深在一百公尺，有煤九千五百万吨，深至二百公尺，有二万二千吨之多。满洲里煤矿，出产额及煤之成色，均不如扎伦诺尔。其他矿产如盐、碱、石灰、铁多有。

这是呼伦贝尔富源的现象，值得我们注意的。

呼伦贝尔，地广而荒，居民稀少。据东省最近统计，总数为七万二千零廿一人，平均每方里为 0.45 人。关内移民，大都散布于兴安岭以东，未有愈越岭西至呼伦贝尔者。其原因为该地气候，不十分适宜于农业，同时又因兴安岭以东尚有广阔之地，足以安插过剩的移民。

呼伦贝〈尔〉居民的普通职业，约可分为三种：第一游浪〔牧〕民族之狩猎；第二游牧民族之畜牧；第三土著民族之农业。

II　呼伦贝尔之民族

呼伦贝尔民族可分为三种：第一土著民族；第二游牧民族；第三狩猎民族。兹按其种类，就官公机关之统计，列表如下：

土著民族	
汉人	17,177
俄人	22,658
其他	269
共计	40,104
游牧民族	
蒙古	27,662
布莱雅及通古斯	3,110
共计	30,772
行猎民族	
鄂伦春	895
雅库特	250
共计	1,145
民族总数	72,021

以上各民族，其地域之分布由西南草原地，直至山林地带，全为蒙古游牧民族之区域。兴安岭之广密森林区域，多为鄂伦春人、雅库特人之狩猎地点。土著民族多在铁路沿线及颏〔额〕尔古纳河、海拉〈尔〉河等流域。铁路沿线一带多俄人，海拉尔流域一带多汉人。

在游牧民族和在狩猎民族中，未开化和半开化之民族较多。种族名称亦各异，如索伦族、鄂伦春族、达〈尔〉虎［穴］族、布莱雅族、额鲁特族、新旧巴尔呼〔虎〕族。

土著民族，多寄居在铁路沿线、额尔古纳河、海拉尔河、墨尔根河一带。在铁路沿线区域内，人口总数约共四万，俄人占百分之五十四，汉人占百分之四十五，其他民族仅占百分之一。兹再就铁路沿线主要各站人数、种别列表如下：

站别 人种	满洲里	扎伦诺尔	海拉尔	雅克什	免渡河	兴安	总计
俄人	8,997	2,317	4,218	610	483	267	16,902〔16,892〕
汉人	2,939	1,321	9,826	70	180	138	14,186〔14,474〕
其他	日人 41	日人 28	蒙古 209				269〔278〕
共计	11,977	3,666	14,214〔14,253〕	681〔680〕	663	414〔405〕	31,357〔31,644〕

（此外尚有几小站未列入，故人数只有三万余。）

此表有值得注意之点三：第一，沿线俄人之所以超过汉人者，实因中东铁路建筑时，俄人携眷来此，以谋生活，及铁路告成，多落户于沿线区域。第二，在本国土地之内，不知奖励移民殖边，反至外人任意移入，至启今日之纷扰，履霜坚冰，由来已渐。第三，沿线一带蒙人甚少，只有海拉尔之二百人，今消息传来，蒙古青年党在海拉尔组织共产政府，则有恃苏俄之后援，毫无疑义。

III 呼伦贝尔之行政

上节中已说明呼伦贝尔之民族有三种，狩猎民族、游牧民族及土著民族。游牧、狩猎民族多不事农业，居无定所，以逐兽、游猎、畜牧为生，因此影响于呼伦贝尔之行政组织。该地行政组织与其他之北满民族略异：一方有道尹及县知事的行政组织，隶属于黑龙江省；一方复置副都统管理游牧和狩猎之蒙古人、鄂伦春人、额鲁特人及新旧巴尔虎人等。故其行政组织为双重的，一方为中国道县治之行政系统，一方又设蒙旗，以治理蒙事。

呼伦贝尔区域隶属于黑龙江省，所辖县治凡四：呼伦（即海拉尔）、胪滨（即满洲里）、室韦、乾奇。蒙古行政区分，按照蒙旗办法，计共六部落，共十八旗，兹分别述之。

呼伦贝尔全面积为十五万五千五百九十九方公里有七，各县所占面积有如下表：

县名	平方公里	占全面积之百分率
呼伦	556,666	35.7
胪滨	574,283	36.9
室韦	148,225	9.6
乾奇	276,823	17.8
共计	1,555,997	100

呼伦贝尔县治行政组织，与黑龙江省相同。原设满海道治理之，有道尹一人，为全区之长官，驻节海拉尔。道尹公署之组织，与内地略异，分设总务、外交、行政及财务四科，直隶于道尹。道之下有县，县设县知事，为一县之长，此与内地情形完全相同。在海拉尔和满洲里设有市政分局，两处又多有赤俄领事馆。

蒙古行政区域，系按照蒙旗办法，设有副都统以治理。副都统设有公署，内分两厅：左厅与右厅。右厅管蒙古行政和司法事务，左厅管财政事务。下辖六部落，共分十八旗，列表如下：

六部落	十八旗
Ⅰ　索伦巴尔虎左翼	1. 镶黄旗 2. 正白旗 3. 镶白旗 4. 正黄旗

续表

六部落	十八旗
Ⅱ　索伦右翼	5. 正黄旗 6. 正红旗 7. 镶红旗 8. 镶蓝旗
Ⅲ　新巴尔虎左翼	9. 镶黄旗 10. 正白旗 11. 镶白旗 12. 正蓝旗
Ⅳ　新巴尔虎右翼	13. 正黄旗 14. 正红旗 15. 镶红旗 16. 镶蓝旗
Ⅴ　额鲁特	17. 镶黄旗
Ⅵ　鄂伦春	18. 镶蓝旗

每部设总管一员，为副都统之辅，共设总管六员。总管之外又设副管，以为帮办，共九员。

每旗设佐领三员，共五十九员：索伦左旗七员，右翼十二员，新巴尔虎两翼二十四员，旧巴尔虎一部十二员，额鲁特二员，鄂伦春两员。这是大概的情形。

Ⅳ　呼伦贝尔事件

呼伦贝尔区域，地属黑龙江省之一部，然与外蒙古关系，非常之深。历年呼伦贝尔独立运动，无不与外蒙相表里。蒙古独立运动，又大半为帝俄、赤俄诱惑和怂恿，故蒙古有叛乱骚扰的事情，无不影响及于呼伦。在《呼伦叛立纪略》载："前清宣统三年十一月廿七日，江抚电称：'呼伦蒙旗遵照库伦来文，宣告独立'……

廿九日按东督电称：‘呼伦独立，系俄人接济枪械……’同时复据江抚电称：‘据驻江俄领照会，呼伦一案，奉本国政府命令，中国政府如与蒙古战争，俄守中立。东清铁路界内，不许华兵与俄人冲突，且不许火车运华兵等语……’民国元年二月二十四日，东督、江抚文称：‘俄兵助蒙兵攻胪滨，查有确据，并各国旅居该处人签有手据可以证明。’”

呼伦贝尔在前清宣统三年，曾与外蒙同时独立，及至民国八年，外蒙曾一度入中国直接管辖，时安福系当国，徐树铮被任为治理蒙事，此时俄国国内正忙于革命，无暇东顾。故呼伦贝尔同样的不久，就取消独立名义。及后安福失败，外蒙乏人主治，赤俄乘机攻取，怂恿蒙古脱离中国，为蒙民设立共和政府于库伦，主其政者，多为亲俄派和蒙古共产党人，以及赤俄顾问。五六年来，俄人在外蒙之势力，根深蒂固，外蒙多事，呼伦贝尔，不能独安。

为明了呼伦贝尔最近几次事变，当对其内部各党派情形，略事分析。呼伦贝尔民族复杂，已如上述，因此有急进党、保守党之分，又有亲中派、亲俄派、亲日派之别。然目前足令我们注意者，为新旧二党。旧党人物，现多居政厅高位，如副都统贵福，以及重要人物成德、巴戛巴迪、济布森额等。新党人物，如郭道甫、金永昌、白云梯等。旧党主张成立呼伦贝尔独立共和国，脱离中国，同时亦与苏联无关。新党以郭道甫等为领袖，名为青年党，以苏俄为外援。郭氏曾毕业于北京之俄文法政专门，又几次留学苏俄，主张蒙古政治组织，宜创设委员制，建立共产政府，归并于苏维埃社会主义联邦共和国。

民十七，奉张败出关外之时，急进青年党，得外蒙援助，曾合成德部属，袭击中东路火车，断齐齐哈尔路线，图谋扰乱，结果终为政府军所败。至九月廿六日，呼伦贝尔代表与奉方代表会晤，作大体之解决。其条件如下：①东省方面出征之军一律撤退于满洲里、海拉尔。②东省方面认蒙旗之行政与从前一致，承认其自治……③参议厅参列各蒙旗，东省派代表一名以监督蒙旗之自治行政。④参加此次独立运动者，宣告无罪。

经过这次事变后，事情并没有解决。郭道甫所领袖的青年党，对于辽宁当局，深为不满，而对于俄国日益亲密，赤俄对于中国的野心亦日甚一日。

本年四月七日，外蒙青年党，煽动内蒙骚乱，此事曾波及呼伦贝尔区域之蒙人，幸处置有方，不久即告平息。但我们对于哈满护路司令梁忠甲之电告，须特别注意。其电文如下：

> 哈〔恰〕克图、库伦、三贝子两大道间，苏俄运兵械及粮食颇忙碌。并有多量汽车运送骑步兵，在各军队内教官多为俄人。巴尔戛、呼伦贝尔及哈尔哈之青年，在库伦组有内蒙古革命委员会，并拟在巴尔戛蒙境，招募蒙古大批游击队，巴〈尔〉戛已有蒙古宣传员，鼓吹哈尔哈与巴尔戛合作，共同抵抗黑政府。

这是很明显的，赤俄"赤化"了外蒙，进一步的"赤化"了呼伦贝尔和内蒙。今年四月七日呼伦贝尔的变乱，是中东路争执之伏笔。最近呼伦贝尔之组织共产政府于海拉尔，是结束中东路争执之尾声。同时又是企图"赤化"中国的远景，大雨前的一片乌云。

在这几次呼伦贝尔事变中，我们可以证明：第一，俄人之干涉呼伦贝尔，不自今日始，由来已久，而呼伦贝尔事变，常受外蒙的影响，外蒙的独立，又为俄人的指使操纵。第二，以标榜放弃沙俄时代的侵略政策和在华特权之苏俄，实际上是完全采用传统的政策。第三，呼伦贝尔的民族独立运动，决不是自动的内在自发的，而是被动的被人利用的。

V 海拉尔组织政府消息与苏俄

在此中俄将开正式会议之前，忽传呼伦贝尔独立运动。报章所载又谓蒙古一二野心王公，统率海拉尔之蒙古保卫团，进占海拉尔组织政府。又载有蒙古青年党枪械、子弹均甚充足，其指挥多为赤军将校，军队持龙旗，枪上饰红布，或悬胸前，人数约三千。再据廿六日沈阳电讯载有下列消息：

> 呼伦贝尔之内蒙青年党，受苏俄之诱惑怂恿，已在海拉尔成立共产政府，有委员七人，首领为阿明泰及成德，并有俄人二名。查俄人蓄意已久，今乘边乱而有此图，不知当局有无觉察也。

由上列消息观察，有数点值得注意：第一，在海拉尔是组织共产政府。第二，政府之组织，系受外蒙之援助和苏俄之诱惑怂恿和援助。第三，政府组成分子为蒙古青年党，成德一派之野心王公以及俄人二名。

为什么现在赤俄怂恿和积极援助呼伦贝尔独立？此除普通原因外，又有特别之原因。

第一，此次赤俄大举侵略中国，其目的在夺取中东路，和占有哈尔滨。谁知好事多磨，正在兴高采烈之时，英、法、美一致拥护《非战公约》，不直苏俄之暴行，不得不停止战争，未能实现其侵略之好梦，但并不甘心，因此即怂恿和援助呼伦贝尔独立。呼伦贝尔独立成功，即赤俄占据呼伦贝尔之成功。盖俄人恐招国际物议，借此以避他人之注意，而收实际之利益，亦即赤色帝国主义之侵略方法进一步之表现。

第二，又因此次战争之责任问题及赔偿损失问题，均待组织调查委员会调查而后决定。苏俄做贼心虚，深恐将来负责，因此预早援助呼伦贝尔独立，以阻止调查团之调查真相，以及为将来诬赖他人之张本。

第三，自满洲里站至兴安站，中东路计长三百七十二公里。我国现在第一道防线在免渡河，第二道在兴安岭，则在免渡河以西，三百余公里之铁路，无异在俄人之治理下，亦即俄人实现一部分侵略之野心。

试观上列三点，即可以证明赤俄之野心，和此次援助呼伦贝尔独立之目的。我们卒不能漠然视之，当筹下列对付方法。

第一，将此次呼伦贝尔独立运动，和赤俄怂恿援助蒙古青年党在海拉尔设立共产政府的事情，公告全世界，借以明了苏俄“赤化”中国进一步的事实。并声明国际列车之被阻，责任当由俄方负之。同时对苏俄提出抗议。

第二，呼伦贝尔为中国领土之一部，对呼伦贝尔之叛立问题，用剿抚兼施的方法，即一方利用新旧党和各王公之冲突，派员宣慰，一方集中兵力，迎头痛剿，以绝乱源。

第三，党的方面，要注意呼伦贝尔的事件，作一普遍的宣传，使一般民众了然于东北形势及呼伦贝尔的重要。

VI 结论

满蒙问题，今后大概是铁与血的问题，为什么？日本侵略大陆的北进政策，以东三省为其根据。苏俄之东进政策，以满蒙为其孔道。我国欲免除东北边患，以满蒙为其屏藩。苏俄现借中东路为“赤化”中国之大本营，其目今对象为外蒙和北满。日本以南满路为侵略中国之根据地，其目前对象为南满和内蒙。日本不在本题范围之内，今单就苏俄而论。自共党执政以后，并没有忘情于满蒙，观其对沙俄在中国之其他特权，愿牺牲一部分，独对中东路，不肯放松。把持中东路直达海参崴（苏俄现在东方海军根据地），是沙皇时代之东进传统政策，而为现在苏俄远东外交方略。把持中东路，作为“赤化”根据地，是为史达林派东进“赤化”政策之要义，亦为第三国际现时对世界革命运用之方针。所以年来苏俄对欧洲列强之让步，而用全力致力于东方的“赤化”。“赤化”了外蒙为其计画第一步之实现。把持了中东路，为“赤化”中国第二步之张本。怂恿和援助呼伦贝尔之独立，是第二步计画之序幕。

现在我们只有二条路：一是对赤俄认输，许其仍把持中东路，占据呼伦贝尔；一是养精蓄锐全国一德一心，群策群力，预备先与赤军作一死战，以恢复国权。

《中东路》（周刊）
南京中央宣传部中东路周刊编辑处
1930 年 13 期
（朱宪　整理）

蒙古问题与中国民族之出路

高骞　撰

中国近年，战争不息，灾祸频仍，人民贫困，至于极点；加以边疆多事，烽烟日急，列强侵略，咄咄逼人，近如中东路问题的纷争，江心坡问题的发生，西藏独立的消息，及形势严重的蒙古问题，都使中国民族，陷于“四面楚歌”的境域。的确，中国民族若再不猛省，再不奋斗，开辟新的途径，求新鲜的生命，前途便只是迷茫与黑暗。

蒙古问题，为今日中俄外交上最大的悬案，亦为关系于中国民族出路的最严重的问题。外蒙古本为中国之一部，入中国版图，当一九一一年我国推翻满清建立共和的时候，蒙人受俄国之唆使，发生独立运动，幸欧战时，我国即派兵平定之。然其后俄国复积极行其侵略政策，近且怂恿蒙民，脱离中国，实行苏维埃式的共和政治，一切政权，皆操于俄人之手，以致今日的蒙古，事实上已为苏俄“赤化”而成苏联的一部分。蒙古民族，为中国五大民族之一，蒙古亡，则唇亡齿寒，整个中国民族亦将岌岌可危，直接受帝国主义者的胁迫，中国民族的出路，也就要增加了一重障碍。所以我们现在为求民族的出路，一定先要把蒙古问题解决。

我国一般人士，向来对于蒙古问题的重要，缺乏基本的认识，还因循着传统的旧观念，以蒙古为塞外之地，视蒙民为化外之人，一任俄人施其单独垄断之伎俩，遂其侵略的野心而不顾。殊不知蒙古与我国内地民族，关系綦切；即就物产而言，蒙古以产金著名，阿尔泰山号称金山，库苏古尔泊产大宗金沙，此外银、铜、铁、铅、煤炭等矿亦甚丰富，可称万里金穴，为世界冠。至于牲畜所出之物产亦甚多，如肉、乳、脂油、皮革、毛绒等品，近有人试验结果，证明蒙古所产之改革羊毛，可执世界羊毛业之牛耳。而蒙古人口复甚稀少，蒙古面积约四百八十八万余方里，人口仅二百余万，平均每二方里只有一人，故蒙古称中国人口最稀疏之地。当我国近年天灾人祸并加的时候，人民衣食不能温饱，流离颠沛，死亡枕藉，正宜利用此天然财富，向蒙古殖民，此实为解决我国民族的民生问题至上之策，亦为我国民族最良好的出路。

但我国移民蒙古，事实上尚有困难问题，因为从历史上看来，中国内地人常与蒙古人处于敌对的地位，发生激烈的冲突，汉人恨蒙人为北狄，蒙人恨汉人为南蛮，数千年来，这种封建的不民族主义化的思想，久已致成民族间的隔阂，互相歧视，汉人很少去经营蒙古，蒙古也鲜与汉人来往。所以现在还有一个重要问题，这就是汉蒙民族的同化问题。

我们都知道，中国民族的出路，最后的目的，是要消极的打倒帝国主义，积极的达到大同世界。但是在没有实现这个目的之前，最紧要的工作，就是要各民族同化，团结巩固，以整个的民族精神，一致对外。假使国内汉蒙两大民族，尚且互相冲突，彼此分离，中国民族，便只能永久埋在黑暗中，决不能求得一条有生机的出路。总理在民族主义中说：“但是中国的人……没有民族精神，所以虽有四万万人结合成一个中国，实在是一片散沙，弄到今日是世界上最贫弱的国家，处国际中最低下的地位，人为刀俎，我为鱼肉，我们的地位在此时最为危险，如果再不留心提倡民族主义，结合四万万人成一个坚固的民族，中国便有亡国灭种之忧。”所以现在我们要团结四万万同胞，成一个坚固的民族。如果各民族能熔于一炉，互相同化，自然就会产生一致的民族精神，共策中国前途的进行。并且我们进而可以说，中国虽然是由汉、满、蒙、回、藏五族组织而成，但现在中国的民族同化问题，实际上已只是汉蒙民族的同化问题。为什么呢？因为满族自满清入关以后，已同化于汉族；回族亦有半化于汉族的趋势；藏族虽没有同汉族同化，但人数少，势力小；在东洋史上能与汉族并驾齐驱，名震全球者，唯有蒙古民族，且蒙古民族所占的地域也很大，不仅内外蒙古，就是黑龙江省西部的呼伦贝尔，北部的布特哈，新疆省的天山北路，甘肃省的阿拉善及额济纳，都是蒙古民族固有的土地，青海全部，也是蒙古民族的牧场，蒙古民族的人口，除汉族外，亦较其他三族为最多。故中国只要汉蒙两大民族同化，便可算成了整个单纯的民族国家，而后发扬我们的民族精神，谋我们民族的出路。

然我们又要问：汉蒙民族有同化的可能么？换言之，中国民族的出路有希望么？在俄国看来，蒙古为苏俄的蒙古，不能和汉族同化，完全应当脱离中国。他们的理由是：俄国在中国元朝的时候，是蒙古民族统辖的领土，并且布里雅特及喀尔美克等蒙古民族，仍为苏联之一体，所以蒙古应当属于俄国。至于日本，则包藏着大亚细亚的野心，视满蒙为其囊中物，现在在东蒙一带，已树其经营之旗帜，并且倡言蒙古人为日本民族，元时成吉思汗也是日本的扶余王，故在日本看来，蒙古将来应为日本的蒙古，不应与汉族同化。他们这种论调，当然荒谬绝伦，没有抨击的价值。我们知道，蒙族的应该与汉族同化，及有同化的可能，已有很可靠很充分的理由：在血统方面，蒙古民族为夏禹王少子淳维的后裔，淳维封于蒙古，到了西汉初年，汉蒙两民族颇多来往，如昭君出塞，公主的和亲，苏武北海牧羊，都是汉蒙通婚的证据；到了五胡乱华时代，汉蒙血统，便混淆不分；元朝入主中夏，蒙古民族与中国更有深一层的合并，血胤益多混淆，所以根据民族史的论断，今日的汉族，已非原来的纯粹汉族；现在的蒙族，也不是最初的纯粹蒙族了。再从人种方面观察：汉蒙两民族都是帕米尔高原下来的支派，蒙人皮肤黄，发黑，眼不深，鼻不高，完全与汉人同。我们从上述的理由，证明蒙古民族可以并且应当与汉族同化，不应盲从俄人的欺骗，而脱离中国，汉蒙两民族宜团结一致，共谋出路。

综上所述，我们可以知道，蒙古人与汉人，追溯既往的渊源，都是一种一族，而现在又同处于被压迫的地位，亟应互相去除民族间的隔阂，开诚相见，视若家人，而后开发天然的财富，增进人民的幸福，勠力同心，抵抗强权，共维国是。我们由此也可以明了，一旦蒙古问题解决，中国民族的前途便有希望，如果蒙古问题不能解决，中国民族就非常危险，国内民族山崩堤溃，前途便只是黑暗与死亡。我们亟应以努力奋斗的精神，来解决蒙古问题。最近中央已召集了蒙古代表，开蒙古代表会议，我们希望它对于蒙古问题有相当的解决，使汉蒙两大民族，互相联合，互相团结，一致向帝国主义者下总击，打倒帝国主义，而后扶助世界上各弱小民族，大家携手走向光明灿烂的大同世界的途径。

（五月卅一日）

《革命外交周刊》
南京国民党中央执行委员会宣传部
1930年18期
（朱宪　整理）

外蒙运动海拉尔独立

作者不详

《申报》评论云：今日平电，谓外蒙近日召集民兵三万，图并吞海拉尔，称为索伦共和国，援唐努乌梁海例，称独立小国，与外蒙划疆自治。此虽出于外蒙青年党之野心，然苏俄之觊觎海拉尔，欲利用外蒙以攫取之者，固非一日矣。苏俄前此屡以独立自治之说，引诱外蒙，无非欲遂其操纵之计耳。乃其时之政府，懦弱无能，致成无可挽回之局。即以唐努乌梁海一事言之，乌梁海在前清时，与科布多同称西蒙，自《中俄蒙协约》订后，乃始并入外蒙区域。其地初隶乌里雅苏台将军管辖，俄人以其土地肥美，物产丰富，于清季曾有焚毁察布齐雅达坝界碑，以图侵占之举。迨宣统末年，外蒙作乱，俄遂乘机占领，华商民悉被驱逐，土人日被蹂躏，无可告诉。其后民国四年，陈毅抵乌里雅苏台佐理员任，各方纷请援救，陈虽转电中央，而中央莫展一筹，结果仅成一纸空谈。六月俄国政变四起，俄党到处冲突，该地人民乘纷扰间，将前被俄人取去之机关收回，然党人旋复侵入，凌虐更甚，又一再呼救于中〈央〉政府，卒无兵到。辗转迁延，又易一年，始由严式超带卫队一棚，蒙兵五十名，名为调查，开往乌梁海，行至加大，突被俄兵环攻，乃退驻海达海图，商由外蒙添派营兵，会同土人，共起与俄奋斗，始将俄兵逐出，而中国军队，仍不开往驻守，其后独立说起，而局势遂变。盖当时乌梁海之人民，内向之心，本甚坚决，故经俄人侵入，再四呼诉，请求救援，乃其时之政府，忙于内争，置若罔闻，延宕久之，援兵仍迟迟不到，该地人民，知中国之不可恃，背离之心，由之而起，俄人乃得乘机施其诡计。迄今回思，犹令人不胜浩叹者也。今之海拉尔事，愿当局以此为鉴，而有以预防之矣。

《军事杂志》（月刊）
南京军事委员会军事杂志社
1930 年 21 期
（朱宪　整理）

呜呼今日之外蒙

丁汉民　撰

自此次中俄战事发生以来，除俄以全力攻我者外，尚有外蒙军队参加助俄攻我，报张所载，屡见不鲜，外蒙本中国领土，已立于仇对的地位矣。我国当局，急应谋收复外蒙计画，以固边防，凡我国民关心国防者，亦不可不特别注意也。记者曾在外蒙游历考查二次，对于外蒙情形，略知大要，谨分别述之于后，以告于关心国事者，知所注意焉。

一　外蒙之独立经过情形

蒙古自清初归中国版图以来，清政府对于蒙古取愚民政策，有力者授以王公头衔，以示笼络，无力者则极力提倡其信佛，充当喇嘛，其用意在使蒙人之信佛，以消灭其革命反动之思想。当喇嘛则不工作，不娶妻，以为消灭其种族之工具（按蒙俗弟兄五人，必须有四人充当喇嘛，三人必有二人充当喇嘛）。所以蒙古近数百年来，人口逐渐减少，而清廷对于蒙古之政治、教育、人民等问题，毫不过问，有令其自生自灭天然淘汰之意。且当时清廷所派出之管理蒙古大员，率皆搜刮过甚，蒙民早已不堪其苦，会俄人从中挑拨，遂有宣统三年外蒙独立之表现。当时清政府腐败异常，迄无办法，且外蒙辽远，鞭长莫及，竟置外蒙于不问矣。

初外蒙独立时，政体为君主立宪，以活佛为主，总揽要政，脱离中国政府。直至民国二年，我国始有争蒙之举，终因道途遥远，交通不便，军事上互有胜败，亦无相当结果。延至民八，始由徐树铮收复外蒙而镇抚之，厥后我国内乱迭起，各军阀忙于争地盘，攫权利，竟置外蒙于不问，而外蒙又复独立矣。要之，外蒙之独立之原因有三：

一、因中国政治不良，统驭无□；

二、因受苏联之援助和煽惑；

三、因中国交通不便，内乱牵制，无力征伐。

二　外蒙独立后之政治情形

外蒙独立，原受俄人之蛊惑及充分之援助，所以一切政治设施，均取法于俄国，兹将外蒙之政治情形，分别述之于左：

一、在党务方面者

外蒙之国民党，完全是共产党性质，并非实行三民主义之国民党，虽系以党治国，以党治军，而其实党务指导者为俄人，故以此为实行共党主义之具，其党务组织，与俄国之共产党完全相同，是外蒙之党为俄国化也明矣。

二、在政府方面者

外蒙政府之组织，仿效苏俄，改为苏维埃社会主义共和国体，实行委员制，有中央执行委员会及委员长，执行委员完全由国会议员产出。外蒙国会计有议员二百七十人，由此内选出三十人组织政府，三十人内互选主席团五人，由此五人内，再互选出执行委员长一，秘书一，委员三，其余为各部总长及要职，外有党部监察政府。

外蒙势力，向操之活佛及喇嘛、各王公，因其内容腐败，新蒙政府为整顿计，设旗议会，审查各王公，好者可改为旗长，坏者取消王公资格，近今王公完全撤消矣。且王公限制无选举权，以夺其势，以达平民共和精神。刻下活佛已死，其对于喇嘛之整顿法，计分为三项手段：一、对于青年喇嘛，施以青年教育，破其迷信，一般青年觉悟，均自行脱离矣，二、甄别喇嘛之去留（凡好者留之，坏者去之），三、限制以后国民非由高小毕业资格，不准充当喇嘛（高小生有知识，自不干此），即有高小资格，在十五岁以内，亦不准充当。此乃无形中取消喇嘛者也，刻下外蒙政府国会议定取消活佛，喇嘛教从此将有消灭之势矣。

外蒙政府之组织，除委员长、委员外，设内务外交教育司法陆军财政经济七部，政府人员薪金过少，委员长月薪三百元，党部委员长月薪二百五十元，大学校长月薪一百五十元，夫役三十五元，此乃大概情形也。

外蒙政府用共产性质，本有对各王公及大地主地亩充公之意，刻虽未实行，但限制不准增加，将来必收归国有无疑矣，且王公及家资三万元以上者，均无选举权。

外蒙地方自治效苏维埃制，十家选十户长一，一百五十户选一剑长，数剑长选一旗长（剑长至少须有三个，至多不得过廿六个选举之）。外蒙国号为蒙古共和国，其纪元在民国纪元之前一年，其文字大多数用蒙文，间有布告用中国文字者，因外蒙首都之库伦，内地汉人占三分之二也。

外蒙之国旗如左式：

其取义为天地日月光国家阴阳之意。

外蒙政府因仿俄制，设有各别机关，严防反革命。

三　外蒙独立后之军事情形

外蒙军队约一万余，只有陆军而无海军（因外蒙无海岸），其军制取三三制，服制与俄之陆军相同，惟注意于骑兵方面。外蒙当局近为改良军政起见，设军官学校，培养军事人才，以为整顿军队之用。其军官学校，除授以军事学外，兼授政治学，完全用俄人教授和指导，校内均设列宁室，以示崇拜观摩革命首领之意。其军队中之教练官多为俄人，不但训练，且指导其军事。外蒙军中用人制度，取贤才主义，不取资格主义，贤者越级而升，不贤者降而下之，此外蒙整军之道也。

外蒙之军械枪炮等，均由俄人供给，即弹药及微小之军需物品等，无不仰之于俄，是外蒙之军事，亦行俄国化矣。

外蒙军队之整理，其表面内容，均有可观，已非其以前之腐败情形，军队除军事训练外，尚有政治教育。

外蒙为欲发展其军队，曾派有军官赴俄学习军事，俄国之军官学校、航空学校、陆军大学内，均有外蒙政府派去之军官学习，是外蒙之军事，将来亦不可轻视也。

总之，外蒙在表面上，已成为俄之附属国，在军事上，有攻守同盟之势，如中国有征蒙之举，俄人必尽力助之，无可讳言。

四　外蒙独立后之边防情形

外蒙自独立后，对于边防，异常严守，要道之处，均有驻兵防守，外人无护照者不得入境，蒙人无照者亦不得出境也（凡中国人欲往外蒙库伦等处经商，必须先向外蒙领取护照，约需洋十余元，经边境守军之验过，始可出入)。其检查之严，有独立国之精神，比之中国国境，外人随意出入，漫无限制，强之多矣。

五　外蒙独立后之交通情形

外蒙交通，以库伦为中心，其交通权半操于蒙政府，半操于俄人。兹将外蒙交通情形，述之于左：

一、外蒙之邮政交通

外蒙邮政，邮费过昂，与俄国同，平信须七分票。惟外蒙政府在世界除俄国承认外，其他各国均未承认，故其邮政亦未加入万国邮政，其邮票只能通行外蒙地界内。不过外蒙邻中俄两国之间，邮政由俄境发出者，除贴外蒙邮票外，另贴俄邮票，由中国境发出者，除贴蒙邮票外，另贴中国邮票，始可通行于世界各国，此外蒙之邮政情形也。

二、外蒙之电报交通

外蒙电报较少，有线电报，北至买卖城，以通俄国，南至乌得，通中国之张家口，其权操于外蒙政府。无线电报，由俄人设立，系长波无线电，可直达莫斯科、西北利亚、中国等各处，其权操于俄人。

三、外蒙之陆路交通

中国对于外蒙，前曾有张库铁路修筑计画，终以无款未办，仅有徐树铮征蒙时，筑有张库长途汽车道，并有张库长途汽车公司，由库伦北至俄境之恰克图。亦有新修之汽车路，有俄人设立之长途汽车，由库伦可直达西北利亚铁路之乌金斯克。此外由库伦至乌里雅苏台、科布多、唐努乌梁海，及东三省之满洲里等处，均有大道可通汽车。即由中国绥远之平地泉、五原等处，亦可用汽车直达库伦，不过路途稍差。至于由宁夏省以通外蒙，沙漠过多，仅通骆驼，汽车则不能通行矣。

四、外蒙之航空交通

外蒙库伦至乌金斯克，有俄人所设之航空交通，邮件、旅客，均可输送，四小时可达，每人二百元，外蒙不得干涉。

五、外蒙之电话交通

外蒙电话较少，仅库伦有电话之安设，用者不过政府各机关、大商店，其他则所用者甚少也。

六、外蒙之水运交通

外蒙南部，皆沙漠平原，无水可通。北部有色楞格河，在夏秋季可通航运，由库伦可直达俄之乌金斯克，寒季则结冰不通矣。

六　外蒙之富源及仰给情形

外蒙地近寒带，气候过寒（甚冷时在零度下四十度），故其产物甚少，仅以畜牧为业，皮毛为其出产大宗。此外矿产亦多，以金为最富，惜开者绝少，且开者多为俄人。库伦以北多森林，农产甚少，其他衣料饮食日常必用之品，多仰给于中俄两国，若中俄两国，均行绝交，则外蒙有不能生活之势。故外蒙之仰给于中国者，一为张家口，一为满洲里，仰给于俄国者，为恰克图及乌金斯克。要之外蒙无独立之可能，非附属中国，即附属于俄国也。

七 外蒙独立后之财政情形

外蒙财政，以税收为大宗，年可收八百万。为谋财政统一起见，所有收入均须缴部，由部按国家预算案分别支配，不得自由截留。其岁收以税收为主，其落地税，出入口税，行值百抽六制。其他账簿、登记、地基、房、车、马、牛等均有重捐，且含有取消资本家均由国家办理之意。其对于蒙地之牛、马征税办法，凡牛、马十头内者免税，过十头者年税二元，过二十头者年税十元，三十头者年税二十元，百头者年税百元。此乃实行俄国之累进税法，数目愈多，则不按比例征收。此外设有国家商店，免税优待，私人商店，货加重税，有仿俄制取消资本家完全由国家办理之意。至于旅馆，亦由国家办理，他处不得留住客人，此亦行俄制也。

至于金融方面之施设，设有蒙古国家银行，为谋币制统一起见，由俄代铸银元，与俄之现洋同，质量过轻（每元重五钱五分），上铸国徽，并规定现洋不准出境。元以下有银角，一角、二角、五角，均以十进，角下有铜元，一分、二分、五分，亦以十进，概不贴水。为抵制外币入境起见，加以重税，外由国家发行纸币以资活动，此财政之大概情形也。

八 外蒙之教育情形

外蒙人民教育过于幼稚，学校过少，且无高级学校，而内容腐败，校规过坏，又行专制。受教育者不过百分之一，因蒙民系游牧性质，无一定地点，且人烟绝少，数十里仅有一家，亦无法施以教育，此乃最大缺点。外蒙政府现为促进教育计，将岁收百分之三十充教育费，将来或可发达，此外蒙最近教育之情形也。

九　俄人在外蒙之情形

外蒙人民除畜牧外，不理农事，不营商业，以故俄人在外蒙之经营商业及矿产，开垦荒野，从事农业，俄人在外蒙人民渐多，其俄人之势力亦渐大。且蒙人多愚，恒畏外人（如蒙人居住，有人常往其家去，则必迁移），以故外蒙沿俄边境地带，俄人比蒙人为多，由库伦至恰克图，沿途均为俄人经营商业，而蒙人绝少，阿拉河附近，均为俄人经营农业，蒙人不敢干涉，此俄人在外蒙之情形也。

十　中国人在外蒙之情形

中国内地人在外蒙者，多穷苦无告之人，在外蒙经营小资本商业及小手工业，大多数均在库伦附近。自外蒙独立后，对于华人时有虐待情事，以较昔日中国官吏压迫之仇，是外蒙对华人恶感甚深，不若对俄人感情之厚也。

十一　收复外蒙计画

外蒙距中原辽远，中隔沙漠，交通不便，气候严寒，给养接济，均属困难，为收复外蒙最重问题。兹将收复计画，述之于左：

一、在政治方面者

1. 在短时间招集蒙人或能蒙语者，组织宣传队，授以宣传大纲、宣传范围及宣传方法，其要点在使蒙民明了中国于蒙古之关系，及俄人侵略蒙古之野心，共产党之危害，及蒙政府之苛税杂捐之暴行等，使蒙民有反俄亲我之心，然后收复外蒙自易矣。

2. 连络蒙古王公。蒙古王公在蒙民中甚有势力，且略有知识，其王公尊号，早已被蒙政府取消，且取消其选举权，其地土已被政府限制，将收没而行共产，此刻王公欲反对而苦无力，若我政府与之连络，许其恢复原有利益，则彼等必乐为之助，收复外蒙自易矣。

3. 连络喇嘛。喇嘛在蒙民中占有重大位置，刻下蒙政府有取消活佛喇嘛之举，为一般喇嘛心中多所反对，若我与之连合以厚势力，亦收复外蒙之一助也。

4. 连络中国商人。中国汉人在外蒙经商者甚多，近今受蒙政府之虐待苛捐，早已恨之刺骨，若与之连络，组织暴动反蒙，彼必均乐为之助，亦收复外蒙之一助也。

5. 运动蒙兵。蒙人性贪，可以利动之，蒙兵有限，用少许之资，即发生莫大之效，此亦收复外蒙之一法也。

二、在交通方面者

1. 治本之法。我国欲经营蒙古，在交通上，非速修张库铁路不可，此路修成，在军事上，开发蒙古上，有莫大关系，即我国将来对俄作战，此路在军事上为最要之路线，不可不注意也。

2. 治标之法。修筑张库铁路，非短时期所能奏功，亦现时我国经济上所不许。现为避重就轻计，欲收复外蒙，在交通上用原有之张库汽车路线，再筹备载重汽车二百辆，专为运输补充弹药给养之用（因外蒙沙漠中无水无食无草），各军必携无线电报，以资连络，此外另编骆驼队，以补助之，此征蒙必要之设备也（民八徐树铮收蒙时，即用此法，而奏效甚易）。

三、在军事方面者

1. 敌之兵力上，蒙兵仅一万余人，骑兵居其大半，器械系俄人接济，质量尚好，训练亦优，不可轻视，预料战事起时，俄人必有少数兵力助之。

2. 我之征蒙军队编成

预定以三师兵力收复外蒙，以两师兵力由张家口经张、库之大道，直趋库伦，以一师兵力由满洲里沿克鲁伦河，直趋库伦。

征蒙以骑兵为最宜，以三分之二为骑兵，三分之一为步兵，并须携有轻炮、机枪，因蒙地辽阔，交通不便，团、旅、师均须携有无线电报，以资连络为最宜。

3. 用兵时节上之注意

外蒙气候多寒，关内兵卒多不能耐，征蒙切莫用于秋冬二季，以春夏季为最宜。且用于平素耐寒之军队编成之，最好由满洲里入蒙者，即由东省军队编成之，由张家口入蒙者，即由察、绥两省军队编成之，南方部队不宜加入。

（按外蒙气候，以库伦南之汗山为最冷，常在零度下四十度。民国二年，我国征蒙军队，仅至多伦、乌得等处，距库伦尚远，官兵难以忍耐，且不明御寒方法，以致有枪不能射击，断腿折足，少耳缺鼻，无手无指者，不知凡几，终以互有胜负，毫无结果。此实在之经验，征蒙者不可不注意也。）

4. 军事给养上之注意

外蒙物产缺少，征取给养，最为困难，除肉及乳外，别无可食，且水亦缺乏，用兵者不可不特别注意也。

征蒙办理兵站，与内地大不相同，依征蒙经验，须有左之办法：

（一）预备粮秣，以炒米或炒面、面包、咸菜为最好。

（二）在蒙古内地，万不可征发物品，现金购买可也，因蒙民系游牧性质，恒数十里仅有一家，若一征发，则一二日均逃于数百里之外矣，若以现钱购买，则蒙民源源而来，则不必远输于国内矣。

（三）在蒙地购办给养，以牛羊肉为最好。存储牛羊肉有两种办法：一种将肉切成一寸见方之块，蒸熟而晒干之（此为最好，因兵士取即可食），一种将肉切成块，不熟而晒干之，此在蒙古就地取粮必要之件也。

（四）给养运输，以用骆驼为最宜，其性任重耐久，尤能耐渴，为他动物所不及，因蒙古缺水故也。

（五）兵站设置地点，必有守兵，非内地可比，因蒙古骑兵出没无常，恒有距敌数百里，而敌有游击骑兵队袭击之事，不可不注意也。

（六）外蒙无柴无煤，燃料最缺，蒙民多烧牛粪，大兵经过，实不敷用，兵站须特别注意。

（七）给养上须多备烧酒，实可御寒，且可促兵士之警戒，但须限制，不可过量，发生有因醉误事行为，亦应注意者也。

四、在外交方面者

外蒙独立，既有俄人指导和援助，倘我征蒙，俄必以兵力援助，则我之收复外蒙，必有最大障碍。为禁绝其援助计，一方面向俄提出交涉，要求俄国不得干预蒙事，一方面向列强各国，宣传俄国赤色帝国主义侵略蒙古之野心，及接济蒙械、训练蒙兵之事实，以揭破其社会大同主义不侵略他国之假面具，则俄必有畏惮，不敢公然出兵，而我之征蒙成功自易矣。

《军事杂志》（月刊）
南京国民革命军军事杂志社
1930年22期
（李红权　整理）

蒙古会议之意义及其经过

十九年六月十四日在中央广播无线电台

蒙藏委员会　报告

各位：

此次蒙古会议之产生，由于十八年六月十七日第三届中央执行委员会第二次全体会议所决定，而由国民政府召集蒙藏委员会与各院、部、会所派重要人员通力合作，筹备经年，已于五月二十九日在南京励志社正式举行开会。国府召集之期，定于十九年三月以前，嗣因时局变迁，道路梗阻，经种种困难，历无数波折，直至今日得有此次会议之实现，诚为非常幸事。各地到京代表，除外蒙在赤俄压迫之下，不能派遣代表外，如内蒙之哲盟、卓盟、昭盟、呼伦贝尔、伊克明安旗、东西布特哈旗，暨青海、辽宁、吉林、黑龙江、热河等，均派代表热烈参加。各代表皆不远千里，不畏险阻，航海南来，如期到达。此种伟大精神，实可钦佩。可知蒙古民众希望隶属党的指导之下，倾向中央，渴望统一，其心理已完全一致。就此次会议之特征，在中国历史上可算空前之创举，其关系于今日之党国大计，最为切要。故所含之意义，亦极为广大。撮其要点：

一、在力图民族团结，使蒙古民众意志统一，各民族利害一致，共同担负建设国家之责任。总理首倡革命，以三民主义为号召，其目的在创造一伟大整个的中华民族，在国际上求得自由平等之地位。就国内现有民族，虽有所谓满、汉、蒙、回、藏五族之分，究其民治源流，无不从一祖相传，血球〔脉〕统系，未稍有丝毫差异。然彼此之间尚不免有悬殊隔阂者，此不过文字语言之分，风俗习惯之别，在形式各有种种不同而已。吾人既已认清此点，自应竭力融合五族为一体，造成一强大坚固之新中华民族，尤须消除其旧有观念，打破其疆界的隔阂，然后民族主义之真精神，始能达到具体实现之一日。蒙古为中国民族之一，地大物博，富饶冠于吾国之东北。唯久被压迫于帝王专制之下，处于黑暗之中，教育文化莫由发展，一切事业阻遏不前，流弊所及，至有今日经济、政治、教育种种之落后。国民革命发展，至今有此次蒙古会议之召集，一本本党扶植国内弱小民族之意旨，进谋全蒙民族之永久幸福，以造成新生命之蒙古。一本团结全中华民族固有力量，在精神上、物质上，企图充分的发展，以建设光明灿烂之中国。

二、在确定一切良好制度，提倡民治精神，使全蒙民众均能享受政治上之利益。政治为人生第二生命，制度乃建设政治之法则。制度良好，政治必为优越，一般人民均享无穷之幸福；否则必陷于困苦颠连之环境，绝对无生存之可能。蒙古过去历史至为光荣，昔时声威远震全球，惟因二百年来，受满清时代所施怀柔政策、愚民政策之摧残，以致人民自来所赋坚苦勇敢之精神，遂渐成为萎靡不振之性格。本党欲创造新蒙古，必须用革命手段打倒从前之怀柔及欺诈之诡计。此次会议之召集，纯出推诚扶植，请蒙古民众代表大家来此商计若何改良其政治，发展其教育，建设其经济，提高其文化；务使全蒙民众均能享受政治之福利与文明之恩惠。

三、在筹画国防，使全蒙民众免除外力压迫，及早收回蒙古失地。蒙古以地理环境关系，不但赤色帝国主义想侵略，即其他一切帝国主义无一不思染指。清季，俄国与日本共逐鹿于满洲，择肥而食，未遑及于蒙古。迨至日俄战起，日本战胜俄国，俄国既不得逞于满洲，反尽丧其南满各地之权利，遂移其侵略野心悉集于蒙古。政治教育未能推进，一般民众易感受煽惑与鼓动，今之外蒙所生之离心力，皆由赤俄挑拨离间之所致。今日召集此次会议，自当就蒙古问题之症结谋所以解决之方，而收回失地，抵抗外力，巩固国防之种种策画，更为目前切要之图。

此次蒙古会议，其意义既如此重大，数月以来，凡本会与各院、部、会努力准备之各种建议，莫不依据蒙古实况，就此种意义之范围，而谋训政之推进与建设之实行。兹经各代表精密考核，详细讨论，其所成立之具体方案与步骤，皆切合实际之需要，绝无闭门造车之弊。

其会议经过概要列下：1. 蒙古各盟旗代表出席人数共四十七人。2. 大会自五月二十九日开会，至六月十二日闭会，共开正式会议八次。3. 自五月二十一日至二十八日共举行预备会议七次。4. 各组提案审查会议共□次。5. 讨论议案提案共计一百二十五件，就中讨论通过者，如《关税制度改革案》、《行政画一案》、《自治实施案》、《公安举办案》、《蒙古省委确定案》、《土地处理案》、《奴隶解放案》、《财政规定案》、《法制厘定案》、《教育实施案》、《宗教改善案》、《司法改进案》、《卫生改良案》、《交通建设案》、《实业开发案》、《党务进行案》、《奖励内地人才赴蒙边服务案》、《甄拔蒙员单行法案》、《扶植蒙民改良生活以期渐进大同案》，皆几经讨论，斟酌尽善，始告成立。于发展蒙古前途，关系甚大。凡此种种决议，关于蒙古所有一切应兴应革事宜，莫不就党政大计而规画其实施方略，不在徒托空言，期能见诸事实。各代表对于解决一切问题，尚能以客观态度，推诚布公，详尽讨论，理论事实，双方兼顾。故其所决定者，既不胶于保守，亦不偏于急进，确能以不违背本党主义，适应世界潮流为依归。所以会议结果，十分美满。且经此次会议以后，蒙古民众当能完全了解中央扶植其经济、教育、政治之发展，提高其文化之诚心，将努力于三民主义之实体建设，而培养其新生命。

会议毕矣，各代表将各挟其由会议所得之建设方案，归而陈诸蒙古民众，必能领导其在三民主义旗帜之下，一致奋斗，实行改革，以完成所负之使命。今后蒙古政治之修明，文化之进步，必能于最短期内得其实现，全蒙民众亦将乐享其福利，并呈现其活泼充实之新生机，中华民族更愈增其光荣。凡我国人，闻此消息，想必欢欣鼓舞，乐观其成功。

《中央党务月刊》

南京中国国民党中央执行委员会秘书处

1930年23期

（李红权　整理）

哲盟郭尔罗斯后旗改革旗制之运动

作者不详

（北平通讯）内蒙哲里木盟郭尔罗斯后旗，土地肥沃，水草丰盛，向称富庶之区；惟因该旗王爷（即现任扎萨克）头脑腐败，泥于旧习，只知横征暴敛，作威作福，不顾旗民痛苦，当此建设时期，对于一切改革事宜，毫不注意，故一般民众，反感颇深！于是全旗人民公推达瓦（即该旗协里）等六人，为全旗代表，来沈向东北政委会请愿，痛陈世袭制之弊窦，暨该旗王爷怠职实况，请求将该旗扎萨克一缺，从此改由民众投票选举，免致障碍旗务之发展，以利改革建设之实施。该会尚未批示，但按现在潮流时势之所趋，加以该代表等之热心毅力，如能贯彻始终，大有达到目的之希望！现该代表等刻仍在沈努力云。

《蒙藏周报》

南京蒙藏委员会

1930 年 24 期

（丁冉　整理）

蒙藏会解放蒙古奴隶办法草案

作者不详

蒙藏委员会设计委员会，拟定解放蒙古奴隶办法草案，业经提呈蒙委会第五十五次常会通过，并议决提交“蒙古会议”公决。兹将原案照录如后：

（一）蒙古各旗处之属丁、黑徒、家奴、灶丁等一切奴隶，由蒙藏委员会呈请国民政府一体明令解放。

（二）前条明令颁布后，由蒙藏委员会督促各盟旗认真执行。

（三）蒙古一切奴隶，自被解放后，与其往日之主人间，因主奴而发生之权利、义务、称呼、礼节等一切特殊关系，完全废除。

（四）蒙古一切奴隶，自被解放后，与其往日之主人，在政治上、法律上一律平等，往日之主人，不得再以奴隶视之；往日之奴隶，亦不许再以往日之主人为主人。

（五）蒙古一切奴隶，自解放后，与其往日之主人间，或以生计困难，或因人口孤单，有相依为命之情形者，应以友谊或雇佣等合法手续，维持其关系。

（六）蒙古一切奴隶，自解放后，与其往日之主人，无论有何仇怨，切不许因解放而有任何报复之行为。

（七）蒙古一切奴隶，自解放后，即完全由其所在之蒙旗，编入旗民册内，与本旗原有平民，同等待遇、同等管理之，不得歧视。

（八）蒙古一切奴隶，在未解放前，所有已经取得所有权之财产，其往日之主人，不得借口解除关系而收回。

（九）蒙古一切奴隶解放后，如毫无私产，或有少数私产而不能生活者，应由该管之旗，速为妥筹生计，不许玩忽。

（十）凡违反本办法之规定，或奉行不力者，均严重处罚。

（十一）本办法未尽事宜，由蒙藏委员会另行规定施行之。

《蒙藏周报》
南京蒙藏委员会
1930年25期
（李红权　整理）

内蒙各盟旗代表在辽参观各处

东北大学副校长致欢迎词　望代表回旗后送学生深造　代表答谢极颂学校之设施

作者不详

（辽宁通讯）卓、昭、哲三盟暨各特别旗代表先后会集沈阳，以便聚齐启程来京，参加蒙古会议等情，前已志述。据闻各该代表均住小南关内鼎昌客栈，由东北政委会蒙旗处派员招待，所有食宿等项，均由公家供给，待遇颇优。只因哲盟各旗代表，一时未能到齐，因之在沈各代表假时游览沈垣各重要场所，以资观摩。计有兵工厂、飞机场、东北大学、蒙旗师范暨各小学等处，均经前往参观。各处招待，亦极殷勤。至参观东北大学时，该校备有茶点，由副校长刘竹风氏招待，席间起立致词，表示欢迎。兹采录其词如左。略云："今日承诸位代表来敝校参观，甚属荣幸！鄙人谨代表东北大学致谢！至东北大学建设了〔至〕今才六七年，不完备的地方，自属甚多，尚望诸位指教！现在新建筑的汉卿南楼、汉卿北楼，是张长官去年捐大洋一百七十万所筑，今已落成。全校常年经费是一百五十余万元，哈埠亦有补助。校内共分理、工、文、法、教育等五院，学生共有二千五六百人，各省及各盟旗的人都有。所以东北大学，是为东北各省而设，亦即为中国北部而设；并不是为哪一省或哪一个民族所设的。我们中国本由五大民族组织而成，我们校内不论哪个民族的人都有，而其感情较关内尤为亲密。惟是现在一般青年人们，说年老的人是守旧，是腐败，往往看不起；而年老的人，说青年人是浮躁，是嚣张，也看不起；乃至有大学毕业的学生回家连其父兄都有看不起的笑话！故我们校内，现在务使学生，历练农村纯朴的生活；我们校内，尚无这项学风。现在青年人倒很可畏！我希望年老的人，对他们还要爱重！我们东北的人，作东北地方的事，当然要保守着地方的朴实习惯，去领导学生。并且我希望诸位代表回旗之后，要多送学生来我们学校求学，以资深造，将大家的子弟，决不敢领导误了，这是我敢担保的。”云云。旋由代表某君起立答词，略述蒙旗文化落伍，嗣后当必多送学生来此就学；及对学校设施，深为钦佩，并感谢招待之意而散。

《蒙藏周报》
南京蒙藏委员会
1930年25期
（丁冉　整理）

内蒙各旗行政组织之概略

作者不详

当此革命告成、训政开始之际，对于文化落后、沿守旧制之蒙旗政治，当亦为关心改革蒙古政治者所乐闻欤。兹特将内蒙各旗行政组织之概略，详述如下。

查蒙旗之阶级虽繁，其行政机关则极简单，各旗除旗署而外，别无独立机关。其内部组织，有印务处，系办理行政之处，内分两部：（一）司俄格尔（即审判室），管理一切词讼事宜；（二）档子格尔（即档子房），保管档案及文件等事；外无其他组织。以扎萨克为一旗行政首领，扎萨克者即行政官之谓，均由王公充任，系世袭职，一切政治，均取独裁制，在所辖境内，其威权之尊严，声势之浩大，颇有南面王之概！协助扎萨克行政者，谓之图苏拉格齐（即协理），有管理印信暨代理扎萨克之特权，其威权虽稍逊于扎萨克，而其声势则驾乎其他辅政各员之上，由贵族台吉或他布囊充任，平民向无承袭之例。其次一般辅政者，则均由平民充任，概以其与旗署关系之深浅、服务历史之长短，暨在地方上声望之轻重，势力之大小为任用之标准。其辅政人员之领袖，谓之嘉禾拉克齐（即管旗章京），虽无协理之两种特权，在行政方面之势力，不减于协理；在满清征兵时代，有统帅本旗应征旗丁之责任，换一名词，即旗务总管。辅佐人员谓之和硕梅伦（即旗务梅伦），辅助管旗章京办理全旗政务，额数无定，视旗务之繁简，定人数之多寡。任斯职者，应具之声势，虽不及管旗章京，亦须在旗署有相当历史。次则司俄梅伦（即堂官梅伦），其正责专理词讼，与县之承审员性质略同；兼办扎萨克、协理或管旗章京委办事件，为审判室负责者。档子房之负责人谓之哈藩扎蓝（即印务参领），除保管档案外，兼办文牍事宜。充任此职者，与司俄梅伦，均按在档子房服务劳绩升任，额数皆无定，出缺则依次递补。最末为笔帖式（即书记），专司缮写暨侍候印务处执事人员；间亦有拟稿者，必须呈阅本管上司。此项人员，均由本旗读书聪明子弟中遴派。以上系旗署内部办事人员，虽无法定之薪俸，其实皆有固定之收入。扎萨克、协理，除临时征取之钱粮外，只就其官仓、差户两项言之，每年收入不下巨万。自管旗章京以次，亦均有相当差地、差租或差户，其数目之多寡，自数十至数百不等，惟视其任务之轻重为等差。办公费则因各旗情形不同，其规定亦各异，或于本旗临时摊派，或有指定之官仓解纳。至地方上，虽有各级专责之人，却无确定之机关，其规治以全部领土，按户口之多寡，面积之大小，划分为若干区。执事者谓之苏们扎蓝（即箭上参领），其职权与县之区长相等。每区又分为若干箭，各设苏们章京（即箭上佐领）、苏们坤都（即箭上坤都）各一员，其职权与县之村正副相等。任斯职务者，大概须精明干练，在各该地方上稍有声势者方可。每箭有指定之博式户若干人，专应本箭差遣奔走之役。以上各员之薪俸办法，与内部人员相同。此即调查所得之概略也。

《蒙藏周报》
南京蒙藏委员会
1930年25期
（李红权　整理）

哲盟各旗民众控请撤销王公

作者不详

（辽宁通讯）哲里木盟各旗蒙民，因旗王顽固专擅，不顾民众痛苦，以致暗潮迭作，曾向东北政委会提起诉讼，恳请查办撤销。计其中宾图王旗民众，恶于该旗王丹巴道尔吉，一味胡闹，不理政事，败损旗产，挥霍公款，蹂躏人权，摧残教育，并有勾结外人押卖土地嫌疑，故业于去岁控准东北政委会查明，将该旗王斥革，名义上系另由其子承继，实则其子尚在孩提，何能问事，故该旗札萨克事务，现由协理赛格拉主管，无形采取委员制，凡事均由旗员大众会议解决，并分设各项局会，整顿一切，大有励精图治之概。又郭尔罗斯后旗民众，因该旗诸公，荒淫恣睢，竟将旗署常年进款十数万元，侵吞盗用，以致公费无着，遂激起公愤，前经联名呈请东北政委会查办，该会令饬该盟盟长查覆，不意盟长所派人员，未能破除情面，认真办理，引起该旗民众，愤怨益炽！现仍多方奔走，闻誓非达到撤革目的不止云。

《蒙藏周报》

南京蒙藏委员会

1930 年 27 期

（朱宪　整理）

蒙古会议修正通过之《蒙古盟旗组织法》

作者不详

关于蒙古行政制度，提案甚多，兹经蒙古会议纵〔综〕合各案意见，议决一《蒙古蒙旗组织法》，全文录后：

第一条　蒙古各盟旗管辖治理权，概仍其旧。

第二条　蒙古各盟旗，以其现有之区域为区域，但遇必要时亦得变更之。

第三条　蒙古各盟旗境内住在之蒙人，即为各该盟旗之属民，权利义务，一律平等。

第四条　蒙古各盟，及各特别旗，仍直隶于中央，惟遇有关涉省之事件，应商承省政府办理。

第五条　蒙古各旗仍直隶于现在所属之盟，惟遇有关涉县之事件，应与县政府会商办理。

第六条　蒙古地方之军事、外交及国家行政，均统一于中央。

第七条　蒙古地方所设之省县，遇有关涉蒙旗之事件，应与蒙旗官署妥商辨〔办〕理。

第八条　蒙古各盟盟长，总理盟务，监督所属职员及机关。蒙古各盟备兵扎萨克照旧设置。

第九条　蒙古各盟副盟长，辅佐盟长处理盟务。蒙古各盟，得置帮办盟务，帮同盟长办理盟务。

第十条　盟长遇有不能执行职务时，由副盟长代理之。

第十一条　盟长、副盟长、帮办盟务之任用办法另定之。

第十二条　盟长得用随行秘书一人或二人。

第十三条　盟长公署内，分设总务、政务二处，各置处长一人，荐任，其佐理人员之额数及办事规则另定之。

第十四条　盟长公署下，为办理各项事务，得设专管机关。

第十五条　蒙古各盟，各设一盟民代表会议，代表由本盟所属各旗旗民代表会议推选之，其名额定为大旗三人，中旗二人，小旗一人，其任期定为一年。

第十六条　盟民代表会议之职权如左：一、关于盟务之立法事项；二、关于盟务之设计事项；三、关于盟务之审议事项；四、关于盟务之监察事项；五、其他特别规定之事项。

第十七条　盟民代表会议，置常任代表五人至九人，由全体代表互选之，其任期定为一年。

第十八条　盟民代表会议及常任代表会议之议事规则及办事规则另定之。

第十九条　蒙古各旗扎萨克总理旗务，监督所属职员及机关。

第二十条　蒙古各旗协理、管旗章京、副章京，一律改为旗务员，佐理旗务。其名额定为大旗六人，中旗四人，小旗二人。

第二十一条　旗扎萨克遇有不能执行职务时，须指定旗务员一人，或由旗务员互推一人代理之，呈由该管盟长，咨报蒙藏委员会备案。

第二十二条　旗务员遇有缺出，由旗民代表会议推选加倍人数，并由扎萨克保荐加倍人数，同由扎萨克呈报该管盟长咨请蒙藏委员会选择荐任之。其特别旗旗务员出缺，由旗民代表会议推选加倍人数，并由扎萨克保荐加倍人数，同由扎萨克呈请蒙藏委员会选择荐任之。

第二十三条　各旗重要旗务，须由旗务会议决定之，旗务会议以扎萨克、旗务员组织之，扎萨克为主席，其会议规则另定之。

第二十四条　各旗公文，以扎萨克、旗务员之连署行之。

第二十五条　旗扎萨克，得用随行秘书一人。

第二十六条　旗扎萨克公署内，设总务、政务二科，各置科长一人，其佐理人员之额数及办事规则均另定之。

第二十七条　旗扎萨克公署下，为办理各项事务，得设专管机关。

第二十八条　蒙古各旗，各设一旗民代表会议，由本旗所属各佐各推代表一人组织之，其代表任期定为一年。

第二十九条　旗民代表会议之职权如左：一、关于旗务之立法事项；二、关于旗务之设计事项；三、关于旗务之审议事项；四、关于旗务之监察事项；五、其他特别规定之事项。

第三十条　旗民代表会议置常任代表五人至九人，由全体代表互选之，其任期定为一年。

第三十一条　旗民代表会议及常任代表会议之议事规则及办事规则另定之。

第三十二条　本组织法各项施行细则均另定之。

第三十三条　本组织法，经蒙古会议议决呈准国民政府之日施行。

第一组审查报告

为报告事：前由大会交付本组审查之关于蒙古行政制〈度〉暨自治案，计有：蒙藏委员会蒙古盟旗制度案一件；内政部改进蒙古行政制度案一件；伊克昭盟盟长等陈请书第一、二、三各项；伊盟准噶尔旗提案关于行政方面者一件；昭乌达盟代表杨荫郙等提案之行政制度一项；卓索图盟代表李芳等盟旗制度第一、二、三、四各项；卓索图盟代表吴鹤龄等蒙古盟旗制度案一件；昭乌达盟代表傅长龄等提案第一项；蒙藏委员会蒙古地方自治实施办法案一件；内政部厘定蒙民自治程序以便筹备自治案一件；昭乌达盟代表杨荫郇等提案第十四项；卓索图盟代表那达木德等提议书第四案〔项〕；禁烟委员会外蒙设治统一行政区划名称案一件；哲里木盟各旗会议建议书第一、七两项；卓索图盟代表那达木德等提议书第一、二两项；博彦满都等组织内蒙政务委员会提案一件；卓索图盟代表陈效良等提案甲、乙、丙三项；东西布特哈旗代表提议书一件。经本组迭次开会审查，纵〔综〕合各案意见，决定结果如左，是否有当，敬候公决！

一、内政部改进蒙古行政制度案，审查决定：原案一、四两□系属现有之事实，无再明定之必要，二、三两项，与事实不合，全案不成立。

二、禁烟委员会外蒙设治统一行政区划名称案，审查决定：不成立。

三、蒙旗制度各案，审查决定：修正如下（见上《蒙古蒙旗组织法》）。

《蒙藏周报》
南京蒙藏委员会
1930年29期
（李红权　整理）

蒙古会议正式开幕纪盛

作者不详

中央召集之蒙古会议，自二十一日起，即在蒙藏委员会举行预备会议，其经过情形，业经汇载本报二十八期《蒙古会议专号》内。兹复于本月廿九日上午九时，假励志社礼堂，举行大会开幕典礼，中央党部、国民政府、各院部长及各机关代表到会参加者甚众，马福祥主席，兹将开幕详情，分志于后。

开幕秩序 （一）开会；（二）全体肃立；（三）奏乐；（四）唱党歌；（五）向总理遗像及党、国旗行三鞠躬礼；（六）恭读总理遗嘱；（七）静默三分钟；（八）主席致开幕词；（九）训词；（十）演讲；（十一）答词；（十二）奏乐；（十三）礼成；（十四）摄影。

出席代表 哲里木盟代表苏宝麟，乌尔图那苏图，阿明武尔图，崇阿，巴拉丹僧格，葛明格，那达穆德，博彦满都，朝格布彦，都噶尔札布。卓索图盟代表李芳，郭文田，戴清廉，吴鹤龄，那达木德，恩和阿木尔，陈效良，佟济众，白圭璋，陈效蕃。昭乌达盟代表阿拉腾额齐尔，赵福岳，赵敬慎，鲍福环，杨秀春，龚寿，傅长龄，金有才，杨荫郙，常文魁。呼伦贝尔代表福龄，彭楚克，达孟达，吴双海，普尔布，春德。依克明安旗代表哈钦苏荣，门德巴雅尔。东西布特哈代表郭文兴，杜双寿，德宏，苏兴宝。辽宁省代表袁庆恩。吉林省代表李芳春。黑龙江省代表徐霖。热河省代表王士仁。

主席致词　开会行礼后，主席马福祥致开幕词，略谓：本会之产生，根据于十八年六月十七日第三届中央执行委员会第二次全体会议之决议案，召集之期，原定十九年三月以前，嗣因道路穹远，时局变迁，及交通阻滞，种种困难，迭经本委员会呈准展期，直至今日竟达开会目的，洵幸事也。其在筹备期间各院、部、会咸派重要人员，会同本委员会通力合作，共策进行，足见我中央政府重视边疆，迥非从前帝制军阀时代之虚与委蛇、不关痛痒者可比。吾辈厕身兹会，负建设新蒙古之责任，若能竭智倾诚，为全蒙人民谋久大之幸福，则上可副中央殷殷图治之心，下可慰全蒙喁喁望治之意，此项成绩，将与内外兴安岭同峙不朽。反之若虚应故事，隐挟私心，或含意而莫伸，或固执而不化，则坐失良机，将不免有噬脐无及之虞，是不可不熟虑也。本会任务在研究蒙古实况，而为训政之进行，建设之猛进，所有一切应兴应革事宜，自应本此范围，于开会时逐一提出讨论。惟本席于此不能不有一言，先为我全体会员诸君告者，即中央与地方各代表务请于开议时捐除双方固有之己见，对于一切问题，均以客观的态度为解决标准，中央代表于不违背本党主义之可能范围内，须充分顾虑蒙古地方之特殊情形，而不偏于急进，蒙古代表于保留固有良善制度之中，亦应以本党主义、世界潮流为依归，力体中央统筹兼顾之苦心，而不偏于保守，如是则内外协调，新旧互谅，既不贻胶柱鼓瑟之讥，复可免削足适履之诮，自可获十分美满之结果，区区愚诚，尚希我明哲诸会员共鉴纳之。

中央代表训词　中央代表谭延闿训词，略谓：此次蒙古会议，筹备煞费苦心，各代表不远千里而来，此种精神，中央同人，均十分钦佩。总理首倡革命，目的在求中国之自由平等，创造一整个的大中华民族，无所谓汉、满、蒙、回、藏五族之分。故中央同人，甚望五族融合一体，成一坚固强大之新中华民族，而将原有之界限彻底打消，遵奉总理遗教，实行三民主义，以成一光辉强大之中华民族。兹者全国统一，训政开始，而最重要之工作，即为建设。然欲建设事业之实现，必须全国民众通力合作。此次蒙古会议之召集，其意义亦即在于此。蒙古过去之历史，至为光荣，昔时声威远播全球，惟近百年来，因满清专制政府施行怀柔政策，及帝国主义者之交相压迫，蒙古之进步，遂十分滞缓。吾人秉承总理遗教，欲创造新国家，必须用革命手段，打倒昔时之怀柔欺诈手段。惟欲求自立，其立足点即在自立而不在求人，故蒙古欲恢复昔之声威，成为中国之有力分子，亦在蒙古民众自求振作。此次会议，东蒙代表均已到齐，西蒙代表，因交通梗阻，未能莅临，然蒙古同胞，均同心同德，希求统一，故东蒙代表可以代表全体。吾人深信此次会议，各位定能努力解决一切问题，使蒙古同胞，获无穷之利益。中央同志，尤愿虚心接受各位之意见，使一切办法可以实行。吾人之目的，只在求中国在国际上达到独立自由之境，在国内可以实现三民主义，与昔时之有作用、有私心者迥不相同。各位此次来京，不远千里，航海梯山，不畏险阻，至可佩服。政治方面，亦如行路一样，苟能抱定决心，即可达到目的。总理以一人精力，决心革命，卒能推翻满清专制政府，吾人如能秉承总理遗教，勇往直前，何患三民主义之不能实现。中央对此次会议，十分重视，故托本席代达此意，并祝各代表事业之胜利与伟大。

国府训词　国府代表孔祥熙训词，大意谓国府秉承本党主义，总理遗训，愿建设光明灿烂之中国，与谋全民族之幸福。欲达到此种目的，必要博咨周访，求全国民众真正之意思。蒙古占中国之一大部分，过去历史，至为光荣，近百年来，因中国民族处于帝王专制之下，一切事业，不知提倡发展，致蒙古同胞，处于黑暗环境之中。总理提倡革命，以三民主义为号召，不但欲建设一伟大之中华民族，且欲将一切政权，还诸人民，不使全民之生死操诸一人，或少数人之手。中央深知蒙古问题之极关重要，故特设蒙藏委员会，辨〔办〕理蒙藏事宜，政府所以不设专部而设委员会之原意，以便容纳多数人之意见，以讨论一切改良事宜。但委员会虽已设立，仍觉不能得大多数之意见，故有此次会议之召集。诸代表不远千里而来，十分可佩。政府对此会议，有极大之希望。第一，希望诸代表把蒙古的真情实况，贡献于政府，使政府能了然各方之情形，为将来行政方面之依据。第二，各代表均系当地领袖人物，希望会议后将政府为人民谋幸福之诚意与情形，向蒙古同胞说明，使蒙古同胞，均明了现在之政府与昔时之专制政府，迥然不同，俾与政府同心合作。此次诸位提案甚多，且极切要，希各代表于数日内，平心静气，妥为讨论。现在中国所处地位，十分重要，对内欲打倒军阀与土豪劣绅，对外欲与帝国主义者拼命。蒙古因地理关系，更为重要，不但赤色帝国主义想侵略，即其他一切帝国主义者，亦存心侵略。蒙古同胞所负之使命，不但要团结力量，协助政府，且须一致团结，作政府之后盾。但欲实现此种目的，必须有妥善之办法，否则必无结果。各代表此来，即为研究办法。是以此次会议之关系甚大，希各代表体此意旨，尽量发挥意见。同时应兼顾各方之利益，不可拘泥于一方之利益，一切事业，均应以大者远者为目的，不数年间，必可实现真正之统一，使处于黑暗中之同胞，得重睹光明云云。

代表答词　中华民国十九年五月二十九日为蒙古会议开幕之辰，代表等躬与盛会，忻幸无既，谨致数语，借表祝忱。词曰：维我总理，世界先觉，扶植弱小，开诚指导。对我民众，是师是保，当局诸哲，遗训为宝。统一告成，关怀蒙藏，边疆人民，欣然相望。空前盛会，鼓舞欢欣，朔漠万里，将以日新。代表同人，躬逢斯盛，深愧才乏，恐负使命。幸同会者，咸为先进，莅临训迪，无任宠幸。蒙事会议，开幕之先，敬掬悃诚，祝祷于前。丰功伟绩，世代绵延，维我党国，亿万斯年。谨致。

《蒙藏周报》
南京蒙藏委员会
1930年29期
（李红权　整理）

昭盟克旗扎萨克努力新政

剔除积弊，办学轻徭；振兴实业，财政公开；俭约示范，力防侵略

作者不详

（辽宁通讯）据照〔昭〕盟克什克腾旗来人云，自包扎萨克袭职以来，宿弊极求改善，新政务求公允，于任职日，即招集全旗民众、官员会议，借资考察蒙民痛苦，以定改善方针，拟行新政，如教育、垦殖、财政、畜牧等，以求蒙民之幸福，结果蒙民赋徭苛刑，多为消除，并着手筹办教育委员会，限期成立，财政公开，出入款项，按月公布，奖励垦牧，以维持蒙民生计。至矿产一节尤为详细调查，以防外人觊觎。自用菲薄，办公等费规有定数，以示俭约。所以一般处于黑暗下之蒙民，骤睹此平民化之扎萨克，无不欢呼踊跃，以示欢迎，使蒙古前途，亦放一曙光。

《蒙藏周报》
南京蒙藏委员会
1930年33期
（丁冉　整理）

考试制度下之蒙委会

毅公　撰

民国取士之途，行以考试之制，分科选拔，定为高等、普通，民五年间，曾举行于北平，其他省与道、县，亦皆按期考试，遗贤幸进，差可幸免，边地人才，尤重选拔。自北伐告成，统一中国，考试制度，列为五权宪法之一，力期实现，此考试院之亟亟成立，审查资格之必行于蒙藏委员会，而不分畛域也。

历代考试制度，其中利弊相因，本不能谓为万全之策，然施行此种制度，苟能秉公不阿，比较殊少流弊，故我总理决意采取施行，中央当局，遵训促使考试院之成立。

早期制度之实现，该院目前要务，首在审查官吏资格，次行铨叙工作，宜其不分京都内外，事同一律。近对蒙委会所用之人员，审查资格，闻其独取宽大主义，以示优异，不亦与其他各省，显分畛域，而待遇殊欠公允乎？拨〔揆〕其用意，殆系俯允蒙委会特殊之请求也，盖蒙委会当局，因边地人才缺乏，要求审查宽其资格，在官者多数保留耳。吾则不以为然。

考国家取士之道，专以人才为标准，而今对于治理边疆，较诸曩昔，尤重边才，使易收保守领土，发扬国光之效，迨至北伐告成，即行特设机关，专司其事，所以有蒙委会之设，其关系重大犹如此，边事未可稍忽，边才宁可轻视。蒙委会自应善体斯意，努力进行，争智力平等之机，为边才会萃之地，又何必甘为人后，要求宽大资格，显分畛域，纵考试院强允其请，吾蒙亦当不甘自居例外，自馁而为人诮也。

在民元之时，政府所公布之《蒙古待遇条例》中之参政资格，迨至民五，政府又制定蒙人甄试条例之应试科目，以及二中全会第四次会议之决议方案，俱已慎重将事，施行有效，在一般自甘人下者，屡引为护身之符，以规避审查之厉，倘今日果认其援引，作例外观，则其人依赖势力，不求上进之心理，依然如故，即为永无奋发有为之机，与内地人民同有进步矣，名为爱护，实则摧残，值此革命成功，五族平等，本互助之精神，为正大之指导，当不宜出此偏倚之行为，抑止智力无限之发展也。

《蒙藏周报》
南京蒙藏委员会
1930年35期
（李红权　整理）

乌盟长咨覆石拉布之叛情

捏假词承袭札萨克　避制裁竟叛入外蒙
荐任状暂存不给与

作者不详

乌兰察布盟盟长云丹旺楚克，近覆乌拉特前旗台吉石拉布多尔济种种叛乱情形，请蒙委会酌办，并将该员荐任状暂存未发。该会已提经五十九次常会议决：咨覆该盟长设法传讯，抑或查明事实，拟具办法，咨会核办。兹将该盟长咨覆蒙委会原文录后：为咨覆事：顷准贵会函开：径启者：查乌拉特前旗十二苏目代表桑斋札卜等联名呈请以石拉布多尔济承袭该旗札萨克一案，前经据情分行绥远省政府及贵盟长查明见覆去后。旋准绥远省政府覆称：石拉布多尔济通达事理，安守本分，极为该旗人民所拥戴，查伊并无暗通红党妄为情事，自应以承袭札萨克等因到会。当经呈准任命，并将荐任状另函送请转发在案。顷准贵盟长覆文，略称该石拉布多尔济悖叛法纪，妄肆争袭，经历任绥远都统察悉奸情，交付盟长照例严行惩办，该石拉布多尔济又不来盟听候查办，投入外蒙乱党，借以违抗，曾经呈准将其强行代理之札萨克印务，移交乌拉特中旗札萨克兼署在案。该石拉布多尔济竟敢带领乱党，实行叛乱，占据该旗，乱用印信，假借民意，希图蒙混，所称十二苏目民众拥戴，显系蒙蔽上宪，殊为不合，应请将此案务照向例办理等因，并附抄历任绥远都统关于此案交办查覆各卷到会。查该石拉布多尔济，果如来文所称有种种不合情事，本会为慎重起见，应请贵盟长查核情形，咨会核办，荐任状暂缓转发，相应函达查照，并希见覆，此咨等情。准此，查对于该石拉布多尔济种种妄为情事，绥远省政府当局未加审慎，竟被伊等奸党巧为掩饰。当民国十七年间，石拉布多尔济委派同党秘书长恩和巴雅尔等，带同六七十名军人，前赴外蒙库伦，途次竟将乌拉特中旗民众财务、牛马、牲畜，肆行掠夺，当由乌拉特中旗遣兵剿击，查获外蒙政府发给伊等印文及护照等件，即此亦足证明石拉布多尔济暗通红党，肆意妄为无疑。且该石拉布多尔济带领乱党，实行叛乱，占据该旗，乱用印信，假借民意，希图蒙混，所称十二苏目民众拥戴，显系蒙蔽上宪，殊为不合情事，业经陈明在案，不再赘叙。如将此等悖叛法纪，悬候查办之重要关系人石拉布多尔济，不予依法处理，反将札萨克任命状发给任用，则叛乱益兴，效尤日多，法令将必扫地。除将任命状暂缓发外，所有该石拉布多尔济种种不法情事，应请早日令其来盟候讯查明，究竟有无碍于继任札萨克，再行核夺办理，以肃后患之处，相应咨覆查照定夺。此咨蒙藏委员会。

《蒙藏周报》

南京蒙藏委员会

1930年35期

（李红权　整理）

哲盟郭尔罗斯后旗公民之呼吁

请蒙委会取消多尔济帕勒木公爵并附带向蒙委会要求九条请准办

作者不详

哲盟郭尔罗斯后旗公民代表韩景亭、包景芳、包连璧、包应春、郝永魁、包崇五、包文雅、鲍靖芳等八人，呈请多尔济帕勒木侵吞公款，不理旗政，恳请蒙委会派员彻查，以维蒙民生计，当经提交该会第五十九次常会公决，经议决："咨东北政务委员会、哲盟盟长，并令喜峰口台站管理局长王福忱三方面彻查，呈报后办理。"兹将该原呈及向蒙委员要求之九条并录于后：

呈为多尔济帕勒木，侵吞公款，不理旗政，请即取消其国公资格，以维蒙民生计事：窃查肇州、肇东两县土地，原系郭尔罗斯后旗蒙荒。当前清光绪三十二年，经黑龙江省程将军丈放招垦，所收荒价，拟有定章，蒙旗应得半数，将来开熟升科，每垧纳租六百六十文，以二百四十文归国库，以四百二十文分给蒙旗；此四百二十文作为十份，以十分之四归国公办公，及各官员薪饷，以十分之六办理地方公益；法良意美，有案可查。不料多尔济帕勒木承袭辅国公后，任用其岳父阜海，无恶不作，盗卖蒙旗生计地，所有地价，尽行吞没，计其前后所吞地价、租赋各款，不下一百二十七万元，此项巨款，不但阜海擅自挥霍，密而不宣；且又声明每年公亏约有二十余万元，设若长此以往，蒙民应得者，不但不得，即不应再纳者，势必缴纳不可。可怜穷困蒙民，何堪一再诛求。况该多公腰缠巨款，带领豪奴俊仆，常寓哈尔滨新世界，花天酒地，携娼宿妓，年不一归。所有本旗事务，全归伊妻主持，其岳父阜海，竟敢擅用公款五十万五千余元，均有过付，无人敢问。查阜海曾为俄国翻译，与苏俄最为接近，多公昏顽不理政务，倘阜海勾结苏俄，私用印信，盗卖全旗土地，或指租赋借贷大宗款项，不问则彼俨然富翁，若追则彼立奔苏俄，如此全旗之生计，不但无以维持，而国际之交涉，诚恐益增纠纷。本旗蒙民，有鉴于此，乃公推韩景亭、包连璧等为代表，匍匐来京，向我蒙藏委员会呼吁，非将该札萨克多尔济帕勒木公爵取消，历年所吞之公款发还，则全旗蒙民之气不平，而代表等亦无颜北归也。想在此青天白日之下，吾旗蒙民已大多数觉悟，当此立图伸张民权，极谋稳固民生之时，而此祸国殃民阻碍进化之多尔济帕勒木札萨克辅国公，岂可于不共戴天之全旗蒙民中，而使之独存耶？所有取消多尔济帕勒木公爵及追还历年所吞款项各缘由，除将所要求各条缮列文尾外，理合具文呈请大会，代为主张公道，俾蒙民亦得随世界潮流并进，实为德便。谨呈蒙藏委员会委员长马。

向蒙藏委员会应当要求者如下：

一、多尔济帕勒木国公，品格低下，行为恶劣，既不能服务地方，又不能表率旗众，应当取消其札萨克国公资格，以免本旗蒙民之涂炭。至本旗行政事务，由本旗公举代表组织自治旗务委员会，继承办理。

二、该多公历年挥霍公款，约一百二十七万元，除其应得之十分之四，及办理公益有案准予列销者外，所余之款，当令该多公如数归还地方。

三、嗣后本旗所收租赋、捐税各款，统归地方办理教育、振兴实业、维持治安之用，该多公应得之十分之四，亦立予取消，以昭公用。

四、津贴达贝勒官房生活等费用，应由该多公所得之十分之四数内支取。

五、多公名号既经取消，以后本旗一切行政事宜，应由本旗公举代表十人，与前任协理二人，共同组织旗务自治委员会，处理本旗一切行政事宜。

六、本旗所有公共款项，无论如何用途，非经自治委员会多数通过，不能有效。

七、本旗收支各款，每至结算时，应将其收支概况，榜示于众。

八、该多公之印，应交自治委员会保管，或由地方长官缴销。

九、本旗分划七区，第一区至第三区一垧地，每年纳学费江市钱一百吊，至今学校未办一处，所收之学款，约江市钱四五万吊，请令如数发还。

《蒙藏周报》
南京蒙藏委员会
1930 年 35 期
（丁冉　整理）

赤俄侵及四子王旗界

旗王派兵去镇守　省府据
报谋抵制　打破蚕食之侵略

塞　撰

赤俄侵边情形，近乃得寸进尺，愈逼愈甚，直自外蒙，伸入内蒙。绥省府前接武川县县长勘代电称，赤俄在四子王旗边界，私设税厅，事关主权，绥省府特行照会乌盟四子王旗，今志其原文如后：

为照会事。顷据武川县县长李佑文勘代电称：据第一区团董孙万胜报称，兹有四子王府蒙人来乌镇，询问俄党情形，据云俄党税厅，现在设至四子王旗毗连疆界陀古鲁各地方，约距乌蓝花镇三百余里，业经四子王旗派该旗副官带兵二棚，前往该地制止进行等情前来。据此，其制止结果情形，除令该团董探询确实，另文呈报外，谨此电禀等情到府。查此事关系税务，亟应彻查，以清界限而免混淆。除指令外，相应照会贵札萨克查照，迅将该陀古鲁各地查明，究系何属，有无俄党在彼设立税厅情事，从速具报，以凭核办。此照会。

《蒙藏周报》
南京蒙藏委员会
1930年36期
（丁冉　整理）

蒙委会彻查多尔济帕勒木

作者不详

哲盟郭尔罗斯后旗公民代表韩景亭、包连璧等八人，以多尔济帕勒木侵吞公款，不理旗政，具呈蒙委会派员彻查，并要求九项，已志本报。兹该公民代表等，以未接批示，特再呈蒙委会请速派员彻查，取消多尔济帕勒木公爵，归还侵吞公款。兹特探录其二次呈文如左：

呈。为多尔济帕勒木侵吞公款，不理旗政，恳请派员彻查以维蒙民生计事：窃查多公盗卖旗民生计地，侵吞公款计一百廿七万元，花天酒地，终年不归，所有旗政，全归伊妻主持，其岳父阜海竟敢擅用公款十五万五千余元，均有确证，无人敢问，种种舞弊殃民，废弛旗政各理由，业已呈请钧会在案，迄今多日，未蒙批示，殊深忧虑！民等均系庄农之家，若长此久候在京，不惟有误农时，且恐多公侵吞成性，挥霍无已，与其岳父阜海勾结苏俄，盗卖全旗土地，或指租赋借贷巨款，发生国际交涉。是以恳请钧会，从速派员前往彻查，取消多尔济帕拉〔勒〕木公爵，归还侵吞公款，以维旗民生计，是为德便！谨呈蒙藏委员会。

具呈人：哲盟郭尔罗斯后旗公民代表韩景亭、包连璧、都永奎、包文雅、包景芳、包应春、鲍端方、包崇五。

《蒙藏周报》
南京蒙藏委员会
1930年36期
（朱宪　整理）

青海蒙旗代表行将来京说

为全省兴革与党务　经过陕、甘及河北
留绥垣借却溽暑　听中央电定行期

作者不详

青海二十九旗组织代表团，为西陲请命，绕陕、甘经过伊克昭盟鄂托克旗草地至绥远，不远数千里，毅然冒暑晋京，关于该省应兴应革事宜，及整顿党务，颇有所陈述。到绥之后，即分电各处，当由省主席派员招待，下榻于乌伊两盟十三旗联合办事处，同时指定谙悉蒙文蒙语人员领导，关于绥垣名胜，及学校、工厂，皆逐一参观，并设宴款待，撮〔摄〕影志盛，该代表团十分欢洽。现因不服水土，气候炎热，拟在绥垣稍事勾留，借却溽暑，设中央电令从速晋京，亦可遵命提前启行，依照原定计画，航海南下，陈述青海现状，关于战绩，加以充分之慰问，表示十二分的同情。该代表团一行者为雅楞丕勒等，该团内部组织，极称完备，并代〔带〕有汉文秘书、汉语翻译。各代表即二十九旗之首领，衣履仿古，颇为奇观，衣之外各套偏衫，一臂袖里，一臂袖外，其衫之周围，沿缀风毛，腰系一带，腹作前伸状，大有瀚海英雄之概。言语与内蒙不同，类似藏话，崇信黄教则一也。晋谒伟人，始将袖外一臂，伸入袖内，作单臂举手礼，身稍前曲，在绥受此敬意者，

仅主席一人耳，其他鞠躬而已。

《蒙藏周报》
南京蒙藏委员会
1930年36期
（丁冉　整理）

蒙藏委员会关心改良蒙藏司法

作者不详

蒙藏委员会，以蒙藏人民，历来不谙法律，致黑幕重重，系统紊乱，各县、旗、营、汛喇嘛，以至豪绅巨族，世爵王公，皆握有司法特权，举凡人民涉及诉讼者，均由其任意裁决，舞弊之事，指不胜屈，其所用之刑罚，仍系劓、刖、椓、黥之属，其设有县治，由县长兼理司法之地方，因县长不识蒙藏文言，该处人民又少通汉语，虽有贤明县长，亦难免滑吏之蒙蔽。据该会最近调查，边僻冷县，贪婪颟顸等等，尤不堪言状，所有弱小平民，有冤莫诉。该会因鉴整理蒙藏司法，首宜明了蒙藏现在状况，并须灌输平民之司法常识，同时设法培养司法人材，并采用陪审制度，以为过渡时代之救济办法，逐渐改良，俾便促成法治。并闻该会将按蒙藏实际情形，详为规划，至一切设施计划，亦将商承司法行政部后，再拟实行步骤之办法云。

蒙藏委员会以蒙藏地处偏僻，一般人民，缺乏政治、教育、法律、经济智识，该会为启发智识起见，前曾拟编纂各种丛书，乃因一再延搁，迄今尚未见诸实行，顷悉该会编译于鼎基，昨特提出意见，定于六日召开设计委员会，妥拟办法，交常会通过，即可着手进行云。

《蒙藏周报》
南京蒙藏委员会
1930年37期
（丁冉 整理）

章嘉办事处最近之情形

内部组织颇完备，进行事项亦顺利
第一步解决生计，运现款分给僧众

作者不详

（北平通讯）章嘉呼图克图在平组织办事处，着手办理北平、热河等处各寺庙产业之登记，生产之统计，人数之调查，以备发放钱粮，维持其生活等情，已志本报，兹将该处工作最近情形，探录如下。该处组织早已完备，一切工作，颇为积极，所办理之各寺庙物产登记暨统计，进行颇为顺利，因各寺庙所有物产，向未经过统计暨整理，且各负责管理各该寺庙一切产业之扎萨克或总管等喇嘛，均系知识简陋分子，对于产业方面，素无整理之方法，惟因陋就简，苟且敷衍，故生产日减，即物产丰厚之各寺庙，亦每患入不敷用，至物产素薄之各寺庙，则难免生计日艰，一般僧众，因利害切己，颇为觉悟，皆以为倘不设法整顿，仍事坐以待食，散漫无纪，则饥寒之危，必将不免，对此种办法，均表极端欢迎。惟因此事范围很大，手续又繁，即极积进行，非经过相当时期，难期收到良好效果，况各寺庙僧众，为数颇多，均在嗷嗷待哺，若必俟一切办理就绪后，再实行发放，恐缓不济急。尤其北平方面，各寺庙之僧众，因所有庙产，如香灯、香火等银租地亩，向归亡清内务府经理，一切契据账目，均在该府收存，本身未尝过问，故历年收入，为数有限，个人所赖以维生活者，完全仰给月间俸米、俸银，奈自鼎革以后，将此项俸给，根本停发，所以一般僧众，不得不自谋生计，但因素无常业，流离逃亡，在所不免，人数较前锐减，实无丝毫自谋之能力，可怜状态，不堪寓目。章嘉有见及此，不得不筹第一步救济办法，故当各寺庙产业整理彻底清理，规定出一定发放经费以前，暂先补助若干，以资救急，兹已筹妥大宗现款，派员押运到平，闻不日即由该办事处按照各寺庙人数，分配发放云。

《蒙藏周报》
南京蒙藏委员会
1930年37期
（李红权　整理）

乌丹、赤峰两处民众运动之起因

官绅出言不逊　民众痛恨压迫
委员只图肥己　任意摊款加捐

作者不详

（昭盟通讯）赤峰县居民于七月初聚集三四千人进街，为清丈等事请愿，并包围街绅杨子彬住宅，宅内开枪镇吓，致遭人命，大起风潮。此事甫经调息，乃于月之十四日，乌丹城民众聚集三四百人，陆续进至乌街，赴庙撞钟，临近商民、园户，暨无业游民，闻声齐集，共约千余人，气势汹涌，本街农会会长，即约土地调查员赵某演说，因言语不无激烈之处，百姓起初尚守秩序，继则口出不逊，喧嚷叫喊，遂欲将该员绑押羞辱，因该员有手枪自卫，尚未出事，嗣经县署派员会同警练弹压、劝解，始行散去。闻经调查其起事之原因，约有五项：一、赤街屡起风潮，影响所及，势必牵动各区，且有县街去人勾结；二、查勘林业人员有索贿之处；三、乡团买枪，向民户摊款，均不乐从；四、车牌捐一项，历年并未认真进行，今归征收局照章严办，群皆反对；五、土地调查员高某，有需索大烟，要吃大米、白面等事，大招民怨云。

《蒙藏周报》
南京蒙藏委员会
1930年40期
（李晓晶　整理）

贺喜哥遗弃不养

作者不详

哲盟科尔沁左翼后旗扎萨克王阿木尔灵圭次福晋阿朱氏，以该阿王于本年五月因病去世后，其嫡子贺喜哥，受群小怂恿，将伊予以监禁，律师吴锡宝强迫令之画押，遗弃不养等情，特具呈蒙委会，沥陈经过，请求查核究办，以保孤孀。蒙委会以该案关系民事诉讼，不便受理以处之。兹将该阿朱氏具呈蒙委会之原文录后：

具呈人阿朱氏，北平骡马市粉房琉璃街响古庙三号。为无故逐出，强迫画押，遗弃不养，请求查核究办，以保孤孀事：窃氏夫系科尔沁左翼后旗扎萨克王阿木尔灵圭，长福晋瑞氏，次福晋即氏，所有府中一切细故，均归氏一人掌管，因此不免有得罪肖小之处。本府在昌图县有地两处，委任金子和、金成林二人充当局长，伊等二人，私吞肥己，科尔沁左翼后旗帮统徐业喜、达瓦，私吞招垦钱粮，经氏先夫阿王派人调查，金子和、金成林、徐业喜、达瓦，恐被查出弊端，阴行来平，勾串族人阿三、阿四，贿买府中使女王永喜，暗下毒约，谋害氏夫阿王未成，将王永喜交本旗印务处重办，有案可查。徐业喜、达瓦等，复行来平，到阿王府骚扰。经氏夫阿王将伊等五人，撤差查办，伊等恐获重咎，潜逃无迹。不料氏夫阿王于本年五月三十日因病殡天，徐业喜、达瓦、金子和、金成林、王永喜等，闻知潜行来平，勾串阿三、阿四、鄂善氏，怂恿氏夫子贺喜哥，将氏监禁，律师吴锡宝强迫令氏画押，氏稍然质辩，阿三挽氏之手画押，氏在惊恐之中亦不知该字据文义若何。立即将氏逐出府外，所有氏之衣服、首饰、储蓄财物，均行扣留不给。氏在强权压迫之下，氏又系女流，焉敢与彼等抗横。氏被胁无奈，随同氏父移出府外，彼时氏又在病中。贺喜哥又私下卸帖，所有先阿王由本年二月起至五月二十九日止，所发命令，概作无效；至于先阿王遗嘱书，亦不承认，实系违背遗训。伏查氏虽系阿王二福晋，然而经前任大总统明令晋封福晋，本旗皆知；国务院、前蒙藏院，有案可查。氏既然晋封福晋，亦系贺喜哥之母，乃系阿姓之人。伊等无故将氏逐出，遗弃不养，强迫令氏画押，氏在强权压迫之下，因此疾病交加，致得神经之症。氏稍然见痊，于六月三十日回府，乃贺喜哥竟敢拒不收留，派人将氏送到北平特别市内五区，该区谕令氏另向该管法院呈诉。彼时氏之病症，仍有神经颠倒；又加伊等势力薰天，恐遭意外，故未敢告发。今氏之症见愈，氏所有冤曲，无处伸诉，是以具状叩乞会长鉴核恩施，格外俯念氏孤寡无依，迅予查核究办，则氏感德无既矣。谨呈蒙藏委员会公鉴。具呈人阿朱氏。

《蒙藏周报》

南京蒙藏委员会

1930年42期

（朱宪　整理）

蒙藏委员会职员籍贯比较统计

作者不详

山西最多，蒙古次之。

省名	人数	省名	人数	省名	人数
山西	四三	安徽	四	河南	一
蒙古	二五	四川	四	察哈尔	一
河北	一三	陕西	四	江西	一
山东	一二	湖北	三	福建	一
西藏	九	青海	二		
江苏	九	甘肃	二		
湖南	五	广西	二		
浙江	五	绥远	二		
西康	四	云南	二		

《蒙藏周报》
南京蒙藏委员会
1930 年 42 期
（丁冉　整理）

青海蒙古代表团到平之行动

专来参加蒙古会议　路远期长未能列席
亦在北平组办事处　意与内地联络感情

作者不详

（青海通讯）青海地阔人稀，土质肥沃，水草丰美，向称富庶之区，惜因文化落后，民智不开，迄今生活，仍习游牧，民族以蒙古居多，间亦有少数唐古特暨回族。蒙旗共二十九，除隶属于各盟长、扎萨克外，又直接归辖于西宁镇守使。自民元以来，政府因国家多故，对青海之一切改革设施，毫未顾及，青海则因交通不便，地方上之一切民情疾苦，亦只字未得上达，声息鲜通，难免情形隔阂，此系以前军阀专政时，对地方政治之敷衍情形。迨前此招集蒙古会议，公布各地代表名额后，青海各盟旗，援例选出代表克萨等二十人为出席蒙古会议之代表，携带提案暨建议书多件，由青海取道甘肃、宁夏，经四十余日，始抵包头，即乘平包车到绥远。休息数日后，即由省府派员暨蒙藏委员会驻平办事处所派驻绥蒙务特派员等偕同来平，当由市府指定新华门内瀛台大礼堂，为该代表团招待处。惟该代表等到平后，始知蒙古会议业已闭幕，所有一切提案建议，均无由上达，且该代表等此次东来，纯系代表青海全体民意，任务极为重大，非以前一二以代表名义活动者可比，况道途遥远，与内地正式接洽之机会颇少，此来于青海今后之改革措施，暨人民之信仰，关系至巨，倘如此不得要领而归，将何以慰青海全体人民之渴望。故该代表等，最近已具呈北平当局，请示办法，亦请在北平设立青海二十九旗办事处，派专员常川驻平，以便接洽一切。现该代表等，除留一部分常期驻平外，余拟于八月底启程回青云。

《蒙藏周报》
南京蒙藏委员会
1930 年 42 期
（朱宪　整理）

外蒙最近之傀儡行动

库伦汉商难立足　百般虐待务驱尽
军事设备在交界　近又受命集民兵

塞　撰

据张家口通讯云，赤俄宣传主义，混乱世界，首从我国北部之外蒙入手，侵占库伦，把持政权，与日本立互惠密约，视满蒙如俎上之肉，经济侵略、政治侵略，无所不用其极，国内商人，在外蒙损失，超过二百万以上，在法律上，已受不平等待遇，苛征捐税，严查户籍，百端驱逐，视若敌国。据民十三年调查，汉商之留库者，四千八百五十三人，近二年以来，受赤俄嗾使，外蒙竟排斥汉商，见有不动财产，不准变卖，形同没收，一再厉驱出境，稍有薄资者，欲汇兑款项，不能超过一百元，因金融机关，皆为蒙俄所操纵，身边携带出境，而关卡检验尤严，入境拒绝，近且欲出不能矣。内外蒙交界百龄王地，以及巴特海山戈壁等地，派兵严守，不准外人出境，险要地点，有军事工作模样，恐防御疏忽，晚间多以黄土铺道，晨起巡视有无往来形迹。非外蒙如此恶作剧，乃嗾使有人在焉。又现在汉商之在外蒙者，其数不过五六百人，较诸前六年，大有天壤之别，近又命外蒙召集民兵组特军，一部分练习动员，以备编制，一部分仍返原地，专俟调遣，其赤俄侵略外蒙之步骤，可谓告厥成功矣。

《蒙藏周报》
南京蒙藏委员会
1930年43期
（李红权　整理）

乌盟达尔罕旗之暴行

康贝勒逞其凶焰　敢如此显有可恃
动公愤联名控诉　胪罪状重要八端

塞　撰

西蒙近来仇杀之案，层见迭出，自伊盟达拉特旗暴举之后，此风渐传于乌盟达尔罕旗康贝勒之身，其敢于出此毒辣手段，实受外蒙唆使，行其侵略之计划。顷者包头四区八大村村长赵暄等，已联名呈控达旗康贝勒凭借权势，扰害地方，恳请撤职惩办，并胪陈该贝勒显著之八大罪恶：（一）残杀保安分队长刘汉基；（二）残杀第五村监察员高步鸿；（三）残杀第六村闾长兼甲长高万涌；（四）残杀旅客；（五）剿毁村公所，追捕第六村村长李森埠失踪；（六）追捕清乡、禁烟、实察名〔各〕委员；（七）暗杀高洪山等三人；（八）抢夺民财等八端。省府已迭电郭警备司令，向该旗严重交涉，拘拿凶犯，归案讯办，并派员详细调查康贝勒等有无以上种种不法行为，一俟查明，再行核办云。

《蒙藏周报》
南京蒙藏委员会
1930 年 44 期
（丁冉　整理）

伊盟乌审旗之保境安民

利用天然保障，入境必求向导
土匪不敢深临，借以保卫地方

塞　撰

内蒙伊克昭盟乌审旗，面积极广，境多沙漠，道路艰阻，风起沙飞，朝夕异势，行路之人，非有该旗作引导，则寸步难行，沙碛之外杂柳林，土匪不敢深入，蒙民以此柳林作障，辄治土匪于死地，旗内颇称安静。其交易场所，皆由陕西榆林之商人，挟货而来，换皮毛而去。该旗有蒙兵三百，为团长门克乌拉济统帅，现门克乌拉济依兵擅权，大有代图克斯阿木古拉而行之模样，图克斯阿木古拉者，该旗之王爷也，颇有羽翼，势亦不弱。

《蒙藏周报》
南京蒙藏委员会
1930年44期
（朱宪　整理）

全国青年应迅速起来注意蒙藏

作者不详

蒙古是我国北方的长城，西藏是我国西方的屏藩，在国防方面说起来，蒙藏之对于我国，自然是很重要的。蒙古、西藏的面积合并起来，大约与我内地各省面积相差不远，在国家领土方面说起来，蒙藏可以说是我们中国很大的两块领地，也不可谓不重要。蒙藏两民族，和我们汉、满、回三民族，在历史上、地理上都有很悠久很深切的关系；同时我们汉、满、蒙、回、藏五族又同是东方的弱小民族，同是各帝国主义者铁蹄下之被压迫者，蒙藏两民族，脱离汉、满、回三民族，则必为帝国主义者所消灭，而不能生存；汉、满、回三民族，失去蒙藏两民族，亦必为帝国主义者所侵凌，而陷于危殆，在民族的平等自由，甚至于可以说民族的生死存亡方面说起来，蒙藏之对于我国，也不可谓不重要。

但是以对于我国这样重要的蒙藏，而我国有智识的青年倒很少注意，止朝思暮想，鳞集麇至，专欲做内地之官，专欲发内地之财，遂至僧多粥少，失业日多，而对于蒙古、西藏的语言文字，倒不去学习；蒙古、西藏的宗教、政治，倒不去研究；蒙古、西藏的山川险阻，倒不去注意；蒙古、西藏的风俗人情、土地出产、人口、交通等等，倒不去调查；英、日、俄各帝国主义者对于蒙古、西藏的侵略，倒不去过问。

可是英、日、俄各帝国主义者之对于蒙古、西藏呢，他们不但用了很长久的功夫去学习蒙古、西藏的语言文字，还著作了好些关于蒙藏语言文字的字典、文法、读本……等等书籍，以为学习蒙古、西藏语言文字的基础。至对于蒙古、西藏的宗教、政治、交通、物产……的著作，那更是汗牛充栋，指不胜屈了；并且还是脚踏实地的到蒙古、西藏去研究和调查得来的，不得〔但〕很详尽，还很确实，不像我们间有一二对于蒙古、西藏的著作，大概总是捕风捉影，道听途说得来的，内容间〔简〕直与蒙古、西藏的实际情形风马牛不相及。尤其奇怪的，是有些受了政治的委任，到蒙古、西藏去调查，也止走到蒙古、西藏的边界上，把政府的钱兑付到手，就算了事。要是问他蒙古、西藏的情形么，还是一点都不知道。试问以我们对于蒙古、西藏的情形，这样的隔膜，那么，关于蒙藏事宜，我们的政府究竟有什么依据去处理呢？英、日、俄各帝国主义者对于蒙古、西藏的种种侵略，已日甚一日，我们又何所依据而去抵制和应付呢？这些责任，都在我们全国青年的身上啊！所以我希望我们全国的青年们，大家赶快起来去研究蒙古、西藏的实际情形，挽救蒙古、西藏的危险，以保持我中华民族的一线生机。

《蒙藏周报》
南京蒙藏委员会
1930年45期
（李红权　整理）

外蒙党员潜入内蒙宣传之近讯

宣传区为阿乌伊　供给枪械令自卫
出发地在阿拉善　目的造成虎之伥

作者不详

（伊盟通讯）有呼伦贝尔旗富明泰、察哈尔纪世勋等数十人，衔外蒙共和国国民〈党〉中央党部命令，并携带手枪数百枝，前来内蒙阿拉善，及乌、伊两盟十三旗，分别发给新党员护身外，即从事宣传蒙古国民党义，收纳青年学生，送往外蒙军政及党务各校肄业，俟毕业后，即遣回各旗，从事党务、军事工作。兹探得所送各旗学生之数目列后：乌蓝察布盟，共送学生廿名；伊克昭盟鄂托克旗送学生廿名，乌审旗送学生廿名，扎萨克旗送学生十名，那〔郡〕王旗送学生十名，准噶尔旗送学生十名，阿拉善旗送学生卅名，各旗共送学生一百二十名。该学生等，均先后齐集于阿拉善旗，嗣由旗内预备骆驼一百廿余匹，护送各生径赴蒙库伦，入党、政、军各校彻底训练，以备调遣云云。

《蒙藏周报》
南京蒙藏委员会
1930 年 47 期
（丁冉　整理）

详述监视李长励经过

作者不详

章嘉呼图克图办公〔事〕处长李长励，于本月十一日在监视中失踪，并留有遗书一纸。旋蒙藏会秘书长唐柯三，忽接该处长由沪致函，言已由沪赴平。该项消息，略志本报四十六期中。惟当时南京《民生》及《新京》两报载有李长励在监视中失踪新闻一则，颇为详冗，顷蒙藏会特分别致函该两报，谓所载各节，完全与事实不符，并详陈个中经过，兹特转录如后：径启者：十月十二日贵报与《新京日报》载章嘉办事处长李长励在监视中失踪新闻一则，所称各节，完全与事实不符，显系该处职员于李长励潜逃后，故造谰言，希图掩盖。查章嘉为前驻京八呼图克图之一，虽有国师名号，并无特殊权利，其所管寺庙，只有嵩祝寺、法渊寺、智珠寺、法海寺、廓隆寺、广济寺、普乐院、镇海寺、会宗寺、善因寺十庙，与其他呼图克图之以一人而兼管数庙者，情形相同，其余北平、热河等处喇嘛寺庙，系归前京城喇嘛印务处管理，而该印务处为前理藩部、蒙藏院之直辖机关，自去岁经本会改为北平喇嘛事务处后，即归本会直辖，并非自成系统之喇嘛行政机关。至在内蒙各盟旗境内之喇嘛寺庙，则归各该盟旗管辖，并不属于章嘉，盖内蒙地方之有喇嘛寺庙，一如内地各处之有庵观寺院，并无一最高教长统治其上，何来所谓内蒙黄教首领。乃章嘉自去岁经本会准其在北平喇嘛事务处内办事以后，即以为各喇嘛寺庙均归其管辖，自称为内蒙黄教首领，一面故违本会第十六次常会“喇嘛事务处之组织权限，在未厘定以前，概照旧例办理”之决议，竟将原仅喇嘛职员十数人之事务处，擅自改组，设置两厅、六科，自称处长，并任用厅长、科长等职员数十人，一面派其驻京办事处处长李长励，私向财政部设词冒领本会呈准政府拟办救济喇嘛事业之北平喇嘛事务处经费每月八千元至九个月之多，巧立名目，任意开支，事前既未呈准，事后复不呈报。同时又将本会呈准政府之喇嘛口粮每月三千元，亦冒领至七个月之多，前后仅发给喇嘛两个月，除经本会现在查出两个月六千元外，其余三个月口粮，尚无着落。似此违法舞弊，现已查有实据，决非口舌所能辩护。再者去岁春间，章嘉以代向蒙地宣传党义为词，要求设立南京、北平等处八个办事处，当时本会以事可试办，即予呈准先设南京一处，并为规定每月经费五千六百元，该章嘉应如何感激中央，努力宣传党义，乃年余以来，除滥用职员至七十七人之多外，毫无宣传党义或其他正当工作可言，反谓管理喇嘛寺庙一百余处，领有喇嘛徒众十五万人，屡以内蒙之安危，系于彼一人等语，要挟中央，蒙蔽社会。日前北平雍和宫得木奇及热河喇嘛代表等来京，呈诉章嘉、李长励等种种违法舞弊情形于国民政府行政院及本会，请予查究等情。本会以职责所在，当经提出第六十四次常会决议，分别派员严密查办，因案关冒领经费，克扣口粮，并经函请警察厅，派员监视李长励在案。事属本会主管，办法一秉大公，既无所谓何项远因，更无任何个人私意掺杂于其间。现李长励自上海来函，内有拟到北平料理账目，不久仍将来京，请为维持等语，其非自尽，可以证明。再其遗书内，有此番错作一事，自知不能挽回数语，其情虚畏罪，尤为显明。该处职员所发表之谈话，及李长励所留之手书，无非欲以强赖蒙混之词，期为减轻责任之计。现在该处冒领公款，克扣钱粮，伪造单据，捏报职员等行为，均已分别查明，证据确凿，业经本会呈报行政院鉴核办理，并经函请警察厅速为查缉李长励，以便彻究各在案，究应如何解决，自须静候行政院之核示，惟恐外间以讹传讹，淆乱社会观听，特将经过情形，略为叙述，务希将原件照登，以明真相为荷。蒙藏委员会启。

《蒙藏周报》
南京蒙藏委员会
1930年47期
（李红权　整理）

蒙藏委员会最近之施政

恩和阿木尔代表　报告

蒙藏委员会本月十八日，派专门委员恩和阿木尔，赴中央广播无线电台作施政报告，题为《蒙藏委员会最近之施政》，其词如次：

诸位同志，诸位同胞，今日恩和阿木尔代表蒙藏委员会来作报告，要报告的事件，计有四项：

第一，对于蒙藏教育的设施。蒙藏地方，凡百事业，无不落后，目前的缺陷，似乎以教育为尤甚。因为教育不发达，任何事项，都无进步的希望。中央对于这一点，也认为十分重要，本年四月间第二次全国教育会议，决议了实施蒙藏教育的计划，该案的内容很周妥很详尽。复于本年六月间，中央召集蒙古会议的时候，致〔教〕育部将原案送交本会，提出大会来讨论，各盟旗的代表与沿边各省政府代表，一致认为可行，原案业经通过了。按照该案所计划的程序，切实推行起来，蒙藏的各级教育，定可日有起色。教育一有办法，就不愁人才了，从而蒙藏地方上的凡百事业，也可日渐发展。惟是半年以来，战事频仍，蒙藏地方，距京窎远，虽然有了很好的方案，实际上我们仍然不能实地去作，这是本会引为遗恨的事。现在军事已告结束，全国又复统一，本会职责所在，自应按照计划，逐步推行，以期蒙藏教育之发展。本党三届二中全会，曾决议在首都及蒙藏适宜地点，设立蒙藏学校各一处，以收容蒙藏青年，使之准备各种学科，以为蒙藏训政人员及建设人才之储备机关，并附设蒙藏研究班，专门研究、指导、促进蒙藏的一切事务，本会根据此种决议，会同教育部，拟在首都及康定两处，各设一藏蒙学校，现在该两校的组织大纲，业经呈准行政院公布，以〔一〕俟款项有着，即可分别开办。中央、北平两大学附设藏蒙班一事，自本会通行到蒙藏地方之后，本年夏季共到了蒙藏学生六七十［余］人，在未入学之前，一切膳宿，均由本会供给，一面与教育部、中央大学接洽开班的手续。但是以经费的关系，一时尚难成立，本会当以蒙藏学生，不远数千里负笈来京，良非容易，且长此耽搁，光阴可惜，乃商准中央训练部在中央政治学校内，开设一个特班，打算定名为“蒙藏地方自治班”，收容此次来京蒙藏学生，培植蒙藏自治人才。但是中央大学的蒙藏班，仍应促其从速开办，使继续来京的蒙藏学生入学深造，这是关于教育的一点。

第二，本会在北平设有“驻平办事处”，半年以来，以军事上、政治上种种关系，业已停顿了，现在平、津已复旧观，本会已派定马专门委员邻翼前往接收，并派该员常川驻平负责整理处务。

第三，中藏的关系，现在比较亲密起来了。达赖喇嘛前派棍却仲尼为全权代表，来京接洽，彼时蒋主席尚在前方，本会马委员长曾偕同棍代表到前方谒见主席接洽，结果甚为圆满。据棍代表所称，达赖尚派有代表随后来京，关于中藏一切应行商洽的问题，须俟该代表等抵京时，再商酌。近日本会每致达赖一电，彼必答覆一电，而达赖亦常自动来电，表示拥护中央之忱，这是民国以后二十年来所未有的好现相〔象〕，达赖既诚意的倾向中央，中藏前途，不久就要有相当解决的办法了，这是最值得向我全国同胞报告的。

第四，本会于去岁曾有组织蒙、藏、新、青调查团之准备，意在考察蒙、藏、新、青实际情况，以为建设的根据。嗣因变乱迭起，交通梗阻，至今未能实行。但是外国的公私团体或个人，现在到蒙古地方去作考察工作的很多，而我们反无此项组织，任外国人肆意的横掘烂挖，甚至成箱累箧捆载以去，这样丧失古物，实在有捐〔损〕国权。所以本会对派员调查一节，视为非常重要。现在军事已告结束，拟仍继续去岁的计划，早日派员到蒙藏去考查，这是第四点要报告的。今天所报告的，不过是本会最近工作之一部，和将来要实行的计划之一种。其他如蒙古会议所议决的各项重要议决案，现在已经分别呈请政府，不日即可核准下来，本会自当一一去实行。所有各项详情，及各项实施办法，俟下次再来报告，今天报告完了。

《蒙藏周报》
南京蒙藏委员会
1930年48期
（李红权　整理）

处理瑞应寺讼案及善后办法

蒙委会六十四次常会决定

作者不详

罪大恶极横行一地之东土默特旗瑞应士活佛雅什多尔吉①，自经该市〔寺〕僧众暨十七村施主控告后，当由秉承蒙委会训示彻查该案之汪自洋君详细呈覆，已志本报。蒙藏委员会对该案之处理，异常注意，先交蒙事处拟定办法，后经唐柯三等五人审查修正后，方提请该会第六十四次常会修正通过，并呈请行政院核示办理。兹将该案处理及善后办法录后：

一、呈请行政院转呈国民政府，革去该活佛雅什达尔斋一切名号、职任。

二、扎萨克喇嘛察隆噶、达喇嘛达木林扎布二人，及帮同为恶之各商斯达与白国珽，一律革去名号、职任，并驱逐出寺。

三、该活佛卫队，责令旗署缴械解散。

四、该活佛雅什达尔斋，及扎萨克喇嘛察隆噶、达喇嘛达木林扎布，与帮同为恶之各商斯达、白国珽等，自革去名号、职任之日起，如有将该寺财物、田产赠送、典押、出卖等行为，一概无效，应由本会撰印布告，发交东土默特旗张贴该寺，及附近各处。

五、现在该寺服役之黑徒百余人，一律令其各回本家自谋

---

① 后文作“雅什达尔斋”。——整理者注

生活。

六、解除该寺所属十七村一切黑徒对于该寺之奴隶关系，由东土默特旗依例分编数佐，各置佐领，并置参领一员管理之，须与本旗各参佐人民一律待遇。

七、该寺现任活佛雅什达尔斋，既经革职，其同时访得之呼弼勒罕色博克呢玛，于掣签时，未奉掣定，亦不得继任为该寺第六辈活佛，俟该二人均去世后，得由该寺依例再请第七辈活佛。

八、在该寺未请得第七辈活佛以前，应由该寺拉藏喇嘛、扎萨克喇嘛、达喇嘛，互推经典深邃、品德高尚者一人，呈由东土默特旗公署，派为瑞应寺住持，并详报本会核准备案。

九、该寺一切事务，按照蒙古会议决议喇喇〔嘛〕寺庙管理办法，组织瑞应寺事务管理委员会办理之。

十、以上办法由本会严令东土默特旗认真执行，并咨卓索图盟盟长督促办理；一面呈请政府训令，并由本会直接咨请东北政务委员会暨热河省政府协助办理。

《蒙藏周报》
南京蒙藏委员会
1930 年 48 期
（李红权　整理）

蒙委会驻平办事处接收详情

汪自洋接收未遂　马邻翼亦感棘手

作者不详

（北平通讯）北平自晋方撤退，东北进入后，对于各机关皆纷纷接收；唯对于驻平办事处则不加闻问，以致该处十余日未曾办公。于九月二十三日，有汪自洋，言奉蒙藏会命令，前往接收，正在招集处中职员开会讨论接收办法间，旧处长王平率领军官四人暨职员等，突然而入，当即与汪自洋龃龉〔龃龉〕，争执不下，势将动武，幸有东北军某营副官居中排解，始各停止争执，汪自洋则屈服，愤愤而出，王平仍留处视事。嗣闻蒙藏委员会派马邻翼来平接收；但马君自到平后，见难以进行，遂榻于河沿西大觉胡同中，以观风向，故未到处接收，因此该处停顿办公，又经十余日之久。至十月十二日，北平市长王韬，始出而代理接收，旧处长王平亦办理交代，按部就班交代完竣后，即引退离平。新处长王韬，当即到任视事，关于科长、职员等，概仍其旧，毫未更动，一切就绪后，即照常办公。并于十七日下午二时，带同秘书长吴承堤〔湜〕，暨处中各科长，在中山公园今雨轩，招待驻平蒙古王公，及康藏代表，计到者有贡桑额尔布等二十余人，济济一堂，极为融洽，至四时许宾主摄影，尽欢而散，然王某虽然接收，不过代理形式，闻不日东北又将发表正式处长云。

《蒙藏周报》
南京蒙藏委员会
1930 年 48 期
（朱宪 整理）

宾旗蒙民与代理扎萨克互控详情

辽省府呈覆东北政委会

作者不详

宾旗蒙民代表郎子祥等呈控代理扎萨克于东北政务委员会，该会据此遂训令辽省府从详查覆，该府奉令当即派员查明呈报，所有宾旗蒙民呈控代理扎萨克各节，类多属实，政委会据此以撤换该代理扎萨克并请另简妥员接替咨请哲盟盟长，该盟长以协理乌宝代理咨覆，该会准此，遂咨请蒙藏委员会转请任命，已得允准。兹将辽省府呈覆政委会原文，探录如后，以资阅者明晰该案之原委：

呈。为派员查明宾旗蒙民与代理扎萨克互控各情，并核议办法，报请鉴核训示施行事：案查宾旗蒙民郎子祥等，与该旗代理扎萨克萨噶拉等互控各情，前已由府派员会同盟委前往该旗实地彻查，并呈报在案。兹据该调查员赵骏第呈覆称：窃奉钧令，以案奉东北政务委员会训令，据宾旗民众代表郎子祥等，呈控该旗代理扎萨克萨噶拉等贪赃窝匪各情，情节重大，仰即彻查等因，并据该民等分呈到府，复准该扎萨克函陈被诬各情形，合行令仰该员遵照会查具报等因。奉此，遵即会同盟委，驰往康平，详密侦查。查此案该蒙民代表郎子祥等，原呈可分三项：一、擅卖旗地；一、侵吞地价；一、部队窝匪。该扎萨克原函可分二项：一、博彦德勒格尔搅扰旗政；一、请省、盟派员查办旗员。双方互控，情词各执，谨当逐款缕细陈之。关于蒙民呈控扎萨克各款：一、擅卖旗地。查该扎萨克出卖货坛他拉等五甸荒地，确系呈准省署清丈局有案，谓为擅卖，实属不可。惟与买主原定契约三千垧，迨至到段丈放五甸，仅共丈得一千五百余垧，该旗领段各员，因与原约数目不符，遂将与五甸毗连之哈拉阿剌吉区两甸，包套在内，一并勘丈，共凑得荒地两千零六十余垧，卖与立德堂、仙集堂名下管业。该七甸蒙民，当丈放时，确因智识简陋，不明底细，直至买主到段耕种，蒙民等始哗然拦种，该扎萨克允为设法多日，未能解决，蒙民等乃推举代表来省控述。骏等〔第〕调查蒙民失业情况，实堪怜悯，又以业经呈准出放之五甸，实难取销原案，退还蒙民，一再与扎萨克磋商调济办法，扎萨克允将包套之两甸，如数向买主赎回（现已赎回二百七十余垧），退还民户，此外五甸内，共占用民户原垦地若干垧，允在他处荒甸如数拨补，询之蒙民代表，佥称民户果有生计可图，决不敢妄生事端，扎萨克果能照此办法，民户亦均乐从，惟将来拨补荒段时，须由康平县派员监视，按照失业蒙民实在户数，如数拨补，以免隐漏，当经出具切结，扎萨克亦具公函，声明办法。究应如何办理？静候省令施行。附公函一件，切结一件。

一、侵吞地价。查该扎萨克原报，共卖地一千五百垧，每垧价洋十元。骏第详细调查该旗卖出呈准有案之五甸，与包套之两甸，共计地两千零六十余垧，每垧价十四元，询之该扎萨克何以数目不符？据称荒地实共两千零六十垧，因有包套之两甸在内，现拟如数赎回；至价款正价实仅十元外，有本旗勘丈费二元，经办费二元，合共每垧地为十四元，共大洋二万八千八百四十元。惟业经赎回之二百七十余垧，则每垧用价均在二十三元上下，询以原地赎回，何以地价前后不同？据称买主将川资花销一切统算在内，故非此数不肯准赎；查其与买主所立赎地证据，与所称尚属相符，此中究竟有无弊情，不敢悬揣。至于地价用途，更难明确。该旗扎萨克公署，并无账簿存查，出入各款，仅由经手人口头一报，即算了事；询之该扎萨克如此巨款，究竟作何用途，则坚称均销耗于宾、博两旗划界，招待委员之用，而法康公益地局，共提奉小洋两万元，民户摊派，共现大洋两千余元，亦实有其事，据称亦系同样用途。款数如此之巨，开支含糊影响，蒙民虽愚，似亦难安缄默；况当卖地之初，呈明用地价归还宾王财厅借款，不料财厅之款，另由财厅扣还，而所扣之项，又有民户应得者乎？（该旗所得六成租赋有民户二成，迄未照拨，声称将来由财厅存项拨还。）好在地价既归旗得，该扎萨克自有支配之权，经手人是否果有舞弊情事，似可仍责成该扎萨克妥为处置也。

一、部队窝匪。查该扎萨克公署，即宾图王府址，距康平尚一百五十余里，孤立沙漠，四无人家，前于本年一月间，成立公安队，十人枪弹，均未完备，即宿于府内厢房，正队长一人高玉峰（即高玉山之弟），副队长一人王姓，忽于旧历二月二十二日，有与王队长相识之胡匪四人，枪马完备，潜行来府，声称官兵追急，拟暂避难，匪中有一人受伤甚重，行动为难，王队长见其带有财物，且枪马良好，遂恐吓该匪等外面已露消息，万难藏住，迫令三匪空身逾墙逃去，所余受伤之一匪，竟于夜间拉出枪毙，次晨声言匪来抢府，隔墙毙匪一人云云。此王队长之所为，昭昭在人耳目也；至高队长当时是否在场？众说不一，据该扎萨克印务处交出枪马时，结呈枪马系高队长临走留下，在县羁押之队兵包金才，又坚称高、王两队长始终同谋，实属嫌疑重大，高队长现已缉获，康平县按法侦查，自有真象；惟该扎萨克皇皇印务处，竟容队长窃匪毙匪，复任意以公文造具事实，先后矛盾，似宜责令以后严加注意，免生变端也。

关于扎萨克函请查办各款：

一、博彦德勒格尔搅扰旗政。查博在宾旗，尚乎〔孚〕众望；

自民国肇兴，在京充当议员，永未回旗。前年宾王失政，蒙民万分为难，公举代表赴京请博主持公道，当时在省涉讼川资，一切花费，均博代垫。自宾王被撤，萨噶拉代理旗务，高玉山大权独握，对于博之债款，一再拖延，迄未清结，博之妻追踪讨索，词气失和，事诚有之，若谓肆口怒骂，迫令萨噶拉下台等语，实属小人从中挑拨，博亦自愿出具声明书表示意见（附声明书一件）。欠博之款，该扎萨克亦承认归还，当众算清，改立借据；至谓博自起监理扎萨克名号，与夫分令子侄把持旗务等语，尤为无凭。博之监理名号，系该扎萨克为酬庸起见，呈请盟长，而盟长未允，公益地局等旗员均系受扎萨克委任，茗云系博之子侄，亦即该扎萨克之子侄，凡属该旗台吉，皆本族也，该扎萨克现已自称受人利用，声明误会矣。

一、查办旗员。查法康公益地局，自清丈后成立以来，局长已更换数次，局事皆由主任主持，而三年以来，迄未清结一次。骏第查地局租赋，省四旗方〔六〕，关系省库收入，岂能任其含糊，遂由康平县署，借用书记，监视结算两局收支总数，据查历年收入各款，均有票根可对，确无舛错，于省库收入，未受影响。惟拨留该旗之六成，据称二成归王爷，二成归办公，二成归台北，而王爷长提旗员浮费，已属不赀，台北二成，一文未得，台北已有代表在扎萨克呈控，骏第亦告以此系旗务，当〈由〉扎萨克主持，如有不能解决之点，另呈省署可也。再该旗前警察所长包纯信，早经结束，惟因当时旗务纷乱，负责无人，未及将枪械呈交官署，现包纯信因案在逃，由其兄包纯仁负责代交，出具切结，该扎萨克亦当面承认矣。综上各端，详细考察萨噶拉呈控博彦德勒格尔，纯出臆度，加以外人拨弄，误会丛生；至其地局主任之账目不结，警察所长之枪弹不交，该扎萨克本有处分之权，而竟自行放弃，又捕风捉影，谓为有人暗中把持，呈请有盟代为清理；

再如卖地而有包套，得价而有隐匿，用款而有浮冒，经手人荒谬至此，该扎萨克不能毅然处分，且代具文声辩；甚至队长窝匪、毙匪，大干法纪，该扎萨克本已失察，而有委信左右蒙蔽，不惜损失扎萨克之威信，出具前后矛盾之印文，足见该扎萨克柔懦无能，宵小用事，若不亟改方针，延聘贤良，实力整顿，则旗务实不堪设想。骏第考察该扎萨克，经过此次巨创，亦似觉悟大半，省署在〔再〕能严行督饬，或可力改前非，免图后效，是皆在钧座之主持矣。所有遵令会查宾旗互控各情形，除由蒙委径报盟长外，理合具文呈请鉴核等情到府。查此案既据查明该代理扎萨克卖与立德堂等地亩，虽经由县呈准有案，乃丈拨之时，竟将蒙民生计地包套在内，以致民怨沸腾，讼事纷起，殊属办理不善，第现赎回多半，退还蒙民，不足之地，别由他处拨补，并经蒙民代表等具结承认，拟仍责令该旗妥事安插，勿任失所；并应由县派员，监视办理，俾免弊混。其卖地所得之价款数用途，诸多含糊，经手人难免有影射浮冒之处，本应追究，第以蒙旗办事，手续尚多疏略，而该扎萨克尚无自私自利确据，既据声明，委系因公销耗，似可从宽免议；此项地价，原属押租性质，亦可免与提成，以恤蒙艰，后不为例。嗣后该旗对收支各款，并拟饬其认真办理，勿任含混。至旗兵队长，匿匪窝赃，及擅毙罪犯各节，实属大干法纪，在逃之王队长，既经通缉，仍须由该旗县协力查拿务获，归案法办。其高队长一名，前令据法库县查覆证明肇事时日，该队长确在法库境内，幸未在旗，既经康平县将该队长获案侦查，仍应认真查讯，再行核办。蒙员高玉山擅权营私，刚愎自用，以致群情愤激，控案垒垒，实属有忝厥职，拟即由旗斥革，勿任滥芋〔竽〕闲散。公爵博彦德勒格尔，既据查明尚无搅扰旗政，威逼去职实据，并拟免予置议，嗣后不准妄干旗务，致滋纠纷。综核该扎萨克对于王队长等窝匪滋事一案，事前既漫无察觉，事后又妄信左右蒙蔽，出具前后矛盾之印文，足见能力薄弱，驭下不严，扎萨克为一旗之主，职务至为重要，该员本属代理资格，可否由钧会转商盟长，另选妥员接代之处，未敢擅拟。以上所拟各节，是否有当，理合抄录原件，呈请鉴核，训示施行！谨呈东北政务委员会。辽宁省政府主席臧式毅。

《蒙藏周报》
南京蒙藏委员会
1930年54—56期
（李红权　整理）

官文书不应称海拉尔为阿尔公河说

许素懿　撰

中俄两国接壤逾二万里，自瑷珲立约以后，东、西、北三面疆土，蹙于无形，不可悉数，惟北面自阿巴盖图卡伦、额尔古河上游起，至下游入黑龙江口止，凡一千七百五十余里，上溯尼不楚立约之岁，以乞于今，垂二百四十年，未之或改，实为邦交辑睦之征。然有一事不可不注意者，即俄人改海拉尔河之名为阿尔公是也。

尼不楚定界碑文第二条云："将流入黑龙江之额尔古讷河为界，河之南岸属中国，河之北岸属俄罗斯国。"约文所谓南岸、北岸者，其时外蒙未入版图，中俄交界只有额尔古讷河下游一段，而额尔古讷河入江之口，其水道又微曲而东向，故曰南北岸。迨漠北荡平，两国边界接近，而额尔古讷河流域实自南而北，中俄边界不得仍称南北岸，故雍正五年议定《恰克图界约》额尔古讷河上游至阿巴哈依图而止，其地在今扎赉诺尔站西北四十里，即所谓阿巴盖图是也。由此而西南，则为陆路，以鄂博、卡伦为界，而与额尔古讷河无涉，故满洲里以西之十八里小站，应属华，而不属俄。此为两国已正之疆理，载在盟府，更无异说者也。

额尔古讷河，俄文作 aprунb，华人译其音而转变，则为阿尔公河。路局出版之《呼伦贝尔》一书，其记河流谓海拉尔河即额尔古讷河，大兴安岭发源，位于北纬四十九、五十度，及东经一百

二十二、一百二十三度之间，计在雅克什东北一百公里以后，向草原流去，与浑河相会，始名额尔古讷河。此说既以海拉尔河为额尔古讷河之来源，又谓海拉尔河即阿〔额〕尔古讷河，未免枘凿。果如所言，则自兴安领〔岭〕以西，凡海拉尔河流域，皆额尔古讷河经流之地。按照旧约，其北岸当属于俄国，其南岸乃属于华，是无端将数万方里之地，暗中断送。亦知路局著书之人决无此意，此或根据俄文舆地诸书，择之未审，以为穷原竟委，不嫌同辞，不知俄文书中纪中俄国际河流尽有含混之处，如乌苏里河口之三角洲，如湖布图河之乌蛇沟，皆以影射侵占，交涉至今不决。其以海拉尔河为额尔古讷河，安知非别有用意，预留地步，即谓俄文确系错误，在我亦当及时更正，令两河界限截然分明，此则杜渐防微，不可忽视者也。

今兴安领〔岭〕以西各站，凡旁近海拉尔者，居民皆称阿尔公河。询以此名何自而来，则云俄语如此，故习用之。此在乡愚无识，固不足怪者。若官中治书定簿，凡事宜求核实，便不应踵谬袭讹，乃公牍中阿尔公三字数见不鲜，如言水涨，则云阿尔公河一带汪洋一片，言匪患，则云某月某日匪徒渡阿尔公河而来，以此行文，于本国官府已非所宜，若与俄国公使、领事公文往返，必为所笑。何也？阿尔公河即额尔公河即额尔古讷河，以中国官吏而驻额尔古讷河北岸，固俄国之所不许也。（未完）①

《路警汇刊》（半月刊）
沈阳东省特别区路警处
1930年55、56期
（朱宪　整理）

① 未见续载。——整理者注

恶僧雅什多尔吉尚逍遥法外耶？
代表扎木苏等再呈蒙委会速予惩处

代表数人常川驻守专候明令已经寒暑，
衣敝资尽挪借度日告贷无门佣工糊口
岁暮天寒踯躅街头若再迁延行将饿毙，
万垦钧会体民疾苦早颁明令严惩恶僧

作者不详

瑞应寺活佛雅什多尔吉，经该寺僧众及十七村施主控告后，复经江自洋君详明查覆，其种种罪恶，本报已分期刊载，嗣后蒙藏委员会，议定惩处该僧办法，亦经披露。惟时至现在，未经施行，该僧仍怙恶不悛，且复恣睢更甚，代表扎木苏、罗卜桑，因候明令，以致囊罄衣单，进退狼狈，大有为他乡饿莩之慨！特再呈请蒙藏委员会，转呈政府，早颁明令惩处，拯民水火。兹将该原呈探录如后：

呈。为要案久悬，民众颠沛，伪佛横行，为害愈烈，恳乞再赐呈催，迅予明令惩处，以解倒悬事：窃代表等前以伪佛雅什多尔吉，依然结党逞威，以施报复，村民避祸流离，呈请钧会转呈速赐明令解决等情在案。旋奉批令，得悉业蒙转呈府院，传达到籍，万余民众，同深感激。惟该伪佛雅什多尔吉，前者目睹《蒙藏周报》，详载钧会议处之案，自知将被惩办，极为恐惧，携其娇妻，匿居俗家，敛迹销形者多日。嗣以久无明令，认为报纸乃虚构议处之文，故意恫吓，又复公然出头露面，率其爪牙数人，倒卖庙产，盗运公物，数月以来，将瑞应寺所有之物品，搬运一空，已无余物，近竟将各寺大厅之紫檀隔扇门窗等物，亦陆续拆去，运往俗家，并用汽车满载铜佛，赴清河门送礼，一面遣其商卓特巴土们恩和福仓二人，将义县北热水汤公产熟地二十顷出卖，得价归其俗家，附近土匪闻知该伪佛腰缠甚富，当将该伪佛之岳父高某，绑为肉票，勒款令赎，该伪佛乃谋借题诬良，乘机嫁祸，以图报复，前往阜新县捏诉代表等与绑匪通气，伙谋绑其岳父，请求县政府通缉代表等判罪，现正竭力运动县署人员。伏思瑞应寺原系国建大寺，当然直隶钧会管辖，其建筑之宏伟，设备之完全，资产之富庶，僧侣之众多，实为本盟中惟一无二之寺庙，至伪佛雅什多尔吉之种种罪案恶迹，复经万余民众、数千僧侣迭次呈诉，一致声讨，业蒙钧会分别查明属实，郑重议决从严惩处矣。乃事经数月，处分之命中搁，惩办之议顿息，因而悖逆绝伦罪不容诛之伪佛，得以逍遥法外，贼胆渐大，仍前作威作恶之不足，进而图谋结援诬良，嫁祸反噬。（未完）①

《蒙藏周报》
南京蒙藏委员会
1930年57期
（朱宪　整理）

① 未见后续刊载。——整理者注

蒙藏青年学生应有的觉悟

宗舜　撰

近年充满耳鼓、映入眼帘的声浪与消息，国人对于蒙藏问题，已发生了深刻的注意。有的将蒙藏特殊情形，著成系统的研究，献给于中央的；有的将中央党纲与主义译成浅显的白话，传布于蒙藏的：当这边风日紧的时候，算是一种良好的表现。行见远处边陲的蒙藏，将与内地打成一片，形成一个金瓯无缺统一的中华民国，完成一个庞大无匹整个的中华民族，吾们是怎样热烈的高兴啊！近来，中央更积极的进行，不遗余力的提倡蒙藏教育，在中央政治学校附设一个蒙藏班，以资收容青年学子；吾们也就应召而至，受着党化教育和军事训练。由是以观，中央对待吾们可以说既周且至了；吾们既不远万里，跋涉来学，可以说坚决奋勇之极了。那么，吾们在这种栽培之中，边事日非之下，应当怎样地觉悟呢？据我看来大概有下列的几点：

（一）对于民族应当团结的觉悟：说起吾们蒙族，向来盘据漠北，在汉时为匈奴，在明时为瓦剌；而藏族住于西陲，汉魏时的氐羌，唐代的吐蕃；离内地遥遥万里，风马牛不相及，并且语言、风俗习惯也截然不同，似乎是特然独立的两个民族，与内地的汉族不相混合。但是眼珠是黑的，头发是黑的，身躯的大小却与汉族一点儿分别也没有，这便足以证明吾们汉、满、蒙、回、藏五大民族同是一个血统，同是黄帝的子孙。即退一步的说来，吾们不是一个民族，是五个民族，可是要拿历史来考查一下，确乎又是一个民族，没有分析的可能了。何以然呢？因为中华民族由混合而成，根据历史上的记载，可以分为三个时期：第一是五胡乱华，当那个时候，中原衰微，五胡强盛，曾一再的侵略内地入主中国。第二是蒙古入主中国所建立的元朝，当宋末之时，久居漠北一带的蒙族，渐渐地强大起来，与宋互争雄长，乘胜南下，建立过空前绝后的大帝国。第三是满清入主中国，当明朝末叶，声威不振，权势日颓，而满族乘隙而入，代而为君。想吾们中国，经了这三个时期的混合，不但互相通婚，并且设官置守，实实在在是一个民族了。现在无论任何一个人，要说他是某一个民族的纯洁分子，简直是抹杀了历史的沿革，甘愿抛弃父母兄弟，做一个遁世鸣高的隐者了。总而言之，吾们中华民族是同出于一元，恰如大家庭中亲爱的五个兄弟，不过后来因为异爨析居，有的住在东西，有的住在南北，有的盘据中原罢了。那么，为什么还有汉、满、蒙、回、藏的分别呢？这无非是因为历史上的沿革，向来的称呼如此；实在吾们只可叫为中华民族或华族而已。依上看来，表面上虽叫做五族，实际上确乎是一个伟大的民族了，确乎是五个兄弟了。既然如此，吾们就当坚固地团结起来，形成一个大家庭，为老大哥的要提携小弟弟，为小弟弟的要服从老大哥，同心合意，亲诚敬爱，打破向来隔阂，免掉已往的仇视，决不要外向求荣，遗害同胞。这是吾们应当觉悟的第一点。

（二）对于列强应当抵御的觉悟：吾们蒙古，西北有虎视眈眈的赤俄，东有暴如豺狼的日本；西藏紧靠着野心勃勃地英国。他们——英、日、俄——仗着勇锐的军队，雄厚的经济势力，狡滑的外交手段，天天在进攻吾们的壁垒，时时在侵略吾们的土地，恨不能把我们一口鲸吞，置于他们的肘腋之下，真是危险极了。

那么，英、日、俄三个帝国主义，为什么要侵略吾们呢？这不是一个简单的原因，总括起来说，他们节节进逼的侵略不外下述几个动机：第一，他们的国内制造货物过剩，要寻觅一个地方销售。但已国既有剩余，他国又有竞争，所以来侵略吾们的地方，实行其经济侵略，取得货物销〈售〉场所。第二，他们国内生产无限扩张，本国的原料缺乏；同时吾们蒙藏都是经济落后的地方，天产丰富，未经开发，他积极进攻，就是要想取个源源不断的原料给他。第三，他的国内工商业发达已到无上的极点，所剩资本是非常的浩繁，侵略吾们就是要取得最好投资地，以排泄其过剩的资本。第四，他的国内人口是一天一天增加，而土地、食物却很有限，几乎酿成米珠薪桂，尺地寸金的样子。吾们蒙藏地方不但地旷人稀，且未加开垦植，所以他——英、日、俄——要将吾们的地方置于势力范围之下，为一个良好的殖民地，解决本国人口过剩的问题。因为上列四种原因，他们不惜施用炮舰政策，以威迫我们，用猫哭耗子的假慈悲来引诱我们，以冀买得我们的欢心，永远俯首帖耳的受他们的统治。等到他的目的已达，马上就变个花样，不仅奴隶其人，殖民其地，还将苛捐杂税，层层地加在我们的身上，生杀予夺，敲吸榨取，一任帝国主义者的意旨。试看日本统治下的朝鲜，英国统治下的印度，简直牛马不如，不就是显明的铁证吗？我们别鼾齁大睡了，要赶快的起来，和帝国主义者角逐于舞台之上，争着自身的生存，争着民族的解放，就是饮枪弹，冒白刃，也要勇往直前的和他拼命，就是断头颅，流鲜血，也要前仆后继的和他斗争，必如是，才不愧为现代的青年，才不愧国家的培植，直接能得到民族的自由，间接吾们壮烈的精神，也可以与山河并耀，日月争光了。这是吾们应当觉悟的第二点。

（三）对于三民主义应当研究的觉悟：总理手创博大精深的三民主义，是拯救中国唯一无二的良药，这是人人所承认的。尤其吾们蒙藏地方，更有急当厉行的必要。就拿民族主义来说吧，吾们蒙藏民族，处在英、日、俄帝国主义者积威之下，日日在拷打威吓，而不敢一仰其首！内部更呈一盘散沙的状况，不知团结共御外侮，眼看要沉沦堕落，其危险之甚，可真如千钧之重，悬于一发了。是不是要迅速设法补救呢？既然要补救，就许施行民族主义。说起民权主义，尤其迫切而需要，何以然呢？因为吾们那个地方，上而王公，下而奴隶，那种封建制度依然存在，尚未铲除，不但有背时代的潮流，更违乎革命的意义，设若不厉行民权主义，民众简直没有自由平等的那一天，或者铤而走险，酿成流血的惨剧，不是危险吗？为补救这一点起见，确有实行民权的必要。至于民生主义，更是急务中之急务，想吾们蒙藏地方，近年以来，外受帝国主义者经济的侵略，内有贪官污吏的剥削，以致财源枯竭，经济破产，又兼民众知识幼稚，不知开发，以致民生凋敝，困苦流离，是多们〔么〕的可怜啊！要挽救这种坏的现象，除厉行民生主义而外，恐怕没有第二个法门吧？据上所言，三民主义的确是救吾们蒙藏最好的工具，设若实力奉行，民族就能够解放，政治就能够平等，经济上就要能够充裕。现在迫切的程度真达到极点了。吾们是脑筋比较清楚的青年，是一般民众的先锋，要把这重大的责任，奋勇坚决地担负起来，趁着在学校求学的时候，把三民主义研究透彻，以备将来回到吾们蒙藏地方扩大的宣传，实力的奉行。这是吾们应当觉悟〈的〉第三点。

（四）应当励志求学的觉悟：吾们不远万里，跋涉来京，最重要的意义是求知识、养品格；中央特别优待，补助津贴，为的是我们开发故园。那么，吾们就当本着这两种意义，把精神的线索扣紧起来，冲云破雾的干一干，以期得到高深的学问，优越的知识，端正的品格，做一个改造社会的有用之人；不要从事惰乐、颓靡、优游、放逸，沉沦乎酒色之途，成了社会上的赘累，为一般人所唾弃，就算不负国家的栽培和家庭的希望了。这是吾们应当觉悟的第四点。总括起来说：中央是扶助吾们蒙藏的，帝国主义是陷害吾们蒙藏的，三民主义是救吾们蒙藏的，求知识、养品格是吾们做人的方法，要想救吾们蒙藏，就须先打倒帝国主义，要打倒帝国主义，就须对于三民主义有深地认识，确实地明了，实力奉行不可，要研究三民主义，就得现在痛下工夫，这是势所必至，理有固然了。写到这里，不禁大声疾呼的喊出下列几句口号以为本篇的结束：

中华民族要坚固地团结起来！

打倒侵略我们的英、日、俄帝国主义！

励行三民主义！

蒙藏青年要励志求学！

一九三一，一，二五

《蒙藏周报》
南京蒙藏委员会
1930年59、60期
（李红权　整理）

开发蒙藏应先推进党务

蒙藏会派专门委员李叔尧在中央广播无线电台报告

李叔尧　报告

蒙藏委员会于二月十八日派专门委员李叔尧在中央广播无线电台报告，题为《开发蒙藏应先推进党务》，兹志其原词于次：

各位同胞，各位同志：丁此训政开始，建设方殷，开发蒙藏，实为今日之要图。惟现时蒙藏地方，版舆既属辽阔，内情尤为复杂，遽言开发，且不问政府有无此经济能力，即有此经济能力，在今日蒙藏现状下，殆亦无开发之可能。最显著者，外蒙现尚在苏俄挟制下，受人支配，与中央已隔绝有年，即使政府对俄交涉胜利，俄方不干预外蒙，而多年浸润于赤色宣传中之外蒙，欲其能慨然服从中央，实行五族共和，必待有善为绥抚开导之方。西藏则两年来，虽经本会之多方调解，过去种种疑团冰释，而以隔阂过久之故，改革步骤，亦须详加审慎，免再发生误会。吾人于此，苟欲谭开发蒙藏，则有先决条件，即中央应如何整理蒙藏内部，使其毫无畛域之分，将仍沿用从来对蒙藏之传统政策欤？则武力征服与政治羁縻两途，且不论其与本党主义系背道而驰，即按诸事实，在今日亦已不易通行。只以羁縻而论，查俄英之经营蒙藏，均以大批金钱大批人员，深入蒙藏内部，千方百计，取悦于蒙藏无知同胞，以挑剔〔拨〕其与我发生恶感，已历有年所矣。观于蒙古人民革命党，最近致缄苏俄史丹林，竟谓蒙古未来之发展，非得苏俄扶助不可，该党保证当继续为增进两国友谊努力等语，与英国前驻西藏之查理士比耳谓吾人在西藏已经种种方法，博得其人民之友谊，吾国官吏之地位，并不发生障碍，如他国所发生的事实，已知蒙藏同胞渐将走入迷途，若任用粗疏的怀柔方法，希图将其羁縻，必然无效；借曰有效，而被羁縻者，不过少数王公、僧侣，究与整个蒙藏无涉，势必难达到胡越一家之目的。进一步言之，中国之所以造成今日蒙藏之僵局，即由于过去之政府当局，不明民族主义之意义，而一味以征服与羁縻为能事，以致蒙藏同胞，将此恶劣影象，至今尚留入脑际，认为五族共和并非事实，所以外人之煽惑与愚弄，易于侵入。现在本党政府遵从总理遗教，虽曰国内民族一律平等，要使五族同化，成为整个中华民族，但蒙藏方面，以民智未开，距离又远，尚多未深明此意，故吾人认为开发蒙藏，应先推进党务，相信党务一有办法，其他种种设施自可迎刃而解。综其理由，约有四点：

第一要打破蒙藏同胞对汉族之一切疑团，惟有使其明白三民主义，及本党一切主张，如若将心理建设起来，使党义深入人心，人人自必能同情革命政府，不须再加任何强迫，且吾人之对于蒙藏同胞，亦必须以主义感化，使其心悦诚服，始足以表现我王道的民族主义，究与帝国主义国家主义不同。第二要打破帝国主义者对蒙藏之阴谋，亦唯有将党务推进蒙藏，领导起两地同胞，始有办法，良以苏俄利用言论机关及职业组合购买组合，“赤化”外蒙，英人利用慈善面孔，组织教会式之学校，及其他团体，奴化西藏，两地同胞受其麻醉，心目中差不多已不知与内地有若何关系，倘再无党的组织，深入下层工作，决无法唤起民众，抵制帝国主义之侵略。第三要实行《建国大纲》之规定，扶植蒙藏同胞，使之能自决自治，更须以党的力量，训练其有自决能力与自治能力，而后不至有名无实，否则如今之充满独立与离异的思想，只有与帝国主义者作傀儡，受其欺骗压榨而永无解放之日。第四要联合东方被压迫民族，一致作解放运动，以应付世界未来大战，则断未有国内民族如蒙藏等，尚不能一致，国防重地如西北一带，尚岌岌可危，而能扶助其他弱小民族之理，今如欲唤起蒙藏同胞，一致参加国民革命，则蒙藏党务之推进，尤为必要。根据上项理由，所以认为以党的力量经营蒙藏是唯一良策。本会拟请中央不避困难，从速推进蒙藏党务。至其办法，应注意者约有下列各项：

一、由中央于最短期中遴选党员中精通蒙藏语言文字者，或混合北平蒙藏学校及中央政治学校康藏训练班学生，组织一宣传大队，分组入蒙藏各重镇，用口头或文字由〔向〕民众作扩大宣传，总期其明白党义大略，及感觉有党的需要而后止。

二、同时中央应就蒙藏之适宜地点，分设蒙藏党务筹备委员会，专门办理蒙藏地方党务，其委员务以深悉蒙藏内情之党员任之。

首要工作厥有两种：甲、先开办党务传习所，挑选蒙藏中之觉悟青年，入所训练，以为干部人才，然后逐渐向民间征求预备党员，期其普遍；乙、督率蒙藏党员，就各地方努力下层工作，尤须以于实际有益之合作、卫生、识字诸运动为中心，以设法取得民众信仰及同情，而抵制俄英之鬼祟行动。

三、中央宣传部应派人就蒙藏各重镇分别开办蒙文报与藏文报（或汉蒙合文及汉藏合文均可），宣传本党主义及布达中央德意，以唤醒民众，并以揭破帝国主义者对蒙藏之种种黑幕。

四、中央宣传部应将《总理遗教全集》，分别用蒙文与藏文译出，或择要译为小册，向蒙藏人民广为散发，以供其诵读与探讨。

五、要使蒙藏党务有莫大之发展，单凭中央党部及蒙藏党务筹备委员会之力量，尚觉不足，莫如由政府通令全国各大学及专门学校设蒙藏问题讲座，或蒙藏研究会，探讨蒙藏问题，并提倡内地学校组织宣传队或考察团，随时到蒙藏去，使国人多注意蒙藏，而蒙藏与内地关系，自必日深一日。

以上所陈，若大之蒙藏问题，固不足以言解决，但按诸实际，又深觉非经过此种过程，无从着手，所望举国上下一致起来，从开发蒙藏着眼，从推进党务着手，使帝国主义者无从使其伎俩，汉、蒙、藏之间，永无隔阂，则真正五族共和，实现民族主义，亦可于焉完成，是非仅蒙藏之利，亦实国家之福也。

《蒙藏周报》
南京蒙藏委员会
1930年63、64期
（朱宪　整理）

热河鸦片影响之种种

万选　撰

甲　绪言

热河地处东北边陲，位居内蒙要塞，为蒙汉杂处之地（蒙人约占三分之二，余为汉人），虽非地饶民富，鼓腹击壤之区，而于人民生计向称稳定，乃近数年来，人民生计日形艰窘，农村经济破产，四境内盗匪蜂起，饿莩载道，试一推究其源，皆鸦片之所致。夫鸦片之毒，甚于洪水猛兽，为国人所洞悉，国府成立以来，并设有禁烟委员会，专司禁止鸦片行政，热省以距国府甚远，鞭长莫及，加以该省民众利害不分，省府倡之于前，人民盲从于后，省府以按亩抽捐为宗旨，人民则以产生厚利为居心，每年婴〔罂〕花满地，统计热河十七县，烟地达八十八万余亩，征收烟捐达八百余万元，农民之脂膏刮剥殆尽，竟酿成盗匪满地、哀鸿遍野之现象，而于建设、政治、教育、经济上，欲收完善之结果，其可得乎？兹将鸦片影响之种种，管见所及，胪列于左，用供关心国计民生者之讨论焉。

乙　鸦片影响于经济

热河自兴业银行倒闭以来，金融之紊乱，令人耳不忍闻，目不忍睹，计其所发之钞票，至三千余万元，现在钞票每元不能兑铜元一枚，一般商户及富有积蓄之家早已破产，加以鸦片流毒，影响于热省经济，更不堪言。

（一）地价暴落：热省向为蒙地，荒地之多，内地各省无与伦比，及后内地移民日多，地价日涨，至民国九、十两年间，地价之昂已达极点，农民因购买土地，常与买〔卖〕主涉讼。自鸦片失禁后，凡平原聘〔肥〕沃之地，悉变婴〔罂〕粟之良田，而婴〔罂〕粟之收获，甚于五谷收获之十倍者，农村之农民既悉注重鸦片，自不免五谷失时，故山瘠〔脊〕河洼之地，多遗弃荒芜，田地既经荒芜，农民自拟出售，加以吸食鸦片者日多，消费日甚一日，农民富有者已债台高筑，小康更入不敷出，既无他种生产，势必典卖田地，而农民有余资能收受者又属无几，供给多而需要少，其价格之低落，自不待言。民国九、十两年间，地价甚高，每亩至七十余元，今则每亩降至三十余元，不数年而地价跌落一倍，果鸦片长此不禁，数十年后，其跌落不知伊于胡低〔底〕也。

（二）食粮骤涨：农民既孳孳于鸦片之利，肥沃之田尽种鸦片，统计热河烟地［一百］八十余万亩，凡种烟之地，每亩于雨水调和之岁，能收粗粮十斗，今烟地既达八十余万亩，即每年须减去食粮八十余万石，热省粮米之缺乏，可想而知。农民既注重鸦片，所有人工、肥料，皆移于烟田，其禾稼之收获必歉，而生产力亦必减少，人民日见增多，食粮日见减少，其价格之陡涨，当为自然之趋势，即经济原理上所谓需要过于供给是也，而于去岁八月间青黄不接之时，小米每斗竟至十二元，其价格之高，已打破热省数十年来经费之纪录矣。

（三）财产权之转移：热河一地，大资本家、大地主虽属〔仅〕见，但小地主颇不乏人，因该省向为蒙地，其土地权皆为蒙人所有，虽内地移民日多，蒙人之财产亦未见若何损失。自毒品蔓延热河后，而蒙人之嗜者日众，甚至贵族家庭，男女莫不吸烟，消费自属增多，曩者之入不能敷今日之出，遂致鬻田卖荒，任人开垦，则产权即归他人所有。其有资本者，财产权之转移，更难仆数，盖具有资本之人，多鉴于外省鸦片价值之昂，异想天开，欲获厚利，以尽数之资，收集各种户之鸦片，运销邻省，虽冒险而不顾，于是中途被匪抢掠者有之，或至他省事机不密，被官查获者有之，其财产可立见消亡。查热省农民生活程度最低，每人终岁之生活费不过五十元，自人民黑化后，嗜鸦片者则一人每日须元半至二元，是一年须六七百元，一人之生活超过十余人之生活费矣，故富有财产者日见困窘，而小康之家衰落更属立见，财产权遂为他人所有。睹财产权转移如是之速，真令人不寒而栗。

丙　影响于教育

热省文化落伍，教育不振，已非一日，当为国人所深悉，自北化〔伐〕成功后，教育始放一线曙光，各县学校日见增多。忽近三二年来，匪特不见进展，反有衰落之势。查热省中等学校无几，中等仅两三处，师范学校则只一处，而一校学生又不过百人，小学校虽稍多，但全境内亦寥若晨星，而乡村读书则均为私塾。虽系热省当局不知提倡之故，亦为鸦片影响之所致，其故有三：

（一）家长无家庭教育：各村农民既为黄〔黑〕化，每日工作，除横陈短榻吞云吐雾外，其他则无暇瞻顾，致令儿童任意辍学，或随处喜〔嬉〕戏。夫儿童以家庭教育为基础，其将来优秀与否，均视其家庭之教育及习惯如何，家长一经吸食鸦片，其习惯必不能良好，其子女之习惯亦必随之不善，家长既不能矫正其子女之恶习，是以各小学校之儿童按时受课者甚少，学额不但不能增多，反日形减少，职是故也。

（二）升学困窘：热河人民智识虽系闭塞，而青年之可造者亦属不少，但因家庭经济多受鸦片之支配，债台高筑无力供给子弟之求学，一般有志青年为环境压迫，不能进取者不知凡几，即或家庭中有志于子弟之深造，为子弟者亦有志进取，百般维持，不过中学毕业而已。现在调查热河全境之中学学生只三四百人，在北平各大学之学生仅三十余人，留学他国者则一无所见。

（三）良善家庭视学校如危途：鸦片之流毒普及热省，上至官吏，下至民众，不为黑化者甚少，一般青年学生，虽不能尽为黑化，而染其毒者，亦复不少，一经鸦片缠身，其努力精神、进取思想，悉为烟魔所淘汰，对于课程无暇深究，至于为国家谋利益、为人民谋幸福种种革命工作，尤为梦所不及，竟至虚糜岁月，空掷光阴。及毕业后入身社会，则一无所能，诸难应付，一己之烟费、生活费尚不能谋，更无养父母畜妻子之力矣，遂使父母冻馁，妻子离散，以故良善家庭以此种学生为前车之鉴，离〔虽〕金钱充裕之家，子弟有志进取，亦为家庭所不许。至于中产人家，更无余力以供给子弟之求学，青年读书前途，竟为鸦片所阻碍，良可慨也。

丁　鸦片影响于农村治安

热省人民对于生计向不发生恐慌，农村因之亦无尔诈我虞之俗、兵来匪去之患，其人民性质之优良，道德之崇尚，实为内地人民所不及。自鸦片蔓延以来，农村道德，沦亡殆尽，抢掠、偷盗、拐骗等事，日有所闻，盖皆鸦片影响之所致。

（一）土豪劣神〔绅〕之扰乱农村：一般农民既吸食鸦片者日多，必受经济之压迫，良善者则典卖田地，而土豪劣绅则不免施其恶劣毒辣之手段，敲诈乡民，播弄是非，希图渔利而满足一己之欲望。于是乡村之土劣，借端生事、欺凌弱小之事，一日数出，被人播弄之农民，赴县争讼者亦络绎不绝，农民外受军匪之扰乱，内受鸦片之支配，中为土劣之敲诈播弄，经济既受损失，精神亦极苦痛，生计困窘，实难聊生。

（二）盗匪之扰乱农村：人民受鸦片之害，破产者颇多，富有资财者一变而为中产人家，小康者一变而为无产，其无产之良善人民，则铲除自身之嗜好，安分谋生，或为人佣工，作人仆役，尚可维持生活，不致流于不善，至品格坠落之民众，则染毒过深，不能决然革弃（盖地方鸦片既多，价格自低，有禁忌不能之情势），不得已遂弃羞耻而栖身宵小，以故农村中遗失骡马、衣物被窃者一夜数出，迨日久秘密外露，难容身乡里，乃投身匪群，明施抢掠之行为。现在喀喇沁左旗与吐默右旗之间，土匪达三四千名，虽军队颇欲肃清，奈屡战屡北，而匪势益炽，匪数益众，而农民之被抢掠勒票者亦愈烈。

（三）军队经过之扰乱农村：热省军队多数系招编地方土匪而成，向无教练，且军人均染有烟瘾，常对地方有勒索情事。至剿匪时其淫威更烈，凡经过村乡，悉被敲诈，每入一村，始则强索鸦片，稍有迟缓，则鞭挞立至，继则翻箱倒箧，强取财物，如加阻止或究问，即以窝赃通匪等辞加诸其身，家资富有者即倾家荡产，而无财产者则严刑备尝，或丧命亡身。农村中既土匪扰之于前，军队纵之于后，故农民惊惧，不堪言状，匪来固逃，兵至亦逃，恒一夜数惊，有岌岌莫保之势。

戊 鸦片影响于政治

热省政治极为黑暗，一般政治人员脑筋之旧，思想之腐，殆非二十世纪者，不知党为何物，遑言三民主义，故政治上毫无进展，加以鸦片影响，其敝益深。

（一）官吏之颓靡及舞弊：一般行政上级官吏，悉为黑籍中人，每日沉迷灯前，栖身烟榻，废弛一切职务，责任尽行放弃，政治上自不能得完善结果，上行下效，一般下级官吏自亦不免颓靡。热省警察、保甲为公安主要机关，负卫护地方、维持治安之责，职责何等重要，乃一般区巡官长，栖身黑籍，匪来不知御，民风不知正，日以鸦片为消遣之具，以其每月薪俸甚薄，既不能敷一己生活费用，烟费更无处筹措，遂苛取农民，借端敲诈，枉增杂捐，侵吞公款。姑就烟捐一项论，热省烟地之勒〔勘〕丈查视，其收款责任，悉归警甲负担，各区警甲自有渔利可图，如勘丈百亩烟地，不过呈报七十亩，而吞没三十亩之收款，除收正款外，复有种种杂项费用，如查烟委员公费等，此项款用亦向种户敛取，每亩虽烟捐九圆，恒有征收十六七元者，至其他杂捐亦然。

（二）政治难以施行：各村农民既受鸦片之支配，军匪之扰乱，土豪劣绅之敲诈，行政官吏之苛敛，逊〔驯〕至村不成村，乡不成乡，闾不成闾，农民对于生活问题犹难解决，更无假〔暇〕谈自治，讲村政，倡教育矣。加以文化落伍，人民智识固闭，匪盗满野，为人民耳所习闻目所习见，一般农民竟染成野蛮之风，而警甲之敲诈苛取，早与民众失却情感，民众均视警甲若仇敌，时发生官民冲突之事，人民如此反对行政人员，政治自难施行矣。

己 鸦片影响于农民之健康

热河居我国北方，气候较寒，人民身体健壮异常，自鸦片蔓延热省后，凡十五岁以上之人民鲜有不尝试其味者，一般富有者吸之自不待言，即为人佣工或仆役，染有鸦片瘾者亦复不少，鸦片之毒，可谓普及。记者之村共二百余户农民，而其烟具之数亦达二百二十余套，中产每家一套，而富有资财人家，人口既多，每家有七八套烟具者，加以烟馆林立，每一烟馆均有四五套烟具，由此视之，可知热地吸食鸦片者之多。然鸦片之毒最烈，一经缠身即难铲除，迨日久则面黄肌瘦，几非人类，凡吸烟之程度愈高，其疾病亦愈多，而寿命亦必不能永，人命之死亡率必见增多。记者调查近几年之人口，因鸦片而死者不少。吸烟过深之人，常得烟痢之疾，良医莫治。又嗜鸦片者无分男女，设家庭中，男女同吸鸦片，其精神之损失，健康之危害，自不待言，故生育上必受影响。据记者调查所知，凡夫妇同吸者，多数缺乏子嗣，即或幸有子女，其子女生时亦即须喷以鸦片，否则不能睁眼，亦不能食乳，及长，其精神、体力与常人子女比较，相差甚远。鸦片之毒，其遗害有至于此者，可不惧哉。

庚 结论

综上所述鸦片影响于热河者，实非浅鲜，设长此不禁，热省不堪设想，中国亦不堪设想。热河为内蒙要塞，边防重地，俄日早蓄鲸吞之野心，今热民为我国之病民，热省为我国之病省，若不急图医治，将何以御外侮敌强邻耶？故欲恢复热民之健康，图谋边疆之巩固，国府须严厉通令禁止鸦片之耕种，绝其生产之来源，复设法铲除人民所染之余毒，然后再图恢复经济、教育、政治诸端，实施三民主义，不特热民之福，抑亦中国之幸也。

《蒙藏周报》
南京蒙藏委员会
1930年64、65期
（李红权 整理）

向出席国民会议之蒙藏代表进一言

奋生 撰

国民会议，为总理十三年北上时提出之主张，最后在遗嘱中叮咛昭示“尤须于最短期间，促其实现”，可知总理对此事期望之殷。至会议之目的，总理在《北上宣言》中，明白昭示：“以谋中国之统一与建设。”更在上海对长崎中国学生会演说有云：“我们组织国民会议之目的，是要解决两个大问题：一个就是解决国内的民生问题；二个是要打破列强的侵略。”由此可知国民对此事需要之切，与其在中国现政治上价值之大也。

总理逝世后，迄今六载，此六载中，叛逆迭兴，军阀割据之恶习犹存，若仓卒集会，将必有军阀操纵，强奸民意，仍蹈民元之覆辙。迨今国内军阀，已尽扫除，封建余孽，失所凭借，故四中全会，郑重决议于今年五月五日，举行国民会议，将一切建国根本问题，开陈于全国国民之前，以期齐一全国国民之心志，集中全国民之力量，以立民有、民治、民享之基，而明本党执政时期之责任，此国民会议意义之重大，与国民尊重民意之至诚，凡我蒙藏民众及出席国民会议之蒙藏代表，所应深切认识者也。

光阴如矢，转瞬会议将届，记者不敏，愿向出席国民会议之蒙藏代表，以贡一言，谅我蒙藏代表所乐闻欤。

蒙藏民族既为整个中华民族之一部，其利害得失，有关中国之存亡，故蒙藏问题，当为该会议讨论之重要部分，因此代表使命之大，实驾其他代表而上之。盖蒙藏两地，僻处边圉，地广人稀，文化落伍，为日、俄、英帝国主义垂涎者久矣。且外蒙已入赤俄之势力圈，西藏近与内地隔阂颇深，观大金寺、白利乡之争，至今未决，可资明证。且已往外人对蒙藏订立之不平等条约，虽曰为整个中华民国之耻辱与损失，抑亦为蒙藏民族直接之致命伤。是以关于外人政治侵略方面，及外蒙如何规复，各代表必需在会议席上，痛加陈述，慎重讨论，以期全国了然，齐一心志，妥筹对付之方针，以取消蒙藏人民之卖身契，完整我国之土领〔领土〕与主权。次则关于经济方面，蒙藏虽土地辽阔，人口稀少，只以交通不便，生产方法幼稚，其人民生活，尚滞留于游牧状态，加以帝国主义之经济侵略，变本加厉，人民生活，已感动摇不安之象。故今后之实业如何振兴？交通如何建设？如何由牧改农，以增进生产力，均应提请大会，缜密讨论，以裕民生，而固国本。又次关于文化方面，蒙藏文化落伍，学校不兴，夫人而知，近帝国主义，复携其文化侵略之政策，深入蒙藏两地之内心，观蒙藏两地之教堂林立，使人惊骇，即可知此言之不误。各代表务将外人文化侵略之真实状况，详细具陈大会，以资分别作振兴、取缔之谋。再次关于蒙藏政治及社会之组织。蒙藏政治之组织，现极简单，且多带有宗教色彩，其在蒙古者曰盟旗，西藏曰宗及，西康曰土司；至社会团体，更绝无仅有，若不亟加改进，实不适应现时代之生存。似宜仿效内地之政治及社会之组织以进，庶可期蒙藏一切之进步。更次关于宗教方面，蒙藏民众，崇信黄教，积习已久，各地教主，率为政治首领，在此人民信仰诚挚之下，未可不为蒙藏一时维持社会之助力；但其人民亦由此习于怠惰，流为分利，若不亟加改良，殊非蒙藏之幸福。故今后亟宜提倡“宗教职业化”，以匡其弊。凡上诸端，记者认为代表诸君，应代表普遍的蒙藏民众，以上述为大会陈述之要点。至各代表对于蒙藏民众，应负责将大会之成绩，详晰报告，使其一致拥护实行；并使蒙藏民众，诚心接受三民主义，承认建设蒙藏，应依照《建国大纲》为原则，夫而后蒙藏民族，方可兴盛；中华民族，方可独立自由于世界焉。

《蒙藏周报》
南京蒙藏委员会
1930 年 66 期
（刘哲　整理）

蒙古问题

郭道甫　讲演

蒙古问题之关系重要，尽人皆知，内外学者阐发虽多，但以考察未周之故，附会片面之词，在所难免。兹觅得郭道甫君关于蒙古问题讲演录一册，为郭君本其往来蒙地实际调查十余年之所得，在出席太平洋国交讨论会时之演辞，极有价值［特］。

今日承诸位先生之不弃，嘱余讲演蒙古问题，实属荣幸之至。此问题之内容与其要点，已由余日章博士提及，勿庸再为喋喋，惟余以为此问题，不仅为中国方面之局部问题，亦可以说世界上最重要问题，其所以成为问题之原因，与其各方之关系，兹为有系统之介绍起见，略分数段以陈述之。

一、蒙古问题成为世界问题之原因

晚近数十年来，蒙古问题，惹起列强之注意，而对于中国之外交上，亦发生颇大之纠纷，即此次太平洋国交讨论会之大会上，亦视满蒙问题，为最关重要，余以十余年之研究，认为蒙古问题之关于世界方面者，厥有六端。

甲、蒙古民族之团结力非常强固：吾人都知中华民国是由汉、满、蒙、回、藏五族合成，其实满族已同化于汉族，回族亦有半化于汉族之趋势，故只有蒙、藏两族与汉族鼎立之事实，而在东洋史上，能与汉族并驾齐驱名振全球者，唯有蒙古民族。盖蒙古民自成吉思汗建设蒙帝国以来，确能保存其固有之山川土地、言语文字、风俗习惯，而喇嘛教亦渐渐成为蒙古民族之唯一宗教，故蒙古民族之民族观念，非常浓厚，即在西伯利亚方面之〈布〉里稚〔雅〕特蒙古民族，及在欧洲窝瓦河下游之喀尔美克蒙古民族，均能保守其固有之言语文字、宗教风俗，未受斯拉夫民族之同化，当外蒙之哲布尊丹巴活佛在世时，此等远在欧洲之民族，常有来往礼拜之联络，由此观之，蒙古民族之团结力，实不弱于任何强胜之民族，此蒙古问题，由民族之立脚点上，成为世界问题者一也。

乙、蒙古民族之历史非常伟大：自十二世纪之末，蒙古民族之成吉思汗建设蒙古帝国以来，迨至忽必烈汗统一中国，改称元朝之时，乃将东西洋各国打成一片，而为空前〈绝〉后的一大世界帝国，东方之著名发明［扬］，如火药、指南针、印刷术等，皆在当时输入欧洲，以促进文艺复兴，与科学发达之运动，而《马哥博罗游记》一书，尤为开拓西洋人民之雄心，与发现美洲之唯一原动力，此于人类进化史上，不能不认为一大贡献也。并且蒙古帝国对于政治，对于用人，对于宗教，均有选贤与能，开诚布公之伟大气象，自元太祖成吉思汗，以至元始〔世〕祖忽必烈汗，凡五任皇帝，均由库里尔泰大会共举，以继大业，决非视帝位为家私者所可比拟，故能数世相承，卒建不世之伟烈。其建国时代之人物，如耶律楚材，满族人也，郭宝玉，汉族人也，牙刺洼赤，回族人也，拔思巴，藏族人也，其他马哥博罗则为拉丁人，那麻则为印度人，凡此诸人，不为文武大员，则为政教领袖，其依远〔违〕、权势均在蒙古本族之上，此其网罗人才，不分畛域为何如耶？至如尊崇佛、道、耶、回诸教之一律平等，及设立欧亚交领〔通〕之驿站，尤为沟通中西文化及融洽各教感情之一大开辟。故蒙古民族之历史，对于近世之发展，实有莫大之关系，况且以文化落后之游牧民族，而能奏如此之奇迹，其耐人寻味更何言哉。此蒙古问题由历史之立脚点上，成为世界问题者二也。

丙、蒙古民族之文化非常高尚：吾人都知蒙古民族，为文化最落后之民族，实属毫无文化之可言，今加以非常高尚，抑又何耶？今夫有一乐土焉，其地毫无军警司法之统治，然而未闻有偷盗欺诈之风也，又无约章法律之保障，然未闻有束缚矫揉之事也，男女之交际非常自由，毫无伦理上、道德上之意识，生活之条件非常简单，毫无物质上、肉体上之苦闷，人人快乐，成佛是务，不独不思有损于人类，即对于禽兽昆虫，亦居不忍加害之仁心，此其高尚之程度，岂非安那其主义与乌托邦之景象耶，又岂非理想国与极乐世界之幻境耶。吾人所居之地球上有此乐土耶？曰：唯唯，有之。从前未曾独立以前之外蒙方面，即有此种状况，盖蒙古民族，本有诚实无二、博爱无私之特性，自奉喇嘛教为唯一宗教以来，对于佛教之精神，尤能完全接受，故虽有王公阶级，与奴隶、平民之制度，然在实际上，王公与平民之生活程度，既不悬殊，而在宗教上之人格，尤为一律平等，由此观之，所谓蒙古民族文化落后者，对于物质文化而言则可，对于精神文化方面，实有可贵之优点，而此种优点，反出于崇拜尚武精神之蒙古民族，岂非更有趣味之问题乎？不然，杀人无情之枪炮弹药，弱肉强食之侵略主义，亦皆可认为文化乎？此蒙古问题由文化之立脚点上，成为世界问题者三也。

丁、蒙古民族之土地非常广大：吾人查蒙古民族现在所居之版图，不仅内外蒙古而已，即黑龙江省西部之呼伦贝尔，北部之布特哈，新疆省之天山北路，甘肃省之阿拉善及额济纳，均为蒙古民族之固有土地，至若青海之全部，亦为蒙古民族之牧场，再推而广之，西伯利亚贝嘉尔湖前后之贝尔嘉州，及伊尔库次克省，乃系布里稚〔雅〕特蒙古民族所居之土地，亦为成吉思汗发祥之故都，汉朝苏武牧羊处，即此之谓也。似此广大之土地，除戈壁沙漠不适种植外，余皆水草丰美，土质肥沃，自然风景，令人陶醉，而蒙古民族之人口，共计不过五百余万，当此世界人类日形增加，地狭人多，成为大患之秋，其能引起列强之垂涎也必矣。此蒙古问题，由土地之立脚点上，成为世界问题者四也。

戊、蒙古民族之物产非常丰富：蒙古之土地，既适于耕种，而矿产之宝藏，尤为无量，所可惜者均未开采耳。然蒙古民族，向来为游牧人民，其牲畜所出之物产，如肉、乳、脂油、皮革、毛绒等品，实为人类之要需，一九一五年由中国方面输出者，牛约三十七万头，羊约一百二十万头，羊毛约一百万斤，此指内蒙全体而言也。一九一八年统计外蒙自治区内，驼约三十万头，马约一百五十万头，牛约一百四十万头，羊约九百五十万头，一九一〇年调查呼伦贝尔一区，驼约五万头，马约三十万头，羊约二百万头，由此可知蒙古牲畜之丰富矣。现在有人试验之结果，征〔证〕明内蒙东部一区，所产改良之羊毛，即可以执世界羊毛界之牛耳，如果将蒙古方面，所有牲畜出产物都加以改良，施诸制造，则其获利之厚，及有益于人类岂浅鲜哉。此蒙古题题由物产之立脚点上，成为世界问题者五也。

己、蒙古民族之国际非常纠纷：今日蒙古民族之大部，虽在中国方面，而为中华民国之领土，然蒙古之历史，曾有世界国之光荣，即今日之俄国，实为蒙古民族昔年统辖之领土，况有布里雅特及喀尔美克等蒙古民族，仍为苏联之一体，故由俄罗斯方面视之，蒙古者为俄罗斯之蒙古，未有不可者也。夫日本则包藏大亚细亚之野心，视满蒙为其囊中物，今在东蒙一带，已树其经营之旗帜，并且倡言蒙古人为日本民族，成吉思汗亦是日本之扶余王，故由日本方面视之，蒙古者将来必为日本之蒙古，亦未有不可者也。吾人视中俄条约内，对于外蒙之声明，及日本之二十一条内，对于内蒙之要求，可知日俄两国之直接干涉蒙古问题，已成为事实矣。矧夫蒙古之土地与物产，既关于世界人类之前途，岂能免其他列强之染指乎，此蒙古问题，由国际之立脚点上，成为世界问题者六也。

总此六端，蒙古成为问题之条件，早已具备，而吾国人士，漫不加察，视若无事，不曰化外土地，必曰移民实边，而对于蒙古民族之政治、文化、教育、实业等问题，毫无充分之研究，更无彻底之办法，惟有痛斥蒙古民族之自取灭亡，而略施笼络、敷衍之手段而已，此蒙古问题之所以愈趋愈下，而卒激成其独立向外之运动，为丛驱雀，其此之谓也。试看二十余年来，内外蒙古之风云，岂徒然哉。

二、外蒙古之革命运动

外蒙一区，在戈壁沙漠之北，横亘于中俄两国之间，实蒙古民族之根据地也，并有哲布尊丹巴活佛，奠都于库伦，而为全蒙古之喇嘛教中心，亦为蒙古民族带有国家雏形之基础。时当满清末年，对于外蒙方面，进行移民实边，改设行省之政策，其结果取消蒙古方面之政权，以致引起蒙古人民之恶感，乃于一九一一年冬，外蒙之各汗、王公、喇嘛等，共戴哲布尊丹巴为可汗，宣告独立，此为外蒙方面民族革命之起点，然对内则仍沿用满清政府之君主专制政治，对于蒙古民族之民权问题，毫无发展。

一九一九年，北京政府特任徐树铮为西北筹边使，取消外蒙之自治政权，而继行满清末年移民实边、改设行省之政策，其结果引起全体蒙古民众之恶感，而外蒙平民方面，自行组织蒙古平民革命党，乃于一九二一年，建设平民政府，宣告二次独立，此为外蒙方面民权革命之起点，然对内则利用哲布尊丹巴为首领，以完成民族革命之使命焉。

一九二四年，哲布尊丹巴活佛逝世之后，外蒙平民方面，召集第一次全体平民代表大会，决定外蒙为永远独立平民共和国，并议定宪法，限制私人资本主义之发达，此为外蒙方面社会革命之先声，亦为解决民生问题之一大事实也。兹外蒙方面，经过三次政变，并有二十余年之时间，始有今日之现状，饮水思源，不能〈不〉略述其梗概，以冠其开端云耳。

甲、党团之组织　现在外蒙，为以党治国之政府，故对于人民方面之各种集会、结社，均促其充分发达，而其指导全体社会之政党，即为蒙古平民革命党，凡外蒙政治上之一切设施，均由该党决定，故社会上之所有领袖人物，必先为该党党员，其最高机关，为该党之中央执行委员会，在各盟者，为盟党部，在各旗者，为旗党部，最下者为区党部，有该党十人以上，则可以组成之。该党之宗旨，以保护蒙古平民之权利，以建设平民政治为目的，对于社会主义，并不反对，然而亦不属于共产党。自外蒙平民政府建设以来之历史，谓其为该党之历史，亦无不可也。其次为外蒙革命青年团，其宗旨略与该党同，其组织亦与该党一致，实为该党之候补者也。其次为幼年团，是则乃青年团之候补者也。此外对于经济方面，尚有蒙古平民合作社，及全蒙古职工联合会两大团体，以为其建设及督促之两大辕轮焉。

乙、民治之建设　蒙古平民共和国之主权，属于外蒙全体平民代表大会，该大会每年开会一次，以议决全国之各种政治问题，其代表由各盟平民代表大会选出之，而各盟大会之代表，则由各旗代表大会选出之，其各旗大会之代表，则由各区大会选出之，其各区大会之代表，则由各十户大会选出之，其各十户之代表，则即由每户派一人为代表，而议决或执行每十户之所有政治问题。

至于中央政府，及各盟、各旗、各区之行政首领，均由各该大会闭会时选任之。每届大会期间之监督政府及公布法令者，乃为国务常务委员会，仍由全体平民〈代表〉大会选定之，此为外蒙平民共和国上下一贯之平民政治。

丙、军事之训练　外蒙之军事训练，分为常备军、武员队、临时军三种办法。常备军者，定为二年期之征兵制，施以战斗技术及政治常识之教育，务求明白党义，及能够上阵为标准，凡有常备军之处，均力行之。武员队，为一大规模之军官养成所，其额在一千人以上，设于库伦，除造就一般新武员外，凡在职之各级军官，均得调入而补习之。临时军，则每年夏季在各旗召集十六岁以上至四十岁之男丁，教以普通军事能力，若女党团员等，有自愿受训练者，亦许之。夫蒙古民族，向为尚武之人民，骑马、打枪、服从等事，本为彼等天性，故此种训练，收效颇大，一旦有事，全国皆兵，而以多数训练有素之武员以指挥之，即可成为数十万之精骑矣。

丁、经济之发展　外蒙方面，整顿经济之先决问题，即是改良税捐及收回关税两大事件，其结果每年平均可入一千二百余万元之收款，除去用度，尚余一百余万。其第二步之建设，即是设立蒙古实业银行，发行钞票，并鼓铸蒙古银圆，以为兑换流通之担保，于是外蒙之金融方面，大有活动之机能，对于振兴工商实业，亦得最大之后援。并且禁止外国票钞与外国银圆，在市面上流通，都由蒙古实业银行兑换，以便蒙古银圆及蒙古钞票之势力澎涨。其第三步之进行，即决定对于贸易，完全收为国有，得由蒙古平民合作社代理，以杜绝国内私人资本与国外私人资本沟通之关系。总而言之，外蒙方面之经济发展，以防止私人资本主义之产生，而养成国家资本主义为要旨，而指导此种运动者，厥为外蒙全国经济委员会，凡关于经济方面之建设及计画等问题，均由该会主持之。

戊、教育之设施　外蒙之教育宗旨，当然以蒙古平民革命党之宗旨为宗旨，其进行之办法，分为国内、国外两种。国内教育以养成普通常识及国民资格为标准，故以多设小学及中等学校为先务，现有小学六十余处，中学及师范，则在库伦各有一处，然其规模宏大，设备完善，颇有可观。其最高之学府，为中央党务学校，直接由中央党部管理，稍有分料〔科〕之雏形。至于其他教育计画及管理等事，均属于教育部，国外教育则派送多数留学生，以培养专门人才为目的，现在德国有五十余名，大概学实业者为多，法国有二十余名，俄国有一百余名，大概学政治、经济者为多。其他尚有兽医学校、合作社学校等特别学校，然均在开创之始，求其完善则仍早也。惟有最可注意之点，所有各种学校，均用蒙语蒙文教授，普通教科书，如历史、他〔地〕理、算术、公民等课，已有最好之印刷品矣。

己、卫生之讲求　蒙古民族，对于公共卫生及个人卫生，向不讲求，于是传染病之流行，及死亡数之越过，实为蒙古民族之最大危机。外蒙政府有鉴于此，除清洁街道、设立厕所外，对于取缔花柳病等问题，竭力提倡，或开讲演会，或用影戏片，以示警戒、医治之要意。又特设平民卫生处，专管人民卫生方面之事务。又在库伦特建规模宏大之医院，凡内外各科俱备之，并设有电光诊病室，以西法治疗之。所有各科医生，均由俄国高资聘用，其医道之精练，令人钦佩。凡属于蒙古平民共和国之人民，都不取医药费，现在每月来诊治者，约有数百人之谱。此外尚有军人医院，及国立药局等机关，均有宏大之规模，政府每年所耗用费，实属不少云。

庚、实业之计画　外蒙人民百分之九十九为游牧生活，而其职业，亦以牧羊〈等〉牲畜，为唯一之工作，故政府为保障其民生问题起见，对于牲畜特别注意，设立规模宏大之兽医工厂，制造各种药品，以减少其死耗，并有提倡割草、严禁荒火、扑灭野狼等办法，皆属于消极方面之保护政策也。至于积极方面，则设立牧产试验场，从事改良牲畜之种类，以图其进化焉。他如哈拉河之农业区，阿尔担布拉克之皮革厂，库伦之蒙古转运公司等，各种规模宏大之企业，均由实业部承办，发达神速，一日千里。又有蒙古平民合作社，则专营商业，资本已达一千余万元，分社已有一百二十余处，上海、天津、张家口、哈尔滨、莫斯科等处均有之。蒙古建筑公司，则专营建筑房楼及桥梁等工程事业，并设有砖瓦厂，此亦最近库伦城市兴旺之一种表现也。至若对于采木、掘矿、捕鱼、猎兽等问题，均有具体之办法，按照一定之步骤，渐渐进行云。

辛、交通之发达　外蒙方面，人烟稀少，版图寥阔，其昔日传达消息，任重致远之事业，专赖驿站与驼队，今日则大改旧观，其重要干路，如库伦、张家口，与库伦、恰克图间，库伦、满洲里，与库伦、科布多间，均有多数之汽车通驶，行人运货，甚为便利。关于消息方面，除利用有线电报外，尚有徐树铮遗留之库伦无线电台一处，可以接收全世界之新闻，现在短波无线电台业已采用，库伦与各处边防军，可以传达消息。关于航空方面，则库伦与布里雅特蒙古自治共和国都城乌金斯克城之间，设立定期航行处，每周三次，每次只需三小时，凡库伦与莫斯科间之各种邮件、新闻纸类，及重要公文，均赖其传递，外蒙与世界，已无暌隔之感矣。

壬、文化之提倡　由上述各种运动，及其振兴之梗概，吾人可知外蒙方面，文化提高之事业，已为极形活动，无论其精神方面与物质方面，均有神速之进步。此节所谓文化之提倡者，专指传播文化之工具，如印刷业，戏剧场，以至关于社会方面之各种表现而已。自外蒙平民政府成立以来，对于新闻周刊，竭立〔力〕提倡，现在有数种定期刊物，并属于教科书类，及文学作品者，亦渐渐发达，特设规模宏大之印刷局，以应需要，其建筑工程之雄伟坚固，在库伦为第一。又新建圆形俱乐部，内容系仿照莫斯科大舞台，可客〔容〕二千余人，表演者都为蒙古新旧戏剧，并有音乐、歌舞等辅助之。此外衣食住之西洋化，电灯电话之利用，各种游街运动，及讲演会之发达，妇女解放，及识字运动之热烈进行，皆有文化提高之征象焉。

癸、苏俄与外蒙　外蒙方面，自发生蒙古平民革命党以来，对于文化落后、人才缺乏之黑暗蒙古民族，骤然间能有彻底改造、从事建设之盛举，溯其渊源，何自来乎，吾人不谋而同，必曰：此苏俄之“赤化”政策也。然而外蒙何以甘受苏俄之“赤化”，而苏俄何以竟能“赤化”外蒙耶？且夫苏俄之“赤化”外蒙，何以必使其养成充实之势力，而外蒙之亲近苏俄，何以不悟其变成“赤化”之局面耶？曰：此无他，苏俄对于外蒙之政策，非常灵妙，而外蒙所处之地位，非常绝境而已。外蒙方面自二十世纪开幕以来，首先饱受满清末之压迫，继而备尝徐树铮之蹂躏，最后目睹为日本作傀儡之俄国白党之侵略，当此之时，举目无亲，穷途难堪，惟有乞怜于新兴之俄而已，而苏俄不独不为拒绝，乃出于十万分之热烈欢迎，凡金钱势力，军械、兵力，皆许其尽量之扶助，其结果卒能驱逐外力，而建设国民政府，此其博得蒙古人民之欢心为何如耶。并且蒙古人民，一面防备外力之再为侵入，一面从事政局之归入轨道，凡此种种，非有训练有素人才及财力、武备，则实不可，此亦外蒙方面欢迎苏俄之派来指导员，及要求其道义上、经济上扶助之所由来也。故现在外蒙方面，不论其为任何团体，或任何机关，均有苏俄派来之指导员或训育员，而此等指导员及训育员等，均由苏俄设立相当之机关，指导一切，进而行其对于外蒙之操纵政策。故十年以来，外蒙方面之社会改造运动，虽谓苏俄在外蒙方面建设其“亦〔赤〕化”计画，亦无不可也。

夫苏俄方面，对于外蒙之关系，必定以为友谊之扶助，绝对不能承认是侵略之政策，而外蒙方面，自从与苏俄发生关系以来，对于蒙古之改造运动，确能表现建设之功绩，故由外蒙方面观之，苏俄之扶助政策，不论其为“赤化”与否，总比其他帝国主义者，较为公道，此外蒙人民方面，始终信仰苏俄之一大原因也。然而吾人以客观之态度，来考察苏俄对于外蒙十年来之政策，则可得下列之结论：

（一）封锁外蒙之经济；

（二）妨害蒙古民族之自由联合；

（三）垄断外蒙之外交独立。

盖外蒙方面之经济问题，本与中国有密切之关系，然而苏俄则使外蒙与中国完全断绝经济上之来往，至于内外蒙古及呼伦贝尔等处，本为同族同胞，不分畛域，理应使其团结，一视同仁为是，然而苏俄仅仅承认外蒙为独立共和国，不许其他蒙古民族之参加，再进而言之，外蒙方面既自称为独立国家，本无受苏俄垄断之理。

然而苏俄终以为外蒙方面势力弱小，只可养之于温室，不可曝之于光天化日之下，故主张外蒙方面，不应直接对外发生关系。一九二二年，外蒙平民政府，曾有声明，略谓蒙古政府，为求中蒙人民之睦谊，及联络亲善起见，曾请素与中蒙亲善之俄国政府，出而调停中蒙之事件，并作证人，订立讲和条约云云。又观一九二四年《中俄协定》内，苏俄承认外蒙为中国之领土，惟苏俄政府，业于一九二一年，曾与外蒙订立修好条约，而承认外蒙为独立国者也。请问世界上之真正独立国，尚有托第三者代为订立条约，以至许其代为承认第三者之领土者乎？由此观之，苏俄之垄断外蒙之外交独立也明矣。

且夫世界上之任何一种民族，如果失去经济上、意志上以至外交上之自由权力，则岂能达到独立平等之目的乎？今苏俄政府，既然操纵外蒙之政局，而阻碍其自由平等之前途，仍以为扶助外蒙独立，此而可信，孰不可信乎。由是言之，苏俄之扶助外蒙者，非为外蒙也，实为苏俄也，其使外蒙养成充实之势力者，非为蒙古民族也，实为苏俄预备进取之工具也。然而苏俄之此种掩耳盗铃，口蜜腹剑之政策，终有失败之一日，何则？此种伤天害理、不顾大体之阴谋，若被全世界看破以后，其结果：

a 对于中国民众则伤感情；

b 对于列强方面则引起纠纷；

c 对于东方弱小民族则失去信仰；

d 对于苏俄政府则破坏主义。

故苏俄政府，对于外蒙方面，若不放弃其单独操纵之政策，则不独不能实行其改造世界之使命，并一荒漠之外蒙，亦必不能永久吸收焉。

三、内蒙之自治运动

昔日所谓内蒙者，即现在之绥远、察哈尔、热河，及东三省范围以内之哲里木盟是也。又因呼伦贝尔及阿拉善、额济讷〔纳〕等处，同为蒙古民族所居之地，而有事之时，亦与内蒙各盟一致行动，故亦属于内蒙范围之内。今者日本人好以满蒙连称，而所谓蒙者，即在〔就〕内蒙而言也。自武昌革命起义以来，内蒙方面，亦呈摇摇而动之危机，如一九一二年，呼伦贝尔之独立，及哲里木盟扎萨图旗之反动，一九一三年，内蒙西四盟之响应外蒙，一九一六年，巴布扎普之窜入郑家屯，及一九一七年，富兴阿等之占据呼伦贝尔，一九一九年，达乌里之全蒙临时政府等种种运动，皆为世界注目，此乃内蒙方面，自治运动之表现也。盖此运动，其原因亦起于满清末年之经营内蒙，改设行省政策所致，此其理由，仍与外蒙之独立相同，均以保护蒙古之民族上、政治上及土地上之权利为宗旨者也。（未完）①

《蒙藏周报》
南京蒙藏委员会
1930年74、80、81期
（李红权　整理）

① 未见后续登载。——整理者注

日人图蒙之新工具

日女充顾问，布置各职员
垄断行政权，收买膏腴地

作者不详

（哲盟通讯）日人侵略内蒙，其用心之酷〔苦〕无所不用其极，其设谋之妙亦无微不至，近据图旗某君对记者谈称：福岛关东长官为实现侵蒙政策，乃令其长女献身国家，而就该旗（图什业图）王府为顾问，直而言之，名虽顾问，实则为本王爷之内管家也。且缘此日人陆续增加，现在王府内负有重要职责之日人，亦有十九名之多矣，伊等不惟垄断王府之一切政务，进而竟向王府收买土地及羊毛特买权、矿务开采权，及其他种种权利不一而足云。噫！以日本号称文明之国家，竟施此出人意外之手段，其国际名誉果何在哉。

《蒙藏周报》

南京蒙藏委员会

1930年76期

（丁冉　整理）

外交部告蒙藏同胞书

作者不详

外交部以蒙藏地处边陲，易受外人之离间，而破坏中央之外交统一，前特草拟《告蒙藏同胞书》，函请蒙藏委员会译成蒙藏文字，以便分发蒙藏地方政府散布，以期唤起蒙藏同胞，勿受外人之蛊惑，应集中全国力量，争得国际地位之平等。兹将该书全文，探录如后：

本部秉承总理遗教，与历次全国代表大会宣言及决议案，本济弱扶倾之精神，依和平诚笃之方法，办理外交。其唯一目的，在于实现总理遗嘱所示，靳求中国之自由平等。数年以来，依赖党国信义，与各国交涉修改不平等条约，同时订立平等条约，首先收回关税自主权，其次收回数处专管租界，其次收回威海卫租借地，而取消领事裁判权一事，亦必期于最短期内完成。凡此种种，虽未能将一切不平等条约全部废除，然可确信不平等条约早已根本动摇。本部正在进行其余部分之修改，以求达到全部废除之目的，为时当不在远。惟废除不平等条约，有先决之必要条件，即须全国之真实统一，全国人民之思想，必须统一于三民主义之下，全国之内政、财政、军事、外交，必须统一于国民政府之下，是为三全代表大会所诏示，谅为蒙藏同胞所共闻。盖内政不统一，则民生涂炭，财政不统一，则国库空虚，军事不统一，则国防奚恃，而外交不统一，其害维均。当军阀专横时代，地方成割据之局，遇有外交重大事件，本应归中央办理者，往往为外人利诱，遽由各地驻领向当地政府私自交涉，以图便利。有时中央虽欲过问，而彼等必设种种方法以避免之。此种破坏外交统一之地方主义，既有暴露国家主权分裂之弱点，适予外人乘机施其威胁利诱，而行其军事的、政治的、经济的侵略政策，其有害国家生存，有损国民福利，诚为全国同胞所痛心，而不能不亟谋改革者。上年六月，第三届中央执行委员会第二次全体会议，关于蒙藏决议案，谓“蒙藏之军事、外交及国家行政必须统一于中央，以整个的国家力量，谋蒙藏民族之解放”，其理由亦既〔即〕在此。凡我蒙藏同胞，各为中华民国分子，不容他国之压迫，蒙藏疆域，悉为中国领土之一部分，不容他国之侵略，蒙藏地方官厅，同属于中国主权之下，不容他国之离间倾覆。即如中俄两国关系，虽犹有种种问题，本部正在继续交涉，务求得到正当之解决，而依据一九二四年之《中俄协定》，中俄两国在条约上固已臻于完全平等，且明定苏联政府承认外蒙为完全中国之一部分，并尊重在该领土内中国之主权，是苏联对于外蒙，决无任何特权存在。今中央对于残余部分之不平等条约，正期逐步修改，务求达到完全废除之目的。至如中俄之不平等条约，早已废除，断无更使回转于不平等之理。我蒙藏同胞，尤其是外蒙同胞，幸能体察中央意旨，慎勿受外人之蛊惑，亟应协谋国家生存上共同之利益，团成一强有力之国族。关于蒙藏外交事件，应一致认识蒙藏地方政府，只有报告中央之权，不能直接对外交涉，共护中央外交统一，务使全国力量集中，主权不分，则对外争国际平等之地位，方有胜利可期。谨此掬诚以告，幸我蒙藏同胞，加意省览焉。

《中央周报》

中国国民党中央执行委员会宣传部

1930年103期

（丁冉　整理）

蒙古会议正式开幕

作者不详

蒙古会议的召集，是依据三届二中全会的决议案，原定去年十一月举行，因为派遣代表手续繁多，加之公文递寄困难，遂展期至本年二月。后来又因为蒙古交通不便，各代表不能如期来京，不得已再展期至四月。但事实上到了本月中旬，各代表方始陆续报到。乃于二十一日起，在蒙藏委员会举行预备会议，计开过预备会议六次。此次大会出席代表甚为踊跃，除中央代表外，计到蒙古各盟旗代表四十六人：

哲里木盟代表为苏宝麟（玉书），乌尔图那苏图（子延），阿明武尔图（寿山），崇阿（岫泉），巴拉丹僧格（福亭），葛明格（玉林），那达穆德（子明），博彦满都（豹忱），朝格布彦（惠臣），都噶尔札布（恩斋）。卓索图盟代表为李芳（馥塘），郭文田（雅亭），戴清廉（锡泉），吴鹤龄（梅轩），那达木德（松林），恩和阿木尔（少庭），陈效良（子善），佟济众（树仁），白圭璋（复三），陈效蕃（伯承）。昭乌达盟代表为阿拉腾额齐尔（雅卿），赵福岳（寿山），赵敬慎（名远），鲍福环（寿山），杨秀春（俊升），龚寿（子全），傅长龄（松寿），金有才（辅臣），杨荫郛，常文魁（冠英）。呼伦贝尔代表为福龄（松亭），彭楚克（望伯），达孟达（敏卿），吴双海（汇川），普尔布（魁长），春德（子馨）。依克明安旗代表为哈钦苏荣（博良），门德巴雅尔

（凤亭）。东西布特哈代表为杜双寿（佐臣），德宏（崇轩），苏兴宝（凤亭）。辽宁省代表为袁庆恩（少峰）。吉林省代表为李芳春（静生）。黑龙江省代表为徐霖（雪桐）。热河省代表为王士仁（铁珊）。

正式大会会期预定为十日，自五月二十九日起至六月七日止，其议事日程如左：

五月二十九日（星期四）上午九时，举行大会开幕式；三十日（星期五）下午三时至六时大会；三十一日（星期六）上午八时半至十一时半分组审查会，下午三时至六时大会；六月二日（星期一）上午八时半纪念周，十时至十三时分组审查会，下午三时至六时大会；三日（星期二）上午八时半至十一时半分组审查会，下午三时至六时大会；四日（星期三）上午八时半至十一时半分组审查会，下午三时至六时大会；五日（星期四）上午八时半至十一时半分组审查会，下午三时至六时大会；六日（星期五）上午八时半至十一时半分组审查会，下午三时至六时大会；七日（星期六）上午八时半至十一时半大会，下午二时举行闭会式。

大会正式开幕典礼于二十九日上午如期举行，开幕后下午全体代表谒总理灵〔陵〕墓，三十日下午举行第一次大会。兹将开会情形分志如次。

开幕典礼于二十九日上午九时在励志社举行，开幕行礼如仪后，由主席团马福祥代表致开幕词，略谓：关系党国大计之蒙古会议，历无数波折周旋，乃得于今日实行开幕。凡我国人，宜无不欢欣鼓舞，额手称庆。而蒙古诸代表，以素习大陆生活之民族，此次竟不惮艰险，浮海南来，出席大会，此种坚忍不屈、奋斗图强之精神，尤足为吾民族生色。会议在筹备期间，各院、部、会咸派重要人员，会同本委员会通力合作，共策进行，足见我中央政府重视边疆，迥非从前帝制军阀时代之虚与委蛇、不关痛痒者可比。吾辈厕身兹会，负建设新蒙古之责任，若能竭智倾诚，为全蒙人民谋久大之幸福，则上可副中中〔央〕殷殷图治之心，下可慰全蒙喁喁望治之意，此项成绩，将与内外兴安岭同峙不朽。反之若虚行故事，隐挟私心，或含意而莫伸，或固执而不化，则坐失良机，将不免有噬脐无及之虞，是不可不熟虑也。本会任务在研究蒙古实况，而为训政之推行，建设之猛进，所有一切应兴应革事宜，自应本此范围，于开会时逐一提出讨论。惟望各代表于开议时捐除双方固有之己见，对于一切问题，均以客观的态度为解决标准。蒙古代表〔会议〕，如是自可获十分美满之结果云云。

继由中央代表谭延闿训词，略谓：此次蒙古会议，筹备煞费苦心，各代表不远千里而来，此种精神，中央同人，均十分钦佩。总理首倡革命，目的在求中国之自由平等，创造一整个的大中华民族，无所谓汉、满、蒙、回、藏五族之分。故中央同人，甚望五族融合一体，成一坚固强大之新中华民族，而将原有之界限，彻底打消，遵奉总理遗教，实行三民主义，以成一光辉强大之中华民族。兹者全国统一，训政开始，而最重要之工作，即为建设。然欲建设事业之实现，必须全国民众通力合作。此次蒙古会议之召集，其意义亦即在于此。蒙古过去之历史，至为光荣，昔时声威远播全球，惟近百年来，因满清专制政府施行怀柔政策，及帝国主义者之交相压迫，蒙古之进步，遂十分滞缓。吾人秉承总理遗教，欲创造新国家，必须用革命手段打倒昔时之怀柔及欺诈手段。惟欲求自立，其立足点即在自立而不在求人，故蒙古欲恢复昔之声威，成为中国之有力分子，亦在蒙古民众自求振作。此次会议，东蒙代表均已到齐，西蒙代表，因交通梗阻，未能莅临，然蒙古同胞，均同心同德，希求统一，故东蒙代表可以代表全体。吾人深信此次会议，各位定能努力解决一切问题，使蒙古同胞，获无穷之利益。中央同志，尤愿虚心接受各位之意见，使一切办法可以实行。吾人之目的，只在求中国在国际上达到独立自由之境，在国内可以实现三民主义，与昔时之有作用、有私心者迥不相同。总理以一人精力，决心革命，卒能推翻满清专制政府，吾人如能秉承总理遗教，勇往直前，何患三民主义之不能实现。中央对此次会议，十分重视，故托本席代达此意，并祝各代表事业之胜利与伟大。

次国府代表孔祥熙致训词，略谓：中央深知蒙古问题之极关重要，故特设蒙藏委员会，办理蒙藏事宜，政府所以不设专部而设委员会之原意，以便容纳多数人之意见，以讨论一切改良事宜。但委员会虽已设立，仍觉不能得大多数之意见，故有此次会议之召集。政府对此会议，有极大之希望。第一，希望诸代表把蒙古的真情实况，贡献于政府，使政府能了然各方之情形，为将来行政方面之依据。第二，各代表均系当地领袖人物，希望会议后将政府为人民谋幸福之诚意与情形，向蒙古同胞说明，使蒙古同胞，均明了现在之政府与昔时之专制政府，迥然不同，俾与政府同心合作。

最后由代表致答词：中华民国十九年五月二十九日为蒙古会议开幕之辰，代表等躬与盛会，忻幸无既，谨致数语，借表祝忱。词曰：维我总理，世界先觉，扶植弱小，开诚指导。对我民众，是师是保，当局诸哲，遗训为宝。统一告成，关怀蒙藏，边疆人民，欣然相望。空前盛会，鼓舞欢欣，朔漠万里，将以日新。代表同人，躬逢斯盛，深愧才乏，恐负使命。幸同会者，咸为先进，莅临训迪，无任宠幸。蒙事会议，开幕之先，敬掬悃诚，祝祷于前。丰功伟绩，世代绵延，维我党国，亿万斯年。谨致。

第一次大会于卅日下午三时举行，出席全体代表薛〔苏〕宝麟、李芳、阿拉腾瓦〔额〕齐尔、福龄、哈钦薛〔苏〕荣、郭文兴〔田〕、袁庆恩、李〔杨〕秀春等四十六人；主席团马福祥、张我华、恩克巴图等九人；各院、部、会列席代表张凤九等二十四人，由恩克巴图主席。如仪行礼后，开始讨论各议案。

（一）签定席次，（决议）通过。

（二）讨论本会议事规则，（决议）通过。

（三）讨论本会议审查规则，（决议）通过。

（四）讨论本会议会场规则，（决议）通过。

（五）认定分组审查员，（决议）通过。

（六）蒙旗卫生局组织大纲案，（决议）原案通过。

（七）为请由蒙藏边疆，选派青年子弟，熟习通汉文汉语者，来内地专习医学卫生学科，俾学成回返原地执行医事，办理卫生事业案，（决议）通过。

（八）促进蒙藏卫生教育案，（决议）通过。

《中央周报》
中国国民党中央执行委员会宣传部
1930年104期
（李红权　整理）